2020

贵阳统计年鉴

GUIYANG STATISTICAL YEARBOOK

贵阳市统计局　　国家统计局贵阳调查队　编

Compiled Guiyang Bureau of Statistics　NBS Survey Office in Guiyang

中国统计出版社
China Statistics Press

图书在版编目（CIP）数据

贵阳统计年鉴. 2020 = Guiyang Statistical Yearbook 2020：汉英对照 / 贵阳市统计局，国家统计局贵阳调查队编. -- 北京：中国统计出版社，2020.12
ISBN 978-7-5037-9338-7

Ⅰ. ①贵… Ⅱ. ①贵… ②国… Ⅲ. ①统计资料-贵阳-2020-年鉴-汉、英 Ⅳ. ①C832.731-54

中国版本图书馆 CIP 数据核字（2020）第 209002 号

贵阳统计年鉴-2020

作　　者/ 贵阳市统计局　国家统计局贵阳调查队
责任编辑/ 钟　钰
装帧设计/ 岑　琪
出版发行/ 中国统计出版社有限公司
地　　址/ 北京市丰台区西三环南路甲 6 号　　邮政编码/100073
电　　话/ 邮购（010）63376909　　书店（010）68783171
网　　址/ http://www.zgtjcbs.com
印　　刷/ 贵州康信印务有限公司
经　　销/ 新华书店
开　　本/ 890mm×1240mm 1/16
字　　数/ 710 千字
印　　张/ 30
版　　别/ 2020 年 12 月第 1 版
版　　次/ 2020 年 12 月第 1 次印刷
定　　价/ 300.00 元　Price: 300.00 yuan (RMB)

如有印装差错，由本社发行部调换。

《贵阳统计年鉴 -2020》编辑委员会

《贵阳统计年鉴 -2020》编辑人员

Editorial Staff

编　者　说　明

一、《贵阳统计年鉴—2020》是一部全面反映贵阳市国民经济和社会发展情况的资料性年刊，信息量大，综合性强。本书收录了2019年贵阳市经济和社会发展等各方面的统计数据以及改革开放以来的主要统计数据。

二、本年鉴内容包括：行政区划和自然资源；综合；人口与计划生育；从业人员及职工工资；固定资产投资；能源消费；工业；建筑业；农业；国内外贸易及旅游；交通、运输、邮电、城市公用事业；财政、税收；金融、证券、保险；城乡调查；科技、教育、文化、广播；民政、卫生、体育与其他；全国、全省及省会城市和副省级城市主要经济指标；附录。

三、本年鉴资料来源于统计年报、抽样调查和部门资料，部分统计指标的范围及统计口径变化在表下加有注释。

四、本年鉴部分数据合计数或相对数由于四舍五入而产生的计算误差均未作机械调整。

五、凡有以前出版的统计资料数据与本年鉴不一致的，均以本年鉴为准。

六、本年鉴县域经济中各区（市、县）资料有部分指标是区（市、县）属口径。

七、本年鉴表中的符号使用说明："空格"表示该项数据不详或无数据，"#"表示其中数，" - "表示该项指标取消或无可比性，无法计算。

本年鉴在编辑过程中得到有关部门的大力支持和帮助，在此深表感谢！由于时间紧、信息量大和水平有限，书中难免存在不足之处，为了更好地满足社会各界的需要，希望广大读者提出宝贵意见和建议。

2020年10月

Preface

Ⅰ. *Guiyang Statistical Yearbook* 2020 (hereinafter Yearbook) is an annual statistical publication, which comprehensively reflects the economic and social development in Guiyang. It covers data of all aspects, such as economical and social development, of Guiyang in 2019 and key statistical data since the reform and opening – up of China.

Ⅱ. The Yearbook contains: Divisions of Administrative Areas and National Resources; General Survey; Population and Family Planning; Employment and Wages; Investment in Fixed Assets; Energy Consumption; Industry; Construction; Agriculture; Domestic Trade, Foreign Trade and Tourism; Traffic, Transportation, Postal and Telecommunication Services, Urban Public Utilities; Government, Taxation; Banking, Securities and Insurance; Urban and Rural Survey; Science and Technology, Education , Culture and Broadcast; Social Welfare, Public Health, Sports and Others; Major Economic Indicators of China, Guizhou Province, Provincial Capital and Deputy Provincial Cities in China; Appendix.

Ⅲ. The major data sources of this publication are obtained from annual statistical reports, sample surveys and document of related departments. Some statistical data in this yearbook have been adjusted accordingly, and we have made footnotes to these indicators.

Ⅳ. Statistical discrepancies of some statistical total number and relative number due to rounding are not adjusted in this yearbook.

Ⅴ. In case of any discrepancy of data between previous yearbook and this one, data in this Yearbook shall prevail.

Ⅵ. Some indicators of districts (city, county) in the Yearbook have their own regional standards.

Ⅶ. Notations used in this yearbook: "blank" indicates that data are not available or unknown; "#" indicates the number therein; " – " indicates the data are cancelled or not comparable, which are beyond calculation.

During the edition of this yearbook, we have won strong support from related departments, and we deeply thank for these all. Because of the massive information, limited time and our ability, some mistakes are unavoidable in the book. Any candid comments and criticism are welcome.

Oct. 2020

目　录

CONTENTS

一、行政区划和自然资源

Divisions of Administrative Areas and Natural Resources

二、综　合

General Survey

三、人口与计划生育
Population and Family Planning

四、从业人员及职工工资
Employment and Wages

五、固定资产投资

Investment in Fixed Assets

六、能源消费
Energy Consumption

七、工　业
Industry

八、建筑业
Construction

九、农　业
Agriculture

十、国内外贸易及旅游

Domestic Trade, Foreign Trade and Tourism

十三、金融、证券、保险

Banking, Securities, Insurance

十四、城乡调查

Urban and Rural Survey

十七、全国、全省及省会城市和副省级城市主要经济指标

Major Economic Indicators of China, Guizhou, Provincial Capitals and Deputy Provincial Cities in China

附　录

Appendix

1

One

行政区划和自然资源

Divisions of Administrative Areas and Natural Resources

1-1 区(市、县)及乡(镇)、社区名称(2019年)
Name of Each District(City, County), Township (Town) Office and Community Office(2019)

区县(市)名称 District, County(City)	乡(镇、社区)名称 Township (Town and Community Office)				
南明区 Nanming	新华社区服务中心 Xinhua	西湖社区服务中心 Xihu	大南社区服务中心 Danan	中南社区服务中心 Zhongnan	湘雅社区服务中心 Xiangya
	河滨社区服务中心 Hebin	遵义社区服务中心 Zunyi	兴关社区服务中心 Xingguan	沙冲社区服务中心 Shachong	花果社区服务中心 Huaguo
	油榨社区服务中心 Youzha	中曹社区服务中心 Zhongcao	二戈社区服务中心 Erge	见龙社区服务中心 Jianlong	龙洞社区服务中心 Longdong
	沙南社区服务中心 Shanan	水口寺社区服务中心 Shuikousi	后巢乡 Houchao	永乐乡 Yongle	云关乡 Yunguan
	小碧布依族苗族乡 Xiaobi Bouyei and Miao Village				
云岩区 Yunyan	中华社区服务中心 Zhonghua	中环社区服务中心 Zhonghuan	中东社区服务中心 Zhongdong	东山社区服务中心 Dongshan	延中社区服务中心 Yanzhong
	北京路社区服务中心 Beijinglu	市西社区服务中心 Shixi	普陀社区服务中心 Putuo	贵乌社区服务中心 Guiwu	金狮社区服务中心 Jinshi
	中天社区服务中心 Zhongtian	黔东社区服务中心 Qiandong	栖霞社区服务中心 Xixia	威清社区服务中心 Weiqing	头桥社区服务中心 Touqiao
	金龙社区服务中心 Jinlong	三桥社区服务中心 Sanqiao	圣泉社区服务中心 Shengquan	宅吉社区服务中心 Zhaiji	省府社区服务中心 Shengfu
	金关社区服务中心 Jinguan	蔡关社区服务中心 Caiguan	金鸭社区服务中心 Jinya	荷塘社区服务中心 Hetang	普天社区服务中心 Putian
	金惠社区服务中心 Jinhui	黔灵镇 Qianlin	水东社区服务中心 Shuidong		
花溪区 Huaxi	明珠社区服务中心 Mingzhu	阳光社区服务中心 Yangguang	贵筑社区服务中心 Guizhu	清溪社区服务中心 Qingxi	溪北社区服务中心 Xibei
	花孟社区服务中心 Huameng	黔江社区服务中心 Qianjiang	清浦社区服务中心 Qingpu	瑞华社区服务中心 Ruihua	兴隆社区服务中心 Xinglong
	黄河社区服务中心 Huanghe	三江社区服务中心 Sanjiang	平桥社区服务中心 Pingqiao	金竹社区服务中心 Jinzhu	金欣社区服务中心 Jinxin
	小孟社区服务中心 Xiaomeng	航天社区服务中心 Hangtian	航空社区服务中心 Hangkong	高坡苗族乡 Gaopo Miao Village	
	黔陶布依族苗族乡 Qiantao Bouyei and Miao Village		马铃布依族苗族乡 Maling Bouyei and Miao Village		
	孟关苗族布依族乡 Mengguan Miao and Bouyei Village		久安乡 Jiuan	燕楼镇 Yanlou	麦坪镇 Maiping
	青岩镇 Qingyan	石板镇 Shiban			
乌当区 Wudang	振新社区服务中心 Zhenxin	创新社区服务中心 Chuangxin	顺新社区服务中心 Shunxin	新天社区服务中心 Xintian	高新社区服务中心 Gaoxin
	新场镇 Xinchang	下坝镇 Xiaba	百宜镇 Baiyi	东风镇 Dongfeng	水田镇 Shuitian
	羊昌镇 Yangchang	新堡布依族乡 Xinpu Bouyei Village	偏坡布依族乡 Pianpo Bouyei Village		

1-1 续表 (continued)

区县(市)名称 District, County(City)	乡(镇、社区)名称 Township(Town and Community Office)				
白云区 Baiyun	艳山红社区服务中心 Yanshanhong	红云社区服务中心 Hongyun	大山洞社区服务中心 Dashandong	白沙关社区服务中心 Baishaguan	铝兴社区服务中心 Lvxing
	都新社区服务中心 Duxin	泉湖社区服务中心 Quanhu	都拉布依族乡 Dula Bouyei Village	牛场布依族乡 Niuchang Bouyei Village	
	艳山红镇 Yanshanhong	沙文镇 Shawen	麦架镇 Maijia		
观山湖区 Guanshanhu	金源社区服务中心 Jinyuan	金岭社区服务中心 Jinling	金麦社区服务中心 Jinmai	新世界社区服务中心 Xinshijie	世纪城社区服务中心 Shijicheng
	碧海社区服务中心 Bihai	逸景社区服务中心 Yijing	金华园社区服务中心 Jinhuayuan	会展城社区服务中心 Huizhancheng	金华镇 Jinhua
	朱昌镇 Zhuchang	百花湖镇 Baihuahu	观山社区服务中心 Guanshan		
开阳县 Kaiyang	紫兴社区服务中心 Zixing	南山社区服务中心 Nanshan	毛云乡 Maoyun	南龙乡 Nanlong	龙水乡 Longshui
	米坪乡 Miping	宅吉乡 Zhaiji	高寨布依族苗族乡 Gaozhai Bouyei and Miao Village		
	禾丰布依族苗族乡 Hefeng Bouyei and Miao Village		南江布依族苗族乡 Nanjiang Bouyei and Miao Village		城关镇 Chengguan
	双流镇 Shuangliu	金中镇 Jinzhong	冯三镇 Fengsan	楠木渡镇 Nanmudu	龙岗镇 Longgang
	永温镇 Yongwen	花梨镇 Huali			
息烽县 Xifeng	新华社区服务中心 Xinhua	流长镇 Liuchang	鹿窝镇 Luwo	西山镇 Xishan	石硐镇 Shidong
	养龙司镇 Yanglongsi	永靖镇 Yongjing	小寨坝镇 Xiaozhaiba	温泉镇 Wenquan	青山苗族乡 Qingshan Miao Village
	九庄镇 Jiuzhuang				
修文县 Xiuwen	龙岗社区服务中心 Longgang	珍珠河社区服务中心 Zhenzhuhe	谷堡镇 Gupu	小箐镇 Xiaojing	六屯镇 Liutun
	洒坪镇 Saping	大石布依族乡 Dashi Bouyei Village	龙场镇 Longchang	扎佐镇 Zhazuo	久长镇 Jiuchang
	六广镇 Liuguang	六桶镇 Liutong			
清镇市 Qingzhen	红新社区服务中心 Hongxin	新岭社区服务中心 Xinling	百花社区服务中心 Baihua	巢凤社区服务中心 Chaofeng	红塔社区服务中心 Hongta
	清镇市时光社区服务中心 Shiguang		清镇市乡愁社区服务中心 Xiangchou		流长苗族乡 Liuchang Miao Village
	王庄布依族苗族乡 Wangzhuang Bouyei and Miao Village		麦格苗族布依族乡 Maige Miao and Bouyei Village		红枫湖镇 Hongfenghu
	犁倭镇 Liwo	暗流镇 Anliu	站街镇 Zhanjie	新店镇 Xindian	卫城镇 Weicheng

1－2 行政区划(2019 年)
Administrative Divisions(2019)

单位:个 (unit)

区(市、县)名称	District (City, County)	乡 Township	民族乡 Ethnic Township	镇 Town	社区居委会 Community Council	村民委员会 Village Committee	社区服务中心 Community Service Center	社区服务机构 Community Service Institution
贵阳市	**Guiyang**	**9**	**17**	**49**	**635**	**912**	**96**	**2228**
南明区	Nanming	3	1		177	29	17	258
云岩区	Yunyan			1	159	19	27	218
花溪区	Huaxi	1	4	4	57	122	18	243
乌当区	Wudang		2	6	33	76	5	138
白云区	Baiyun		2	3	38	56	7	132
观山湖区	Guanshanhu			3	75	49	10	132
开阳县	Kaiyang	5	3	8	22	111	2	237
息烽县	Xifeng		1	9	16	161	1	321
修文县	Xiuwen		1	9	17	108	2	225
清镇市	Qingzhen		3	6	41	181	7	323

注:社区服务机构包括:社区服务中心、社区服务站、社区养老机构、社区互助型养老机构、其他社区服务机构;其中包括市本级 1 个。
Community Service Institutions include service center, service station, pension agency, mutual aid retirement organization and others, among which there is a city at corresponding level.

1－3 区(市、县)土地面积(2019 年)
Areas of District(City, County)(2019)

单位:平方公里 (sq. km)

区(市、县)名称	District(City, County)	面积 Area
贵阳市	**Guiyang**	**8043.37**
南明区	Nanming	209.28
云岩区	Yunyan	91.65
花溪区	Huaxi	964.15
乌当区	Wudang	683.22
白云区	Baiyun	269.52
观山湖区	Guanshanhu	307.64
开阳县	Kaiyang	2023.32
息烽县	Xifeng	1036.53
修文县	Xiuwen	1071.47
清镇市	Qingzhen	1386.58

注:土地面积数据来源于市自然资源和规划局。
The data of land areas are from Guiyang Municipal Natural Resources and Planing Bureau.

1-4 气象情况(2019 年)

指标		Item		年 Year	一月 January	二月 February
平均气温	(℃)	Average Temperature	(℃)	15.0	4.4	5.0
平均最高气温	(℃)	Average Highest Temperature	(℃)	19.4	7.2	9.2
平均最低气温	(℃)	Average Lowest Temperature	(℃)	12.2	2.4	2.6
极端最高气温	(℃)	Extreme Annual Highest Temperature	(℃)	33.8	18.4	24.9
极端最高气温出现日期	(日)	Occurring Date of Extreme Annual Highest Temperature	(day)	8月12日	1月30日	2月6日
极端最低气温	(℃)	Extreme Annual Lowest Temperature	(℃)	-4.3	-4.3	-1.3
极端最低气温出现日期	(日)	Occurring Date of Annual Lowest Temperature	(day)	1月1日	1月1日	2月17日
总降水量	(mm)	Total Precipitation	(mm)	1253.8	56.8	30.0
一日最大降水量	(mm/日)	Maxinum Daliy Precipitation	(mm/day)	154.3	21.8	8.3
最大降水量出现日期	(日)	Occurring Date of Maximum Daily Precipitation	(day)	5月25日	1月8日	2月17日
最长连续降水日数	(天)	Longest Continuous Rainy Days	(day)	22	14	20
最长连续无降水日数	(天)	Longest Continuous Dry Days	(day)	15	3	3
雨	(天)	Rain	(day)	245	24	26
雾	(天)	Fog	(day)	67	18	18
露	(天)	Dew	(day)	81	1	1
雪	(天)	Snow	(day)	5	4	
结冰	(天)	Freeze	(day)	8	5	2
霜	(天)	Frost	(day)	6		
平均气压	(百帕)	Average Atmospheric Pressure	(100 Pa)	877.7	882.5	878.6
平均相对湿度	(%)	Relative Humidity	(%)	82	91	90
日照时数	(小时)	Sunshine Hours	(hour)	1217.1	8.8	35.3

Basic Statistics on Meteorology(2019)

三　月 March	四　月 April	五　月 May	六　月 June	七　月 July	八　月 August	九　月 September	十　月 October	十一月 November	十二月 December
11.2	17.3	17.7	22.0	22.7	24.3	20.7	16.3	10.9	7.2
16.5	23.2	22.2	26.2	26.9	29.7	26.1	20.0	14.7	11.3
8.3	13.9	15.0	19.1	20.3	20.5	17.2	13.9	8.4	4.5
28.1	30.9	30.9	30.0	30.6	33.8	30.8	28.1	22.4	21.8
3月20日	4月25日	5月18日	6月3日	7月30日	8月12日	9月14日	10月1日	11月1日	12月16日
3.1	7.4	9.7	14.5	17.1	16.3	12.6	6.7	1.2	-0.4
3月9日	4月1日	5月8日	6月3日	7月9日	8月31日	9月23日	10月29日	11月29日	12月6日
45.8	99.7	254.0	249.0	206.8	33.7	130.1	117.2	20.3	10.4
28.9	27.0	154.3	54.3	57.3	7.4	72.8	17.1	5.2	3.5
3月31日	4月18日	5月25日	6月12日	7月12日	8月4日	9月18日	10月20日	11月29日	12月5日
22	7	7	8	6	4	4	7	4	9
8	6	3	3	5	11	12	15	10	12
24	22	25	21	21	15	10	22	18	17
2	1	6	3	2			6	4	7
6	7	4	8	8	15	10	8	7	6
									1
									1
									6
877.7	875.4	875.1	871.8	871.9	873.5	879.2	881.3	882.1	882.9
79	79	84	83	84	73	74	84	84	80
86.4	135.2	73.8	84.8	118.6	218.6	176.2	102.4	64.7	112.3

1－5 自然资源(2019年)
Natural Resources(2019)

指标		Item		数量 Amount
土 地		**Land**		
国土面积	(平方公里)	Total Land Area	(sq. km)	8043.37
耕地面积	(平方公里)	Cultivated Area	(sq. km)	2554.99
建成区面积	(平方公里)	Construction Land Area	(sq. km)	440.00
气 候		**Climate**		
平均温度	(℃)	Average Temperature	(℃)	15.0
极值高温	(℃)	Highest Temperature	(℃)	33.8
极值低温	(℃)	Lowest Temperature	(℃)	-4.3
年降水量	(毫米)	Annual Precipitation	(mm)	1253.8
平均相对湿度	(%)	Average Relative Humidity	(%)	82.0
日照时数	(小时)	Sunshine Hours	(hour)	1217.1
森 林		**Forest**		
森林面积(管护面积)	(万亩)	Forest Area(guarded)	(Ten thousand mu)	634
森林覆盖率	(%)	Forest Coverage Rate	(%)	53.8
水 利		**Water Conservancy**		
地表水资源总量	(亿立方米)	Annual Average Surface Water Resources	(100 million cubicmeters)	47.86
地下水资源总量	(亿立方米)	Annual Average Underground Water Resources	(100 million cubicmeters)	13.38
河长10公里以上或流域面积大于20平方公里河流	(条)	Number of River over 10 Kilometres Long or with Drainage Area over 20 Square kilometers	(line)	98
多年平均径流量	(亿立方米)	Average Runoff	(100 million cubicmeters)	45.15
水能理论蕴藏量	(万千瓦)	Hydroenergy Reserves in Theory	(10 000 kwh)	128.22
水能可开发量	(万千瓦)	Available Hydroenergy Resources	(10 000 kwh)	101.64
大中型水库总容量	(亿立方米)	Total Capacity of Large and Medium－sized Reservoirs	(100 million cubicmeters)	28.16
矿 产(保有储量)		**Ensured Reserves of Minerals**		
铝 土	(亿吨)	Alumina	100 million tons)	5.31
磷	(亿吨)	Phosphorus	(100 million tons)	13.21
煤	(亿吨)	Coal	(100 million tons)	19.26

注:1)国土面积、耕地面积、建成区面积数据来源于市自然资源和规划局;
2)森林面积(管护面积)是指贵阳市天然林资源保护二期工程森林管护面积。
a) Data of land area and cultivated area are from Guiyang Guiyang Municipal Natural Resources and Planning Bureau. ;
b) Forest area (guarded) refers to areas of guarded forest in the second phase of the natural forest resources protection project of Guiyang.

主要统计指标解释

行政区划 指国家对行政区域的划分。根据宪法规定，我国的行政区域划分如下：(1)全国分为省、自治区、直辖市；(2)省、自治区分为自治州、县、自治县、市；(3)自治州分为县、自治县、市；(4)县、自治县分为乡、民族乡、镇；(5)直辖市和较大的市分为区、县；(6)国家在必要时设立的特别行政区。

气　候 指地球与大气之间长期能量交换与质量交换所形成的一种自然环境状态，它是多种因素综合作用的结果。气温、降水、湿度等气象要素的多年平均值是用来描述一个地区气候状况的主要参数，而各种气象要素某年、某月的平均值(或总量)则可以反映出该时期天气气候状况的重要特征。

自然资源 指人类可以直接从自然界获得，并用于生产和生活的物质资源。自然资源一般可以分成可再生资源和非再生资源两大类。可再生资源指在较短时间内可以再生、可以循环利用的资源，包括土地资源、水资源、气候资源、生物资源和海洋资源等。非再生资源指在使用后不能再生的资源，包括矿产资源和地热能源。

国　土 指中华人民共和国国家管辖下的领土、领海和领空。

耕地面积 指经过开垦用以种植农作物并经常进行耕耘的土地面积。包括种有作物的土地面积、休闲地、新开荒地和抛荒未满三年的土地面积。

森林面积 指由乔木树种构成，郁闭度0.2以上(含0.2)的林地或冠幅宽度10米以上的林带的面积，即有林地面积。森林面积包括天然起源和人工起源的针叶林面积、阔叶林面积、针阔混交林面积和竹林面积，不包括灌木林地面积和疏林地面积。

森林覆盖率 指一个国家或地区森林面积占土地总面积的百分比。森林覆盖率是反映森林资源的丰富程度和生态平衡状况的重要指标。在计算森林覆盖率时，森林面积包括郁闭度0.2以上的乔木林地面积和竹林地面积，国家特别规定的灌木林地面积、农田林网以及四旁(村旁、路旁、水旁、宅旁)林木的覆盖面积。计算公式为：

森林覆盖率(%)=森林面积/土地总面积×100%

气　温 指空气的温度，我国一般以摄氏度(℃)为单位表示。气象观测的温度表是放在离地面约1.5米处通风良好的百叶箱里测量的，因此，通常说的气温指的是离地面1.5米处百叶箱中的温度。其统计计算方法为：

月平均气温是将全月各日的平均气温相加，除以该月的天数而得。

年平均气温是将12个月的月平均气温累加后除以12而得。

相对湿度 指空气中实际所含水蒸气密度和同温度下饱和水蒸气密度的百分比值。其统计方法与气温相同。

降水量 指从天空降落到地面的液态或固态(经融化后)水，未经蒸发、渗透、流失而在地面上积聚的深度。其统计计算方法为：

月降水量是将全月各日的降水量累加而得。

年降水量是将12个月的月降水量累加而得。

日照时数 指太阳实际照射地面的时间。其统计方法与降水量相同。

水资源 水在自然界中以固体、液体和气态三种聚集状态存在，分布于海洋、陆地(包括土壤)以及大气之中，通过水循环形成水资源。水资源包括经人类控制并直接可供灌溉、发电、给水、航运、养殖等用途的地表水和地下水，以及江河、湖泊、井、泉、潮汐、港湾和养殖水域等。水资源是发展国民经济不可缺少的重要自然资源。

地表水和地下水　陆地上的水因空间分布不同，分为地表水和地下水。地表水指分别存在于河流、湖泊、沼泽、冰川和冰盖等水体中水分的总称，又称陆地水。地下水指储存在地面以下饱和岩土孔隙、裂隙及溶洞中的水。贵阳市属于岩溶地区，浅层地下水最终成为地表径流的一部分，其总量含在地表水资源量中。

水资源总量　一定区域内的水资源总量指当地降水形成的地表和地下产水量，即地表径流量与降水入渗补给量之和，不包括过境水量。

矿产资源　矿产指由地质作用形成，富集于地壳中或出露于地表达到工业利用要求的有用矿物。

Explanatory Notes on Main Statistical Indicators

Divisions of Administrative Areas refer to the division of administrative areas by the State. The constitution says that 1) the whole country is divided into provinces, autonomous regions and municipalities directly under the Central Government; 2) provinces and autonomous regions are further divided into autonomous prefectures, counties, autonomous counties and cities; 3) autonomous prefectures are further divided into counties, autonomous counties and cities; 4) counties and autonomous counties are further divided into townships, ethnic townships and towns; 5) municipalities directly under the Central Government and large cities are divided into districts and counties, 6) the State shall, when necessary, establish special administrative regions.

Climate refers to the natural environmental status formed by the long – term exchange of energy and mass between the earth and the atmosphere, and is the result of interaction of many factors. The average values across several years of meteorological factors such as temperature, rainfall and humidity are used as important parameters to describe the climate of a region, while the average values (or total values) of a given year or month of meteorological factors reflect the key characteristics of climate for that period of time.

Natural Resources refer to material resources that could be obtained from the nature by human being and used for production and living. Natural resources in general can be classified as renewable resources and non – renewable resources. Renewable resources refer to resources that could be renewed and recycled during a relatively short period of time, including land resource, water resource, climate resource, biology resource and marine resource. Non-renewable resources include resources that could not be renewed, such as minerals and geothermal resource.

Territory refers to territorial land, sea and air space under the administration of the People' s Republic of China.

Area of Cultivated Land refers to area of land reclaimed for the regular cultivation of various farm crops, including crop-cover land, fallow, newly reclaimed land and land laid idle for less than 3 years.

Forest Area refers to wooded area, i. e. the area of forest where trees and bamboo grow with a canopy density above 0.2 (inclusive) or a crown width above 10 meters, including natural and planted coniferous forest, broad – leaved forest, mixed forest, and bamboo groves, but excluding shrubbery and open forest.

Forest Coverage Rate refers to the ratio of area of afforested land to total land area. It is a very important indicator that reflects the status of abundance of forest resource and balance of the ecosystem. Forest land includes the area of trees and bamboo growing with a canopy density above 0.2, the area of shrubby trees according to regulations of the government, the area of forest land inside farm land and the area of trees planted by the side of villages, farm houses and along roads and rivers. The formula for calculating forest coverage rate is as follows:

$$\text{Forestry coverage rate (\%)} = \frac{\text{Area of Afforested Land}}{\text{Area of Total Land}} \times 100\%$$

Temperature refers to the air temperature. China uses centigrade as the unit. The thermometry used for weather observation is put in a breezy shutter, which is 1.5 meters high from the ground. Therefore, the commonly used temperature refers to the temperature in the breezy shutter 1.5 meters away from the ground. The calculation method is as follows:

Monthly average temperature is the summation of average daily temperature of one month divided by the actual days of that particular month.

Annual average temperature is the summation of monthly average of a year divided by 12 months.

Relative Humidity refers to the ratio of actual water vapour pressure to the saturation water vapour density under the current temperature. The calculation method is the same as that of temperature.

Volume of Precipitation refers to the deepness of liquid state or solid state (thawed) water falling from the sky to the ground that has not been evaporated, infiltrated or run off. The calculation method is as follows:

Monthly precipitation is the summation of daily precipitation of a month.

Annual precipitation is the summation of 12 months precipitation of a year.

Sunshine Hours refer to the actual hours of sun irradiating the earth. The calculation method is the same as that of the precipitation.

Water Resource Water exists in the nature in solid, liquid and gaseous states, is distributed in the ocean, land (including earth) and air, and constitutes the water resource through the circulation of water. Water resource includes surface water and ground water that is controlled by the human being for irrigation, power – generation, water supply, navigation and cultivation. It also includes rivers, lakes, wells, springs, tides, gulf and water area for cultivation. Water resource as an important natural resource is indispensable for the development of the national economy.

Surface Water and Ground Water Water on earth can be divided into surface water and ground water according to its distribution. Surface water refers to different forms of water existing in rivers, lakes, swamps, glaciers, icecaps and so on. It is also called land water. Ground water refers to water deposited underground in crannies and holes of saturated rock soil and in water – eroded caves. Guiyang city belongs to the karst area, shallow groundwater eventually become a part of surface runoff, the total amount of the surface water resources.

Total Water Resources refer to total volume of water resources measured as run – off for surface water from rainfall and recharge for groundwater in a given area, excluding transit water.

Mineral Resources refer to useful minerals that can be used for industrial or agricultural purposes enriched in lithosphere or on earth surface due to geological processes.

2

Two

综　合

General Survey

2-1 国民经济主要指标及增长速度
Main Indicators of National Economy and Growth Rate

指 标	Item	2015	2016	2017	2018	2019	2019年比2018年增长(%) Growth Rate in 2019 over 2018 (%)
年末总人口(常住半年及以上) (万人)	Population at Year-end(half year and above) (10 000 persons)	462.18	469.68	480.20	488.19	497.14	1.8
年平均人口(常住半年及以上) (万人)	Annual Average Population(half year and above) (10 000 persons)	458.89	465.93	474.94	484.20	492.67	1.7
人口密度(人/平方公里)	Population Density (person/sq. km)	574.61	583.93	597.01	606.95	618.07	1.8
生产总值(现价) (万元)	GDP(current Price) (10 000 yuan)	28911581	31577001	35379637	37249700	40396000	7.4
第一产业 (万元)	Primary Industry (10 000 yuan)	1298860	1371360	1473307	1531100	1613400	5.6
第二产业 (万元)	Secondary Industry (10 000 yuan)	11085216	12187910	13751804	13747500	14954100	8.2
工 业 (万元)	Industry (10 000 yuan)	7141495	7713303	8725688	8178300	8690000	6.5
建筑业 (万元)	Construction (10 000 yuan)	3943721	4474608	5026116	5580800	6276700	11.0
第三产业 (万元)	Tertiary Industry (10 000 yuan)	16527505	18017731	20154526	21971100	23828500	7.0
人均生产总值 (元)	Per Capita GDP (yuan)	63003	67772	74493	76931	81995	5.6
规模以上工业增加值增速 (%)	Industrial Added Value of Enterprises Above Ddsignated Siza (%)	10.2	9.9	9.7	7.4	6.3	-1.1个百分点
农林牧渔业总产值(当年价) (万元)	Gross Output Value of Agriculture, Forestry, Animal Husbandry and Fishery (current price) (10 000 yuan)	2004103	2256078	2479970	2562556	2701975	5.8
固定资产投资总额增速 (%)	Total Investment in Fixed Assets (%)	-	20.5	18.1	15.0	1.5	-13.5个百分点
社会消费品零售总额 (万元)	Total Retail Sales of Consumer Goods (10 000 yuan)	10601690	11953393	13352766	12994714	13804074	6.2
建筑业总产值(当年价) (万元)	Gross Output Value of Construction (current price) (10 000 yuan)	12801900	15621000	18360977	20470800	23144700	13.1
财政总收入 (万元)	General Financial Revenue (10 000 yuan)	7232965	7177007	7828488	9032558	9013499	-0.2
#一般公共预算收入 (万元)	Public Budgetary Revenue (10 000 yuan)	3741476	3663178	3778473	4113402	4172610	1.4
#税收收入 (万元)	Tax Revenue (10 000 yuan)	3018866	2837769	2964789	3198440	3173773	-0.8
一般公共预算支出 (万元)	Public Budgetary Expenditure (10 000 yuan)	5035189	5252621	5824776	6242193	7188224	15.2
进出口总额 (万美元)	Total Value of Imports and Exports (10 000 USD)	912149	392747	299156	349380	415115	18.8
金融机构本外币住户存款余额 (万元)	Saving Deposits of Urban and Rural Households (10 000 yuan)	22629124	25054136	26633626	28539446	31814656	11.5
在岗职工平均工资 (元)	Average Wage of On-post Staff (yuan)	63949	68453	73939	82685	92650	12.1
城镇常住居民人均可支配收入 (元)	Per Capita Disposable Income of Urban Households (yuan)	27241	29502	32186	35115	38240	8.9
农村常住居民人均可支配收入 (元)	Per Capita Disposable Income of Rural households (yuan)	11918	12967	14264	15648	17275	10.4

注:1)本表绝对数为当年价格,增长速度按可比价格和可比口径计算;
2)城镇(农村)常住居民人均可支配收入为名义增长;
3)在岗职工平均工资为城镇非私营单位口径,包含劳务派遣人员。
4)2018年生产总值、社会消费品零售总额为按全国第四次经济普查结果调整。
5)2018年进出口总额与2017年不可比。

a) The absolute figures in this table are calculated at current prices, whereas the growth rates are calculated at comparable prices and comparable standards.
b) Annual per capita disposable income of urban household and rural household is nominal growth.
c) Average wage of employed persons in urban non-private units, and includs wage of dispatched persons.
d) The data of GDP and total retail sales of consumer goods in 2018 is adjusted according to the results of the forth national economic census.
e) The data of total value of imports and exports of 2018 are incomparable with those of 2017.

2－2 国民经济主要指标结构
The Ratio between the Main Indicators of the National Economy

单位：(%)

指　　标	Item	2015	2016	2017	2018	2019
生产总值三次产业	**GDP of Three Industries**					
第一产业	Primary Industry	4.5	4.3	4.2	4.1	4.0
第二产业	Secondary Industry	38.3	38.6	38.9	36.9	37.0
第三产业	Tertiary Industry	57.2	57.1	57.0	59.0	59.0
年末常住人口	**Permanent Residentsat Year－end**					
按城镇、乡村	Grouped by Residence					
城　镇	Urban Population	73.3	74.2	74.8	75.4	76.1
乡　村	Rural Population	26.8	25.8	25.2	24.6	23.9
按性别	Groupedby Gender					
男	Male	51.4	51.2	51.0	51.2	51.5
女	Female	48.7	48.8	49.0	48.8	48.5
农林牧渔业增加值比例（现价）	**Added Value Proportion of Agriculture, Forestry, Animal Husbandry and Fishery (current price)**					
农　业	Agriculture	66.9	66.8	67.5	70.4	72.1
林　业	Forestry	0.6	0.6	0.7	1.0	1.0
牧　业	Animal Husbandry	24.9	25.3	24.7	22.0	20.1
渔　业	Fishery	1.1	1.1	1.1	0.2	0.3
农林牧渔专业及辅助性活动	Services of Agriculture, Forestry, Animal Husbandry and Fishery	6.5	6.2	6.1	6.4	6.5
规模以上工业增加值中轻重工业比例	**Industrial Added Value Proportion of Light and Heavy Industry in the Enterprises Above Designated Size**					
轻工业	Light Industry	49.6	49.2	49.4	49.8	49.8
重工业	Heavy Industry	50.4	50.8	50.6	50.2	50.2
规模以上工业增加值经济类型结构	**Economic Structure of Industrial Added Value in the Enterprises Above Designated Size**					
国有企业	State－owned Enterprises	35.0	27.4	27.6	33.2	33.5
集体企业	Collective－owned Enterprises	0.3	0.2	0.2	0.1	0.2
股份合作企业	Joint—equity Cooperative Enterprises					
联营企业	Joint Ownership Enterprises					
有限责任公司	Limited Liability Companies	33.9	36.5	40.9	38.2	34.4
股份有限公司	Companies Limited by Shares	12.0	11.8	9.5	10.5	10.1
私营企业	Private Enterprises	12.8	14.9	14.9	12.4	16.6
其他企业	Other Enterprises	0.1			0.1	
港澳台投资企业	Enterprises with Funds from Hong Kong, Macao and Taiwan	2.1	4.8	4.1	1.9	3.4
外商投资企业	Enterprises with Foreign Investment	3.9	4.4	2.9	3.5	2.9

2-2 续表1 (continued)

单位:(%)

指　　标	Item	2015	2016	2017	2018	2019
建筑业总产值	**Gross Output Value of Construction**					
国有及国有控股	State - owned and State - holding Enterprises	91.2	76.7	67.6	60.6	60.6
非国有经济	Non - state - owned Economy	8.8	23.3	32.4	39.4	39.4
固定资产投资	**Investment in fixed Assets**					
第一产业	Primary Industry	3.4	4.4	2.6	2.1	2.0
第二产业	Secondary Industry	21.0	19.7	11.5	10.9	11.0
第三产业	Tertiary Industry	75.6	75.9	85.9	52.4	87.0
交通运输业	**Transportation**					
货运量	Structure of Freight Traffic					
铁　路	Railways	3.9	3.4	2.7	2.7	2.1
公　路	Highways	96.0	96.6	97.2	97.2	97.9
航　空	Aviation					
水　运	Waterways					
客运量	Structure of Passenger Traffic					
铁　路	Railways	3.0	3.3	3.5	3.8	3.7
公　路	Highways	94.9	94.3	93.8	93.6	93.5
航　空	Aviation	2.0	2.3	2.5	2.5	2.4
水　运	Waterways	0.1	0.1	0.3	0.2	0.3
金融业	**Financial Intermediation**					
金融机构人民币各项存款余额	Structure of Total Savings Deposit Balance					
#住户存款	Personal Savings Deposit	25.7	25.0	24.5	25.0	26.5
财政性存款	Fiscal Deposits	4.1	4.5	5.8	5.2	2.7
金融机构人民币贷款余额	Balance of Depositsin Financial Institutions					
#短期贷款	Short - term Loans	3.8	3.3	3.1	3.2	3.4
中长期贷款	Medium&Long - term Loans	15.55	15.88	16.58	17.24	19.01

2－2 续表2 （continued）

单位:(%)

指标	Item	2015	2016	2017	2018	2019
人民生活	**People's Living Conditions**					
城镇居民消费性支出	**Consumption Structure of Urban Residents**					
#食品烟酒	Food, Tobacco and Liquor	30.8	31.5	30.6	27.8	30.8
衣着类	Clothing	7.7	7.2	7.0	7.5	7.8
居　住	Residence	19.5	19.6	19.5	19.6	18.8
生活用品及服务	Articles for Daily Use and Services	6.8	7.1	7.0	6.5	5.8
交通通信	Transport and Communications	13.9	12.5	12.8	18.0	14.8
教育文化娱乐	Education, Culture and Recreation	14.8	14.9	14.9	11.8	12.6
医疗保健	Medicines and Medical Services	4.8	5.2	5.9	6.3	6.5
其他用品和服务	Other Articles and Services	1.8	1.9	2.3	2.4	2.9
农村居民生活消费支出	**Consumption Structure of Rural Residents**					
#食品烟酒	Food, Tobacco and Liquor	28.9	28.1	27.2	23.7	24.1
衣着类	Clothing	7.0	6.7	6.9	6.3	6.3
居　住	Residence	24.8	27.1	25.6	26.2	25.1
生活用品及服务	Articles for Daily Use and Services	6.2	6.4	6.4	5.9	5.9
交通通信	Transport and Communications	15.7	14.6	17.1	21.1	21.6
教育文化娱乐	Education, Culture and Recreation	10.7	10.8	9.8	8.4	8.4
医疗保健	Medicines and Medical Services	5.3	4.9	5.4	7.0	7.2
其他用品和服务	Other Articles and Services	1.5	1.5	1.7	1.4	1.5

2-3 贵阳市主要经济指标占全省的比重
The Proportion of Main Economic Indicators of Guiyang to Guizhou Province

指 标	Item	贵州 Guizhou Province		贵阳 Guiyang City		贵阳占全省比重(%) The Ratio of Guiyang to Guizhou Province(%)	
		2019	2018	2019	2018	2019	2018
土地面积 (平方公里)	**Area of Land (sq. km)**	**176167**	**176167**	**8043**	**8043**	**4.6**	**4.6**
年末总人口(常住半年及以上) (万人)	**Population at Year-end (half year and above) (10 000 persons)**	**3622.95**	**3600.00**	**497.14**	**488.19**	**13.7**	**13.6**
生产总值 (亿元)	**GDP (100 million yuan)**	**16769.34**	**14806.45**	**4039.60**	**3724.97**	**24.1**	**25.2**
第一产业 (亿元)	Primary Industry (100 million yuan)	2280.56	2159.54	161.34	153.11	7.1	7.1
第二产业 (亿元)	Secondary Industry (100 million yuan)	6058.45	5755.54	1495.41	1374.75	24.7	23.9
#工 业 (亿元)	Industry (100 million yuan)	4545.97	4378.91	869.00	817.83	19.1	18.7
第三产业 (亿元)	Tertiary Industry (100 million yuan)	8430.33	6891.37	2382.85	2197.11	28.3	31.9
人均生产总值 (元)	Per Capita GDP (yuan)	46433	41244	81995	76931	-	-
财政、金融	**Finance**						
财政总收入 (亿元)	General Financial Revenue (100 million yuan)	3051.52	2973.36	901.35	903.26	29.5	30.4
#一般公共预算收入 (亿元)	Public Budgetary Revenue (100 million yuan)	1767.47	1726.85	417.26	411.34	23.6	23.8
一般公共预算支出 (亿元)	Public Budgetary Expenditure (100 million yuan)	5948.74	5029.68	718.82	624.22	12.1	12.4
金融机构人民币各项存款余额 (亿元)	Total Deposits of Financial Institutions (100 million yuan)	27170.60	26473.34	11936.17	11357.44	43.9	42.9
#住户存款余额 (亿元)	Household Balance (100 million yuan)	11527.25	10588.61	3164.12	2835.74	27.5	26.8
金融机构人民币各项贷款余额 (亿元)	Loan Balance of Financial Institutions (100 million yuan)	28448.73	24715.05	14057.59	12412.75	49.4	50.2
固定资产投资	**Investment in Fixed Assets**						
固定资产投资总额增长 (%)	Investment in Fixed Assets (%)	1.0	15.8	1.5	15.0	-	-
#工 业 (%)	Industry (%)	32.6	13.1	2.0	10.5	-	-

注:固定资产投资中的工业投资不含工业园区基础设施投资。
Industrial investment in fixed assets investment excludes infrastructure investment of industrial parks.

2-3 续表 (continued)

指 标	Item	贵州 Guizhou Province 2019	贵州 Guizhou Province 2018	贵阳 Guiyang City 2019	贵阳 Guiyang City 2018	贵阳占全省比重(%) The Ratio of Guiyang to Guizhou Province(%) 2019	贵阳占全省比重(%) The Ratio of Guiyang to Guizhou Province(%) 2018
国内外贸易	**Domestic and Foreign Trade**						
社会消费品零售总额增长 (%)	Total Retail Sales of Consumer Goods (100 million yuan)	5.1	10.2	6.2	8.0	-	-
进出口总额 (万美元)	Total Value of Imports and Exports (10 000 USD)	657358	760286	415115	349380	63.2	46.0
出 口 (万美元)	Imports (10 000 USD)	474028	512339	304476	251496	64.2	49.1
进 口 (万美元)	Exports (10 000 USD)	183329	247947	110639	97884	60.4	39.5
实际利用外资 (万美元)	**Total Amount of Foreign Investment Actually Utilized (10 000 USD)**	**474403**	**448582**	**178000**	**158906**	**37.5**	**35.4**
旅 游	**Tourism**						
海外旅游人数 (万人次)	Number of Overseas Visitors (10 000 person - times)	161.31	146.55	70.99	54.06	44.0	36.9
国内旅游人数 (万人次)	Number of Domestic Visitors (10 000 person - times)	113365.00	96711.56	22830.21	18792.19	20.1	19.4
旅游外汇收入 (万美元)	Foreign Exchange Earnings from International Tourism (10 000 USD)	34503.00	31762.59	35569.55	23359.56	-	-
国内旅游收入 (亿元)	Earnings from Domestic Tourism (100 million yuan)	12296.03	9449.58	3074.31	2440.44	25.0	25.8
教育、文化、卫生	**Education, Culture and Health Care**						
专任教师数 (万人)	Full - time Teachers (10 000 persons)	55.73	54.62	8.46	7.99	15.2	14.6
在校学生数 (万人)	Students Enrollment (10 000 persons)	957.35	937.06	154.10	146.82	16.1	15.7
医院、卫生院数 (个)	Number of Hospitals, Health Centers (unit)	2708	2705	267	268	9.9	9.9
医院、卫生院床位数 (张)	Number of Beds of Hospitals, Health Centers (bed)	250701	232701	37125	34669	14.8	14.9
医生数 (人)	Number of Doctors (person)	89784	81476	19781	17794	22.0	21.8
城镇常住居民人均可支配收入 (元)	Per Capita Disposable Income of Urban Households (yuan)	34404	31592	38240	35515	-	-
农村常住居民人均可支配收入 (元)	Per Capita Disposable Income of Rural Households (yuan)	10756	9716	17275	15648	-	-

注:医生数指执业医生和执业助理医生。
The number of doctors refers to licensed doctors and assistant doctors.

2-4 全市基本情况

指　　标		Item		2015 全 市 The Whole City	2015 市辖区 Municipal District
行政区划、人口、劳动力及土地面积		**Divisions of Administrative Areas, Population, Labour and Land Area**			
行政区数	(个)	Number of Administrafive Districts	(unit)	6	
行政县数	(个)	Number of Countries	(unit)	3	
行政县级市数	(个)	Number of Cities at County Level	(unit)	1	
年末总人口(公安户籍)	(万人)	Total Population at Year-end (Public Security Registration)	(10 000 persons)	391.79	236.15
年末常住人口(常住半年及以上)	(万人)	Permanent Residents at Year-end (half year and above)	(10 000 persons)	462.18	328.54
年平均常住人口(常住半年及以上)	(万人)	Annual Average Permanent Residents(half year and above)	(10 000 persons)	458.89	326.33
从业人员期末人数(城镇非私营单位)	(万人)	Engaged Persons at Year-end (urban area)	(10 000 persons)	104.02	92.56
第一产业	(万人)	Primary Industry(Agriculture, Forestry, Animal Husbandry and Fishery)	(10 000 persons)	0.15	0.05
第二产业	(万人)	Secondary Industry	(10 000 persons)	53.10	47.41
第三产业	(万人)	Tertiary Industry	(10 000 persons)	50.77	45.10
年末城镇登记失业人员数	(人)	Registrated Unemployment in Urban Area at Year-end	(person)	35281	
行政区域土地面积	(平方公里)	Land Area in Administrative Area	(sq. km)	8043.37	2525.46
建成区面积(中心城区)	(平方公里)	Built-up Area (Downtown)	sq. km		
地表水资源总量	(亿立方米)	Annual Average Surface Water Resources	(100 million cu. m)		
综合经济		**General Economy**			
生产总值(当年价格)	**(万元)**	**Gross Domestic Product (current price)**	**(10 000 yuan)**	**28911581**	**22275776**
第一产业增加值	(万元)	Added Value of Primary Industry	(10 000 yuan)	1298860	446274
第二产业增加值	(万元)	Added Value of Secondary Industry	(10 000 yuan)	11085216	7667114
第三产业增加值	(万元)	Added Value of Tertiary Industry	(10 000 yuan)	16527505	14162388
人均生产总值(常住人口平均)	(元)	Per Capita GDP (permanent resident average)	(yuan)	63003	68264
生产总值增长率	(%)	Growth Rate of Gross Domestic Product	(%)	12.5	9.9
人均生产总值增长率	(%)	Growth Rate of Per Capita GDP	(%)	11.3	8.3
人均生产总值(户籍人口平均)	(元)	Per Capita GDP(registered permanent residence average)	(yuan)	74640	95427
财政、金融、保险		**Government Finance, Banking and Insurance**			
一般公共预算收入	(万元)	Public Budgetary Revenue	(10 000 yuan)	3741476	2028043
#各项税收	(万元)	Taxes	(10 000 yuan)	3018866	1717029
#企业所得税	(万元)	Corporate Income Tax	(10 000 yuan)	304043	147280
个人所得税	(万元)	Individual Income Tax	(10 000 yuan)	119133	67534

注:1)建成区面积不含三县一市,由市自然资源和规划局提供。
2)2018 年生产总值数据根据第四次全国经济普查结果修订。

a) The built-up area does not include Qingzhen, Xifeng, Xiuwen and Kaiyang. The data is provided by Guiyang Municipal Bureau of Naturd Resources and Planning.

b) The data of gross domestic product is revised according to the forth national economic census.

Basic Situation of Guiyang

2016		2017		2018		2019	
全 市 The Whole City	市辖区 Municipal District	全 市 The Whole City	市辖区 Municipal District	全 市 The Whole City	市辖区 Municipal District	全 市 The Whole City	市辖区 Municipal District
6		6		6		6	
3		3		3		3	
1		1		1		1	
401.35	244.86	408.31	250.54	418.45	258.89	427.83	266.80
469.68	333.89	480.20	341.07	488.19	347.40	497.14	354.43
465.93	331.22	474.94	337.48	484.20	344.23	492.67	350.92
105.74	93.64	109.06	98.35	106.33	95.50	107.82	
0.14	0.03	0.14	0.03	0.17	0.06	0.11	
53.79	48.10	54.47	50.45	51.86	47.53	49.21	
51.81	45.50	54.45	47.86	54.30	47.91	58.50	
35103		34971	26691	34951			
8043.37	2525.46	8043.37	2525.46	8043.37	2525.46	8043.37	2525.46
					433		440
32.55		52.65		48.08		47.86	
31577101	**24036527**	**35379637**	**26760750**	**37249700**	**29782130**	**40396000**	**32514200**
1371360	453418	1473307	484333	1531100	490148	1613400	457795
12187910	8400331	13751804	9419298	13747500	10556618	14954100	11788505
18017731	15182778	20154526	16857119	21971100	18735364	23828500	20267900
67772	72571	74493	79295	76391	86518	81995	92654
11.7	12	11.3	11.7	–	–	7.4	8.4
10.1	10.7	9.2	10.1				
79626	99939.8	87394	108037	90110	116922	95467	123701
3663181	2011755	3778473	2068932	4113402	2202067	4172610	2157774
2837769	1601014	2964789	1726419	3198440	1888042	3173773	1848411
283594	123821	370425	195099	462944	276503	464344	252008
118824	66149	160189	90070	277030	174823	141141	86321

2-4 续表1

指标		Item		2015 全市 The Whole City	2015 市辖区 Municipal District
一般公共预算支出	(万元)	Public Bedgetary Expenditure	(10 000 yuan)	5035189	2624723
#一般公共服务支出	(万元)	Expenditure for General Public Services	(10 000 yuan)	723700	459385
科学技术支出	(万元)	Expenditure for Science and Technology	(10 000 yuan)	145535	90755
教育支出	(万元)	Expenditure for Education	(10 000 yuan)	986633	506192
文化体育与传媒支出	(万元)	Expenditure for Culture, Sport and Media	(10 000 yuan)	79771	25131
社会保障和就业支出	(万元)	Expenditure for Social Security and Employment Effort	(10 000 yuan)	346245	159603
卫生健康支出	(万元)	Expenditure for Medical and Health Care	(10 000 yuan)	394605	145878
城乡社区事务支出	(万元)	Expenditure for Urban and Rural Community Affairs	(10 000 yuan)	466461	324164
交通运输支出	(万元)	Expenditure for Transportation	(10 000 yuan)	84778	13000
节能环保支出	(万元)	Expenditure for Environment Protection	(10 000 yuan)	166989	77742
年末金融机构各项存款余额(人民币)	(亿元)	Deposits of Financial Institutions at Year-end (RMB)	(100 million yuan)	8772.22	8342.38
#住户存款	(亿元)	Saving Deposits of Urban and Rural Households	(100 million yuan)	2036.53	1936.74
年末金融机构各项贷款余额(人民币)	(亿元)	Loans of Financial Institutions at Year-end	(100 million yuan)	7875.58	7521.18
保费收入	(万元)	Premium	(10 000 yuan)	956077	
财产险	(万元)	Property Insurance	(10 000 yuan)	505967	
人身险	(万元)	Life Insurance	(10 000 yuan)	450111	
赔款、给付	(万元)	Payment of Claims	(10 000 yuan)	397024	
财产险	(万元)	Property Insurance	(10 000 yuan)	257599	
人身险	(万元)	Life Insurance	(10 000 yuan)	139425	
农业		**Agriculture**			
蔬菜及食用菌产量	(万吨)	Output of Vegetables and Edible Mushrooms	(10 000 tons)	250.32	92.30
园林水果产量	(万吨)	Output of Garden Fruits	(10 000 tons)	17.62	7.07
肉类总产量	(万吨)	Output of Meat	(10 000 tons)	15.75	3.87
牛奶产量	(吨)	Output of Milk	(ton)	49560	4461
水产品产量	(吨)	Output of Aquatic Products	(ton)	10227	962
工业		**Industry**			
规模以上工业企业数	(个)	Number of Industrial Enterprises	(unit)	580	347

注:农业2017年数据为第三次全国农业普查最终修订数。

(continued)

2016		2017		2018		2019	
全 市 The Whole City	市辖区 Municipal District	全 市 The Whole City	市辖区 Municipal District	全 市 The Whole City	市辖区 Municipal District	全 市 The Whole City	市辖区 Municipal District
5252621	2714818	5824776	3066872	6242193	3347598	7188224	3961188
742574	469292	780771	493915	924438	626017	1118827	712207
172621	105499	166542	107430	247794	192669	284573	227625
992693	516719	1047672	533727	1210969	609199	1268289	643253
78916	32415	79356	36951	74503	37412	83109	39052
389449	185677	542986	249381	534794	243818	541966	239600
393314	154386	425028	143484	451189	167937	497185	159180
508370	352756	729676	505909	809155	548944	1316445	981940
67798	17224	101938	11943	167636	35358	102023	24053
126349	66258	186122	109178	163334	89231	189969	81142
9928.30	9393.97	10814.51	10188.99	11357.44	10668.38	11936.17	11205.70
2486.07	2351.83	2646.09	2332.99	2835.74	2492.85	3164.12	2784.43
9153.20	8734.95	10403.12	9885.72	12412.75	11723.13	14057.59	13235.55
1143483		1425863		1615282		1805778	
577687		683071		785625		855899	
565796		742793		829657		949879	
453873		495900		601456		601956	
301510		347879		412604		463404	
152362		148022		188852		138552	
263.47	86.95	206.32		237.28		250.32	
19.40	6.81	24.21		31.78		32.83	
15.19	2.97	12.48		13.00		12.64	
55787	6555	39800		38021		46528	
9560	719	9821		2316		3378	
691	411	743		772	474	758	448

The 2017 agricultural data are the final revision of the third national agricultural census.

2－4 续表2

指　　标		Item		2015 全 市 The Whole City	2015 市辖区 Municipal District
内资企业	（个）	Domestic－funded Enterprises	(unit)	541	319
国有企业	（个）	State－owned Enterprises	(unit)	39	33
私营企业	（个）	Private Enterprises	(unit)	163	70
港、澳、台商投资企业	（个）	Enterprises with Funds from Hong Kong, Macao and Taiwan	(unit)	18	14
外商投资企业	（个）	Enterprises with Foreign Investment	(unit)	21	14
工业总产值增长	（%）	Growth of Gross Industrial Output Value	(%)	10.7	
工业增加值增长	（%）	Growth of Industrial Value Added	(%)	9.7	
内资企业	（%）	Domestic－funded Enterprises	(%)	10.5	
国有企业	（%）	State－owned Enterprises	(%)	3.0	
私营企业	（%）	Private Enterprises	(%)	36.7	
港、澳、台商投资企业	（%）	Enterprises with Funds from Hong Kong, Macao and Taiwan	(%)	20.7	
外商投资企业	（%）	Enterprises with Foreign Investment	(%)	－9.5	
从业人员年平均人数	（万人）	Avarage Annual Employed Persons	(10 000 persons)	19.51	
流动资产合计	（亿元）	Total Current Assets	(100 million yuan)	1566.38	
主营业务收入	（亿元）	Revenue from Principal Business	(100 million yuan)	2767.40	
主营业务成本	（亿元）	Cost of Principal Business	(100 million yuan)	2116.20	
主营业务税金及附加	（亿元）	Tax and Extra Charges from Principle Business	(100 million yuan)	110.86	
本年应交增值税	（亿元）	Value－added Tax Payable	(100 million yuan)	92.45	
利润总额	（亿元）	Total Profits	(100 million yuan)	267.72	
交通运输、邮电通信、能源电力		**Transportation, Postal and Telecommunication Services, Energy and Electric Power**			
民用车辆拥有量	（辆）	Possession of Civil Vehicles	(unit)	1190626	
#个人车辆拥有量	（辆）	Private Vehicles	(unit)	1072832	
民用汽车拥有量	（辆）	Possession of Civil Vehicles	(unit)	916740	
#个人汽车拥有量	（辆）	Possession of Private Vehicles	(unit)	800380	

(continued)

2016		2017		2018		2019	
全 市 The Whole City	市辖区 Municipal District	全 市 The Whole City	市辖区 Municipal District	全 市 The Whole City	市辖区 Municipal District	全 市 The Whole City	市辖区 Municipal District
655	383	715	432	733	445	722	420
31	29	22	19	27	23	17	14
250	122	327	162	323	154	377	189
19	9	18	12	19	12	16	11
17	12	14	10	20	17	20	17
11.6		8.8		5.3	3.4	5.3	
9.9		9.7		7.4	5.5	6.3	
6.1		13.3		7.4	5.8	4.2	
-14.8		2.2		11.9	10.1	8.5	
28.2		24.1		5.0	10.3	4.9	
159.8		-17.3		2.4	5.8	16.9	
20.2		-36.0		-1.3	-1.9	-1.4	
19.51		18.53		26.27	11.76	16.70	
1566.38		1705.14		1799.47	1137.05	1875.83	
2767.40				2160.52	1259.92	2368.58	
2116.20		2750.11		1545.15	800.57	1605.42	
110.86		2148.60		123.99	116.47	255.36	
92.45		114.03		80.08	57.29	106.75	
267.72		85.33		206.20	172.78	198.31	
1190626		1314018		1492425		1687111	
1072832		1192524		1360002		1539785	
916740		995522		1157420		1341511	
800380		875986		1027333		1197035	

2-4 续表3

指 标		Item		2015 全 市 The Whole City	2015 市辖区 Municipal District
铁路客运量	（万 人）	Passenger Traffic of Railways	（10 000 persons）	2019	
铁路货运量	（万 吨）	Freight Traffic of Railways	（10 000 tons）	1264	
公路客运量（全社会）	（万 人）	Passenger Traffic of Highways（in the Whole City）	（10 000 persons）	63580	
公路货运量（全社会）	（万 吨）	Freight Traffic of Highways（in the Whole City）	（10 000 tons）	30915	
境内公路里程	（公 里）	Length of Highways	（km）	9847	
#境内等级公路里程	（公 里）	Length of Class I to IV Highways	（km）	8992	
#境内高速公路里程	（公 里）	Length of Expressways	（km）	449	
水运客运量（全社会）	（万 人）	Passenger Traffic of Waterways（in the Whole City）	（10 000 persons）	46.24	
水运货运量（全社会）	（万 吨）	Freight Traffic of Waterways（in the Whole City）	（10 000 tons）	4.34	
内河航道通航里程	（公 里）	Length of Navigable Inland Waterways	（km）	513	
#六级以上航道	（公 里）	Inland Waterways above Class VI	（km）	243	
民用航空货邮运量	（吨）	Freight Traffic of Civil Aviation	（ton）	87200	
民用航空客运量	（万 人）	Passenger Traffic of Civil Aviation	（10 000 person）	1325	
年末邮政局（所）数	（处）	Number of Postal Offices at Year-end	（unit）	187	
邮政业务收入	（万 元）	Business Revenue of Postal Services	（10 000 yuan）	105390	
电信业务收入	（万 元）	Business Revenue of Telecommunication Services	（10 000 yuan）	575072	
固定电话用户年末用户数	（万 户）	Subscribers of Fixed Telephone at Year-end	（10 000 households）	97.04	
移动电话年末用户数	（万 户）	Subscribers of Mobile Telephone at Year-end	（10 000 households）	856.63	
#4G移动电话用户	（万 户）	4G Mobile Phone Subscribers	（10 000 households）	-	
互联网宽带接入用户数	（万 户）	Subscribers of Internet Broadband Access	（10 000 households）	116.15	
全年用电量	（亿千瓦时）	Electricity Consumption of theWhole Year	（100 million kwh）	239.85	
#工业用电	（亿千瓦时）	Industrial Electricity Consumption	（100 million kwh）	157.07	
城乡居民生活用电	（亿千瓦时）	Households Electricity Consumption	（100 million kwh）	54.91	
内外贸易、外经、旅游		**Foreign Trade, Economy and Tourism**			
社会消费品零售总额	（万 元）	Total Retail Sales of Consumer Goods	（10 000 yuan）	13538364	
限额以上批发零售贸易业商品销售总额	（万 元）	Total Sales Value of Enterprises above Designated Size of Wholesale and Retail Trade	（10 000 yuan）	18439332	10304647
限额以上批发零售贸易企业数（法人数）	（个）	Number of Enterprises above Designated Size of Wholesale and Retail Trades	（unit）	547	463
#零售业	（个）	Retail Trade	（unit）	351	281
限额以上批发零售贸易业企业财务		Finances of Enterprises of Wholesale and Retail Trades above Designated Size			
流动资产合计	（万 元）	Total Current Assets	（10 000 yuan）	9902859	9582797
固定资产合计	（万 元）	Total Fixed Assets	（10 000 yuan）	478039	452905

(continued)

2016		2017		2018		2019	
全 市 The Whole City	市辖区 Municipal District	全 市 The Whole City	市辖区 Municipal District	全 市 The Whole City	市辖区 Municipal District	全 市 The Whole City	市辖区 Municipal District
2204		2553		3102		3352	
1313		1246		1470		1264	
62385		68522		76415		83823	
37355		44839		52451		60082	
10102		10342		10372		10034	
9477		9791		9848			
549		603		612		611	
72.00		184.06		148.02		299.08	
7.53		12.16		14.01		13.83	
513		513		513		513	
316		316		316		316	
95900		102400		112396		120110	
1511		1811		2009		2191	
187	124	187		187		187	
156984		200300		237278		279545	
595877		636276		683391		676987	
87.52		83.85		78.21		75.77	
655.89		748.95		804.94		819.25	
385.68		497.66		569.03		646.00	
123.65		145.60		190.52		193.78	
236.74		249.61		257.77		287.65	
143.38		145.82		139.23		153.16	
60.39		66.00		60.60		68.03	
15427633		17417921		19014470		20528549	
18138177	17225148	21111394	18863222	21982042	20895560	25268227	
536	443	567	461	605	498	629	
360	283	337	254	347	271	349	
9090031	8757820	9473973		10703634	10176561	11906344	
501063	456314	732764		611781	556106		

2-4 续表4

指标		Item		2015 全市 The Whole City	2015 市辖区 Municipal District
主营业务收入	(万元)	Revenue from Principal Business	(10 000 yuan)	16425984	15604706
主营业务成本	(万元)	Cost of Principal Business	(10 000 yuan)	15195884	14456334
主营业务税金及附加	(万元)	Tax and Extra Charges from Principal Business	(10 000 yuan)	144540	136904
本年应交增值税	(万元)	Value - added Tax Payable	(10 000 yuan)	360530	353953
利润总额	(万元)	Total Profits	(10 000 yuan)	267237	255176
进出口额(外贸数)	(万美元)	Total Value of Imports and Exports	(10 000 USD)	912149	
进口额	(万美元)	Total Imports	(10 000 USD)	122417	
出口额	(万美元)	Total Exports	(10 000 USD)	789732	
外国和港澳台地区在华直接投资		Direct Investments from Foreign Countries, Hong Kong, Macao and Taiwai			
当年新签项目(合同)个数	(个)	New Contracts	(unit)	30	14
合同引资额	(万美元)	Contracted Capital	(10 000 USD)	63213	
当年实际利用外资金额	(万美元)	Total Amount of Foreign Investment Actually Utilized	(10 000 USD)	92740	59673
海外游客人数(含一日游游客)	(人次)	Overseas Tourists (including one - day tour tourists)	(person - times)	158469	
#外国人	(人次)	Foreigners	(person - times)	71960	
港、澳、台同胞	(人次)	Chinese Compatriots from Hong Kong, Macao and Taiwai	(person - times)	86509	
旅游(外汇)收入	(万美元)	Foreign Exchange Earnings from Tourism	(10 000 USD)	6034.70	
星级饭店数	(个)	Number of Star - rated Hotels	(unit)	59	
固定资产投资		**Investment in Fixed Assets**			
固定资产投资总额增长	(%)	Growth of Total Investment in Fixed Assets	(%)	15.1	
#房地产开发投资	(%)	Real Estate Development	(%)	1005.00	960.61
#住宅	(%)	Residential Buildings	(%)	586.45	560.30
全年新增固定资产增长	(%)	Growth of Newly Increased Fixed Assets This Year	(%)	2148.53	
本年施工住宅面积增长	(%)	Growth of Floor Space under Construction This Year	(%)	4947.98	
本年竣工住宅面积增长	(%)	Growth of Floor Space Completed This Year	(%)	1119.26	
房地产		Real Estate			
商品房屋销售面积	(万平方米)	Floor Space of Commercialized Buildings Sold	(10 000 sq. m)	968.17	892.93
#住宅	(万平方米)	Residential Buildings	(10 000 sq. m)	798.25	732.36
#高档别墅公寓	(万平方米)	Villas, High - grade Apartments	(10 000 sq. m)	7.39	7.39
商品房屋销售额	(亿元)	Total Sale of Commercialized Buildings	(100 million yuan)	581.37	553.43
#住宅	(亿元)	Residential Buildings	(100 million yuan)	394.94	376.34
#高档别墅公寓	(亿元)	Villas, High - grade Apartments	(100 million yuan)	7.58	7.58
待售面积	(万平方米)	Floor Space of Commercialized Buildings for Sale	(10 000 sq. m)	400.00	385.48

(continued)

2016		2017		2018		2019	
全 市 The Whole City	市辖区 Municipal District	全 市 The Whole City	市辖区 Municipal District	全 市 The Whole City	市辖区 Municipal District	全 市 The Whole City	市辖区 Municipal District
15913279	15072312	18421864		19389890	18485483	22508746	
14626716	13915427	16865729		17622582	16827513	20586180	
146269	138075	157437		154542	151518	173276	
201520	189977	328784		325572	316956	228665	
314152	247019	483408		515222	484707	687336	
392747		299156		349380		415115	
63964		72009		97884		110639	
328783		227146		251496		304476	
19	13	33		52		43	
11423		192227		334002		115742	
111988	72045	134540	86565	158906	91108	178000	97600
183685		409538		540590		709921	
82622		210015		292392		402263	
101063		199523		248198		307658	
7902.86		18562.96		23359.56		35569.55	
56		48		45		46	
20.5		18.1		15.0		1.5	
927.32	865.91	10.7		-3.9		19.3	
493.33	456.74	20.9		7.4		14.5	
1861.10		26.9		-2.6		-45.3	
4271.67		-10.8		1.4		9.6	
825.09		-66.4		-32.0		-47.0	
988.57	874.81	1077.88	953.43	1118.97	910.18	1099.95	
832.78	732.10	877.61	771.28	947.51	751.73	868.77	
26.21	25.54	26.73	26.66	13.07	8.75		
587.47	546.09	780.00	723.55	1044.89	932.66	1152.75	
447.98	417.48	572.08	533.07	835.63	735.22	853.76	
21.78	21.11	39.44	39.40	19.70	14.64		
270.59	236.32	234.59	212.97	234.59	147.56	106.68	

2-4 续表5

指标	Item	2015 全市 The Whole City	2015 市辖区 Municipal District
教育、科技、文化、卫生	**Education, Technology, Culture and Health Care**		
学校数	Number of Schools		
普通高等学校 (所)	Regular Institutions of Higher Education (unit)	29	5
成人高等学校 (所)	Institutions of Higher Education for Adult (unit)	2	1
中等职业教育(学校) (所)	Secondary Vocational Education(Schools) (unit)	62	31
普通中学 (所)	Regular Secondary Schools (unit)	306	233
职业中学(初中) (所)	Vocational Secondary Schools (Junior Secondary Schools) (unit)	3	1
小　学 (所)	Primary Schools (unit)	546	378
专任教师数	Full-time Teachers		
普通高等学校 (人)	Regular Institutions of Higher Education (person)	17127	2745
成人高等学校 (人)	Institutions of Higher Education for Adult (person)	332	24
中等职业教育(学校) (人)	Secondary Vocational Education(Schools) (person)	5478	1810
普通中学 (人)	Regular Secondary Schools (person)	20581	14488
职业中学(初中) (人)	Vocational Secondary Schools (Junior Secondary Schools) (person)	63	26
小　学 (人)	Primary Schools (person)	15292	10467
在校学生数	Number of Students Enrollment		
普通高等学校 (人)	Regular Institutions of Higher Education (person)	368536	56208
成人高等学校 (人)	Institutions of Higher Education for Adult (person)	7736	2139
中等职业教育(学校) (人)	Secondary Vocational Education(Schools) (person)	152876	49602
普通中学 (万人)	Regular Secondary Schools (10 000 persons)	24.57	16.52
#高　中 (万人)	Senior Secondary School (10 000 persons)	8.89	5.70
职业中学(初中) (人)	Vocational Secondary Schools (Junior Secondary Schools) (person)	670	257
小　学 (万人)	Primary Schools (10 000 persons)	33.0	23.9
初中毕业生升学率 (%)	Promotion Rate from Junior Secondary Schools to Senior Secondary Schools (%)	88.8	98.2
专利申请受理量 (件)	Number of Patents Application Accepted (case)	7194	
专利申请授权量 (件)	Number of Patents Application Granted (case)	8002	
#发　明 (件)	Inventions (case)	940	
公共图书馆个数 (个)	Number of Theaters, Music Halls and Cinemas (unit)	12	
图书总藏量 (万册、件)	Total Collections of Public Libraries (10 000 copies)	868.53	
医院、卫生院数 (个)	Number of Hospitals and Health Centers (unit)	262	176

(continued)

2016		2017		2018		2019	
全 市 The Whole City	市辖区 Municipal District	全 市 The Whole City	市辖区 Municipal District	全 市 The Whole City	市辖区 Municipal District	全 市 The Whole City	市辖区 Municipal District
32	5	34		34		34	
2	1	2	2	2	2	2	
60	30	56	49	56	49	57	
316	243	315	242	322	248	330	
2		1					
550	370	542	361	538	357	534	
19156	2331	20289		20492		20748	
334	280	326	326	353	353	342	
5463	1753	5565	5303	5199	4698	5185	
18204	12634	18492	12920	18890	16112	19313	
46		23					
18590	13183	19747	14000	21016	12381	22274	
404401	59063	419461		437600		468011	
5439	1647	5398		4394		4694	
137953	40947	129482	121185	126589	113744	116718	
23.81	16.33	23.45	16.31	23.72	16.45	23.98	
8.88	5.79	8.79		8.77		8.74	
326		195					
34.83	24.94	37.03	26.19	39.89	28.05	42.74	
83.7	90.4	91.9		95.0			
9956		14118		17850		20931	
4754		5641		9113		10770	
1236		1072		1160		972	
14		14		14		14	
999.57		1106.28		1112.34		1159.64	
260		261		268		267	

2－4 续表6

指　　标		Item		2015 全　市 The Whole City	2015 市辖区 Municipal District
医院、卫生院床位数	（张）	Number of Beds in Hospitals and Health Centers	（bed）	29124	25600
医生数	（人）	Number of Doctors	（person）	14478	12219
#医院、卫生院医生数	（人）	Number of Doctors in Hospital and Health Centers	（person）	10295	
注册护士	（人）	Registered Nurses	（person）	16951	14260
#医院、卫生院注册护士	（人）	Registered Nurses in Hospital and Health Centers	（person）	13736	
人民生活、社会保障		**People's Living Condition and Social Security**			
现住房总建筑面积	（平方米/人）	Total Floor Space of Houses	（sq. m/person）	34.28	
农民年末住房面积	（平方米/人）	Living Space at Year－end of Rural Residents	（sq. m/person）	49.87	
在岗职工平均人数	（万　人）	Average Number of On－post Staff	（10 000 persons）	93.34	80.56
在岗职工工资总额	（万　元）	Total Wage Bill of On－post Staff	（10 000 yuan）	5813417	5196084
在岗职工年平均工资	（元）	Annual Average Wage of On－post Staff	（yuan）	63949	
城镇居民家庭总收入	（元）	Total Household Income	（yuan）		
工资性收入	（元）	Income from Wages and Salaries	（yuan）		16193
经营净收入	（元）	Net Business Income	（yuan）		2354
财产净收入	（元）	Net Property Income	（yuan）		2559
转移净收入	（元）	Net Income from Transfer	（yuan）		6134
城镇常住居民人均可支配收入	（元）	Annual Per Capita Disposable Income of Urban Households	（yuan）		27241
最低20%户人均可支配收入	（元）	Lowest Annual Per Capita Disposable Income（first twenty percent group）	（yuan）		12935
最高20%户人均可支配收入	（元）	Highest Annual Per Capita Disposable Income（first twenty percent group）	（yuan）		52308
城镇常住居民人均消费支出	（元）	Per Capita Consumption Expenditure of Urban Permanent Residents	（yuan）		22532
食品烟酒	（元）	Food, Tobacco and Liquor	（yuan）		6935
衣　着	（元）	Clothing	（yuan）		1729
生活用品及服务	（元）	Daily Necessities and Service	（yuan）		1523
医疗保健	（元）	Health Care and Medical Services	（yuan）		1072
交通通信	（元）	Transportation and Communication	（yuan）		3142
教育文化娱乐	（元）	Education, Culture and Entertainment	（yuan）		3337
居　住	（元）	Residence	（yuan）		4388
其他用品和服务	（元）	Others	（yuan）		406
每百户城市居民家庭拥有：		Per 100 Rural Households Owned：			
家用电脑	（台）	Computer	（set）		65
固定电话	（部）	Fixed Telephone	（set）		55

(continued)

2016		2017		2018		2019	
全 市 The Whole City	市辖区 Municipal District	全 市 The Whole City	市辖区 Municipal District	全 市 The Whole City	市辖区 Municipal District	全 市 The Whole City	市辖区 Municipal District
30540		33312		34699		37125	
15834		16858		17794		19781	
11252		12174		12850		14190	
18333		20509		23395		26210	
15048		15865		18176		19973	
36.25		35.60		37.50		37.00	
50.63		55.30		55.70		54.56	
93.90	81.36	96.69	87.01	93.06	83.16		
6511239	5828869	7149404	6486537	7694559	6916753		
70535		73939	74549	82685	83174		
			33841		39760		43356
	17696		19135		22056		24151
	2511		2886		4261		4762
	2720		2951		3933		4312
	6575		7214		4866		5015
	29502		32186		35115		38240
	14575		14159		12532		13942
	51931		63264		80814		87005
	24335		26063		28250		29151
	7656		7987		7844		8981
	1763		1821		2113		2264
	1739		1834		1846		1689
	1271		1528		1787		1899
	3048		3336		5091		4312
	3620		3877		3347		3684
	4772		5089		5537		5472
	466		591		685		849
	55		57		65		69
	46		42		17		13

2-4 续表7

指　标		Item		2015 全市 The Whole City	2015 市辖区 Municipal District
移动电话	（部）	Mobile Telephone	(set)		196.32
电冰箱(柜)	（台）	Refrigerator(freezer)	(set)		93.72
彩色电视机	（台）	Color TV Set	(set)		104.68
家用汽车	（辆）	Automobile	(unit)		21.00
空调机	（台）	Air Condition	(set)		17.44
洗衣机	（台）	Washing Machine	(set)		96.58
居民消费价格指数(上年为100)	（%）	Consumer Price Index (100 last year)	(%)		102.3
农村常住居民人均可支配收入	（元）	Per Capita Disposable Income of Rural Households	(yuan)	11918	
养老保险参保人数	（人）	Endowment Insurance Contributors	(person)	1559556	
在职职工养老保险人数	（人）	Endowment Insurance of On-the-job Staff	(person)	1306187	
离退休养老保险人数	（人）	Retirement Endowment Insurance Contributors	(person)	253369	
基本医疗保险参保人数	（人）	Basic Medical Care Insurance Contributors	(person)	1264322	
失业保险参保人数	（人）	Unemployment Insurance Contributors	(person)	645794	
生育保险参保人数	（人）	Maternity Insurance Contributors	(person)	1077452	
工伤保险参保人数	（人）	Work Injury Insurance Contributors	(person)	827746	
城乡福利院机构数	（个）	Number of Social Welfare Homes	(unit)	78	
城乡福利院床位数	（张）	Number of Beds in Social Welfare Institutes	(bed)	9053	
居民最低生活保障线以下人数	（人）	Number of Persons under Minimum Living Standard	(person)	109660	
城镇居民	（人）	Urban Households	(person)	61381	
农村居民	（人）	Rural Households	(person)	48279	
社会治安		**Social Security**			
火灾事故死亡人数	（人）	Number of Deaths in Fire Accidents	(person)	1	
火灾事故损失额	（万元）	Economic Losses in Fire Accidents	(10 000 yuan)	413	
刑事案件立案数	（件）	Number of Criminal Cases Registered	(case)	7791	
犯罪人数	（人）	Number of Offenders	(person)	8499	

注:1)火灾为消防部门提供生产经营性火灾。
2)刑事案件立案数及犯罪人数由中级人民法院提供,犯罪人数为生效判决人数。

(continued)

2016		2017		2018		2019	
全 市 The Whole City	市辖区 Municipal District	全 市 The Whole City	市辖区 Municipal District	全 市 The Whole City	市辖区 Municipal District	全 市 The Whole City	市辖区 Municipal District
	209.77		215.70		247.68		253.30
	97.39		98.80		101.38		102.50
	104.86		105.60		106.72		107.70
	31.00		32.20		55.87		46.80
	17.61		18.30		22.72		22.60
	99.40		100.00		101.95		102.90
	101.1		101.0		101.7		102.7
12967		14264		15648		17275	
1700106		1864859		2238658		2400129	
1427615		1575898		1871787		2013102	
272491		288961		366871		387027	
1320378		1384451		1466481		1522170	
667312		745727		808085		858490	
1207282		1301986		1385748		1445776	
891942		975294		1069438		1360091	
81		91		96		98	
10177		11818		11920		11160	
102740		87546		77547		74652	
58391		50990		47434		51042	
44349		36556		30113		23610	
0		3		7		1	
1552		536		781		299	
7689		7639		6788		6090	
6757		10724		9638		7150	

a) The fire accidents are production and operation fire provided by the fire department.
b) The number of criminal cases registered and offenders are provided by the Guiyang Intermediate People's Court.

2－4 续表8

指 标	Item	2015	
		全 市 The Whole City	市辖区 Municipal District
市政公用事业	**Municipal Public Utilities**		
城市维护建设资金支出 （万 元）	Expenditure on Municipal Infrastructure （10 000 yuan）		145932
年末实有城市道路面积 （万平方米）	Area of Paved Roads（at year－end） （10 000 sq. m）		2645
排水管道长度 （公 里）	Length of City Sewage Pipes （km）		3523
供水综合生产能力 （万立方米/日）	Production Capacity of Tap Water Supply （10 000 cu. m/day）		115.64
供水总量 （万立方米）	Total Volume of Tap Water Supply （10 000 cu. m）		29633.97
售水量 （万立方米）	Total Volume of Tap Water Sold （10 000 cu. m）		22930.00
#居民生活用水量 （万立方米）	Water Consumption for Residential Use （10 000 cu. m）		14257.41
用水人口 （万 人）	Number of Residents with Access to Tap Water （10 000 persons）		355.06
煤气（人工天然气）供气总量 （万立方米）	Volume of Coal Gas Supply（artificial natural gas） （10 000 cu. m）		20500
#家庭用量 （万立方米）	Households Consumption （10 000 cu. m）		8658
用天然气人口 （万 人）	Population with Access to Natural Gas （10 000 persons）		210
液化石油气供气总量 （万 吨）	Volume of Liquefied Petroleum Gas Supply （10 000 tons）		4.20
液化石油气销售气总量 （万 吨）	Volume of Liquefied Petroleum Gas Sold （10 000 tons）		4.20
#家庭用量 （万 吨）	Households Consumption （10 000 tons）		4.20
用液化气人口 （万 人）	Number of Residents with Access to Liquefied Petroleum Gas （10 000 persons）		72
年末实有公共汽（电）车营运车辆数 （辆）	Number of Public Vehicles under Operation at Year－end （unit）		2738
全年公共汽（电）车客运总量 （万人次）	Passengers Transported by Public Vehicles in the Whole year （10 000 person－times）		57584
年末实有出租汽车数 （辆）	Actual Number of Taxies at Year－end （unit）		7849
建成区绿地面积 （公 顷）	Garden Green Land of Completed Area （hectare）		11115
建成区公园绿地面积 （公 顷）	Area of Public Greenland in Built－up Districts （hectare）		3065
建成区绿化覆盖面积 （公 顷）	Green Covered Area of Completed Area （hectare）		11533
环境保护	**Environment Protection**		
工业废水排放量 （万 吨）	Emission of Industrial Sewage （10 000 tons）		2700
工业二氧化硫排放量 （吨）	Emission of Industrial Surplur Dioxide （ton）		57192
工业固体废物综合利用率 （%）	Comprehensible Utilization Ratio of Industrial Solid Wastes （%）		48.2
生活垃圾无害化处理率 （%）	Harmless Treatment Ratio of Household Refuse （%）		95.1

(continued)

2016		2017		2018		2019	
全 市 The Whole City	市辖区 Municipal District	全 市 The Whole City	市辖区 Municipal District	全 市 The Whole City	市辖区 Municipal District	全 市 The Whole City	市辖区 Municipal District
	14379		16693		14806		
	2643		2937		2924		3040
	3424		3474		3458		3847
	143.50		151.50		154.50		174.50
	34350.09		34992.74		38352.66		40612.12
	26518.15		27121.39		29479.57		30657.12
	15943.35		24123.88		18422.70		19209.69
	360.00		375.72		430.57		485.81
	24903		30692		34285		56932
	9854		11731		14493		20500
	252		288		312		346
	4.40		4.60		4.80		5.30
	4.40		4.60		4.80		5.30
	4.40		4.60		4.80		1.40
	72		72		72		28
3265	2759	3477	3346	3350	3210	3374	3186
61994	53569	58605	56033	57227	55358	60988	55357
	8904	9497	8623	10513	9539	12862	10445
	11744		11857		13993		14096
	3601		4328		4354		4425
	12296		14684		14800		14905
	3768		4452		5854		
	40373		50631		16758		
	39.1		33.9		47.5		
	97.5		97.5		97.8		98.0

2-5 地区生产总值
Gross Domestic Product

指　　标	Item	2019 绝对数(万元) Absolute Figures (10 000 yuan)	2019 构成(%) Proportion (%)	2018 绝对数(万元) Absolute Figures (10 000 yuan)	2018 构成(%) Proportion (%)	2019年比2018年增长(%) Growth Rate in 2019 over 2018(%)
地区生产总值	**Gross Domestic Product**	**40396000**	**100.0**	**37249700**	**100.0**	**7.4**
按产业分	**By Three Strata of Industry**					
第一产业增加值	Primary Industry	1613400	4.0	1531100	3.8	5.6
第二产业增加值	Secondary Industry	14954100	37.0	13747500	34.0	8.2
第三产业增加值	Tertiary Industry	23828500	59.0	21971100	54.4	7.0
按国民经济行业分	**By Sector**					
农　业	Agriculture	1726100	4.3	1569017	3.9	5.6
#农林牧渔服务业	Farming Forestry, Animal Husbandry and Fishery Services	112700	0.3	95710	0.2	5.6
工　业	Industry	8690000	21.5	8725688	21.6	6.5
#金属制品、机械和设备修理业	Repair Serivice of Metal Products, Machinery and Equipment	10000	0.0	9300	0.0	1.0
建筑业	Construction	6276700	15.5	5580800	13.8	11.0
批发和零售业	Wholesale and Retail Trades	2644200	6.6	2488800	6.2	5.9
交通运输、仓储和邮政业	Transport, Storage and Post	2568500	6.4	2769416	6.9	7.2
住宿和餐饮业	Hotels and Catering Services	861300	2.1	1412280	3.5	5.8
金融业	Financial Intermediation	4823600	11.9	3815473	9.5	5.9
房地产业	Real Estate	2699700	6.7	1027834	2.5	4.9
营利性服务业	For-profit Services	4818900	11.9	4352300	10.8	9.5
非营利性服务业	Non-profit Services	5287000	13.1	4897400	12.1	7.6
人均地区生产总值(元)	**Per Capita Gross Domestic Product(yuan)**	**81995**		**76931**		**5.6**

注:1)表中绝对数按当年价格计算,增长速度按可比价格计算;
2)表中人均生产总值按常住半年及以上平均总人口计算。
a) The absolute figures in this table are calculated at current prices, whereas the growth rates are calculated at comparable prices;
b) Per capita gross domestic product in this table is calculated according to average annual population who live in Guiyang for six months or above.

2-6 各区(市、县)生产总值(2019 年)
Gross Domestic Product of District(City, County) in Guiyang(2019)

区(市、县)名称	District(City, County)	生产总值 Gross Domestic Product	第一产业 Primary Industry	第二产业 Secondary Industry	第三产业 Tertiary Industry	人均生产总值(元) Per Capita Gross Product (yuan)
绝对值(万元)	**Absolute Figures (10 000 yuan)**					
南明区	Nanming	8375933	10759	2848113	5517061	90502
云岩区	Yunyan	8200268	1782	2601903	5596583	83787
花溪区	Huaxi	6057788	158028	3432658	2467102	86269
乌当区	Wudang	1598514	176434	746140	675940	62662
白云区	Baiyun	2256788	70279	1174531	1011978	75604
观山湖区	Guanshanhu	6024909	40513	985160	4999236	172633
开阳县	Kaiyang	2182431	369085	822282	991064	56408
息烽县	Xifeng	1367918	215928	451556	700434	55697
修文县	Xiuwen	1730742	268620	825036	637086	61049
清镇市	Qingzhen	2600709	301972	1066721	1232016	51848
增速(%)	**Growth Rate(%)**					
南明区	Nanming	9.1	2.0	13.7	6.8	2.1
云岩区	Yunyan	7.2	1.8	7.2	7.2	1.4
花溪区	Huaxi	5.8	1.9	7.7	3.2	-1.4
乌当区	Wudang	5.3	5.8	3.5	7.5	-1.4
白云区	Baiyun	9.0	5.7	8.9	9.3	-1.4
观山湖区	Guanshanhu	10.7	5.9	27.2	7.5	-0.8
开阳县	Kaiyang	0.6	6.2	-7.5	7.5	-1.0
息烽县	Xifeng	2.6	6.1	-3.3	6.3	-0.9
修文县	Xiuwen	11.1	6.1	11.2	13.5	-1.5
清镇市	Qingzhen	6.1	6.0	5.4	6.8	-1.3

注:1)本表绝对值按当年价格计算,增长速度按可比价格计算;
　2)人均生产总值按常住半年及以上平均人口数计算。
a) The absolute figures in this table are calculated at current prices, whereas the growth rates are calculated at comparable prices;
b) Per capita gross domestic product in this table is calculated according to average annual population who live in Guiyang for six months or above.

2-7 非公有制经济增加值
Added Value of Non-public Sector of the Economy

单位:万元 (10 000 yuan)

指标	Item	GDP 总量 Total GDP 2019	GDP 总量 Total GDP 2018	非公有制经济 Non-public Economy 2019	非公有制经济 Non-public Economy 2018	增长(%) Growth Rate (%)
生产总值	**Gross Domestic Product**	**40396000**	**37249700**	**20985733**	**19297102**	**7.6**
第一产业	Primary Industry	1613400	1531100	1329283	1255060	5.8
第二产业	Secondary Industry	14954100	13747500	7947115	7383511	7.1
工业	Industry	8690000	8178300	4959389	4727056	5.1
建筑业	Construction	6276700	5580800	2987727	2656454	11.0
第三产业	Tertiary Industry	23828500	21971100	11709334	10658531	8.3
交通运输、仓储和邮政业	Transportation, Storage and Post	2568500	2306000	1767104	1586520	7.2
批发和零售业	Wholesale and Retail Trades	2644200	2488800	2194646	2065663	5.9
住宿和餐饮业	Hotels and Catering Services	861300	787600	800963	732466	5.8
金融业	Financial Industry	4823600	4519400	687368	519729	31.2
房地产业	Real Estate	2699700	2502700	2267745	2102251	4.9
其他营利性服务业	Other For-profit Services	4818900	4352300	2465980	2254895	9.5
非营利性服务业	Nonprofit Services	5287000	4897400	1525529	1397006	7.6

主要统计指标解释

不变价格 指以同类产品某年的平均价格作为固定价格，用于计算各年的产品价值。按不变价格计算的产品价值消除了价格变动因素，不同时期对比可以反映生产的发展速度。新中国成立后，随着工农业产品价格水平的变化，国家统计局先后五次制定了全国统一的工业产品不变价格和农业产品不变价格。从 1952 年到 1957 年使用 1952 年工(农)业产品不变价格，从 1957 年到 1970 年使用 1957 年不变价格，从 1971 年到 1980 年使用 1970 年不变价格，从 1981 年到 1990 年使用 1980 年不变价格，从 1991 年到 2000 年使用 1990 年不变价格，从 2001 到 2005 年使用 2000 年不变价格，从 2006 到 2010 年使用 2010 年不变价格，从 2011 年开始使用 2010 年不变价格。

可比价格 指计算各种总量指标所采用的扣除了价格变动因素的价格，可进行不同时期总量指标的对比。按可比价格计算总量指标有两种方法：一种是直接用产品产量乘某一年的不变价格计算；另一种是用价格指数进行缩减。

企业(单位)登记注册类型 是以在工商行政管理机关登记注册的各类企业为划分对象，以工商行政管理部门对企业登记注册的类型为依据，将企业登记注册类型分为内资企业、港澳台商投资企业和外商投资企业三大类。内资企业包括国有企业、集体企业、股份合作企业、联营企业、有限责任公司、股份有限公司、私营公司和其他企业；港澳台商投资企业和外商投资企业分别包括合资经营企业、合作经营企业、独资经营企业和股份有限公司。对不在工商行政管理部门进行登记注册的行政机关、事业单位和社会团体，主要按其经费来源和管理方式进行划分。

国有企业 指企业全部资产归国家所有，并按《中华人民共和国企业法人登记管理条例》规定登记注册的非公司制的经济组织。不包括有限责任公司中的国有独资公司。

集体企业 指企业资产归集体所有，并按《中华人民共和国企业法人登记管理条例》规定登记注册的经济组织。

股份合作企业 指以合作制为基础，由企业职工共同出资入股，吸收一定比例的社会资产投资组建，实行自主经营，自负盈亏，共同劳动，民主管理，按劳分配与按股分红相结合的一种集体经济组织。

联营企业 指两个及两个以上相同或不同所有制性质的企业法人或事业单位法人，按自愿、平等、互利的原则，共同投资组成的经济组织。联营企业包括国有联营企业、集体联营企业、国有与集体联营企业和其他联营企业。

有限责任公司 指根据《中华人民共和国公司登记管理条例》规定登记注册，由两个以上、五十个以下的股东共同出资，每个股东以其所认缴的出资额对公司承担有限责任，公司以其全部资产对其债务承担责任的经济组织。有限责任公司包括国有独资公司以及其他有限责任公司。

股份有限公司 指根据《中华人民共和国公司登记管理条例》规定登记注册，其全部注册资本由等额股份构成并通过发行股票筹集资本，股东以其认购的股份对公司承担有限责任，公司以其全部资产对其债务承担责任的经济组织。

私营企业 指由自然人投资设立或由自然人控股，以雇佣劳动为基础的营利性经济组织。包括按照《公司法》、《合伙企业法》、《私营企业暂行条例》规定登记注册的私营有限责任公司、私营股份有限公司、私营合伙企业和私营独资企业。

其他内资企业 指上述企业之外的其他内资经济组织。

与港澳台商合资经营企业 指港澳台地区投资者与内地企业依照《中华人民共和国中外合资经营企业法》及有关法律的规定，按合同规定的比例投资设立、分享利润和分担风险的企业。

与港澳台商合作经营企业 指港澳台地区投资者与内地企业依照《中华人民共和国中外合作经营企业

法》及有关法律的规定，依照合作合同的约定进行投资或提供条件设立、分配利润和分担风险的企业。

港澳台商独资经营企业 指依照《中华人民共和国外资企业法》及有关法律的规定，在内地由港澳台地区投资者全额投资设立的企业。

港澳台商投资股份有限公司 指根据国家有关规定，经外经贸部依法批准设立，其中港、澳、台商的股本占公司注册资本的比例达25%以上的股份有限公司。凡其中港、澳、台商的股本占公司注册资本的比例小于25%的，属于内资企业中的股份有限公司。

中外合资经营企业 指外国企业或外国人与中国内地企业依照《中华人民共和国中外合资经营企业法》及有关法律的规定，按合同规定的比例投资设立、分享利润和分担风险的企业。

中外合作经营企业 指外国企业或外国人与中国内地企业依照《中华人民共和国中外合作经营企业法》及有关法律的规定，依照合作合同的约定进行投资或提供条件设立、分配利润和分担风险的企业。

外资企业 指依照《中华人民共和国外资企业法》及有关法律的规定，在中国内地由外国投资者全额投资设立的企业。

外商投资股份有限公司 指根据国家有关规定，经外贸部依法批准设立，其中外资的股本占公司注册资本的比例达25%以上的股份有限公司。凡其中外资股本占公司注册资本的比例小于25%的，属于内资企业中的股份有限公司。

行政机关、事业单位和社会团体 参照企业登记注册类型，主要按其经费来源和管理方式划分。

具体规定如下：

(1)行政机关：包括国家机关和政党机关，原则上均列为“国有”。但有特殊规定的，如供销社等，则列为“集体”。

(2)事业单位：包括经国家机构编制部门和有关业务主管部门批准成立的各类事业单位，不包括实行企业化管理的事业单位。事业单位的划分办法如下：

①由国家财政预算拨款或列入财政预算外资金管理以及经费主要来源于国有主管部门或国有上级单位的事业单位，列为“国有”。

②经费主要来源于集体单位的事业单位，列为“集体”。

③公民个人(或个人合伙)开办的事业单位，列为“私营”。

④上述以外的其他事业单位，如果其经费来源不明确，按管理方式进行归类。

(3)社会团体：包括经民政部门批准成立以及未纳入社会团体管理条例范围的工会、妇联等各类社会团体。社会团体的划分办法如下：

①未纳入民政部社会团体管理条例范围的工会、妇联、共青团、青联、工商联、科协、侨联等社会团体，国家拨款设立的基金会或基金管理组织以及经费主要来源于国有业务主管部门或国有上级单位的社会团体，列为“国有”。

②经费主要来源于集体单位的社会团体，列为“集体”。

③公民个人(或个人合伙)开办的社会团体，划为“私营”。

④上述以外的其他社会团体，如果其经费来源不明确，改按管理方式进行归类。

生产总值(GDP) 指一个国家(或地区)所有常住单位在一定时期内生产活动的最终成果。生产总值有三种表现形态，即价值形态、收入形态和产品形态。从价值形态看，它是所有常住单位在一定时期内生产的全部货物和服务价值超过同期中间投入的全部非固定资产货物和服务价值的差额，即所有常住单位的增加值之和；从收入形态看，它是所有常住单位在一定时期内创造并分配给常住单位和非常住单位的初次收入分配之和；从产品形态看，它是所有常住单位在一定时期内最终使用的货物和服务价值与货物和服务净出口价值之和。在实际核算中，生产总值有三种计算方法，即生产法、收入法和支出法。三种方法分别从不同的方面反映生产总值及其构成。

三大产业 是根据社会生产活动历史发展的顺序对产业结构的划分，产品直接取自自然界的部门称为第一产业，对初级产品进行再加工的部门称为第二产业，为生产和消费提供各种服务的部门称为第三产业。它是世界上较为通用的产业结构分类,但各国的划分不尽一致。

我国的三次产业划分是:

第一产业:农业(包括种植业、林业、牧业、渔业)和农林牧渔服务业。

第二产业:工业(包括采掘业,制造业,电力、煤气及水的生产和供应业)和建筑业。

第三产业:除第一、第二产业以外的其他各业。由于第三产业包括的行业多、范围广,根据我国的实际情况,第三产业可分为两大部分:一是流通部门,二是服务部门。

最终消费 指常住单位在一定时期内对于货物和服务的全部最终消费支出,也就是常住单位为满足物质、文化和精神生活的需要,从本国经济领土和国外购买的货物和服务的支出;不包括非常住单位在本国经济领土内的消费支出。最终消费分为居民消费和政府消费。

居民消费 指常住住户对货物和服务的全部最终消费支出。居民消费按市场价格计算,即按居民支付的购买者价格计算。购买者价格是购买者取得货物所支付的价格,包括购买者支付的运输和商业费用。居民消费除了直接以货币形式购买货物和服务的消费之外,还包括以其他方式获得的货物和服务的消费支出,即所谓的虚拟消费支出。居民虚拟消费支出包括以下几种类型:单位以实物报酬及实物转移的形式提供给劳动者的货物和服务;住户生产并由本住户消费了的货物和服务,其中的服务仅指住户的自有住房服务;金融机构提供的金融媒介服务;保险公司提供的保险服务。

政府消费 指政府部门为全社会提供公共服务的消费支出和免费或以较低价格向住户提供的货物和服务的净支出。前者等于政府服务的产出价值减去政府单位所获得的经营收入的价值,政府服务的产出价值等于它的经常性业务支出加上固定资产折旧;后者等于政府部门免费或以较低价格向住户提供的货物和服务的市场价值减去向住户收取的价值。

公路里程 指在一定时期内实际达到《公路工程[WTBZ]技术标准 JTJ01 - 88》规定的等级公路,并经公路主管部门正式验收交付使用的公路里程数。包括大中城市的郊区公路以及通过小城镇街道部分的公路里程和桥梁、渡口的长度,不包括大中城市的街道、厂矿、林区生产用道和农业生产用道的里程。两条或多条公路共同经由同一路段,只计算一次,不得重复计算里程长度。

非公有制经济 按国家统计局《关于统计上划分经济成分的规定》:公有经济包括国有经济和集体经济,非公有经济包括私有经济、港澳台经济和外商经济。

非公有制经济是从经济管理角度进行划分的一种经济形式,其基本特征主要表现在:从产权关系上看,具有产权主体多元化、产权明晰和利益分配明确等特征。非公有制经济多数为自筹资金、自由组合的经济实体,无论是个人投资、合伙投资或外商投资以及集体筹资创办的企业,其产权关系和利益关系都比较明确。

就本书而言,非公有制经济是对指除国有企业及国有控股企业以外的其他多种所有制经济的统称,包括个体工商户、私营企业、集体企业、港澳台投资企业和外商投资企业。

Explanatory Notes on Main Statistical Indicators

Constant Prices refer to the average price of a given product in a certain year which is used for evaluating the output value of similar products over time as a fixed – price. As the output value at constant prices removes the influence of price changes, the comparison among constant prices of different periods reflects the development speed of production over time. Since the foundation of the People's Republic of China in 1949, with the changes of industrial and agricultural products, National Bureau of Statistics of China has set nationally unified constant prices five times: the 1952 constant prices for the period from 1952 to 1957; the 1957 constant prices for the period from 1957 to 1970; the 1970 constant prices for the period from 1971 to 1980; the 1980 constant prices for the period from 1981 to 1990; the 1990 constant prices for the period from 1991 to 2000; the 2000 constant prices for the period from 2001 to 2005; the 2010 constant prices for the period from 2006 to 2010; and the 2010 constant prices has been adopted since 2011.

Comparable Prices refer to prices that have removed the influence of price changes in calculating aggregate indicators and they can be used to facilitate comparison of aggregate indicators of different periods. There are two methods for calculating aggregate indicators at comparable prices: first, to multiply output of products by their constant prices of a certain year; and second, to deflate price indices.

Registration Types of Enterprises (Units) refer to three kinds of classifications of enterprises, namely domestic-funded enterprises, enterprises with investment from Hong Kong, Macao and Taiwan as well as foreign-invested enterprises, in the light of the registration type of an enterprise at industry and business administrative departments. Domestic – funded enterprises include state-owned enterprises, collective-owned enterprises, cooperative enterprises, joint ownership enterprises, limited liability corporations, share-holding corporations Ltd., private enterprises and other enterprises. Enterprises with investment from Hong Kong, Macao and Taiwan and foreign – invested enterprises both consist of joint – venture enterprises, cooperative enterprises, enterprises with sole fund and share-holding corporations Ltd. For administrative organizations, public institutions and social organizations which are not requested to register at industrial and commercial administrative departments, they are classified mainly by their sources of funding and manners of management.

State-owned Enterprises refer to unincorporated economic units where the entire assets are owned by the State and which have been registered in accordance with Regulations *of the People's Republic of China for Controlling the Registration of Enterprises as Legal Persons.* State sole funded corporations classified into limited liability companies are not included.

Collective-owned Enterprises refer to economic units where the assets are owned collectively and which have been registered in accordance *with Regulations of the People's Republic of China for Controlling the Registration of Enterprises as Legal Persons.*

Joint-equity Cooperative Enterprises refer to collective economic units whose capitals come mainly from employees as their shares, with certain proportion of social capital and who is organized on the basis of independent operation, responsibility for their own profits and losses, shared labor, democratic management and a distribution system that integrates remuneration according to work with sharing profits according to contributions.

Joint Ownership Enterprises refer to economic units established by two or more corporate enterprises or institutional persons of the same or different ownerships, through joint investment on the basis of voluntary participation, equality, and mutual benefits, including State joint ownership enterprises, collective joint ownership enterprises, joint State-collective enterprises and other joint ownership enterprises.

Limited Liability Companies refer to economic units established with investment from 2 to 50 investors and registered in accordance with *Regulations of the People's Republic of China on the Administration of Company Registration.* Besides, each investor bears limited liabilities in accordance with the amount of money he funded and the corporation bears the liability to pay off its debts with its total assets. Included in this category are State sole funded corporations and other limited liability companies.

Companies Limited by Shares refer to economic units registered in accordance with Regulations *of the People's Republic of China on the Administration of Company Registration*, with total registered capital raised through issuing equal shares. Besides, each investor bears limited liabilities in accordance with his shares of investment in the corporation he funded and the corporation bears the liability to pay off its debts with its total assets.

Private Enterprises refer to profit-making economic units invested and established or controlled by natural persons hiring labors. Included in this category are private limited liability companies, private companies limited by shares, private partnership enterprises and private exclusively funded enterprises registered in accordance with the *Company Law*, *Partnership Enterprise Law and Interim Regulations on Private Enterprises.*

Other Domestic-funded Enterprises refer to domestic-funded economic units other than those mentioned above.

Joint-venture Enterprises with Funds from Hong Kong, Macao and Taiwan refer to enterprises established by investors from Hong Kong, Macao and Taiwan with enterprises in mainland China in accordance with *Law of the People's Republic of China on Chinese-foreign Equity Joint-ventures* and other relevant laws, where the proportions of investment and the sharing of profits and risks are stipulated under cooperative contracts.

Cooperative Enterprises with Funds from Hong Kong, Macao and Taiwan refer to enterprises established by investors from Hong Kong, Macao and Taiwan with enterprises in mainland China in accordance with *Law of the People's Republic of China on Chinese-foreign Equity Joint-ventures* and other relevant laws, where the proportions of investment or provision of facilities and the sharing of profits and risks are stipulated under cooperative contracts.

Enterprises with Sole Fund from Hong Kong, Macao and Taiwan refer to enterprises established in mainland China with exclusive investment from investors from Hong Kong, Macao and Taiwan in accordance with *Law of the People's Republic of China on Foreign-capital Enterprises* and other relevant laws.

Companies Limited by Shares with Funds from Hong Kong, Macao and Taiwan refer to companies limited by shares established in accordance with relevant regulations and with the approval from Ministry of Foreign Trade, where the share of investment from Hong Kong, Macao or Taiwan businessmen exceeds 25% of the total registered capital. In case the share of investment from Hong Kong, Macao or Taiwan is less than 25% of the total registered capital, the enterprise is to be classified as domestic-funded companies limited by shares.

Sino-foreign Equity Joint Enterprises refer to enterprises jointly established by foreign enterprises or foreigners with enterprises in mainland China in accordance with *Law of the People's Republic of China on Chinese-foreign Equity Joint-ventures* and other relevant laws, where the sharing of investment, profits and risks is stipulated under contract.

Sino-foreign Collective Operation Enterprises refer to enterprises jointly established by foreign enterprises or foreigners with enterprises in mainland China in accordance with Law of the People's Republic of China on Chinese-foreign Equity Joint-ventures and other relevant laws, where the proportions of investment or provision of facilities and the sharing of profits and risks are stipulated under cooperative contracts.

Foreign-funded Enterprises refer to enterprises established in mainland China with exclusive investment from foreign investors in accordance with *Law of the People's Republic of China on Foreign-capital Enterprises* and other relevant laws.

Companies Limited by Shares with Foreign Funds refer to companies limited by shares established in accordance with relevant regulations and with the approval from Ministry of Foreign Trade, where the share of investment from foreign investors exceeds 25% of the total registered capital. In case the share of investment from foreign investors is less than 25% of the total registered capital, the enterprise is to be classified as domestic-funded companies limited by shares.

Administrative Organizations, Public Institutions and Social Organizations are classified into following categories by source of funds and means of management taking reference of the registration types of enterprises:

(1) Administrative organizations: include state and party agencies, classified in principle as "state-owned". But there are exceptions, such as supply and marketing cooperatives which are classified as "collective".

(2) Public Institutions: include institutions of various types established with the approval from departments managing state executive establishments and relative competent departments for services but exclude public institutions adopting the management modes of enterprises. Public Institutions are further classified as follows:

(a) Public institutions whose expenditures come from state budget funds or are in the managing list of extra-budgetary funds and mainly from State-owned competent departments or superior units. Such institutions are classified as "State-owned".

(b) Public institutions whose expenditures mainly come from collective units. Such institutions are classified as "collective".

(c) Public institutions established by individuals or a group of citizens. Such institutions are classified as private.

(d) Public institutions other than those mentioned above whose expenditures are undefined. Such institutions are classified by the manner of management.

(3) Social organizations: include such organizations as labor unions and women's federations established with the approval from civil affairs departments and not covered by social organization management regulations. Social organizations as further classified as follows:

(a) Social organizations that are not covered by social organization management regulations of civil affairs departments such as trade unions, women's federations, communist youth leagues, youth associations, industrial and commerce associations, scientists associations, overseas Chinese associations, foundations and fund management organizations established with funds from the State and social organizations whose funds mainly come from State-owned competent departments or superior units. Such organizations are classified as State-owned.

(b) Social organizations whose expenditures mainly come from collective units. Such organizations are classified as collective-owned.

(c) Social organizations established by individual or a group of citizens. Such organizations are classified as private.

(d) Social organizations other than those mentioned above whose expenditures are undefined. Such organizations are classified by manner of management.

Gross Domestic Product (GDP) refers to the final products of all resident units in a country (or a region) during a certain period of time. Gross domestic product is expressed in three different forms, i. e. value, income, and products respectively. The form of value refers to the difference between the total value of all products as well as services produced by all resident units during a certain period of time and total value of intimidate input of materials and services of non-fixed assets or the summation of the added-value of all resident units; the form of income includes all the income created by all resident units and distributed primarily to all resident and non-resident units; the form of products refers to the total sum of the value of all final goods and services for final use by all resident units and the value of net exports of goods and services during a given period of time. In actual adjust accounts, gross domestic product is calculate with three approaches, i. e. production approach, income approach and expenditure approach, which reflect gross domestic product and its composition from different aspects.

Three Industries refer to three kinds of industry structures classified according to the historical sequences of social productive activities. Primary industry refers to extraction of natural resources; secondary industry involves processing of primary products; and tertiary industry provides services of various kinds for production and consumption. The above classification is universal although it varies to some extent form country to country.

Three industries in China comprises:

Primary industry: agriculture (include farming, forestry, animal husbandry and fishery) and services of farming, forestry, animal husbandry and fishery.

Secondary industry: industry (including mining and quarrying, manufacturing as well as production and supply of electricity, water and gas) and building industry.

Tertiary industry: all other industries not included in primary or secondary industries.

Due to the fact that tertiary industry involves a large variety of industries in China, it is divided into two sectors: circulation sector and service sector.

Final Consumption refers to the total expenditure of resident units on final consumption of goods and services in a certain period, namely the expenditure of the resident units for purchases of goods and services within domestic economic territory and from abroad to meet the requirements of material, cultural and spiritual life. It excludes the expenditure of non-resident units on consumption within domestic economic territory. The final consumption is classified into household consumption and government consumption.

Household Consumption refers to the total expenditure of resident households on the final consumption of goods and services. The household consumption is calculated at market prices, namely the purchaser's prices which the households pay; the purchasers' prices of goods are the prices the households pay when they obtain the goods, including delivery fees and commercial expenses paid by the households. In addition to the purchases of goods and services by the households directly with money, households purchase goods and services in other means, namely virtual expenditure. And virtual expenditure includes the following types: a) goods and services provided to the households by the units in the form of payment in kind and transfer in kind; b) goods and services produced and consumed by the households themselves, in which the services refer only to owners' self-owned dwelling services; c) services of financial intermediary provided by the financial institutions; d) insurance services provided by the insurance companies.

Government Consumption refers to the expenditure on the consumption of public services provided by government to the whole society and net expenditure on goods and services provided by government to the households at free charge or lower prices. The former equals to the value gained by using the output value of government services to minus the value of operating income obtained by the government departments and the output value of government services equals to the total sum of its regular operating expenditure and depreciation of fixed assets. The latter equals to the value gained by using the market value of the goods and services provided by the government for free or at low prices to the households to minus the value received by the government from the households.

Highway Mileage refers to the length of highways which are built in conformity with the standards stipulated in *Highway Engineering Standards* [*WTBZ*] *technical Standards JTJ*01-88, have been formally checked and accepted by competent departments of highways and put into use. The length of highways includes that of the suburb highways in large and medium-sized cities, highways passing through streets in small cities and towns, and also the length of bridges and ferries. It does not include the length of streets in big and medium-sized cities and highways built for production in factories, mines, forest areas and agricultural areas. If two or more highways pass through the same section of a highway, the length of the section is only calculated once and no duplication is allowed.

Non-public Sectors of Economy In accordance with Stipulations on Economic Sectors Used in Statistics issued by National Bureau of Statistics of China, there are mainly two sectors: public economy, including state-owned economy and collective economy, as well as non-public economy, including private economy, economies manipulated by Hong Kong, Macao and Taiwan and foreign economy.

Non-public economy is a form of economy classified from the perspective of economic management. Its essential features reveal in property relations, namely, non-public economy has diverse property rights entities, clear property rights and clear-cut benefit distributions, etc. Because most entities of non-public economy raise funds by themselves and combine freely, whether individually invested, jointly invested, foreign-invested or collectively invested enterprises, they have clear-cut property relations and benefit relationships.

When it comes to this book, non-public economy refers to other economies with different types of ownerships apart from state-owned enterprises and state holding enterprises, including individual businesses, private enterprises, collective enterprises, enterprises with investments from Hong Kong, Macao and Taiwan as well as foreign-invested enterprises.

3

Three

人口与计划生育

Population and Family Planning

2020 贵阳统计年鉴

GUIYANG STATISTICAL YEARBOOK

3-1 常住人口主要指标变动情况
Main Indicators on Permanent Resident Population

指 标	Item	2015	2016	2017	2018	2019
年平均人口	**Annual Average Population**	**458.89**	**465.93**	**474.94**	**484.20**	**492.67**
年末总人口	**Total Population at the Year - end**	**462.18**	**469.68**	**480.20**	**488.19**	**497.14**
按城镇、乡村分	**Grouped by Residence**					
城 镇	Urban Population	338.55	348.31	359.19	368.24	378.47
乡 村	Rural Population	123.63	121.37	121.01	119.95	118.67
按性别分	**Grouped by Gender**					
男	Male	237.35	240.57	244.81	250.05	255.88
女	Female	224.83	229.11	235.39	238.14	241.26
性别比(以女性为100)	Sex Ratio(Female = 100)	106	105	104	105	106
人口出生率(‰)	Birth Rate(‰)	10.21	11.05	11.76	13.07	13.44
人口死亡率(‰)	Death Rate(‰)	4.96	5.20	5.68	4.53	5.15
自然增长率(‰)	Natural Growth Rate(‰)	5.25	5.85	6.08	8.54	8.29

3-2 常住人口增长情况(2019年)
Increase Indicators on Permanent Resident Population(2019)

区(市、县)名 称	District(City, County)	年末总人口(万 人) Total Population at Year - end (10 000 persons)	年平均人口(万 人) Annual Average Population (10 000 persons)	人口密度(人/平方公里) Population Density (person/sq. km)
贵 阳 市	**Guiyang**	**497.14**	**492.67**	**618.07**
南 明 区	Nanming	92.70	92.55	4429.47
云 岩 区	Yunyan	96.14	97.89	10489.91
花 溪 区	Huaxi	72.70	70.22	754.03
乌 当 区	Wudang	25.74	25.51	376.75
白 云 区	Baiyun	30.12	29.85	1117.54
观山湖区	Guanshanhu	37.03	34.90	1203.68
开 阳 县	Kaiyang	39.04	38.69	192.95
息 烽 县	Xifeng	24.78	24.56	239.07
修 文 县	Xiuwen	28.60	28.35	266.92
清 镇 市	Qingzhen	50.29	50.16	362.69

注:土地面积来源于市自然资源和规划局。
Data of land area come from Guiyang Municipal Natural Resources and Planing Bureau.

3-3 公安户籍人口变动情况
Household Registered Population

指 标	Item	2015	2016	2017	2018	2019
年末总人口	**Total Population (at year-end)**	**391.79**	**401.35**	**408.31**	**418.45**	**427.83**
农 业	Agricultural	249.44	259.98	148.05	143.85	141.46
非农业	Non-agricultural	142.35	141.37	260.26	274.60	286.36
按性别分	**Grouped by Gender**					
男	Male	198.75	202.94	205.69	210.42	214.66
女	Female	193.03	198.41	202.62	208.03	213.16
性别比(以女性为100)	Sex Ratio(Female=100)	1.03	1.02	1.02	1.01	1.01
人口出生率(‰)	Birth Rate(‰)	24.48	16.74	20.31	18.42	15.62
人口死亡率(‰)	Death Rate(‰)	5.21	5.27	11.05	4.14	3.75
自然增长率(‰)	Natural Growth Rate(‰)	19.27	11.47	9.26	14.29	11.87

3-4 各区(市、县)户籍人口(2019年)
Registered Population of Districts (City, County) (2019)

区(市、县)名称	District (City, County)	年末总人口(万人) Total Population at Year-end (10 000 persons)	非农业人口 Non-agricultural Population	农业人口 Agricultural Population	年平均人口(万人) Annual Average Population (10 000 persons)
全市合计	**Total**	**427.83**	**286.36**	**141.46**	**423.14**
南明区	Nanming	65.68	62.79	2.89	65.04
云岩区	Yunyan	67.84	67.84	0.00	66.99
花溪区	Huaxi	53.77	37.64	16.13	53.09
乌当区	Wudang	22.57	12.32	10.26	22.30
白云区	Baiyun	23.29	21.41	1.88	22.96
观山湖区	Guanshanhu	33.65	25.59	8.06	32.48
开阳县	Kaiyang	45.58	18.00	27.58	45.52
息烽县	Xifeng	27.64	9.62	18.01	27.55
修文县	Xiuwen	33.12	11.73	21.39	32.96
清镇市	Qingzhen	54.68	19.41	35.27	54.25

注:本表资料为公安户籍数。
Data in this table are registered permanent residence of the police station.

3-5 全市常住人口及构成
Permanent Resident Population and Its Proportion

单位:万元 (10 000 yuan)

年 份 Year	年末总人口 Total Population at Year-end	按城镇乡村分 By Urban and Rural Area		按性别分 By Gender		出生率 (‰) Birth Rate (‰)	死亡率 (‰) Death Rate (‰)	自然增长率 (‰) Natural Growth Rate (‰)	人口密度 (人/平方公里) Population Density (person/sq. km)
		市 镇 Urban Area	乡 村 Rural Area	男 Male	女 Female				
1979	237.48	139.20	98.28	122.93	114.55	13.38	6.33	7.05	295.59
1980	240.53	146.81	93.72	124.41	116.12	14.68	6.53	8.08	299.39
1981	244.66	140.40	104.26	127.13	117.53	17.65	6.85	10.80	304.53
1982	248.30	142.32	105.98	128.80	119.50	15.90	6.69	9.21	309.06
1983	250.57	143.78	106.78	130.13	120.43	12.96	6.61	6.35	311.88
1984	253.48	147.53	105.96	131.55	121.93	14.23	6.52	7.70	315.51
1985	257.27	152.33	104.93	133.52	123.74	14.11	6.38	7.73	320.22
1986	262.75	156.06	106.68	136.45	126.30	16.35	6.31	10.04	327.04
1987	267.31	159.28	108.02	139.13	128.18	16.65	6.04	10.60	332.72
1988	269.64	163.83	105.81	140.22	129.42	15.91	6.28	9.63	335.62
1989	273.78	168.39	105.39	142.51	131.27	17.42	6.62	10.80	340.78
1990	285.15	175.43	109.71	148.26	136.88	18.21	5.73	12.48	354.92
1991	290.43	179.39	111.04	151.13	139.30	13.71	6.39	7.32	361.50
1992	295.58	256.68	38.89	153.27	142.31	11.99	6.52	5.47	367.91
1993	300.34	261.01	39.33	155.64	144.70	11.79	5.95	5.84	373.84
1994	308.37	268.73	39.64	160.25	148.12	12.87	5.81	7.06	383.83
1995	313.48	273.21	40.27	162.69	150.79	11.91	5.60	6.31	390.19
1996	318.85	278.21	40.64	165.24	153.61	12.02	6.15	5.87	396.88
1997	321.26	280.25	41.01	166.28	154.98	13.08	5.67	7.41	399.88
1998	325.87	284.27	41.60	168.66	157.21	13.85	5.92	7.93	405.61
1999	331.21	289.34	41.87	171.21	160.00	14.48	5.66	8.82	412.26
2000	337.45	206.42	131.03	177.40	160.05	14.87	6.07	8.80	420.03
2001	341.29	208.77	132.52	179.42	161.87	13.55	5.94	7.62	424.81
2002	346.27	214.58	131.69	182.03	164.24	12.90	5.80	7.10	431.01
2003	348.70	217.48	131.22	177.38	171.32	12.00	5.81	6.19	434.03
2004	350.85	221.83	129.02	178.65	172.20	12.07	5.92	6.15	436.71
2005	388.09	244.76	143.33	198.35	189.74	12.33	6.90	5.43	483.06
2006	396.66	250.17	146.50	200.83	195.83	11.85	6.10	5.75	493.73
2007	405.26	255.59	149.67	205.42	199.84	10.96	6.36	4.60	504.43
2008	413.44	265.35	148.09	209.50	203.94	10.75	6.31	4.44	514.61
2009	423.12	275.88	147.24	214.88	208.24	11.06	6.17	4.89	526.66
2010	432.93	294.96	137.97	222.79	210.14	11.11	4.48	6.63	538.87
2011	439.33	304.02	135.31	225.82	213.51	10.29	4.58	5.71	546.84
2012	445.17	313.97	131.20	229.14	216.03	10.73	4.76	5.97	554.11
2013	452.19	326.03	126.16	232.68	219.51	10.69	4.90	5.79	557.83
2014	455.60	333.50	122.10	234.24	221.36	10.47	4.99	5.48	566.43
2015	462.18	338.55	123.63	237.35	224.83	10.21	4.96	5.25	574.61
2016	469.68	348.31	121.37	240.57	229.11	11.05	5.20	5.85	583.93
2017	480.20	359.19	121.01	244.81	235.39	11.76	5.68	6.08	597.01
2018	488.19	368.24	119.95	250.05	238.14	13.07	4.53	8.54	606.95
2019	497.14	378.47	118.67	255.88	241.26	13.44	5.15	8.29	618.07

注:1979 年—2004 年为常住一年口径数,2005 年起为常住半年口径数。
Data from 1979 to 2004 refer to the calibers of permanent residents living in Guiyang for a year; data in 2005 refer to the calibers of permanent residents living in Guiyang for half a year.

3 -6 出生及新婚情况(2019 年)
Statistics on Birth and Marriage(2019)

单位:人 (person)

区(市、县)名称	District (City,County)	年初以来累计出生人数 Births Since the Beginning of the Year 合计 Total 小计 Subtotal	计划内 Planned 男 Male	计划内 Planned 女 Female	计划外 Unplanned 男 Male	计划外 Unplanned 女 Female	一孩 1st Birth 小计 Subtotal	计划内 Planned 男 Male	计划内 Planned 女 Female	早育 Early Childbirth 男 Male	早育 Early Childbirth 女 Female
合计	**Total**	**57083**	**27840**	**25667**	**1895**	**1681**	**24052**	**11690**	**10977**	**702**	**683**
南明区	Nanming	8280	4227	3902	91	60	3996	2043	1920	21	12
云岩区	Yunyan	7456	3852	3533	40	31	4005	2033	1950	13	9
花溪区	Huaxi	8803	3969	3755	575	504	3599	1651	1556	207	185
乌当区	Wudang	3866	1934	1697	138	97	1426	703	654	34	35
白云区	Baiyun	4043	1905	1787	198	153	1399	633	689	45	32
观山湖区	Guanshanhu	6428	3279	2972	103	74	2969	1525	1378	32	34
开阳县	Kaiyang	5496	2590	2351	277	278	2133	1004	881	109	139
息烽县	Xifeng	3327	1620	1450	134	123	1174	573	488	60	53
修文县	Xiuwen	3590	1711	1612	116	151	1200	550	538	56	56
清镇市	Qingzhen	5794	2753	2608	223	210	2151	975	923	125	128

注:本表数据来源于市卫生健康局(下表同)。
Data in this table come from Guiyang Municipal Health Bureau (the same below).

3 -6 续表 (continued)

单位:人 (person)

区(市、县)名称	District (City,County)	年初以来累计出生人数 Births Since the Beginning of the Year 二孩 2nd Birth 小计 Subtotal	计划内 Planned 男 Male	计划内 Planned 女 Female	早育 Early Childbirth 男 Male	早育 Early Childbirth 女 Female	多孩 3rd Birth and Above 小计 Subtotal	计划内 Planned 男 Male	计划内 Planned 女 Female	计划外 Unplanned 男 Male	计划外 Unplanned 女 Female	年初以来死亡人数 Deaths Since the Beginning of the Year
合计	**Total**	**28255**	**14585**	**13272**	**201**	**197**	**4776**	**1565**	**1418**	**992**	**801**	**20786**
南明区	Nanming	3893	2036	1846	6	5	391	148	136	64	43	2946
云岩区	Yunyan	3203	1708	1485	3	7	248	111	98	24	15	2769
花溪区	Huaxi	4252	2130	2002	57	63	952	188	197	311	256	3069
乌当区	Wudang	2074	1118	932	15	9	366	113	111	89	53	1372
白云区	Baiyun	2205	1161	1016	13	15	439	111	82	140	106	1265
观山湖区	Guanshanhu	3130	1620	1479	20	11	329	134	115	51	29	1088
开阳县	Kaiyang	2684	1350	1277	31	26	679	236	193	137	113	2560
息烽县	Xifeng	1746	900	815	13	18	407	147	147	61	52	1585
修文县	Xiuwen	1949	999	928	7	15	441	162	146	53	80	1629
清镇市	Qingzhen	3119	1563	1492	36	28	524	215	193	62	54	2503

3-7 节育及领独生子女证情况(2019年)
Statistics on Contraception and Only-child Certificate Obtained(2019)

单位:人 (person)

区(市、县)名称	District (City, County)	育龄妇女 Number of Child-bearing Women	已婚育龄妇女 Number of Married Child-bearing Woman 小计 Subtotal	无孩 No Child	一孩 1st Birth	二孩 2nd Birth	多孩 3rd Birth and Above	采取措施的已婚育龄妇女人数 Number of Female Contraception Users
合计	**Total**	**1215552**	**836279**	**45295**	**351009**	**345674**	**94301**	**657416**
南明区	Nanming	221694	146291	8313	74089	50864	13025	118404
云岩区	Yunyan	208399	131154	8647	70796	42518	9193	100065
花溪区	Huaxi	183483	124955	6715	51850	51813	14577	98113
乌当区	Wudang	73107	53316	2903	22921	22725	4767	39133
白云区	Baiyun	87180	62837	2911	23195	27837	8894	48897
观山湖区	Guanshanhu	132287	93557	5776	40613	38215	8953	72685
开阳县	Kaiyang	88626	62399	3266	19807	30187	9139	49870
息烽县	Xifeng	46742	35505	1557	11285	17675	4988	28798
修文县	Xiuwen	67243	49875	2013	14223	25963	7676	39769
清镇市	Qingzhen	106791	76390	3194	22230	37877	13089	61682

主 要 统 计 指 标 解 释

人口数 指一定时点、一定地区范围内的有生命的个人的总和。年度统计的年末人口数指每年 12 月 31 日 24 时的人口数。

市镇总人口和乡村总人口其定义有两种口径:

第一种口径(按行政建制)

市人口:市管辖区域内的全部人口(含市辖镇,不含市辖区县);

镇人口:县辖镇的全部人口(不含市辖镇);

县人口:县辖乡人口。

第二种口径(按常住人口划分)

市人口:设区的市的区人口和不设区的市所辖的街道人口;

镇人口:不设区的市所辖镇的居民委员会人口和县辖镇的居民委员会人口;

县人口:除上述两种人口以外的全部人口。

常住人口 指全年经常在家或在家居住 6 个月以上,而且经济和生活与本户连成一体的人口。外出从业人员在外居住时间虽然在 6 个月以上,但收入主要带回家中,经济与本户连为一体,仍视为家庭常住人口;在家居住,生活和本户连成一体的国家职工、退休人员也为家庭常住人口。但是现役军人、中专及以上(走读生除外)的在校学生、以及常年在外(不包括探亲、看病等)且已有稳定的职业与居住场所的外出从业人员,不算家庭常住人口。常住人口包括:1. 住本户,户口在本乡、镇、街道的人(含户口在本户,外出不满半年的人);2. 住本户半年以上,户口在外乡、镇、街道的人;3. 住本户不满半年,户口在外乡、镇、街道,离开户口登记地半年以上的人;4. 住本户,户口待定的人。

出生率(又称粗出生率) 指在一定时期内(通常为一年)平均每千人所出生的人数的比率,一般用千分率表示。计算公式为:

出生率 = 年出生人数/年平均人数 × 1000‰

式中:出生人数指活产婴儿,即胎儿脱离母体时(不管怀孕月数),有过呼吸或其他生命现象。

年平均人数指年初、年底人口数的平均数,也可用年中人口数代替。

死亡率(又称粗死亡率) 指在一定时期内(通常为一年)一定地区的死亡人数与同期平均人数(或期中人数)之比,一般用千分率表示。计算公式为:

死亡率 = 年死亡人数/年平均人数 × 1000‰

人口自然增长率 指在一定时期内(通常为一年)人口自然增加数(出生人数减死亡人数)与该时期内平均人数(或期中人数)之比,一般用千分率表示。计算公式为:

人口自然增长率 = (本年出生人数 - 本年死亡人数)/年平均人数 × 1000‰

= 人口出生率 - 人口死亡率。

Explanatory Notes on Main Statistical Indicators

Total Population refers to the total number of people alive at a certain point of time within a given area. The annual statistics on total population at year – end is taken at 24, the 31st of December.

The definition of urban population and rural popultion has two standards:

The first standard – Administrative System

Urban Population includes total population of cities and population of towns under the jurisdiction of cities, excluding districts and counties under the jurisdiction of cities;

Population of County – administrated Towns includes total population of towns under the jurisdiction of counties, excluding population of towns under the jurisdiction of cities;

Population of Counties includes total population of townships under the jurisdiction of counties.

The second standard – Permanent Resident Population

Urban Population includes population living in districts under the jurisdiction of cities with sub – districts and population living in communities under the jurisdiction of cities without sub – districts;

Population of County – administrated Towns includes total number of residents living in towns under the jurisdiction of cities without sub – districts and total number of residents living in towns under the jurisdiction of counties;

Population of Counties includes total population except those mentioned above.

Permanent Resident Population refers to those people who live or stay at home more than 6 months in the whole year, and their economy and life become an organic with their own households. Labors working outside although live outside more than 6 months, yet with income mainly brought to home, as well as economy and household united, so they are also considered as permanent resident population; state employees and retirees living at home with economy and household united are also considered as permanent resident population. But serviceman, students in technical secondary schools (except day students) and labors working outside not staying at home (except visiting relatives or receiving medical treatment) with stable careers and places to live are not included into permanent resident population. Permanent Resident Population includes: 1. Those who live in their own households (as well as those living in their own households with less than half a year outside), with registered permanent residence belonging to their own village, town and committee. 2. Those who live in their own households more than half a year, with registered permanent residence belonging to other villages, towns and committees. 3. Those who has left the former registered place more than half a year and live in their own households less than half a year with registered permanent residence belonging to other villages, towns and committees. 4. Those who live in their own households, with registered permanent residence undetermined.

Birth Rate (or Rough Birth Rate) refers to the ratio of the number of births to the average population (or mid – period population) during a certain period of time (usually a year), expressed in ‰. Birth rate in the chapter refers to annual birth rate. The following formula is used:

Birth Rate = (Number of Births)/(Annual Average Population) ×1000‰

Number of births in the formula refers to live births, i. e. when a baby has breathed or showed any vital phenomena regardless of the length of pregnancy.

Annual average population is the average of the number of population at the beginning of the year and that at the end of the year. Sometimes it is substituted by the mid – year population.

Death Rate (or Rough Death Rate) refers to the ratio of the number of deaths to the average population (or mid – period population) during a certain period of time (usually a year), expressed in ‰. The following formula is used:

Death Rate = (Number of Deaths)/(Annual Average Population) ×1000‰

Natural Growth Rate of Population refers to the ratio of natural increase in population (number of births minus number of deaths) in a certain period of time (usually a year) to the average population (or mid – period population) of the same period, expressed in ‰. The following formula is applied:

Natural Growth Rate of Population = (Number of Births – Number of Deaths)/(Annual Average Population) ×1000‰ = Birth Rate – Death Rate

4

Four

从业人员及职工工资

Employment and Wages

2020 贵阳统计年鉴

GUIYANG STATISTICAL YEARBOOK

4－1　全社会就业人员
Number of Employed Personnels

指　　标	Item	2015	2016	2017	2018	2019	2019 年比 2018 年增长（%） Growth Rate in 2019 over 2018（%）
就业人员　　（万人）	**Number of Employed Persons （10 000 persons）**	**251.79**	**262.12**	**272.72**	**276.70**	**278.18**	**0.5**
按产业分	**Grouped by Three Strata of Industry**						
第一产业	Primary Industry	52.23	48.14	46.05	38.71	33.49	－13.5
第二产业	Secondary Industry	75.12	81.06	87.05	88.95	89.74	0.9
第三产业	Tertiary Industry	124.44	132.92	139.62	149.03	154.95	4.0
按城乡分	**Grouped by Urban and Rural Areas**						
城镇	Urban Area	43.85	37.68	50.23	39.24		
乡村	Rural Area	114.09	111.10	113.58	107.50		

4－2　城镇非私营单位从业人员和工资情况
Number of Employed Persons and Wages in Urban Non－Private Units

指　　标	Item	2015	2016	2017	2018	2019	2019年比2018年增长(%) Growth Rate in 2019 over 2018(%)
从业人员年末人数　(人)	**Number of Employed Persons in Urban Units (persons)**	**1040194**	**1057448**	**1090636**	**1063285**	**1078203**	**1.4**
国有单位	State－owned Units	351041	351122	351841	337396	285931	－15.3
城镇集体单位	Urban Collective－owned Units	10732	11175	11918	11212	8502	－24.2
其他单位	Units of Other Types of Ownership	678421	695151	726877	714677	783770	9.7
从业工资总额　(万元)	**Total Wage Bill of Employed persons (10 000 yuan)**	**6234088**	**7047969**	**7784665**	**8375134**	**9585121**	**14.4**
国有单位	State－owned Units	2467468	2707080	2918831	3083474	2830478	－8.2
城镇集体单位	Urban Collective－owned Units	46275	51675	54745	76041	41828	－45.0
其他单位	Units of Other Types of Ownership	3720345	4289214	4811089	5215619	6712816	28.7
从业人员平均工资　(元)	**Average Wage of Employed persons (yuan)**	**62022**	**68453**	**72325**	**80485**	**90300**	**12.2**
国有单位	State－owned Units	70562	77024	83444	92029	99525	8.1
城镇集体单位	Urban Collective－owned Units	43301	46841	48897	64523	50743	－21.4
其他单位	Units of Other Types of Ownership	57700	64295	67254	75181	87312	16.1
在岗职工年末人数　(人)	**Number of On－post Staff at Year－end (person)**	**933372**	**938953**	**985465**	**939029**	**1006801**	**7.2**
国有单位	State－owned Units	327444	321920	328995	316827	267054	－15.7
城镇集体单位	Urban Collective－owned Units	10466	10560	11774	10953	8284	－24.4
其他单位	Units of Other Types of Ownership	595462	606473	644696	611249	731463	19.7
在岗职工工资总额(万元)	**Total Wage Bill of On－post Staff (10 000 yuan)**	**5813417**	**6511239**	**7149404**	**7694559**	**9158619**	**19.0**
国有单位	State－owned Units	2402964	2607139	2837996	3013402	2763543	－8.3
城镇集体单位	Urban Collective－owned Units	45721	49765	53839	75094	40892	－45.5
其他单位	Units of Other Types of Ownership	3364732	3854335	4257569	4606063	6354184	38.0
在岗职工平均工资　(元)	**Average wage of On－post Staff (yuan)**	**63949**	**70535**	**73939**	**82685**	**92650**	**12.1**
国有单位	State－owned Units	73939	81414	86737	95634	103915	8.7
城镇集体单位	Urban Collective－owned Units	43844	47823	49070	65225	50956	－21.9
其他单位	Units of Other Types of Ownership	58655	65054	67713	76262	88926	16.6

注:在岗职工包含劳务派遣人员(以下相关表同)。
The working staff at work include labor dispatching personnel (the related tables in the chapter are the same).

4-3 按国民经济行业分组的城镇非私营从业人员人数(2019年)
Number of Employed Persons in Urban Non-Private Units by Sector(2019)

单位:人 (person)

指标	Item	从业人员年末人数 Number of Employed Persons at Year-end 合计 Total	国有单位 State-owned Units	城镇集体单位 Urban Collective-owned Units	其他单位 Units of Other Types of Ownership
总计	**Total**	**1078203**	**285931**	**8502**	**783770**
按执行会计标准类别分组	**By Enterprises, Institutions and Agencies**				
企业	Enterprises	847119	69443	7908	769768
事业	Institutions	146117	140261	374	5482
机关	Agencies	75438	75227		211
民间非营利组织	Non-profit Civil Organizations	9023	951	196	7876
其他	Other Organizations	506	49	24	433
按国民经济行业分组	**By Sector**				
农、林、牧、渔业	Agriculture, Forestry, Animal Husbandry and Fishery	1089	508	12	569
采矿业	Mining	4152	1363	2	2787
制造业	Manufacturing	98706	953	1762	95991
电力、热力、燃气及水生产和供应业	Production and Supply of Electricity, Heating Power, Gas and Water	55587	44515	32	11040
建筑业	Construction	333679	451	2180	331048
批发和零售业	Wholesale and Retail Trades	46876	1762	221	44893
交通运输、仓储和邮政业	Transport, Storage and Post	89867	3502	172	86193
住宿和餐饮业	Hotels and Catering Services	9729	1196	135	8398
信息传输、软件和信息技术服务业	Services of Information Transmission, Software and Information Technology	23307	966	84	22257
金融业	Financial Industry	34945	4286		30659
房地产业	Real Estate	52115	928	741	50446
租赁和商务服务业	Leasing and Business Services	32704	2366	2019	28319
科学研究、技术服务业	Scientific Research and Technical Service	30651	9168	160	21323
水利、环境和公共设施管理业	Management of Water Conservancy, Environment and Public Facilities	13118	2803	232	10083
居民服务、修理和其他服务业	Services to Household, Repair and Others	9354	608	255	8491
教育	Education	84792	69998	318	14476
卫生和社会工作	Health and Social Service	54992	43925	124	10943
文化、体育和娱乐业	Culture, Sports and Entertainment	10158	5781	53	4324
公共管理、社会保障和社会组织	Public Management, Social Security and Social Organization	92382	90852		1530

4-4 按国民经济行业分组的城镇非私营从业人员工资总额(2019年)
Total Wage Bill of Employed Persons in Urban Non-Private Units by Sector(2019)

单位:万元 (10 000 yuan)

指标	Item	从业人员工资总额 Total Wage Bill of Employed Persons 合计 Total	国有单位 State-owned Units	城镇集体单位 Urban Collective-owned Units	其他单位 Units of Other Types of Ownership
总计	**Total**	**9585121**	**2830478**	**41828**	**6712816**
按执行会计标准类别分组	**By Enterprises, Institutions and Agencies**				
企业	Enterprises	7449117	794410	36473	6618233
事业	Institutions	1401205	1348747	4136	48322
机关	Agencies	681147	679925		1222
民间非营利组织	Non-profit Civil Organizations	49689	6973	780	41936
其他	Other Organizations	3965	424	438	3103
按国民经济行业分组	**By Sector**				
农、林、牧、渔业	Agriculture, Forestry, Animal Husbandry and Fishery	6914	4155	26	2733
采矿业	Mining	29086	12616	5	16465
制造业	Manufacturing	830682	5516	7698	817468
电力、热力、燃气及水生产和供应业	Production and Supply of Electricity, Heating Power, Gas and Water	649109	507475	111	141523
建筑业	Construction	2531673	2321	10100	2519252
批发和零售业	Wholesale and Retail Trades	319334	32067	897	286370
交通运输、仓储和邮政业	Transport, Storage and Post	902121	35477	783	865861
住宿和餐饮业	Hotels and Catering Services	53501	6066	957	46478
信息传输、软件和信息技术服务业	Information Transmission, Software and Information Technology in services	245496	12496	1118	231883
金融业	Financial Industry	720769	70693		650076
房地产业	Real Estate	376397	5414	3456	367527
租赁和商务服务业	Leasing and Business Services	237505	24904	8001	204601
科学研究、技术服务业	Scientific Research and Technical Services	322059	101842	1004	219213
水利、环境和公共设施管理业	Management of Water Conservancy, Environment and Public Facilities	80001	22939	2783	54279
居民服务、修理和其他服务业	Services to Household, Repair and Others	41906	4795	1826	35286
教育	Education	821743	718594	2069	101080
卫生和社会工作	Health and Social Service	510815	411696	808	98311
文化、体育和娱乐业	Culture, Sports and Entertainment	110155	68303	188	41664
公共管理、社会保障和社会组织	Public Management, Social Security and Social Organization	795858	783111		12747

4-5 按国民经济行业分组的城镇非私营从业人员平均工资(2019年)
Average Wage of Employed Persons in Urban Non-Private Units by Sector(2019)

单位:元 (yuan)

指标	Item	从业人员平均工资 Average wage of Employed Persons			
		合计 Total	国有单位 State-owned Units	城镇集体单位 Urban Collective-owned Units	其他单位 Units of Other Types of Ownership
总计	**Total**	**90300**	**99525**	**50743**	**87312**
按执行会计标准类别分组	**By Enterprises, Institutions and Agencies**				
企业	Enterprises	89540	114657	47671	87659
事业	Institutions	96540	96794	110599	89039
机关	Agencies	90731	90830		56588
民间非营利组织	Non-profit Civil Organizations	56336	80614	40201	54034
其他	Other Organizations	78203	84820	182500	71658
按国民经济行业分组	**By Sector**				
农、林、牧、渔业	Agriculture, Forestry, Animal Husbandry and Fishery	64856	81635	21583	50139
采矿业	Mining	71942	91886	24000	61714
制造业	Manufacturing	84113	59435	44089	85078
电力、热力、燃气及水生产和供应业	Production and Supply of Electricity, Heating Power, Gas and Water	116648	114193	34531	126643
建筑业	Construction	78664	51693	46352	78922
批发和零售业	Wholesale and Retail Trades	69716	180052	40396	65378
交通运输、仓储和邮政业	Transport, Storage and Post	101854	100786	45494	102012
住宿和餐饮业	Hotels and Catering Services	54794	51754	71410	54952
信息传输、软件和信息技术服务业	Information Transmission, Software and Information Technology in services	105327	125836	133060	104306
金融业	Financial Industry	207972	169285		213272
房地产业	Real Estate	70416	57904	46891	70977
租赁和商务服务业	Leasing and Business Services	75699	103678	44821	75254
科学研究、技术服务业	Scientific Research and Technical Services	105331	111682	62335	102936
水利、环境和公共设施管理业	Management of Water Conservancy, Environment and Public Facilities	61525	81719	119974	54476
居民服务、修理和其他服务业	Services to Household, Repair and Others	45338	78602	72452	42102
教育	Education	97804	103511	65053	70789
卫生和社会工作	Health and Social Service	94285	94595	65194	93345
文化、体育和娱乐业	Culture, Sports and Entertainment	108090	117967	36843	95779
公共管理、社会保障和社会组织	Public Management, Social Security and Social Organization	86519	86577		83097

4-6 按国民经济行业分组的城镇非私营在岗职工人数(2019年)
Number of On-Post Staff and Workers in Urban Non-Private Units by Sector(2019)

单位:人 (person)

指标	Item	在岗职工年末人数 Number of On-post Staff at Year-end 合计 Total	国有单位 State-owned Units	城镇集体单位 Urban Collective-owned Units	其他单位 Units of Other Types of Ownership
总计	**Total**	**1006801**	**267054**	**8284**	**731463**
按执行会计标准类别分组	**By Enterprises, Institutions and Agencies**				
企业	Enterprises	790169	64099	7700	718370
事业	Institutions	136184	130806	368	5010
机关	Agencies	71386	71283		103
民间非营利组织	Non-profit Civil Organizations	8556	817	192	7547
其他	Other Organizations	506	49	24	433
按国民经济行业分组	**By Sector**				
农、林、牧、渔业	Agriculture, Forestry, Animal Husbandry and Fishery	1088	507	12	569
采矿业	Mining	4036	1247	2	2787
制造业	Manufacturing	96624	792	1729	94103
电力、热力、燃气及水生产和供应业	Production and Supply of Electricity, Heating Power, Gas and Water	51071	40133	31	10907
建筑业	Construction	293468	397	2156	290915
批发和零售业	Wholesale and Retail Trades	45714	1742	205	43767
交通运输、仓储和邮政业	Transport, Storage and Post	87819	3360	155	84304
住宿和餐饮业	Hotels and Catering Services	9334	1159	135	8040
信息传输、软件和信息技术服务业	Information Transmission, Software and Information Technology in services	22682	774	84	21824
金融业	Financial Industry	33829	4286		29543
房地产业	Real Estate	50974	891	678	49405
租赁和商务服务业	Leasing and Business Services	31749	2188	1985	27576
科学研究、技术服务业	Scientific Research and Technical Service	28589	8689	159	19741
水利、环境和公共设施管理业	Management of Water Conservancy, Environment and Public Facilities	12855	2737	232	9886
居民服务、修理和其他服务业	Services to Household, Repair and Others	9114	526	246	8342
教育	Education	79953	65645	308	14000
卫生和社会工作	Health and Social Service	51813	41454	114	10245
文化、体育和娱乐业	Culture, Sports and Entertainment	9729	5560	53	4116
公共管理、社会保障和社会组织	Public Management, Social Security and Social Organization	86360	84967		1393

注:数据含劳务派遣人员,即:在岗职工+劳务派遣人员。
The data include labour dispatch staff which refer to staff of on-post and labour service.

4-7 按国民经济行业分组的城镇非私营在岗职工工资总额(2019年)
Total Wage Bill of On-Post Staff in Urban Non-Private Units by Sector(2019)

单位:万元 (10 000 yuan)

指 标	Item	在岗职工工资总额 Total Wage Bill of On-post Staff 合计 Total	国有单位 State-owned Units	城镇集体单位 Urban Collective-owned Units	其他单位 Units of Other Types of Ownership
总 计	**Total**	**9158619**	**2763543**	**40892**	**6354184**
按执行会计标准类别分组	**By Enterprises, Institutions and Agencies**				
企 业	Enterprises	7079924	781501	35556	6262867
事 业	Institutions	1362261	1311181	4125	46955
机 关	Agencies	664936	664002		934
民间非营利组织	Non-profit Civil Organizations	47533	6435	773	40325
其 他	Other Organizations	3965	424	438	3103
按国民经济行业分组	**By Sector**				
农、林、牧、渔业	Agriculture, Forestry, Animal Husbandry and Fishery	6911	4153	26	2733
采矿业	Mining	28952	12495	5	16452
制造业	Manufacturing	821184	5391	7504	808289
电力、热力、燃气及水生产和供应业	Production and Supply of Electricity, Heating Power, Gas and Water	641504	500257	109	141139
建筑业	Construction	2237400	2172	10019	2225209
批发和零售业	Wholesale and Retail Trades	315202	32016	851	282334
交通运输、仓储和邮政业	Transport, Storage and Post	886908	34234	734	851940
住宿和餐饮业	Hotels and Catering Services	51028	5817	957	44255
信息传输、软件和信息技术服务业	Services Information Transmission, Software and Information Technology	241397	10190	1118	230089
金融业	Financial Industry	713188	70693		642495
房地产业	Real Estate	370036	5308	3247	361482
租赁和商务服务业	Leasing and Business Services	232573	24395	7860	200318
科学研究、技术服务业	Scientific Research and Technical Services	310265	98576	1001	210688
水利、环境和公共设施管理业	Management of Water Conservancy, Environment and Public Facilities	78935	22799	2783	53352
居民服务、修理和其他服务业	Services to Household, Repair and Others	41086	4565	1675	34846
教 育	Education	804814	703876	2051	98887
卫生和社会工作	Health and Social Service	495112	398420	766	95926
文化、体育和娱乐业	Culture, Sports and Entertainment	108964	67407	188	41369
公共管理、社会保障和社会组织	Public Management, Social Security and Social Organization	773162	760780		12382

注:数据含劳务派遣人员,即:在岗职工+劳务派遣人员。
The data include labour dispatch staff which refer to staff of on-post and labour service.

4-8 按国民经济行业分组的城镇非私营在岗职工平均工资(2019年)
Average Wage of On-Post Staff in Urban Non-Private Units by Sector(2019)

单位:元 (yuan)

指 标	Item	在岗职工平均工资 Average wage of On-post Staff 合 计 Total	国有单位 State-owned Units	城镇集体单位 Urban Collective-owned Units	其他单位 Units of Other Types of Ownership
总 计	**Total**	**92650**	**103915**	**50956**	**88926**
按执行会计标准类别分组	**By Enterprises, Institutions and Agencies**				
企 业	Enterprises	91564	121788	47771	89265
事 业	Institutions	100695	100892	112095	94686
机 关	Agencies	93521	93525		90689
民间非营利组织	Non-profit Civil Organizations	56554	83901	40700	54142
其 他	Other Organizations	78203	84820	182500	71658
按国民经济行业分组	**By Sector**				
农、林、牧、渔业	Agriculture, Forestry, Animal Husbandry and Fishery	64894	81746	21583	50139
采矿业	Mining	73856	99562	24000	61779
制造业	Manufacturing	84959	70283	43728	85829
电力、热力、燃气及水生产和供应业	Production and Supply of Electricity, Heating Power, Gas and Water	124826	124121	35065	127647
建筑业	Construction	79781	54713	46554	80074
批发和零售业	Wholesale and Retail Trades	70778	181911	41316	66325
交通运输、仓储和邮政业	Transport, Storage and Post	102890	101556	47374	103048
住宿和餐饮业	Hotels and Catering Services	55148	51247	71410	55430
信息传输、软件和信息技术服务业	Information Transmission, Software and Information Technology in services	106174	127218	133060	105299
金融业	Financial Industry	213862	169285		220244
房地产业	Real Estate	70795	59107	48171	71302
租赁和商务服务业	Leasing and Business Services	76704	109692	44888	76034
科学研究、技术服务业	Scientific Research and Technical Services	108976	114423	62588	106970
水利、环境和公共设施管理业	Management of Water Conservancy, Environment and Public Facilities	62134	83087	119974	54844
居民服务、修理和其他服务业	Services to Household, Repair and Others	45671	87111	68918	42346
教 育	Education	101485	108043	66584	71409
卫生和社会工作	Health and Social Service	97024	97041	67167	97297
文化、体育和娱乐业	Culture, Sports and Entertainment	111267	121040	36843	99135
公共管理、社会保障和社会组织	Public Management, Social Security and Social Organization	89819	89832		89014

注:数据含劳务派遣人员,即:在岗职工+劳务派遣人员。
The data include labour dispatch staff which refer to staff of on-post and labour service.

4-9 按国民经济行业分组的城镇非私营其他从业人员人数及报酬(2019年)
Number and Wage of Other Employed Persons in Urban Non-Private Units by Sector(2019)

指　　标	Item	其他从业人员（人）Number of Other Employed Persons (Person)	其他从业人员工资总额（万元）Total Wage of Other Employed Persons (10 000 yuan)
总　计	**Total**	**71402**	**426503**
按执行会计标准类别分组	**By Enterprises, Institutions and Agencies**		
企　业	Enterprises	56950	369193
事　业	Institutions	9933	38944
机　关	Agencies	4052	16211
民间非营利组织	Non-profit Civil Organizations	467	2155
其　他	Other Organizations		
按国民经济行业分组	**By Sector**		
农、林、牧、渔业	Agriculture, Forestry, Animal Husbandry and Fishery	1	3
采矿业	Mining	116	135
制造业	Manufacturing	2082	9498
电力、热力、燃气及水生产和供应业	Production and Supply of Electricity, Heating Power, Gas and Water	4516	7605
建筑业	Construction	40211	294273
批发和零售业	Wholesale and Retail Trades	1162	4132
交通运输、仓储和邮政业	Transport, Storage and Post	2048	15212
住宿和餐饮业	Hotels and Catering Services	395	2472
信息传输、软件和信息技术服务业	Information Transmission, Software and Information Technology in services	625	4099
金融业	Financial Industry	1116	7581
房地产业	Real Estate	1141	6360
租赁和商务服务业	Leasing and Business Services	955	4932
科学研究、技术服务业	Scientific Research and Technical Services	2062	11794
水利、环境和公共设施管理业	Management of Water Conservancy, Environment and Public Facilities	263	1066
居民服务、修理和其他服务业	Services to Household, Repair and Others	240	820
教　育	Education	4839	16929
卫生和社会工作	Health and Social Service	3179	15703
文化、体育和娱乐业	Culture, Sports and Entertainment	429	1191
公共管理、社会保障和社会组织	Public Management, Social Security and Social Organization	6022	22696

4-10 全市年末从业人员数
Number of Employed Persons at Year-end

单位:万人 (10 000 persons)

年份 Year	从业人员 Number of Employed Persons	第一产业 Primary Industry	第二产业 Secondary Industry	第三产业 Tertiary Industry	城镇私营(含个体) Urban Private Enterprises (Include Self-employed Individuals)	农村从业人员 Rural Employed Persons
1978	102.69	51.36	32.04	19.29	0.66	52.19
1979	104.70	50.97	34.61	19.12	0.72	51.89
1980	107.94	52.12	35.59	20.23	0.98	53.15
1981	111.82	53.12	35.86	22.84	1.37	55.13
1982	114.92	54.69	36.30	23.93	1.56	56.81
1983	116.09	54.72	36.65	24.72	1.86	58.29
1984	125.17	55.84	39.67	29.66	2.59	60.93
1985	133.41	56.89	46.75	29.77	2.92	63.98
1986	139.64	59.57	45.85	34.22	5.02	65.97
1987	143.07	62.16	48.69	32.22	3.71	68.55
1988	146.47	67.70	48.51	33.26	3.96	71.50
1989	152.09	68.67	48.95	34.47	4.98	76.61
1990	159.57	71.50	49.99	38.08	5.15	80.89
1991	164.06	72.42	52.77	38.87	5.44	81.25
1992	169.85	74.77	52.20	42.88	5.24	83.76
1993	173.71	76.93	53.00	43.78	6.06	88.46
1994	181.94	79.11	56.28	46.55	4.11	90.63
1995	184.30	78.07	56.29	49.94	9.02	84.96
1996	189.73	78.85	56.00	54.88	17.28	94.71
1997	195.86	77.79	59.96	58.11	18.78	96.98
1998	200.35	77.24	63.27	59.84	19.82	98.95
1999	200.58	79.32	59.40	61.86	19.66	99.73
2000	204.29	87.01	53.70	63.58	24.55	116.83
2001	202.75	79.52	52.21	71.02	27.83	105.69
2002	205.06	76.39	51.41	77.26	29.52	106.04
2003	210.15	77.95	52.75	79.45	29.83	109.38
2004	211.66	72.98	55.33	83.35	38.41	110.24
2005	200.52	94.01	37.18	69.34	21.81	111.08
2006	206.69	93.17	39.39	74.14	24.35	115.19
2007	204.89	85.40	39.93	79.55	26.95	114.75
2008	209.74	81.41	42.03	86.31	28.46	117.60
2009	213.42	76.62	45.25	91.55	35.05	116.66
2010	212.98	70.40	46.49	96.09	46.65	118.83
2011	217.93	65.73	48.93	103.26	44.02	118.41
2012	223.57	61.07	54.72	107.78	40.47	117.48
2013	232.13	57.81	61.65	112.67	45.80	116.51
2014	242.02	54.86	68.68	118.48	45.95	115.77
2015	251.79	52.23	75.12	124.44	43.85	114.09
2016	262.12	48.14	81.06	132.92	37.68	111.10
2017	272.72	46.05	87.05	139.62	50.23	113.58
2018	276.70	38.71	88.95	149.03	39.24	107.50
2019	278.18	33.49	89.74	154.95		

注:2005-2010年为第六次人口普查调整数。
Data from 2005 to 2010 refer to the adjusted figures of the Sixth Population Census.

4－11 全市城镇非私营单位从业人员和工资情况
Number of Staff and Their Wages Bill in Urban Non－Private Units

年 份 Year	从业人员期末人数（万 人）Number of Staff at Year－end（10 000 persons）	国有单位 State－owned Units	城镇集体单位 Urban Collective－owned Units	其它单位 Others	从业人员工资总额（万元）Total Wages of All Staff（10 000 yuan）	国有单位 State－owned Units	城镇集体单位 Urban Collective－owned Units	其它单位 Others	在岗职工平均工资（元）Average Salary of On－Post Staff（yuan）
1978	49.84	37.01	12.83		29466	23411	5876		
1979	52.10	38.58	13.52		33116	26859	6089		
1980	53.80	40.30	13.50		39884	32369	7419		
1981	55.32	42.46	13.86		41777	33352	8298		
1982	56.55	43.53	14.02		43699	34756	8967		
1983	55.94	42.77	14.17		45583	35490	9730		
1984	56.79	43.18	14.53	0.08	53492	41153	12160		
1985	60.05	43.12	16.43	0.50	64125	51292	12833		
1986	61.61	45.53	16.02	0.06	73409	59618	13748	43	
1987	63.26	46.90	16.34	0.02	82510	67533	14929	48	
1988	63.77	48.05	15.59	0.13	97748	107830	16819	98	
1989	64.32	49.25	14.87	0.20	109392	91423	17662	306	
1990	68.31	50.68	17.23	0.39	134771	109630	24155	985	
1991	70.33	51.67	18.28	0.38	149080	119246	28633	1200	
1992	71.22	51.78	18.79	0.65	173728	137969	33572	2186	
1993	72.71	52.92	18.83	0.96	209844	164713	41114	4016	
1994	70.75	52.84	16.95	0.95	280397	228097	47217	5083	
1995	66.60	51.85	12.64	1.98	316787	263713	41337	11736	
1996	68.32	52.23	13.20	2.89	366122	296943	50759	18420	5461
1997	69.00	52.76	13.29	2.95	397699	324947	50808	21944	5814
1998	60.99	42.58	10.45	7.96	397802	284117	51178	62507	6588
1999	55.55	38.82	8.57	8.16	419681	308397	47082	64202	7592
2000	53.62	38.00	7.44	8.18	473641	351290	46795	75556	8784
2001	50.11	36.09	5.57	8.45	525095	404655	39109	81331	10611
2002	53.95	37.82	5.22	10.91	575551	428048	38616	108887	10987
2003	55.45	35.26	5.06	15.13	664234	449066	39755	175413	12182
2004	57.30	34.98	4.53	17.79	791311	527475	38079	225757	14099
2005	60.59	36.73	4.13	19.73	964896	640431	42929	281536	16553
2006	59.11	35.58	3.44	20.10	1086325	722524	44864	318937	18524
2007	65.31	39.76	3.26	22.28	1420653	949233	54442	416977	22581
2008	64.52	38.93	3.13	22.46	1704279	1142652	54080	507547	26388
2009	66.25	37.86	2.60	25.79	1803395	1134357	49720	619318	28026
2010	69.84	41.08	2.35	26.41	2087789	1311053	45471	731265	31192
2011	72.15	40.54	2.39	29.22	2742300	1742040	53787	946474	38674
2012	75.86	37.97	1.61	36.28	3236338	1798308	51845	1386185	42974
2013	89.16	33.19	1.50	54.47	4508238	1866776	54506	2586956	50817
2014	93.06	36.53	1.23	55.30	5434671	2383933	54369	2996369	59334
2015	93.34	32.74	1.05	59.55	5813417	2402964	45721	3364732	63949
2016	105.74	35.11	1.12	69.52	7047969	2707080	51675	4289214	70535
2017	109.06	35.18	1.19	72.69	7784665	2918831	54745	4811089	73939
2018	106.33	33.74	1.12	71.47	8375134	3083474	76041	5215619	82685
2019	107.82	28.59	0.85	78.38	9585121	2830478	41828	6712816	92650

注：2011 年起在岗职工包含劳务派遣人员。2015 年前职工人数为在岗职工人数。

Since 2011, the number of dispatch personnels has been included in the number of on－post staff. The number of employed persons before 2015 refers to the on－post staff.

主 要 统 计 指 标 解 释

从业人员　指在16周岁及以上,从事一定社会劳动并取得劳动报酬或经营收入的人员。这一指标反映了一定时期内全部劳动力资源的实际利用情况,是研究我国基本国情国力的重要指标。

单位从业人员　指在各级国家机关、政党机关、社会团体及企业、事业单位中工作,取得工资或其他形式的劳动报酬的全部人员。包括在岗职工、再就业的离退休人员、民办教师以及在各单位中工作的外方人员和港澳台方人员、兼职人员、借用的外单位人员和第二职业者。不包括离开本单位仍保留劳动关系的职工。各单位的就业人员反映了各单位实际参加生产或工作的全部劳动力。

国有单位　指资产归国家所有的经济组织。包括按《中华人民共和国企业法人登记管理条例》规定登记注册的非公司制的经济组织,以及中央、地方各级国家机关、事业单位和社会团体。

集体单位　指生产资料归集体所有,并按《中华人民共和国企业法人登记管理条例》规定登记注册的经济组织。

其他单位　包括股份合作单位、联营单位、有限责任公司、股份有限公司、港澳台商投资单位以及外商投资单位等其他登记注册类型单位。

在岗职工　指在本单位工作并由单位支付工资的人员,以及有工作岗位,但由于学习、病伤产假等原因暂未工作,仍由单位支付工资的人员。

工资总额　指各单位在一定时期内直接支付给本单位全部就业人员的劳动报酬总额。工资总额的计算原则应以直接支付给就业人员的全部劳动报酬为根据。各单位支付给就业人员的劳动报酬以及其他根据有关规定支付的工资,不论是计入成本的还是不计入成本的,不论是按国家规定列入计征奖金税项目的,还是未列入计征奖金税项目的,不论是以货币形式支付的还是以实物形式支付的,均包括在工资总额内。

平均工资　指企业、事业、机关单位的就业人员在一定时期内平均每人所得的货币工资额。它表明一定时期职工工资收入的高低程度,是反映就业人员工资水平的主要指标。计算公式为:

平均工资 = 报告期实际支付的全部就业人员工资总额/报告期全部就业人员平均人数

Explanatory Notes on Main Statistical Indicators

Employed Persons refer to persons aged 16 and over who are engaged in gainful employment and thus receive remuneration payment or earn business income. This indicator reflects the actual utilization of total labour force during a certain period of time and is often used for the research on China's economic situation and national power.

Persons Employed in Various Units refer to all the persons working in government agencies of various levels, party organizations, social organizations, enterprises and institutions, and receiving wages or other forms of payment. They include fully – employed staff and workers, re – employed retirees, teachers in schools run by the local people, foreigners and Chinese compatriots from Hong Kong, Macao, and Taiwan working in various units, part – time employees, employees of other units working temporarily at current posts, and employees holding the second job, but exclude staff and workers who have left their working units while keeping their labour contract (employment relation) unchanged. This indicator reflects the total number of laborers actually engaged in production or other operations in various units.

State – owned Units refer to economic units whose assets are owned by the state, including non – corporation units registered according to *Regulations of the People's Republic of China for Controlling the Registration of Enterprises as Legal Persons*, state organs, institutions and social organizations at the central – level and local levels.

Collective – owned Units refer to economic units registered according to *Regulations of the People's Republic of China for Controlling Registration of Enterprises as Legal Persons* where the means of production are collectively owned.

Units of Other Types of Ownership refer to units registered with other types of ownership, including cooperative units, joint ownership units, limited liability corporations, share holding corporations, units funded by entrepreneurs from Hong Kong, Macao, and Taiwan, and foreign – funded units.

On – Post Staff refer to persons who work in working units and working units would pay wages for them. Persons who have their work posts but are temporarily absent from work for reasons of study or on sick, injury or maternal leave and still receive wages from their working units are also included.

Total Wages Bill refers to the total remuneration payment to staff and workers in various units during a certain period of time. The calculation of total wages is based on the total remuneration payment to the staff and workers. Therefore, total wage bill, whether or not included in cost and national bonus tax, whether or not paid in money or in kind, shall be included in the calculation of total wage.

Average Wage refers to the average per capita wage in money terms during a certain period of time for employed persons. It shows the general level of wage income of staff and worker during a certain period of time, one major indicator to reflect the wage level. It is calculated as follows:

$$\text{Average Wage} = \frac{\text{Total Wage Bill of Staff and Workers at Reference Time}}{\text{Average Number of Staff and Workers at Reference Time}}$$

5

Five

固定资产投资

Investment in Fixed Assets

2020 贵阳统计年鉴

GUIYANG STATISTICAL YEARBOOK

5－1 投资主要指标
Main Indicators of Investment

指　　标	Item	2015	2016	2017	2018	2019	2019年比2018年增长(%) Increase Rate in 2019 over 2018(%)
固定资产投资构成	**The Composition of Investment in Fixed Assets**						
按产业分　(%)	**Grouped by Three Strata of Industry**						
第一产业	Primary Industry	5.1	6.2	4.6	2.1	2.0	-5.8
第二产业	Secondary Industry	19.6	14.9	17.4	10.9	11.0	2.0
第三产业	Tertiary Industry	75.3	78.9	78.0	87.0	87.0	1.7
按管理类别分　(%)	**Grouped By Management**						
#建设项目	Construction Project	75.0	73.3	71.6	65.5	58.4	-7.8
房地产开发	Real Estate Development	25.0	26.7	28.4	34.5	40.6	19.3
按构成分　(%)	**Grouped by Structure**						
建筑安装工程	Construction and Installation	81.9	76.9	77.9	75.3	69.7	-6.0
设备工器具购置	Purchase of Equipment and Instruments	1.4	4.6	3.4	5.1	4.0	-20.2
其他费用	Others	16.7	18.5	18.7	19.6	26.3	36.3
按城乡分　(%)	**Grouped by Urban and Rural Areas**						
城　镇	Urban Area	97.0	92.9	94.2	92.7	95.8	4.9
农　村	Rural Area	3.0	7.1	5.8	7.3	4.2	-41.4
固定资产投资资金来源构成　(%)	**Sources of Fund for Investment in Fixed Assets in the Whole City (%)**						
国家预算内资金	State Budget	5.2	2.6	2.4	1.0	2.5	108.4
国内贷款	Domestic Loans	16.2	19.7	19.0	27.6	18.7	-41.0
债券	Bond	1.0	0.7	0.1	0.1	0.4	207.9
利用外资	Foreign Investment	0.1			0.2	0.1	-50.3
自筹资金	Self - raised Funds	46.0	41.0	45.8	36.4	42.7	2.2
其他资金	Others	20.6	19.1	21.0	6.2	20.6	189.1
房屋建设面积　(平方米)	**Floor Space of Buildings　(sq. m)**						
施工面积	Floor Space under Construction	94742450	89121873	80776217	79722595	87366760	9.6
#住　宅	Residential Buildings	50270781	42716736	38117400	38632832	52212864	35.2
竣工面积	Floor Space Completed	26987449	21576527	12753911	7160283	3793838	-47.0
#住　宅	Residential Buildings	11932945	8250923	2769215	1882704	1858414	-1.3

5-2 固定资产投资
Total Investment in Fixed Assets in the Whole City

指　　标	Item	2019 构　成（%）Proportion（%）	2018 构　成（%）Proportion（%）	2019年比2018年增长（%）Growth Rate in 2019 over 2018（%）
投资总额	**Total Investment**			
#住　宅	Residential Buildings	25.5	22.7	14.5
按隶属关系分	**By Jurisdiction of Management**			
中　央	Central Investment	4.5	3.3	40.1
地　方	Local Investment	95.5	96.7	0.2
按登记注册类型分	**By Status of Registration**			
内　资	Domestic Funded Enterprises	97.1	98.9	-0.3
#国　有	State - owned Enterprises	10.6	16.5	-35.0
集　体	Collective - owned Enterprises			248.1
股份合作	Joint - equity Cooperative Enterprises			
集体联营企业	Collective Joint Ownership Enterprises			
国有与集体联营	Joint State - collective Enterprises			
其他联营	Other Joint Ownership Enterprises			
国有独资公司	State Sole Funded Corporations	20.7	23.0	-8.6
其他有限责任公司	Other Limited Liailities Companies	38.9	40.4	-2.2
股份有限公司	Companies Limited by Shares	2.8	2.8	4.7
私营个体	Individual Owned Enterprises	12.7	15.9	-18.5
其　他	Others	0.3	0.3	8.9
港澳台投资	Enterprises with Funds from Hong Kong, Macao and Taiwan	2.3	0.4	483.0
#合资经营	Joint - venture Enterprises	0.8	0.4	109.3
合作经营	Cooperative Business Operation			
独　资	Solely Funded Enterprises	1.5		35733.3
股份有限	Companies Limited by Shares			
外商投资	Enterprises with Foreign Investment	0.6	0.7	-8.1
#合资经营	Joint - venture Enterprises	0.2	0.4	-44.3
合作经营	Cooperative Business Operation	0.1		
独　资	Solely Funded Enterprises		0.3	
股份有限	Companies Limited by Shares			
按产业分	**Grouped by Three Strata of Industry**			
第一产业	Primary Industry	2.0	2.1	-5.8
第二产业	Secondary Industry	11.0	10.9	2.0
第三产业	Tertiary Industry	87.0	87.0	1.7
按管理类别分	**By Management**			
#建设项目	Construction Project	59.4	65.5	-7.8
房地产开发	Real Estate Development	40.6	34.5	19.3
按城乡分	**Grouped by Urban and Rural Areas**			
城　镇	Urban Area	95.8	92.7	4.9
农　村	Rural Area	4.2	7.3	-41.4
按构成分	**Grouped by Structure**			
建筑安装工程	Construction and Installation	69.7	75.3	-6.0
设备工器具购置	Purchase of Equipment and Instruments	4.0	5.1	-20.2
其他费用	Others	26.3	19.6	36.3
本年新增固定资产（万元）	**Newly Increased Fixed Assets (10 000 yuan)**			**-45.3**
房屋建设面积（平方米）	**Floor Space of Buildings (sq. m)**			
施工面积	Floor Space under Construction	100.0	100.0	9.6
#住　宅	Residential Buildings	59.8	48.5	35.2
竣工面积	Floor Space Completed	100.0	100.0	-47.0
#住　宅	Residential Buildings	49.0	26.3	-1.3

5－3 固定资产投资(按国有和非国有经济分)
Total Investment in Fixed Assets in the Whole City (Grouped by State－owned Economy and Non－state－owned Economy)

指　标	Item	2019年比2018年增长(%) Growth Rate in 2019 over 2018(%)	
		国有经济 State－owned Economy	非国有经济 Non－state－owned Economy
投资额	**Total Investment**	**－8.8**	**12.5**
按产业分	Grouped by Three Strata of Industry		
第一产业	Primary Industry	14.5	－13.1
第二产业	Secondary Industry	14.5	－3.5
第三产业	Tertiary Industry	－10.7	813.7
按构成分	Grouped by Structure		
建筑安装工程	Construction and Installation	－11.9	－0.2
设备、工器具购置	Purchase of Equipment and Instruments	1.4	－31.6
其他费用	Others	－0.6	94.0
本年资金来源小计	**Source of Funds for Investment**	**－25.1**	**－1.0**
国家预算内资金	State Budget	109.6	－100.0
国内贷款	Domestic Loans	－37.0	－57.8
债　券	Bond	218.9	－100.0
利用外资	Foreign Investment	－100.0	1543.3
自筹资金	Self－raised Funds	2.5	2.0
其他资金	Others	－12.4	484.9
新增固定资产	**Newly Increased Fixed Assets**	**－38.8**	**－54.9**
房屋建筑面积	**Floor Space of Buildings**		
施工面积	Floor Space under Construction	－68.7	47.9
#住　宅	Residential Buildings	－69.8	73.1
竣工面积	Floor Space Completed	－70.2	－37.3
#住　宅	Residential Buildings	－99.9	267.5

注：本表按控股情况划分。
Figures in this table were grouped by share－holding conditions.

5－4 固定资产投资资金来源情况

Source of Funds for Investment in Fixed Assets in the Whole City

指　　标	Item	2019 构成(%) Proportion(%)	2018 构成(%) Proportion(%)	2019年比2018年增长(%) Growth Rate in 2019 over 2018(%)
上年末结余资金	**Surplus Fund from the Year－end of Preceding Year**	**100.0**	**100.0**	**63.2**
本年资金来源小计	**Subtotal of Source of Funds This Year**	**100.0**	**100.0**	**－12.8**
国家预算内资金	State Budget	2.5	1.0	108.4
国内贷款	Domestic Loans	18.7	27.6	－41.0
债　券	Bond	0.4	0.1	207.9
利用外资	Foreign Investment Utilization	0.1	0.2	－50.3
自筹资金	Self－raised Funds	42.7	36.4	2.2
其他资金来源	Others	20.6	6.2	189.1
本年各项应付款合计	**Total Payment**	**100.0**	**100.0**	**4.9**
#工程款	Projects Funds	64.0	55.4	21.3

5－5 按国民经济行业分组的固定资产投资
Total Investment in Fixed Assets in the Whole City by Sector

指　　标	Item	2019 构成（%）Proportion（%）	2018 构成（%）Proportion（%）	2019年比2018年增长（%）Growth Rate in 2019 over 2018（%）
总　计	**Total**	**100.0**	**100.0**	**1.5**
农、林、牧、渔业	**Agriculture, Forestry, Animal Husbandry and Fishery**	**1.98**	**2.14**	**－5.8**
农　业	Agriculture	1.76	1.74	3.2
林　业	Forestry	0.02	0.03	－41.2
畜牧业	Animal Husbandry	0.18	0.28	－37.1
渔　业	Fishery	0.01	0.05	－83.6
农、林、牧、渔专业及辅助性活动	Service of Agriculture, Forestry, Animal Husbandry and Fishery	0.01	0.03	－57.9
采矿业	**Mining**	**0.85**	**0.67**	**28.8**
煤炭开采和洗选业	Coal Mining and Dressing	0.23	0.17	40.2
石油和天然气开采业	Petroleum and Natural Gas Mining			
黑色金属矿采选业	Ferrous Metal Ores Mining and Dressing	0.01		
有色金属矿采选业	Non－ferrous Metal Ores Mining and Dressing	0.18	0.04	365.0
非金属矿采选业	Non－metal Minerals Mining and Dressing	0.40	0.45	－10.8
开采辅助活动	Mining Support Activities	0.03	0.01	280.9
其他开采业	Others			
制造业	**Manufacturing**	**7.53**	**8.34**	**－8.4**
农副食品加工业	Processing of Food from Agricutural Products	0.20	0.40	－49.3
食品制造业	Manufacture of Foods	0.11	0.11	8.1
酒、饮料和精制茶制造业	Manufacture of Liquor, Beverages and Refined Tea	0.17	0.24	－26.0
烟草制品业	Manufacture of Tobacco	0.01	0.02	－69.1
纺织业	Manufacture of Textile			
纺织服装和服饰业	Manufacture of Textile, Wearing Apparel and Accessories	0.02	0.02	－1.2
皮革、毛皮、羽毛（绒）及其制品业	Manufacture of Leather, Furs, Feather and Related Products		0.03	
木材加工及木、竹、藤、棕、草制	Processing of Timer, Manufacture of Wood, Bamboo, Rattan, Palm, and Straw Products	0.02	0.08	－73.7
家具制造业	Manufacture of Furniture	0.02	0.01	53.8
造纸及纸制品业	Manufacture of Paper and Paper Products		0.05	
印刷业和记录媒介的复制	Printing and Reproductionn of Recording Media	0.02	0.23	－91.4
文教体育用品制造业	Manufacture of Articles for Culture, Education and Sport Activities			
石油加工、炼焦及核燃料加工业	Processing of Petroleum, Coking and Processing of Nuclear Fuel	0.03	0.09	－61.8
化学原料及化学制品制造业	Manufacture of Raw Chemical Materials and Chemical Products	0.28	0.58	－51.2

5-5 续表1 (continued)

指　　标	Item	2019 构　成 (%) Proportion (%)	2018 构　成 (%) Proportion (%)	2019年比2018年增长 (%) Growth Rate in 2019 over 2018 (%)
医药制造业	Manufacture of Medicines	0.47	0.69	-19.9
化学纤维制造业	Manufacture of Chemical Fibres			
橡胶和塑料制品业	Manufacture of Plastics and Rubber	0.11	0.15	-8.9
非金属矿物制品业	Manufacture of Non-metallic Mineral Products	0.62	0.46	57.7
黑色金属冶炼和压延加工业	Smelting and Pressing of Ferrous Metals	0.01	0.04	-71.7
有色金属冶炼和压延加工业	Smelting and Pressing of Non-ferrous Metals	0.15	0.11	68.7
金属制品业	Manufacture of Metal Products	0.19	0.18	25.1
通用设备制造业	Manufacture of General Purpose Machinery	0.03	0.24	-87.1
专用设备制造业	Manufacture of Special Purpose Machinery	0.39	0.67	-30.9
汽车制造业	Manufacture of Automobiles	1.89	1.73	29.6
铁路、船舶、航空航天等制造业	Manufacture of Railway, Watercraft, Aviation, Aerospace and Other Transport Equipment	0.01	0.12	-93.0
电气机械及器材制造业	Manufacture of Electrical Machinery and Equipment	1.41	1.92	-13.2
计算机、通信和其他电子设备制造业	Manufacture of Computers, Communication and Other Electronic Equipment	0.17	0.08	150.2
仪器仪表制造业	Manufacture of Measuring Instruments and Machinery	0.04	0.01	663.9
其他制造业	Other Manufacturing	0.17	0.07	172.4
废弃资源综合利用业	Utilization of Waste Resources	0.05	0.01	318.2
金属制品、机械和设备修理业	Repair Service of Metal Products, Machinery and Equipment		0.01	
电力、热力、燃气及水的生产和供应业	**Production and Supply of Electricity, Heat, Gas and Water**	**2.22**	**1.91**	**37.8**
电力、热力的生产和供应业	Production and Supply of Electricity and Heat	0.52	0.56	10.4
燃气生产和供应业	Production and Supply of Gas	0.21	0.17	44.5
水的生产和供应业	Production and Supply of Water	1.50	1.18	49.7
建筑业	**Construction**			
房屋建筑业	Construction of Buildings			
土木工程建筑业	Civil Engineering			
建筑安装业	Building Installation			
建筑装饰和其他建筑业	Building Decoration and Others			
批发和零售业	**Wholesale and Retail Trades**	**0.23**	**0.87**	**-69.0**
批发业	Wholesale Trade	0.09	0.43	-74.4
零售业	Retail Trade	0.13	0.44	-63.6

5-5 续表2 (continued)

指标	Item	2019 构成(%) Proportion(%)	2018 构成(%) Proportion(%)	2019年比2018年增长(%) Growth Rate in 2019 over 2018(%)
交通运输、仓储和邮政业	**Transport, Storage and Post**	**9.25**	**7.19**	**52.4**
铁路运输业	Railway Transport	0.58	0.73	-5.6
道路运输业	Road Transport	7.14	4.46	89.5
水上运输业	Water Transport		0.01	-49.4
航空运输业	Air Transport	0.90	1.32	-19.6
管道运输业	Pipeline Transport	0.04	0.08	-48.9
装卸搬运和运输代理业	Loading, Unloading and Forwarding Agency		0.09	
仓储业	Storage	0.58	0.50	35.9
邮政业	Post	0.02		
住宿和餐饮业	**Hotels and Catering Services**	**0.81**	**1.02**	**-6.1**
住宿业	Hotels	0.76	0.94	-3.5
餐饮业	Catering Services	0.05	0.08	-35.6
信息传输、软件和信息技术服务业	**Information Transmision, Software and Information Technology**	**2.04**	**3.14**	**-23.0**
电信、广播电视和卫星传输服务业	Telecommunication, Radio, Television and Satellite Transmission Service	0.74	0.88	-0.5
互联网和相关服务业	Internet and Related Services	0.34	0.80	-49.1
软件和信息技术服务业	Software and Information Technology	0.96	1.46	-22.3
金融业	**Financial Intermediation**	**0.03**	**0.03**	**27.0**
货币金融业	Monetary and Financial Industry	0.02	0.03	-6.5
资本市场业	Capital Markets	0.01		344.2
保险业	Insurance			
其他金融业	Others			
房地产业	**Real Estate Industry**	**37.62**	**39.87**	**11.7**
房地产业	Real Estate	2.82	39.87	-91.6
租赁和商务服务业	**Leasing and Business Services**	**2.33**	**2.39**	**15.3**
租赁业	Leasing	0.03		1215.2
商务服务业	Business Services	2.30	2.39	14.0
科学研究和技术服务业	**Scientific Research and Technical Services**	**0.09**	**0.23**	**-52.6**
研究与试验发展	Research and Experimental Development	0.03	0.09	-63.7
专业技术服务业	Professional Technical Services	0.06	0.10	-32.3
科技交流和推广服务业	Services of Science and Technique Exchange and Popularization	0.01	0.04	-80.1

5-5 续表3 (continued)

指标	Item	2019 构成(%) Proportion(%)	2018 构成(%) Proportion(%)	2019年比2018年增长(%) Growth Rate in 2019 over 2018(%)
水利、环境和公共设施管理业	**Management of Water Conservancy, Environment and Public Facilities**	**16.73**	**24.04**	**-67.8**
水利管理业	Management of Water Conservancy	0.65	1.55	-43.8
生态保护和环境治理业	Ecological Protection and Environmental Treatment	0.20	0.42	-14.8
公共设施管理业	Public Facilities Management	15.86	22.02	25.6
土地管理业	Land Management	0.02		
居民服务和其他服务业	**Services to Households and Other Services**	**0.11**	**0.19**	**-33.9**
居民服务业	Services to Households	0.08	0.11	-6.5
机动车、电子产品和日用产品修理业	Motor Vehicle, Electronic and Household Products Repair		0.01	-66.5
其他服务业	Others	0.02	0.07	-70.7
教育	**Education**	**1.89**	**3.47**	**-35.3**
教育	Education	1.89	3.47	-35.3
卫生和社会工作	**Health and Social Service**	**1.11**	**2.17**	**-39.8**
卫生	Health	1.10	2.09	-37.6
社会工作	Social Service		0.08	-96.1
文化、体育和娱乐业	**Culture, Sports and Entertainment**	**2.18**	**2.12**	**22.2**
新闻和出版业	Journalism and Publishing Industry			
广播、电视、电影和影视录音制作业	Radio, Television, Motion Picture and Video Recording Production Services	0.02	0.05	-53.1
文化艺术业	Culture and Art	0.53	0.45	39.8
体育	Sports	0.14	0.24	-31.8
娱乐业	Entertainment	1.49	1.38	28.5
公共管理和社会组织	**Public Management and Social Organizations**	**0.26**	**0.23**	**37.2**
中国共产党机关	Organs of the Communist Party of China			
国家机构	Government Agencies	0.19	0.16	40.6
人民政协和民主党派	PPCC and Democratic Parties			
社会保障	Social Security	0.01	0.03	-48.5
群众团体、社会团体和其他成员组织	Mass Organizations, Social Organizations and Other Membership Organizations	0.06	0.03	124.0
基层群众自治组织	Grassroots Self-Governing Organizations			
国际组织	**International Organization**			
国际组织	International Organization			

5-6 建设项目投资
Investment in Construction Projects

指 标	Item	2019 构 成 (%) Proportion (%)	2018 构 成 (%) Proportion (%)	2019 年比 2018 年增长 (%) Growth Rate in 2019 over 2018 (%)
投资总额	**Total Investment**	**100.0**	**100.0**	**-7.8**
按隶属关系分	**By Jurisdiction of Management**			
中 央	Central Investment	1.4	0.8	62.0
省	Provincial Investment	52.0	11.6	311.8
市	Municipal Investment		21.2	
县	Prefectural Investment		40.4	
其 他	Others	46.6	26.0	65.2
按登记注册类型分	**By Status of Registration**			
内 资	Domestic Funded Enterprises	98.5	98.4	-7.7
#国 有	State - owned Enterprises	17.5	24.8	-34.9
集 体	Collective - owned Enterprises			248.1
股份合作	Joint - equity Cooperative Enterprises			
国有联营	State Joint Ownership Enterprises			
集体联营	Collective Joint Ownership Enterprises			
国有独资公司	State Sole Funded Enterprises	31.6	30.3	-3.9
其他有限责任公司	Other Limited Liailities Companies	33.4	31.8	-3.1
股份有限公司	Companies Limited by Shares	4.5	2.5	68.9
私营个体	Private Enterprises	10.9	8.6	16.4
其 他	Others	0.5	0.4	8.9
港澳台商投资	Enterprises with Funds from Hong Kong, Macao and Taiwan	0.7	1.0	-30.3
#合资经营	Joint - venture Enterprises	0.5	0.6	-31.4
独 资	Solely Funded Enterprises	0.3		4064.0
外商投资	Foreign Funded Enterprises	0.8		-28.7
#合资经营	Joint - venture Enterprises	0.3	1.0	-53.1
独 资	Solely Funded Enterprises		0.4	
按产业分	**Grouped by Strata of Industry**			
第一产业	Primary Industry	3.3	3.3	-5.8
第二产业	Secondary Industry	18.4	16.7	2.0
第三产业	Tertiary Industry	78.2	80.1	-9.9
按构成分	**Grouped by Structure**			
建筑安装工程	Construction and Installation	69.9	74.3	-13.3
设备工器具购置	Purchase of Equipment and Instruments	6.6	7.7	-20.4
其他费用	Others	23.5	18.0	20.0
按建设性质分	**By Type of Construction**			
#新 建	New Construction	87.9	89.8	-9.7
扩 建	Expansion	6.0	4.5	23.3
改建和技术改造	Reconstruction and Technical Transformation	4.4	4.7	-12.3
新增固定资产	Newly Increased Fixed Assets	34.1	61.7	-49.0

5－7 按国民经济行业分组的建设项目投资
Total Investment in Construction Projects by Sector

指 标	Item	2019 构 成 (%) Proportion (%)	2018 构 成 (%) Proportion (%)	2019 年比 2018 年增长 (%) Growth Rate in 2019 over 2018 (%)
总 计	**Total**	**100.0**	**100.0**	**-7.8**
农、林、牧、渔业	**Agriculture, Forestry, Animal Husbandry and Fishery**	**3.3**	**3.3**	**-5.8**
农 业	Agriculture	3.0	2.7	3.2
林 业	Forestry		0.1	-41.2
畜牧业	Animal Husbandry	0.3	0.4	-37.1
渔 业	Fishery		0.1	-83.6
农、林、牧、渔专业及辅助性活动	Service of Agriculture, Forestry, Animal Husbandry and Fishery		0.1	-57.9
采矿业	**Mining**	**1.4**	**1.0**	**28.8**
煤炭开采和洗选业	Coal Mining and Dressing	0.4	0.3	40.2
石油和天然气开采业	Petroleum and Natural Gas Mining			
黑色金属矿采选业	Ferrous Metals Ores Mining and Dressing			
有色金属矿采选业	Non - ferrous Metals Ores Mining and Dressing	0.3	0.1	365.0
非金属矿采选业	Non - metal Minerals Mining and Dressing	0.7	0.7	-10.8
开采辅助活动	Mining Support Activities	0.1		280.9
其他开采业	Others			
制造业	**Manufacturing**	**12.7**	**12.7**	**-8.4**
农副食品加工业	Processing of Foods from Agricultural Products	0.3	0.6	-49.3
食品制造业	Manufacture of Foods	0.2	0.2	8.1
酒、饮料和精制茶制造业	Manufacture of Liquor, Beverages and Refined Tea	0.3	0.4	-26.0
烟草制品业	Manufacture of Tobacco			-69.1
纺织业	Manufacture of Textile			
纺织服装和服饰业	Manufacture of Textile Wearing Apparel and Accessories			-1.2
皮革、毛皮、羽毛(绒)及其制品业	Manufacture of Leather, Furs, Feather and Related Products			
木材加工及木、竹、藤、棕、草制	Processing of Timer, Manufactur of Wood, Bamboo, Rattan, Palm, and Straw Products		0.1	-73.7
家具制造业	Manufacture of Furniture			53.8
造纸及纸制品业	Manufacture of Paper and Paper Products		0.1	
印刷业和记录媒介的复制	Printing and Reproduction of Recording Media		0.4	-91.4
文教体育用品制造业	Manufacture of Articles for Culture, Education and Sports Activities			
石油加工、炼焦及核燃料加工业	Petroleum Processing, Coking and Nuclear Fuel Processing	0.1	0.1	-61.8

5－7 续表1 (continued)

指　标	Item	2019 构成(%) Proportion(%)	2018 构成(%) Proportion(%)	2019年比2018年增长(%) Growth Rate in 2019 over 2018(%)
化学原料及化学制品制造业	Manufacture of Raw Chemical Materials and Chemical Products	0.5	0.9	－51.2
医药制造业	Manufacture of Medicines	0.9	1.1	－19.9
化学纤维制造业	Manufacture of Chemical Fibers			
橡胶和塑料制品业	Manufacture of Plastics and Rubber	0.2	0.2	－8.9
非金属矿制品业	Manufacture of Non－metallic Mineral Products	1.2	0.7	57.7
黑色金属冶炼和压延加工业	Smelting and Pressing of Ferrous Metals		0.1	－71.7
有色金属冶炼和压延加工业	Smelting and Pressing of Non－ferrous Metals	0.3	0.2	68.7
金属制品业	Manufacture of Metal Products	0.4	0.3	25.1
通用设备制造业	Manufacture of General Purpose Machinery	0.1	0.4	－87.1
专用设备制造业	Manufacture of Special Purpose Machinery	0.8	1.0	－30.9
汽车制造业	Manufacture of Automobiles	3.7	2.6	29.6
铁路、船舶、航空航天等制造业	Manufacture of Railway, Watercraft, Aviation, Aerospace and Other Transport Equipment		0.2	－93.0
电气机械及器材制造业	Manufacture of Electrical Machinery and Equipment	2.8	2.9	－13.2
计算机、通信和其他电子设备制造业	Manufacture of Computers, Communication and Other Electronic Equipment	0.3	0.1	150.2
仪器仪表制造业	Manufacture of Measuring Instruments and Machinery	0.1		663.9
其他制造业	Other Manufacturing	0.3	0.1	172.4
废弃资源综合利用业	Utilization of Waste Resources	0.1		518.2
金属制品、机械和设备修理业	Repair Service of Metal Products, Machinery and Equipment			
电力、热力、燃气及水的生产和供应业	**Production and Supply of Electricity, Heat, Gas and Water**	**4.4**	**2.9**	**37.8**
电力、热力的生产和供应业	Production and Supply of Electricity and Heat	1.0	0.9	10.4
燃气生产和供应业	Production and Supply of Gas	0.4	0.3	44.5
水的生产和供应业	Production and Supply of Water	2.9	1.8	49.7
建筑业	**Construction**			
房屋建筑业	Construction of Buildings			
土木工程建筑业	Civil Engineering			
建筑安装业	Building Installation			
建筑装饰和其他建筑业	Building Decoration and Others			
批发和零售业	**Wholesale and Retail Trade**	**0.5**	**1.3**	**－69.0**
批发业	Wholesale Trade	0.2	0.7	－74.4
零售业	Retail Trade	0.3	0.7	－63.6

5－7 续表2 (continued)

指 标	Item	2019 构 成（%）Proportion（%）	2018 构 成（%）Proportion（%）	2019年比2018年增长（%）Growth Rate in 2019 over 2018（%）
交通运输、仓储和邮政业	**Transport, Storage and Post**	**18.1**	**11.0**	**52.4**
铁路运输业	Railway Transport	1.1	1.1	-5.6
道路运输业	Road Transport	14.0	6.8	89.5
水上运输业	Water Transport			-49.4
航空运输业	Air Transport	1.8	2.0	-19.6
管道运输业	Pipeline Transport	0.1	0.2	-48.9
装卸搬运和运输代理业	Loading, Unloading and Forwarding Agency		0.1	
仓储业	Storage	1.1	0.8	35.9
邮政业	Posts	0.1		
住宿和餐饮业	**Hotels and Catering Services**	**1.6**	**1.6**	**6.1**
住宿业	Hotels	1.5	1.4	-3.5
餐饮业	Catering Services	0.1	0.1	-35.6
信息传输、软件和信息技术服务业	**Information Transmission, Software and Information Technology**	**4.0**	**4.8**	**-23.0**
电信、广播电视和卫星传输服务业	Telecommunication, Radio, Television and Satellite Transmission Service	1.5	1.4	-0.5
互联网和相关服务业	Internet and Related Service	0.7	1.2	-49.1
软件和信息技术服务业	Software and Information Technology	1.9	2.2	-22.3
金融业	**Financial Intermediation**	**0.1**	**0.1**	**27.0**
货币金融业	Monetary and Financial Industry			-6.5
资本市场业	Capital Markets			344.2
保险业	Insurance			
其他金融业	Others			
房地产业	**Real Estate Industry**	**5.5**	**8.2**	**-37.5**
房地产业	Real Estate	5.5	8.2	-37.5
租赁和商务服务业	**Leasing and Business Services**	**4.6**	**3.7**	**15.3**
租赁业	Leasing	0.1		1215.2
商务服务业	Business Services	4.5	3.7	14.0
科学研究和技术服务业	**Scientific Research and Technical Services**	**0.2**	**0.4**	**-52.6**
研究与试验发展	Research and Development	0.1	0.1	-63.7
专业技术服务业	Professional Technical Services	0.1	0.2	-32.3
科技交流和推广服务业	Services of Science and Technique Exchange and Popularization		0.2	-80.1

5－7 续表3 （continued）

指 标	Item	2019 构 成（%）Proportion（%）	2018 构 成（%）Proportion（%）	2019年比2018年增长（%）Growth Rate in 2019 over 2018（%）
水利、环境和公共设施管理业	**Management of Water Conservancy, Environment and Public Facilities**	**32.8**	**36.7**	**－17.6**
水利管理业	Management of Water Conservancy	1.3	2.4	－50.2
生态保护和环境治理业	Ecological Protection and Environmental Treatment	0.4	0.6	－43.8
公共设施管理业	Public Facilities Management	31.1	33.6	－14.8
土地管理业	Land Management			
居民服务和其他服务业	Services to Households and Other Services	0.2	0.3	－33.9
居民服务业	Services to Households	0.2	0.2	－6.5
机动车、电子产品和日用产品修理业	Motor Vehicle, Electronic and Household Products Repair			－66.5
其他服务业	Others		0.1	－70.7
教 育	**Education**	**3.7**	**5.3**	**－35.3**
教 育	Education	3.7	5.3	－35.3
卫生和社会工作	**Health and Social Service**	**2.2**	**3.3**	**－39.8**
卫 生	Health	2.2	3.2	－37.6
社会工作	Social Service		0.1	－96.1
文化、体育和娱乐业	**Culture, Sports and Entertainment**	**4.3**	**3.2**	**22.2**
新闻和出版业	Press and Publishing industry			
广播、电视、电影和影视录音制作业	Radio, Television, Motion Picture and Vodeotape Programme Production Services		0.1	－53.1
文化艺术业	Culture and Art	1.1	0.7	39.8
体 育	Sport	0.3	0.4	－31.8
娱乐业	Entertainment	2.9	2.1	28.5
公共管理和社会组织	**Public Management and Social Organizations**	**0.5**	**0.4**	**37.2**
中国共产党机关	Organs of the Communist Party of China			
国家机构	Government Agencies	0.4	0.2	40.6
人民政协和民主党派	PPCC and Democratic Parties			
社会保障	Social Security		0.1	－48.5
群众团体、社会团体和其他成员组织	Mass Organizations, Social Orgnizations and Other Membership Organizations	0.1	0.1	124.0
基层群众自治组织	Grassroots Self－Govering Organizations			
国际组织	**International Organization**			
国际组织	International Organization			

5-8 建设项目施工、投产项目个数和房屋建筑面积
Number of Construction Projects under Construction, Put into Use and Floor Space of Buildings

指　　标		Item		2019	2018	2019年比2018年增长(%) Growth Rate in 2019 over 2018(%)
项目个数		**Number of Projects**				
施工项目个数	(个)	Number of Projects under Construction	(unit)	1268	1570	-19.2
#本年新开工	(个)	Number of Projects Started in Current Year	(unit)	579	792	-26.9
投产项目个数	(个)	Number of Projects Put into Use	(unit)	787	987	-20.3
房屋建筑面积		**Floor Space of Buildings**				
施工面积	(平方米)	Floor Space under Construction	(sq. m)	6945386	18542248	-62.5
#住　宅	(平方米)	Residential Buildings	(sq. m)	36063	669468	-94.6
竣工面积	(平方米)	Floor Space Completed	(sq. m)	707965	4998296	-85.8
#住　宅	(平方米)	Residential Buildings	(sq. m)	2432	608533	-99.6

5-9 各区(市、县)固定资产投资
Investment in Fixed Assets by District (City, County)

单位:万元　　(10 000 yuan)

区(市、县)名　称	District(City, County)	2018年比2017年增长(%) Growth Rate in 2018 over 2017(%)	2019年比2018年增长(%) Growth Rate in 2019 over 2018(%)
南明区	Nanming	20.9	7.3
云岩区	Yunyan	8.3	0.3
花溪区	Huaxi	20.7	-15.2
乌当区	Wudang	15.2	0.9
白云区	Baiyun	14.5	0.8
观山湖区	Guanshanhu	19.3	10.0
开阳县	Kaiyang	15.5	-14.1
息烽县	Xifeng	-12.2	9.5
修文县	Xiuwen	12.8	0.6
清镇市	Qingzhen	1.0	-7.2

5-10 房地产开发投资主要指标
Main Indicators of Enterprises for Real Estate Development

指标	Item	2015	2016	2017	2018	2019	2019年比2018年的增长(%) Growth Rate of 2019 over 2018(%)
企业个数 (个)	**Number of Enterprises (unit)**	**780**	**759**	**758**	**706**	**697**	**-1.3**
土地开发及购置(平方米)	**Land Developing and Purchase (sq. m)**						
待开发土地面积	Land Space Pending Development	3315823	2827825	2134794	2545306	1994231	-21.7
本年土地购置面积	Land Space Purchased This Year	2021655	332911	2217074	1206251	1661069	37.7
本年完成投资额 (万元)	**Investment Completed This Year (10 000 yuan)**	**10050001**	**9273162**	**10264336**	**9859559**	**11762476**	**19.3**
#配套工程投资	Supporting Projects						
按工程用途分:	**Engineering Application**						
住　宅	Residental Buildings	5864517	4933266	5963919	6402693	7405790	15.7
#90平方米以下	Below 90 Square Meters	2344396	1553963	1855984	1769249	1144600	-35.3
140平方米以上	Above 140 Square Meters	1128542	915408	1219104	1106336	1250090	13.0
办公楼	Office Buildings	1341394	1229097	798514	645821	749585	16.1
商业营业用房	Houses for Business Use	1741880	2118981	2006873	1473915	1653824	12.2
其　他	Others	1102210	991818	1495030	1337130	1953277	46.1
按构成分:	**Grouped by Structure of Investment**						
建筑工程	Construction	8073462	7262274	7785425	7211171	8050537	11.6
安装工程	Installation	219659	214538	286356	393670	102458	-74.0
设备工器具购置	Purchase of Equipment and Instruments	23409	42648	42840	27639	25157	-9.0
其　他	Others	1733471	1753702	2149715	2227079	3584324	60.9
资金来源小计 (万元)	**Sources of Funds (10 000 yuan)**	**9642730**	**8890299**	**9522068**	**10577890**	**10353002**	**-2.1**
#国内贷款	Domestic Loans	1319137	1231910	693126	684964	480337	-29.9
利用外资	Foreign Investment						
自筹资金	Self-raised Funds	1995927	2043932	2331340	2322420	3216295	38.5
其他资金	Others	6327666	5614457	6497602	393730	389205	-1.1
本年新增固定资产(万元)	**Newly Increased Fixed Assets This Year (10 000 yuan)**	**6931107**	**2907058**	**1034808**	**815828**	**880906**	**8.0**
房屋建筑面积 (平方米)	**Floor Space of Buildings (square meters)**						
施工面积	Floor Space under Construction	69564474	61769707	58826002	61180347	80421374	31.4
住　宅	Residental Buildings	46161329	39054454	36466347	37963364	52176801	37.4
#90平方米以下	Below 90 Square Meters	16409765	13080648	11400999	9820466	9541605	-2.8
140平方米以上	Above 140 Square Meters	6009974	6052246	5061736	5483490	8157750	48.8
办公楼	Office Buildings	5467603	5247092	4803057	4696712	5552915	18.2
商业营业用房	Houses for Business Use	8323998	7517398	8030571	8381132	9902671	18.2
其　他	Others	9611544	9950763	9526027	10139139	12788987	26.1
本年新开工面积	Floor Space Started This Year	11727854	8962445	9030532	13666409	19881855	45.5
住　宅	Residental Buildings	6297819	5566478	5616074	9519468	13736463	44.3

5－10 续表 （continued）

指 标	Item	2015	2016	2017	2018	2019	2019年比2018年的增长(%) Growth Rate of 2019 over 2018(%)
#90平方米以下	Below 90 Square Meters	1426296	1114383	1127747	1410286	1284519	-8.9
140平方米以上	Above 140 Square Meters	658982	687591	838685	1655415	2297364	38.8
办公楼	Office Buildings	1283399	396946	503150	367692	839921	128.4
商业营业用房	Houses for Business Use	2169985	1479906	1391726	1375681	2294630	66.8
其 他	Others	1976651	1519115	1519582	2403568	3010841	25.3
商品房屋竣工面积(平方米)	**Floor Space of Commercialized Buildings Completed (square meters)**	**14273687**	**9805183**	**3136308**	**2161987**	**3085873**	**42.7**
住 宅	Residental Buildings	10985143	6420237	2019173	1274171	1855982	45.7
#90平方米以下	Below 90 Square Meters	4594756	1051207	271494	425310	290175	-31.8
140平方米以上	Above 140 Square Meters	729562	1658330	356119	192490	308747	60.4
办公楼	Office Buildings	561085	964042	175745	255217	231052	-9.5
商业营业用房	Houses for Business Use	2031460	812031	440631	271091	345999	27.6
其 他	Others	695999	1608873	500759	361508	652840	80.6
商品房销售面积(平方米)	**Floor Space of Commercialized Buildings Sold (square meters)**	**9681735**	**9885733**	**10778765**	**11189724**	**10999499**	**-1.7**
住 宅	Residental Buildings	7982504	8327753	8776130	9475097	8687748	-8.3
#90平方米以下	Below 90 Square Meters	2776530	2240405	1715441	1023532	977962	-4.5
140平方米以上	Above 140 Square Meters	1064505	1041730	1163622	1363617	1433695	5.1
办公楼	Office Buildings	492417	589939	864061	628209	755482	20.3
商业营业用房	Houses for Business Use	992209	777594	879209	878151	1328790	51.3
其 他	Others	214605	190447	259365	208267	227479	9.2
商品房销售额 (万元)	**Total Sale of Commercialized Buildings (10 thousand yuan)**	**5813719**	**5874680**	**7799995**	**10448910**	**11527458**	**10.3**
住 宅	Residental Buildings	3949396	4479776	5720809	8356343	8537640	2.2
#90平方米以下	Below 90 Square Meters	1258486	1038533	1064591	837421	923122	10.2
140平方米以上	Above 140 Square Meters	625491	694669	897220	1394920	1751374	25.6
办公楼	Office Buildings	383043	482468	621611	606362	570440	-5.9
商业营业用房	Houses for Business Use	1395113	848387	1349965	1363565	2315818	69.8
其 他	Others	86167	64049	107610	122640	103560	-15.6
商品房待售面积(平方米)	**Floor Space of Commercialized Buildings Sold (square meters)**	**3999970**	**2705892**	**2345864**	**1475625**	**1066832**	**-27.7**
住 宅	Residental Buildings	2006684	1416746	1411987	746738	346808	-53.6
#90平方米以下	Below 90 Square Meters	640762	404862	269256	227061	42971	-81.1
140平方米以上	Above 140 Square Meters	412376	339161	262163	114411	99449	-13.1
办公楼	Office Buildings	561758	475218	320360	240008	180211	-24.9
商业营业用房	Houses for Business Use	940269	550749	375259	303105	333148	9.9
其 他	Others	491259	263179	238258	185774	206665	11.2

5－11 按各种分组的房地产开发企业指标完成情况(2019 年)

单位:万元、平方米

指标	Item	企业数(个) Number of Enterprises (unit)	计划总投资 Total Investment Planned	自开始建设累计完成投资 Accumulative Investment Actually Completed Since Starting of Construction up to the End of This Year
总计	**Total**	**697**	**98539237**	**62003485**
按登记注册类型分组	**By Status of Registration**			
内资企业	Domestic Funded Enterprises	671	92522020	57767163
国有企业	State－owned Enterprises	11	829867	111260
集体企业	Collective－owned Enterprises			
股份合作企业	Joint－equity Cooperative Enterprises			
国有联营企业	State Joint Ownership Enterprises			
集体联营企业	Collective Joint Ownership Enterprises			
国有与集体联营企业	Joint State－collective Enterprises			
其他联营企业	Other Joint Ownership Enterprises			
国有独资公司	State Sole Funded Corporations	30	4063915	2381653
其他有限责任公司	Other Limited Liability Companies	452	71391434	46156163
股份有限公司	Companies Limited by Shares	7	863477	802458
私营独资企业	Private－Solely Funded Enterprises			
私营合伙企业	Private Partnership Enterprises			
私营有限责任公司	Private Limited Liability Companies	163	15230237	8194449
私营股份有限公司	Private Companies Limited by Shares	8	143090	121180
其他企业	Other Enterprises			
港澳台商投资企业	Enterprises with Funds from Hong Kong, Macao and Taiwan	20	5553281	3926626
与港澳台商合资经营企业	Joint－venture Enterprises	13	736187	762079
与港澳台商合资合作经营企业	Cooperative Enterprises			
港澳台商独资经营企业	Enterprises with Sole Fund	7	4817094	3164547
港澳台商投资股份有限公司	Companies Limited by Shares			
其他港澳台投资	Others			
外商投资企业	Enterprises with Foreign Investment	6	463936	309696
中外合资经营企业	Chinese－foreign Equity Joint Ventures	3	52000	47376
中外合作经营企业	Chinese－foreign Cooperative Enterprises	1	411936	262320
外资企业	Foreign－Funded Enterprises	2		
外商投资股份有限公司	Companies Limited by Shares			
其他外商投资	Others			
按控股情况分	**By Share Holding**			
国有控股	State－holding Enterprises	106	22903717	14655559
集体控股	Collective－Holding Enterprises	8	2826900	2404276
私人控股	Private Enterprises	490	59050772	36120566
港澳台商控股	Hong Kong, Macao and Taiwan Holding Enterprises	17	5553281	3926626
外商控股	Foreign Holding Enterprises	3	411936	262320
其　他	Others	73	7792631	4634138
按资质等级分	**By Grade**			
一　级	First Grade			
二　级	Second Grade	71	32463779	24229091
三　级	Third Grade	111	9657107	6839699
四　级	Fourth Grade	124	2972965	1787386
暂　定	Provisional	336	48947623	25758651
其　他	Others	50	4435463	3368926
按隶属关系分	**By Administrative Relationship**			
中　央	Central	23	9916903	7118369
地　方	Local	60	7359421	3278058
其　他	Others	614	81262913	51607058

Actually Completed Investment of Enterprises in Real Estate by Groups(2019)

(10 000 yuan;sq. m)

本年完成投资 Investment Completed This Year	#配套工程投资 Supporting Projects Investment	按构成分:By Composition of Funds					
		#建筑工程 Construction	安装工程 Installation	设备工器具购置 Purchase of Equipment and Instruments	其他费用 Other Expenses	#旧建筑物购置费 Old Buildings Purchase Expenses	土地购置费 Land Purchase Expenses
11762476		**8050537**	**102458**	**25157**	**3584324**	**17472**	**2638136**
11174394		7484194	84728	24320	3581152	17472	2638136
51684		39349			12335		12335
661079		556034	7926	1288	95831		39940
8600440		5537268	64509	11712	2986951	12160	2238404
51024		44332	1410	1911	3371		
1805355		1306542	10883	9409	478521	5312	343314
4812		669			4143		4143
529681		516626	12760		295		
155983		142928	12760		295		
373698		373698					
58401		49717	4970	837	2877		
21281		18517			2764		
37120		31200	4970	837	113		
2570515		1929322	10904	2918	627371	11790	431654
207643		180572			27071		18044
7223634		4830067	73502	19416	2300649	5312	1829130
529681		516626	12760		295		
37120		31200	4970	837	113		
1193883		562750	322	1986	628825	370	359308
2140302		1752082	14075	4497	369648		126860
727214		600905	12293	2422	111594		68213
350931		320044	2953	2184	25750		12335
7876812		4922261	71242	14167	2869142	17472	2236879
647485		442683	1895	1887	201020		186679
1077442		763819	700	161	312762		277888
981334		747676	13025	921	219712		136541
9703700		6539042	88733	24075	3051850	17472	2223707

5-11 续表1

单位：万元、平方米

指标	Item	按工程用途分：住宅 By Engineering Application: Residential Buildings	#90平方米以下住房 Residential Buildings below 90 Square Meters	140平方米以上住房 Residential Buildings above 140 Square Meters	别墅、高档公寓 Villas, High-grade Apartments
总计	**Total**	**7405790**	**1144600**	**1250090**	**319352**
按登记注册类型分组	**By Status of Registration**				
内资企业	Domestic Funded Enterprises	6858766	995370	1090265	292328
国有企业	State-owned Enterprises	36347	223	96	
集体企业	Collective-owned Enterprises				
股份合作企业	Joint-equity Cooperative Enterprises				
国有联营企业	State Joint Ownership Enterprises				
集体联营企业	Collective Joint Ownership Enterprises				
国有与集体联营企业	Joint State-collective Enterprises				
其他联营企业	Other Joint Ownership Enterprises				
国有独资公司	State Sole Funded Corporations	403102	136068	17994	
其他有限责任公司	Other Limited Liability Companies	5240869	708100	927186	272953
股份有限公司	Companies Limited by Shares	46453	16594	16891	9993
私营独资企业	Private-Solely Funded Enterprises				
私营合伙企业	Private Partnership Enterprises				
私营有限责任公司	Private Limited Liability Corporations	1127183	134385	128098	9382
私营股份有限公司	Private Companies Limited by Shares	4812			
其他企业	Other Enterprises				
港澳台商投资企业	Enterprises with Funds from Hong Kong, Macao and Taiwan	514035	127933	158045	27024
与港澳台商合资经营企业	Joint-venture Enterprises	155688	12000	67500	20000
与港澳台商合资合作经营企业	Cooperative Enterprises				
港澳台商独资经营企业	Enterprises with Sole Fund	358347	115933	90545	7024
港澳台商投资股份有限公司	Companies Limited by Shares				
其他港澳台投资	Others				
外商投资企业	Enterprises with Foreign Investment	32989	21297	1780	
中外合资经营企业	Chinese-foreign Equity Joint Ventures				
中外合作经营企业	Chinese-foreign Cooperative Enterprises	32989	21297	1780	
外资企业	Foreign-Funded Enterprises				
外商投资股份有限公司	Companies Limited by Shares				
其他外商投资	Others				
按控股情况分	**By Share Holding**				
国有控股	State-holding Enterprises	1739001	236279	239518	76338
集体控股	Collective-Holding Enterprises	122195	9103	58018	20
私人控股	Private Enterprises	4399044	645280	697928	102664
港澳台商控股	Hong Kong, Macao and Taiwan Holding Enterprises	514035	127933	158045	27024
外商控股	Foreign Holding Enterprises	32989	21297	1780	
其他	Others	598526	104708	94801	113306
按资质等级分	**By Grade**				
一级	First Grade				
二级	Second Grade	1266740	250154	385708	96061
三级	Third Grade	516005	63494	43792	4638
四级	Fourth Grade	252691	63786	26270	2795
暂定	Provisional	4997201	704369	727137	215858
其他	Others	357038	62797	67183	
按隶属关系分	**By Administrative Relationship**				
中央	Central	794091	28305	169447	71233
地方	Local	698588	148222	89769	2235
其他	Others	5913111	968073	990874	245884

(continued)

(10 000 yuan; sq. m)

办公楼 Office Buildings	商业营业用房 Houses for Business Use	其他 Others	新增固定资产 Newly Increased Fixed Assets	待开发土地面积 Land Space Pending Development	本年购置土地面积 Total Area of Land Purchased This Year	本年土地成交价款 Land Transaction Price This Year
749585	**1653824**	**1953277**	**880906**	**1994231**	**1661069**	**1313025**
734811	1637308	1943509	880906	1994231	1661069	1313025
2520	123	12694				
31847	79977	146153	38452		45004	11825
650250	1355887	1353434	674215	1884621	1321958	1069518
	4023	548				
50194	197298	430680	102879	109610	294107	231682
			65360			
3410	7093	5143				
		295				
3410	7093	4848				
11364	9423	4625				
11364	6857	3060				
	2566	1565				
107498	374676	349340	270647	785525	180638	250982
47941	31021	6486				
409187	1081176	1334227	602422	1180829	1358696	1004794
3410	7093	5143				
	2566	1565				
181549	157292	256516	7837	27877	121735	57249
286794	406746	180022	393153	132339		
327	55090	155792	41487	663772		
10810	39406	48024	102760			
403628	1098698	1377285	285531	1161770	1622863	1298815
48026	50267	192154	57975	36350	38206	14210
28085	140233	115033	119745	656240	135634	239157
35699	123018	124029	1874	154921	221570	28895
685801	1390573	1714215	759287	1183070	1303865	1044973

5－11　续表2

单位:万元、平方米

指　　标	Item	本年资金来源合计 Total Funds This Year	国内贷款 Domestic Loans	利用外资 Foreign Investment Utilization	自筹资金 Self－raised Funds	其他资金 Other Funds
总　　计	**Total**	**10353002**	**480337**		**3216295**	**389205**
按登记注册类型分组	**By Status of Registration**					
内资企业	Domestic Funded Enterprises	9925555	479829		3169558	310094
国有企业	State－owned Enterprises	79864				2883
集体企业	Collective－owned Enterprises					
股份合作企业	Joint－equity Cooperative Enterprises					
国有联营企业	State Joint Ownership Enterprises					
集体联营企业	Collective Joint Ownership Enterprises					
国有与集体联营企业	Joint State－collective Enterprises					
其他联营企业	Other Joint Ownership Enterprises					
国有独资公司	State Sole Funded Corporations	487635	85100		304125	2310
其他有限责任公司	Other Limited Liability Companies	7896407	297100		2379598	225183
股份有限公司	Companies Limited by Shares	56957	32400		15215	
私营独资企业	Private－Solely Funded Enterprises					
私营合伙企业	Private Partnership Enterprises					
私营有限责任公司	Private Limited Liability Companies	1403085	65229		470620	79718
私营股份有限公司	Private Companies Limited by Shares	1607				
其他企业	Other Enterprises					
港澳台商投资企业	Enterprises with Funds from Hong Kong, Macao and Taiwan	388794	508		38452	79111
与港澳台商合资经营企业	Joint－venture Enterprises	150763	508		295	
与港澳台商合资合作经营企业	Cooperative Enterprises					
港澳台商独资经营企业	Enterprises with Sole Fund	238031			38157	79111
港澳台商投资股份有限公司	Companies Limited by Shares					
其他港澳台投资	Others					
外商投资企业	Enterprises with Foreign Investment	38653			8285	
中外合资经营企业	Chinese－foreign Equity Joint Ventures	20028			8285	
中外合作经营企业	Chinese－foreign Cooperative Enterprises	18625				
外资企业	Foreign－Funded Enterprises					
外商投资股份有限公司	Companies Limited by Shares					
其他外商投资	Others					
按控股情况分	**By Share Holding**					
国有控股	State－holding Enterprises	2549587	140400		649992	82814
集体控股	Collective－Holding Enterprises	370018	600		99690	
私人控股	Private Enterprises	6196380	293029		2147859	206306
港澳台商控股	Hong Kong, Macao and Taiwan Holding Enterprises	388794	508		38452	79111
外商控股	Foreign Holding Enterprises	18625				
其　他	Others	829598	45800		280302	20974
按资质等级分	**By Grade**					
一　级	First Grade					
二　级	Second Grade	1942515	103000		277021	136394
三　级	Third Grade	687441	24960		103681	66655
四　级	Fourth Grade	277027	2249		100842	6361
暂　定	Provisional	6562897	271328		2660271	162897
其　他	Others	861122	78800		70480	1898
按隶属关系分	**By Administrative Relationship**					
中　央	Central	1473102	36500		253375	67184
地　方	Local	832294	56900		374770	7688
其　他	Others	8047606	386937		2588150	314333

(continued)

(10 000 yuan; sq. m)

本年各项应付款 Total Account Payable This Year	#工程款 Project Funds	房屋施工面积 Total Floor Space of Buildings under Costruction	住宅 Residential Buildings	#90 平方米及以下住房 Residential Buildings below 90 Square Meters	144 平方米以上住房 Residential Buildings above 144 Square Meters	办公楼 Office Buildings	商业营业用房 Houses for Business Use	其他 Others
3008832	**1531513**	**80421374**	**52176801**	**9541605**	**8157750**	**5552915**	**9902671**	**12788987**
2930340	1494608	77146986	49816598	8336167	7528743	5446303	9541765	12342320
4116	4116	512408	390556	22944	32603	28022	12664	81166
230962	170071	4198098	2675351	461490	261388	420502	410010	692235
2023240	934608	52998571	33457576	5845786	5992382	4477642	6387120	8676233
30942	20766	1159340	805596	378027	39739	21664	184113	147967
637875	365047	17779948	12252041	1567253	1178616	464646	2423256	2640005
3205		498621	235478	60667	24015	33827	124602	104714
54648	16330	2232719	1484780	375591	605972	48000	324544	375395
54648	16330	1076299	983268	105425	515195		3875	89156
		1156420	501512	270166	90777	48000	320669	286239
23844	20575	1041669	875423	829847	23035	58612	36362	71272
		117677				58612	27992	31073
23844	20575	923992	875423	829847	23035		8370	40199
784050	468432	19974835	13375434	2412465	2157838	1071159	2066143	3462099
30694	21227	945640	302669	106438	50171	438040	100644	104287
1889097	931031	50380024	32825879	4959843	4795193	3064170	6301380	8188595
54648	16330	2232719	1484780	375591	605972	48000	324544	375395
23844	20575	923992	875423	829847	23035		8370	40199
226499	73918	5964164	3312616	857421	525541	931546	1101590	618412
420233	284349	16883177	9175679	1730286	1689305	2080417	2168528	3458553
290646	169424	9960851	7378399	1872391	1285477	305264	914116	1363072
92823	30763	3674318	2407932	573686	340326	233104	507779	525503
2077027	976287	46691587	31453902	4938796	4436831	2301422	5975212	6961051
128103	70690	3094371	1663575	426446	405811	632708	317280	480808
206290	151042	7435551	5162634	692430	1276161	277537	684480	1310900
331432	207163	6288983	4608320	605732	572637	297484	642204	740975
2471110	1173308	66696840	42405847	8243443	6308952	4977894	8575987	10737112

5-11 续表3

单位：万元、平方米

指标	Item	#新开工面积 Floor Space Started This Year	住宅 Residential Buildings	#90平方米及以下住房 Residential Buildings below 90 Square Meters	144平方米以上住房 Residential Buildings above 144 Square Meters	办公楼 Office Buildings
总计	**Total**	**19881855**	**13736463**	**1284519**	**2297364**	**839921**
按登记注册类型分组	**By Status of Registration**					
内资企业	Domestic Funded Enterprises	19249663	13131470	1153829	2009139	839921
国有企业	State - owned Enterprises	265998	193772			28022
集体企业	Collective - owned Enterprises					
股份合作企业	Joint - equity Cooperative Enterprises					
国有联营企业	State Joint Ownership Enterprises					
集体联营企业	Collective Joint Ownership Enterprises					
国有与集体联营企业	Joint State - collective Enterprises					
其他联营企业	Other Joint Ownership Enterprises					
国有独资公司	State Sole Funded Corporations	2048931	1501482	203224	145778	130118
其他有限责任公司	Other Limited Liability Companies	12838160	8186413	709710	1707777	656193
股份有限公司	Companies Limited by Shares	89791	89791	89791		
私营独资企业	Private - Solely Funded Enterprises					
私营合伙企业	Private Partnership Enterprises					
私营有限责任公司	Private Limited Liability Companies	3835699	3057246	142599	131569	25588
私营股份有限公司	Private Companies Limited by Shares	171084	102766	8505	24015	
其他企业	Other Enterprises					
港澳台商投资企业	Enterprises with Funds from Hong Kong, Macao and Taiwan	497405	497405	46137	265190	
与港澳台商合资经营企业	Joint - venture Enterprises	417405	417405	46137	265190	
与港澳台商合资合作经营企业	Cooperative Enterprises					
港澳台商独资经营企业	Enterprises with Sole Fund	80000	80000			
港澳台商投资股份有限公司	Companies Limited by Shares					
其他港澳台投资	Others					
外商投资企业	Enterprises with Foreign Investment	134787	107588	84553	23035	
中外合资经营企业	Chinese - foreign Equity Joint Ventures					
中外合作经营企业	Chinese - foreign Cooperative Enterprises	134787	107588	84553	23035	
外资企业	Foreign - Funded Enterprises					
外商投资股份有限公司	Companies Limited by Shares					
其他外商投资	Others					
按控股情况分	**By Share Holding**					
国有控股	State - holding Enterprises	5670697	4178192	252185	859623	201339
集体控股	Collective - Holding Enterprises	9215	9215		9215	
私人控股	Private Enterprises	11859075	7751518	659803	1065192	638582
港澳台商控股	Hong Kong, Macao and Taiwan Holding Enterprises	497405	497405	46137	265190	
外商控股	Foreign Holding Enterprises	134787	107588	84553	23035	
其他	Others	1710676	1192545	241841	75109	
按资质等级分	**By Grade**					
一级	First Grade					
二级	Second Grade	1642076	759510	77012	253603	163489
三级	Third Grade	1908342	1459762	141719	231942	6188
四级	Fourth Grade	927203	677932	34067	4840	57524
暂定	Provisional	14363413	10000072	911678	1490795	612720
其他	Others	923751	741873	120043	316184	
按隶属关系分	**By Administrative Relationship**					
中央	Central	2350467	1677292	24873	609270	73596
地方	Local	2308286	1886842	105361	153347	67852
其他	Others	15223102	10172329	1154285	1534747	698473

(continued)

(10 000 yuan; sq. m)

商业营业用房 Houses for Business Use	其 他 Others	竣工面积 Floor Space of Buildings Completed	住 宅 Residential Buildings	#90平方米及以下住房 Residential Buildings below 90 Square Meters	144平方米以上住房 Residential Buildings above 144 Square Meters	办公楼 Office Buildings	商业营业用房 Houses for Business Use	其 他 Others
2294630	**3010841**	**3085873**	**1855982**	**290175**	**308747**	**231052**	**345999**	**652840**
2294630	2983642	3085873	1855982	290175	308747	231052	345999	652840
	44204							
135920	281411	5290					5290	
1892135	2103419	2362174	1498347	238013	189661	151445	206959	505423
241357	511508	555880	305473		119086	49358	61189	139860
25218	43100	162529	52162	52162		30249	72561	7557
	27199							
	27199							
583357	707809	951299	423121	56313	74623	138018	42728	347432
1484645	1984330	2089392	1390304	226493	233415	93034	302709	303345
	27199							
226628	291503	45182	42557	7369	709		562	2063
572951	146126	1408340	818924	211235	102757	138018	45742	405656
144549	297843	236616	183969		19532		52647	
64617	127130	162485	29855	3409		4827	110384	17419
1472745	2277876	988556	657548	59531	186458	79607	101921	149480
20012	161866	289876	165686	16000		8600	35305	80285
283465	316114	523881	300340	25789	56623		20061	203480
173727	179865							
1837438	2514862	2561992	1555642	264386	252124	231052	325938	449360

5-11 续表4

单位：万元、平方米

指标	Item	商品房销售面积 Floor Space of Commercialized Buildings Sold	住宅 Residential Buildings	#90平方米及以下住房 Residential Buildings below 90 Square Meters	144平方米以上住房 Residential Buildings above 144 Square Meters
总计	**Total**	**10999499**	**8687748**	**977962**	**1433695**
按登记注册类型分组	**By Status of Registration**				
内资企业	Domestic Funded Enterprises	10361429	8090211	912887	1297567
国有企业	State - owned Enterprises	59513	52674		
集体企业	Collective - owned Enterprises				
股份合作企业	Joint - equity Cooperative Enterprises				
国有联营企业	State Joint Ownership Enterprises				
集体联营企业	Collective Joint Ownership Enterprises				
国有与集体联营企业	Joint State - collective Enterprises				
其他联营企业	Other Joint Ownership Enterprises				
国有独资公司	State Sole Funded Corporations	598241	562787	171031	32884
其他有限责任公司	Other Limited Liability Companies	7902330	6037013	514949	1145811
股份有限公司	Companies Limited by Shares	41008	27041	7810	1616
私营独资企业	Private - Solely Funded Enterprises				
私营合伙企业	Private Partnership Enterprises				
私营有限责任公司	Private Limited Liability Companies	1760337	1410696	219097	117256
私营股份有限公司	Private Companies Limited by Shares				
其他企业	Other Enterprises				
港澳台商投资企业	Enterprises with Funds from Hong Kong, Macao and Taiwan	604468	563935	38127	135834
与港澳台商合资经营企业	Joint - venture Enterprises	264274	262141	22425	125523
与港澳台商合资合作经营企业	Cooperative Enterprises				
港澳台商独资经营企业	Enterprises with Sole Fund	340194	301794	15702	10311
港澳台商投资股份有限公司	Companies Limited by Shares				
其他港澳台投资	Others				
外商投资企业	Enterprises with Foreign Investment	33602	33602	26948	294
中外合资经营企业	Chinese - foreign Equity Joint Ventures				
中外合作经营企业	Chinese - foreign Cooperative Enterprises	33602	33602	26948	294
外资企业	Foreign - Funded Enterprises				
外商投资股份有限公司	Companies Limited by Shares				
其他外商投资	Others				
按控股情况分	**By Share Holding**				
国有控股	State - holding Enterprises	2579509	2363196	337565	397312
集体控股	Collective - Holding Enterprises	313548	168775	89	47221
私人控股	Private Enterprises	6705994	5055044	483772	805775
港澳台商控股	Hong Kong, Macao and Taiwan Holding Enterprises	604468	563935	38127	135834
外商控股	Foreign Holding Enterprises	33602	33602	26948	294
其他	Others	762378	503196	91461	47259
按资质等级分	**By Grade**				
一级	First Grade				
二级	Second Grade	2427724	1403625	143986	272309
三级	Third Grade	825937	689011	192218	58906
四级	Fourth Grade	408331	327484	50645	9599
暂定	Provisional	6611059	5697280	577397	902418
其他	Others	726448	570348	13716	190463
按隶属关系分	**By Administrative Relationship**				
中央	Central	1083835	953424	85894	268690
地方	Local	1083130	964679	196100	102360
其他	Others	8832534	6769645	695968	1062645

(continued)

(10 000 yuan; sq. m)

办公楼 Office Buildings	商业营业用房 Houses for Business Use	其他 Others	商品房销售额(万元) Total Sale of Commercialized Buildings Sold (10 000 yuan)	住宅 Residential Buildings	90平方米及以下住房 Residential Buildings below 90 Square Meters	144平方米以上住房 Residential Buildings above 144 Square Meters	办公楼 Office Buildings	商业营业用房 Houses for Business Use	其他 Others
755482	**1328790**	**227479**	**11527458**	**8537640**	**923122**	**1751374**	**570440**	**2315818**	**103560**
754154	1293558	223506	10758400	7820397	858794	1553747	569056	2267534	101413
3670	3169		81179	71421			3723	6035	
26236	3858	5360	818752	781784	186454	28212	23023	8943	5002
579926	1126663	158728	8586517	5955483	463322	1425479	459138	2099055	72841
9555	4412		36084	30060	5884	2615	3822	2202	
134767	155456	59418	1235868	981649	203134	97441	79350	151299	23570
1328	35232	3973	737935	686120	39486	197432	1384	48284	2147
	1652	481	320864	314620	21384	179614		5766	478
1328	33580	3492	417071	371500	18102	17818	1384	42518	1669
			31123	31123	24842	195			
			31123	31123	24842	195			
67084	132516	16713	2842103	2590238	354937	468463	59951	178737	13177
62419	57043	25311	329726	162138	93	50562	64334	97850	5404
443570	1045599	161781	6765166	4508416	427053	940074	298508	1884993	73249
1328	35232	3973	737935	686120	39486	197432	1384	48284	2147
			31123	31123	24842	195			
181081	58400	19701	821405	559605	76711	94648	146263	105954	9583
292703	644620	86776	3013090	1420127	149176	354285	216089	1330878	45996
19901	113674	3351	799974	645553	178668	61424	20950	130390	3081
11951	68161	735	418509	328118	43441	15132	14037	75646	708
365424	439951	108404	6505046	5541207	542656	1044123	251532	665206	47101
65503	62384	28213	790839	602635	9181	276410	67832	113698	6674
11201	108541	10669	1282774	1129823	98585	365883	7930	137402	7619
64157	30881	23413	1122627	1034102	201207	69408	37136	38139	13250
680124	1189368	193397	9122057	6373715	623330	1316083	525374	2140277	82691

5-11 续表5

单位:万元、平方米

指 标	Item	待售面积(平方米) For sale Floor Space (sq. m)	住宅 Residential Buildings
总 计	**Total**	**1066832**	**346808**
按登记注册类型分组	**By Status of Registration**		
内资企业	Domestic Funded Enterprises	1054711	346039
国有企业	State - owned Enterprises		
集体企业	Collective - owned Enterprises		
股份合作企业	Joint - equity Cooperative Enterprises		
国有联营企业	State Joint Ownership Enterprises		
集体联营企业	Collective Joint Ownership Enterprises		
国有与集体联营企业	Joint State - collective Enterprises		
其他联营企业	Other Joint Ownership Enterprises		
国有独资公司	State Sole Funded Corporations	31384	7364
其他有限责任公司	Other Limited Liability Companies	816950	276891
股份有限公司	Companies Limited by Shares	28042	7817
私营独资企业	Private - Solely Funded Enterprises		
私营合伙企业	Private Partnership Enterprises		
私营有限责任公司	Private Limited Liability Companies	178335	53967
私营股份有限公司	Private Companies Limited by Shares		
其他企业	Other Enterprises		
港澳台商投资企业	Enterprises with Funds from Hong Kong, Macao and Taiwan	9350	769
与港澳台商合资经营企业	Joint - venture Enterprises	2840	
与港澳台商合资合作经营企业	Cooperative Enterprises		
港澳台商独资经营企业	Enterprises with Sole Fund	6510	769
港澳台商投资股份有限公司	Companies Limited by Shares		
其他港澳台投资	Others		
外商投资企业	Enterprises with Foreign Investment	2771	
中外合资经营企业	Chinese - foreign Equity Joint Ventures		
中外合作经营企业	Chinese - foreign Cooperative Enterprises	2771	
外资企业	Foreign - Funded Enterprises		
外商投资股份有限公司	Companies Limited by Shares		
其他外商投资	Others		
按控股情况分	**By Share Holding**		
国有控股	State - holding Enterprises	91836	48243
集体控股	Collective - Holding Enterprises		
私人控股	Private Enterprises	780717	243575
港澳台商控股	Hong Kong, Macao and Taiwan Holding Enterprises	9350	769
外商控股	Foreign Holding Enterprises	2771	
其 他	Others	182158	54221
按资质等级分	**By Grade**		
一 级	First Grade		
二 级	Second Grade	136384	43564
三 级	Third Grade	206909	91538
四 级	Fourth Grade	195518	17568
暂 定	Provisional	334883	97328
其 他	Others	193138	96810
按隶属关系分	**By Administrative Relationship**		
中 央	Central	54450	9598
地 方	Local	84942	22358
其 他	Others	927440	314852

(continued)

(10 000 yuan; sq. m)

#90 平方米及以下住房 Residential Buildings below 90 Square Meters	144 平方米以上住房 Residential Buildings above 144 Square Meters	办公楼 Office Buildings	商业营业用房 Houses for Business Use	其他 Others
42971	**99449**	**180211**	**333148**	**206665**
42971	99106	180211	329571	198890
323	7017		14591	9429
30217	78489	153819	240468	145772
	7817	9584	10641	
12431	5783	16808	63871	43689
	343		2600	5981
				2840
	343		2600	3141
			977	1794
			977	1794
3874	34804		31990	11603
34268	45947	125113	245360	166669
	343		2600	5981
			977	1794
4829	18355	55098	52221	20618
5954	33356	14179	35404	43237
20416	40165	15823	81288	18260
2083	3107	37339	93455	47156
14518	21902	106353	108173	23029
	919	6517	14828	74983
322	8365		38516	6336
3552	17907	39275	18042	5267
39097	73177	140936	276590	195062

5-12 按各种分组的房地产开发企业财务状况情况(2019年)

单位:万元

指 标	Item	企业数(个) Number of Enterprises (unit)	年初存货 Stock (at Year-beginning)	流动资产 Circulating Funds	应收账款 Account Receivable
总 计	**Total**	**697**	**32606439**	**68645735**	**2473130**
按登记注册类型分组	**By Status of Registration**				
内资企业	Domestic Funded Enterprises	671	30853615	65171518	2418744
国有企业	State-owned Enterprises	11	58417	151792	9266
集体企业	Collective-owned Enterprises				
股份合作企业	Joint-equity Cooperative Enterprises				
国有联营企业	State Joint Ownership Enterprises				
集体联营企业	Collective Joint Ownership Enterprises				
国有与集体联营企业	Joint State-collective Enterprises				
其他联营企业	Other Joint Ownership Enterprises				
国有独资公司	State Sole Funded Corporations	30	3607958	7376098	564388
其他有限责任公司	Other Limited Liability Companies	452	23553596	47379756	1550037
股份有限公司	Companies Limited by Shares	7	312609	574055	772
私营独资企业	Private-solely Funded Enterprises				
私营合伙企业	Private Partnership Enterprises				
私营有限责任公司	Private Limited Liability Companies	163	3269548	9599889	287256
私营股份有限公司	Private Companies Limited by Shares	8	51487	89929	7025
其他企业	Other Enterprises				
港澳台商投资企业	Enterprises with Funds from Hong Kong, Macao and Taiwan	20	1703360	3372710	54294
与港澳台商合资经营企业	Joint-venture Enterprises	13	670693	1054854	8316
与港澳台商合资合作经营企业	Cooperative Enterprises				
港澳台商独资经营企业	Enterprises with Sole Fund	7	1032667	2317857	45979
港澳台商投资股份有限公司	Companies Limited by Shares				
其他港澳台投资	Others				
外商投资企业	Enterprises with Foreign Investment	6	49464	101507	92
中外合资经营企业	Chinese-foreign Equity Joint Ventures	3	49464	92981	-142
中外合作经营企业	Chinese-foreign Cooperative Enterprises	1			
外资企业	Foreign-Funded Enterprises	2		8525	234
外商投资股份有限公司	Companies Limited by Shares				
其他外商投资	Others				
按控股情况分	**By Share Holding**				
国有控股	State-holding Enterprises	106	11539291	20249051	1439730
集体控股	Collective-Holding Enterprises	8	544165	1766990	33459
私人控股	Private Enterprises	490	15972035	37969989	886891
港澳台商控股	Hong Kong, Macao and Taiwan Holding Enterprises	17	1631689	3272419	53994
外商控股	Foreign Holding Enterprises	3	47034	117353	234
其 他	Others	73	2872225	5269935	58822
按隶属关系分	**By Administrative Relationship**				
中 央	Central	23	2081557	5234886	26889
地 方	Local	60	4610034	10368767	920489
其 他	Others	614	25914848	53042082	1525752
按资质等级分	**By Grade**				
一 级	First Grade		242769	310998	
二 级	Second Grade	71	10439514	16719829	750312
三 级	Third Grade	111	5080569	8673178	645075
四 级	Fourth Grade	124	1080037	3286645	27696
暂 定	Provisional	336	13416957	32124064	566316
其 他	Others	50	2346593	7531021	483732

Financial Indicators of Enterprises in Real Estate by Groups(2019)

(10 000 yuan)

#存 货 Stock	固 定 资 产 Fixed Assets	固定资产 原 价 Original Fixed Assets	累计折旧 Total Depreciation	#本年折旧 Depreciation This Year	在建工程 Under Construction	资 产 Assets	流动负债 liquid Liabilities
37613078		**1135748**	**329497**	**57189**	**1453505**	**93737407**	**55133042**
36003347		923499	277601	48863	1452910	89167930	53255282
85088		7064	2478	185	18014	158032	140011
4341185		17228	4482	579	3402	11664945	3045097
26973031		769991	222132	40672	1407117	65662195	39914029
235520		2292	541	39		580021	462305
4321450		121048	47065	7146	24214	11002819	9643877
47073		5877	903	242	163	99918	49963
1560628		211370	51227	8298	595	4465218	1812254
648512		100557	30559	4485	595	1251173	1051159
912116		110813	20668	3814		3214045	761095
49104		879	669	28		104260	65506
49104		716	513	15		93826	57408
		163	156	13		10434	8098
12181845		178180	34705	6278	1395880	29205634	13830859
421839		4399	3151	224		1782734	792054
20206374		665279	211872	37889	55449	52799815	34779188
1488910		210920	50810	8293	595	4357498	1685127
54745		164	157	14		119262	87574
3259364		76807	28803	4492	1581	5472463	3958240
2807057		24142	7025	1302	6137	5973176	4395987
5677178		43484	13743	2544	901694	16826994	5069048
29128843		1068123	308729	53344	545674	70937238	45668008
275589		236	179	22		314500	197203
9857359		494950	140467	28264	1019409	30455005	14338969
4855699		269040	77259	11285	385534	10693893	8941871
1495522		116190	42878	5409	1533	5189739	2648396
17941729		158892	49683	9128	46674	35206910	25994779
3187181		96442	19032	3082	354	11877361	3011825

5-12 续表1

单位:万元

指 标	Item	负 债 Liabilities	所有者权益 Owners Equity	#实收资本 Paid-up Capital
总 计	**Total**	**74776298**	**18961109**	**7936340**
按登记注册类型分组	**By Status of Registration**			
内资企业	Domestic Funded Enterprises	71059650	18108280	7580107
国有企业	State-owned Enterprises	143681	14351	11667
集体企业	Collective-owned Enterprises			
股份合作企业	Joint-equity Cooperative Enterprises			
国有联营企业	State Joint Ownership Enterprises			
集体联营企业	Collective Joint Ownership Enterprises			
国有与集体联营企业	Joint State-collective Enterprises			
其他联营企业	Other Joint Ownership Enterprises			
国有独资公司	State Sole Funded Corporations	8416579	3248366	461521
其他有限责任公司	Other Limited Liability Companies	51454256	14207939	6486713
股份有限公司	Companies Limited by Shares	535278	44744	21301
私营独资企业	Private-Solely Funded Enterprises			
私营合伙企业	Private Partnership Enterprises			
私营有限责任公司	Private Limited Liability Companies	10450045	552773	560975
私营股份有限公司	Private Companies Limited by Shares	59811	40107	37930
其他企业	Other Enterprises			
港澳台商投资企业	Enterprises with Funds from Hong Kong,Macao and Taiwan	3651142	814075	330696
与港澳台商合资经营企业	Joint-venture Enterprises	1268764	-17591	35871
与港澳台商合资合作经营企业	Cooperative Enterprises			
港澳台商独资经营企业	Enterprises with Sole Fund	2382379	831666	294825
港澳台商投资股份有限公司	Companies Limited by Shares			
其他港澳台投资	Others			
外商投资企业	Enterprises with Foreign Investment	65506	38754	25537
中外合资经营企业	Chinese-foreign Equity Joint Ventures	57408	36418	23147
中外合作经营企业	Chinese-foreign Cooperative Enterprises			
外资企业	Foreign-Funded Enterprises	8098	2336	2390
外商投资股份有限公司	Companies Limited by Shares			
其他外商投资	Others			
按控股情况分	**By Share Holding**			
国有控股	State-holding Enterprises	22339355	6866279	2061736
集体控股	Collective-Holding Enterprises	1193313	589421	287564
私人控股	Private Enterprises	42812994	9986822	4606663
港澳台商控股	Hong Kong,Macao and Taiwan Holding Enterprises	3524016	833483	317586
外商控股	Foreign Holding Enterprises	112044	7218	14390
其 他	Others	4794577	677886	648402
按隶属关系分	**By Administrative Relationship**			
中 央	Central	5204125	769051	537505
地 方	Local	11568085	5258909	1045376
其 他	Others	58004089	12933149	6353459
按资质等级分	**By Grade**			
一 级	First Grade	257203	57296	50000
二 级	Second Grade	21691952	8763053	1381673
三 级	Third Grade	9985831	708062	678554
四 级	Fourth Grade	3413018	1776721	1801544
暂 定	Provisional	31267852	3939058	3463491
其 他	Others	8160442	3716919	561079

(continued)

(10 000 yuan)

营业收入 Total Revenue	主营业务收入 Revenue from Principle Business	土地转让收入 Land Transferred	商品房屋销售收入 Commercialized Buildings Sold	房屋出租收入 Houses Leased	其他收入 Others	营业成本 Business Cost	主营业务成本 Cost of Principle Business
8998134	**8537824**	**1563**	**7849522**	**85436**	**593673**	**6437559**	**5958464**
8122500	7662718	1563	7019176	74401	559949	5969841	5497496
3751	3620		1689	1741	149	2210	2145
448687	434144	2	245652	3043	185224	343792	340430
6764884	6532132	1360	6181179	62958	280207	4944627	4494823
218865	125167		124346		135	170318	170318
667307	548648	201	448094	5953	94147	493850	474735
19007	19007		18215	705	87	15045	15045
873050	872522		829240	9558	33725	466411	459732
223122	222595		179312	9558	33725	147193	140515
649928	649928		649928			319217	319217
2584	2584		1107	1478		1307	1235
2481	2481		1107	1374		1227	1227
103	103			103		80	8
2317880	2160173	2	1760919	12867	384833	1717032	1569074
570425	570425		569778	574	73	367699	367699
4790620	4488566	201	4254842	55195	173431	3525378	3202010
873050	872522		829240	9558	33725	466411	459732
103	103			103		80	8
446057	446035	1360	434742	7140	1613	360960	359940
546698	546054		532903	690	11563	266930	266070
968954	962649	2	752819	6348	202985	798038	793002
7482483	7029121	1561	6563800	78398	379126	5372591	4899391
4808	4808		4446		361	3449	3436
3003493	2955467		2816796	37187	97972	2119415	1849136
1219557	1076277	2	893152	11116	170846	939810	799034
320854	318425	201	299180	13730	2410	253192	222935
3697217	3553270	1360	3398181	18940	134739	2666408	2628637
752206	629577		437767	4464	187346	455286	455286

5－12 续表2

单位:万元

指　　标	Item	营业税金及附加 Taxes and Other Charges on Business	其他业务利润 Other Profits
总　　计	**Total**	**619269**	**40487**
按登记注册类型分组	**By Status of Registration**		
内资企业	Domestic Funded Enterprises	479315	39627
国有企业	State－owned Enterprises	42	661
集体企业	Collective－owned Enterprises		
股份合作企业	Joint－equity Cooperative Enterprises		
国有联营企业	State Joint Ownership Enterprises		
集体联营企业	Collective Joint Ownership Enterprises		
国有与集体联营企业	Joint State－collective Enterprises		
其他联营企业	Other Joint Ownership Enterprises		
国有独资公司	State Sole Funded Corporations	3450	97
其他有限责任公司	Other Limited Liability Companies	428409	28678
股份有限公司	Companies Limited by Shares	11574	
私营独资企业	Private－Solely Funded Enterprises		
私营合伙企业	Private Partnership Enterprises		
私营有限责任公司	Private Limited Liability Companies	35523	7606
私营股份有限公司	Private Companies Limited by Shares	316	2585
其他企业	Other Enterprises		
港澳台商投资企业	Enterprises with Funds from Hong Kong,Macao and Taiwan	139895	860
与港澳台商合资经营企业	Joint－venture Enterprises	5610	860
与港澳台商合资合作经营企业	Cooperative Enterprises		
港澳台商独资经营企业	Enterprises with Sole Fund	134285	
港澳台商投资股份有限公司	Companies Limited by Shares		
其他港澳台投资	Others		
外商投资企业	Enterprises with Foreign Investment	59	
中外合资经营企业	Chinese－foreign Equity Joint Ventures	58	
中外合作经营企业	Chinese－foreign Cooperative Enterprises		
外资企业	Foreign－Funded Enterprises	1	
外商投资股份有限公司	Companies Limited by Shares		
其他外商投资	Others		
按控股情况分	**By Share Holding**		
国有控股	State－holding Enterprises	124425	20904
集体控股	Collective－Holding Enterprises	48723	
私人控股	Private Enterprises	283989	18711
港澳台商控股	Hong Kong,Macao and Taiwan Holding Enterprises	139894	860
外商控股	Foreign Holding Enterprises	39	
其　他	Others	22198	12
按隶属关系分	**By Administrative Relationship**		
中　央	Central	80621	
地　方	Local	15237	766
其　他	Others	523412	39721
按资质等级分	**By Grade**		
一　级	First Grade	363	
二　级	Second Grade	306723	18337
三　级	Third Grade	80956	10706
四　级	Fourth Grade	13582	2691
暂　定	Provisional	166993	8699
其　他	Others	50653	54

(continued)

(10 000 yuan)

销售费用 Sales Expenses	管理费用 Management Expenses	#税金 Taxes	财务费用 Financial Expenses	利息收入 Interest Income	利息支出 Interest Expenses	资产减值损失 Loss from Assets Devaluation	公允价值变动收益 The Profit and Losses on the Changes in Fair Value
432262	**412260**		**219281**	**34918**	**143977**	**67651**	**44543**
406700	387903		195142	35814	129470	67650	19078
44	3435		-7	6	-2	-870	
17241	21638		5267	819	3432	231	
325833	295334		145719	34024	99899	68382	19078
3509	4451		1569	479	1236	2009	
59917	61473		41541	488	24507	-2103	
155	1571		1053	-2	397		
24906	23537		23895	-908	14504	2	25465
6306	14288		11401	-2629	10524	2	
18600	9248		12494	1721	3980		25465
656	820		244	12	3		
656	801		244	12	3		
	20						
67404	60447		27543	8491	23138	52255	21416
13272	6033		430	114	373	1530	
302148	304025		158815	27388	104447	14942	-2338
24906	23100		23966	-837	14504	2	25465
784	844		-13	-13			
23748	17812		8540	-226	1515	-1078	
29598	22389		29929	6079	2866	18101	913
23619	39098		791	1319	1780	599	6663
379046	350773		188561	27520	139331	48952	36966
3077	1741		-123	129		138	
156176	171654		52596	14950	29579	4567	33016
33160	53917		42005	1526	30320	28458	13865
9500	20510		33813	375	29030	16813	
194542	144072		83055	16238	47655	15853	-2338
35808	20367		7934	1701	7392	1823	

5-12 续表3

单位：万元

指　　标	Item	投资收益 Investment Profits	营业利润 Operating Profits
总　计	**Total**	**151389**	**1138523**
按登记注册类型分组	**By Status of Registration**		
内资企业	Domestic Funded Enterprises	140305	907226
国有企业	State - owned Enterprises	40	-97
集体企业	Collective - owned Enterprises		
股份合作企业	Joint - equity Cooperative Enterprises		
国有联营企业	State Joint Ownership Enterprises		
集体联营企业	Collective Joint Ownership Enterprises		
国有与集体联营企业	Joint State - collective Enterprises		
其他联营企业	Other Joint Ownership Enterprises		
国有独资公司	State Sole Funded Corporations	220	61675
其他有限责任公司	Other Limited Liability Companies	81692	803333
股份有限公司	Companies Limited by Shares	78	25513
私营独资企业	Private - Solely Funded Enterprises		
私营合伙企业	Private Partnership Enterprises		
私营有限责任公司	Private Limited Liability Companies	58275	15932
私营股份有限公司	Private Companies Limited by Shares		871
其他企业	Other Enterprises		
港澳台商投资企业	Enterprises with Funds from Hong Kong, Macao and Taiwan	11084	231822
与港澳台商合资经营企业	Joint - venture Enterprises	874	40063
与港澳台商合资合作经营企业	Cooperative Enterprises		
港澳台商独资经营企业	Enterprises with Sole Fund	10210	191759
港澳台商投资股份有限公司	Companies Limited by Shares		
其他港澳台投资	Others		
外商投资企业	Enterprises with Foreign Investment		-525
中外合资经营企业	Chinese - foreign Equity Joint Ventures		-528
中外合作经营企业	Chinese - foreign Cooperative Enterprises		
外资企业	Foreign - Funded Enterprises		3
外商投资股份有限公司	Companies Limited by Shares		
其他外商投资	Others		
按控股情况分	**By Share Holding**		
国有控股	State - holding Enterprises	2902	256698
集体控股	Collective - Holding Enterprises	7	132745
私人控股	Private Enterprises	140117	506442
港澳台商控股	Hong Kong, Macao and Taiwan Holding Enterprises	11174	232278
外商控股	Foreign Holding Enterprises		-1631
其　他	Others	-2810	11991
按隶属关系分	**By Administrative Relationship**		
中　央	Central	1553	105947
地　方	Local	1288	102526
其　他	Others	148549	930050
按资质等级分	**By Grade**		
一　级	First Grade		-3966
二　级	Second Grade	12728	430655
三　级	Third Grade	56750	98942
四　级	Fourth Grade	688	-28275
暂　定	Provisional	81101	477351
其　他	Others	122	163817

(continued)

(10 000 yuan)

营业外收入 Non - operating Income	补贴收入 Allowance Income	营业外支出 Non - operating Expenditure	利润总额 Total Profits	应交所得税 Income Tax Payable	本年应付工资(贷方累计发生额) Total Wages and Salaries Payable This Year(Accumulated Amount of Credit)	应交增值税 Value Added Tax Payable
45863		**73292**	**1099751**	**230545**	**298903**	**271816**
45214		56638	884460	227253	279067	266275
644		330	275	-99	1620	203
3421		466	64145	18923	17336	2825
39253		42165	789901	182278	222543	245309
21		378	25155	7874	1430	3428
1809		13295	4055	18278	35685	14087
67		4	929		453	423
648		16650	215820	3198	19290	5402
65		6633	33495		8022	4382
583		10018	182325	3198	11268	1021
		3	-529	93	546	139
		3	-531	93	526	139
			3		20	1
30329		3822	281448	80886	68982	54883
340		394	132691	20882	6624	21503
13864		46910	464414	119050	190628	174443
643		16650	216271	3198	19143	5402
		107	-1738		249	254
687		5408	6665	6529	13278	15331
23640		232	129355	39314	25901	25996
3105		2059	102291	27997	24866	19413
19118		71001	868105	163234	248136	226406
22382		14	18402	4601	2874	12
8971		34460	405364	77600	123478	82570
2620		11439	90093	33678	28552	33899
1601		3589	-30435	4711	9928	21236
9787		22959	452843	72428	113504	112390
503		832	163484	37526	20566	21710

5 - 13 基础设施建设投资额
Investment in Infrastructure Construction

指　　标	Item	2019 年比 2018 年的增长率 (%) Growth Rate of 2019 over 2018 (%)
合　　计	**Total**	**-1.4**
电力、燃气及水的生产和供应业	Production and Supply of Electricity, Gas and Water	37.8
#电力、热力的生产和供应业	Production and Supply of Electricity and Heat	10.4
燃气生产和供应业	Production and Supply of Gas	44.5
水的生产和供应业	Production and Supply of Water	49.7
交通运输、仓储和邮政业	Transport, Storage and Post	52.4
#道路运输业	Road Transport	89.5
仓储业	Storage	35.9
邮政业	Post	
电信和其他信息传输服务业	Telecommunications and Other Information Transmission Services	-23.0
水利、环境和公共设施管理业	Management of Water Conservancy, Environment and Public Facilities	-17.6
#水利管理业	Management of Water Conservancy	-50.2
生态保护和环境治理业	Environmental Management	-43.8
公共设施管理业	Management of Public Facilities	-14.8

主 要 统 计 指 标 解 释

固定资产投资 指各种登记注册类型的企业、事业、行政单位及个体户进行的计划总投资500万元及以上的固定资产投资和房地产开发项目投资,不含跨区域固定资产项目投资。

房地产开发投资 指房地产开发公司、商品房建设公司及其他房地产开发法人单位和附属于其他法人单位实际从事房地产开发或经营的活动单位统一开发的包括统代建、拆迁还建的住宅、厂房、仓库、饭店、宾馆、度假村、写字楼、办公楼等房屋建筑物和配套的服务设施,土地开发工程(如道路、给水、排水、供电、供热、通讯、平整场地等基础设施工程)的投资;不包括单纯的土地交易活动。

施工项目 指报告期内曾进行建筑或安装工程施工活动的建设项目,包括报告期内新开工项目、报告期以前开工跨入报告期继续施工的项目以及报告期施过工并在报告期内全部建成投产或停缓建的项目。

新增生产能力 指通过固定资产投资活动而增加的设计能力或工程效益,它是用实物形态表示的固定资产投资的成果。新增生产能力的计算,是以能独立发挥生产能力或工程效益的单项工程(或项目)为对象。当单项工程(或项目)建成,经有关部门鉴定合格,正式移交投入生产,即可计算新增生产能力。

住　宅 指专供居住的房屋,包括别墅、公寓、职工家属宿舍和集体宿舍(包括职工单身宿舍和学生宿舍)等。但不包括住宅楼中作为人防用、不住人的地下室等。

房屋建筑面积 指从房屋外墙线算起的各层平面面积的总和,包括可供使用的有效面积和房屋结构(如柱、墙)占用的面积。多层建筑按各层(包括地下室)面积总和计算。

住宅建筑面积 指施工和竣工房屋建筑面积中供居住用的施工和竣工房屋建筑面积。

施工面积 指报告期内施工的全部房屋建筑面积。包括本期新开工的面积、上期跨入本期继续施工的房屋面积、上期停缓建在本期恢复施工的房屋面积、本期竣工的房屋面积及本期施工后又停缓建的房屋面积。

竣工面积 指在报告期内房屋建筑按照设计要求已全部完工,达到住人和使用条件,经验收鉴定合格,正式移交使用单位的建筑面积。

商品房销售面积 指报告期内出售商品房屋的合同总面积(即双方签署的正式买卖合同中所确定的建筑面积)。由现房销售建筑面积和期房销售建筑面积两部分组成。

商品房销售额 指报告期内出售商品房屋的合同总价款(即双方签署的正式买卖合同中所确定的合同总价)。该指标与商品房销售面积同口径,由现房销售额和期房销售额两部分组成。

房屋建筑面积竣工率 指一定时期内房屋竣工面积占同期房屋施工面积的比率。

新增固定资产 指通过投资活动所形成的新的固定资产价值,包括已经建成投入生产或交付使用的工程价值和达到固定资产标准的设备、工具、器具的价值及有关应摊入的费用。它是以价值形式表示的固定资产投资成果的综合性指标,可以综合反映不同时期、不同部门、不同地区的固定资产投资成果。

建设项目投产率 指一定时期内全部建成投入生产项目个数与同期正式施工项目个数的比率。它是从项目建设速度的角度反映投资效果的指标。

固定资产交付使用率 指一定时期新增固定资产与同期完成投资额的比率。它是反映各个时期固定资产动用速度,衡量建设过程中投资效果的一个综合性指标。

Explanatory Notes on Main Statistical Indicators

Investments in Fixed Assets Investments in Fixed Assets refer to investments in construction projects and real estate development projects involving a total planned (or required) investment of 500,000 yuan and over by enterprises of various ownerships, public institutions and administrative units as well as self – employed individuals.

Investments in Real Estate Development refer to investments in housing construction such as residential buildings, factory buildings, warehouses, hotels, guesthouses, holiday villages, office buildings uniformly conducted by the real estate development companies, commercial buildings construction companies and other real estate development legal entities and units, affiliated to other legal entities, engaging in the development or management of real estate, investments in the complementary service facilities and investments in land development projects such as infrastructure projects in terms of roads, water supply, water drainage, power supply, heating, telecommunications, land leveling and other projects of infrastructure. But it excludes pure land trading activities.

Projects under Construction refer to those engineering construction activities having been conducted or preceded during the reference period, including newly started projects in the reference period, projects started before but were still under construction in the reference period, projects completed and put into operation as well as those been suspended or postponed during the reference period.

The Newly Increased Production Capacity refers to the increase of designed capacity and project efficiency gained through investments in fixed assets, and the accomplishments of investments in fixed assets are manifested in substantial form. The calculation of newly increased production capacity is based on individual project which operates independently and efficiently. When an individual project is completed, through related departments check, and officially put into production, it can be counted as newly increased production capacity.

Residential Housing refers to houses especially for living, including villa, apartment, staff dormitory, group dormitory (including single dormitory for staff and student's dormitory); it excludes basement for civil air defence and not for living in the residential housing.

Floor Space of Buildings refers to total floor space in each story of buildings calculated from the outside line of building walls, including both usable space and the space occupied by constructions like pillars or walls. And the floor space of multi – story buildings covers the total floor space of each story (including the basement).

Floor Space of Residential Buildings refers to the floor space of the residential buildings under construction and completed among the total space of buildings under construction and completed.

Floor Space under Construction refers to the floor space of all the buildings in the reference period, including floor space of newly started buildings during the reference period, floor space of construction started in the pervious period but were still under construction in the reference period, floor space of construction suspended or postponed in the previous period and resumed in the reference period, floor space of construction completed in the reference period as well as floor space of construction conducted and then suspended or postponed in the reference period.

Floor Space Completed refers to the floor space of all buildings completed in the reference period. And it is the floor space of buildings being checked, proved qualified of accommodating people and coming up to the designed standards and have been officially put into use.

Area of Commercial Housing Sales refers to gross area of commercial housing sales according to the contract in the reference period (that is floor space of building officially signed according to agreement of purchase and sale). It constitutes floor space of completed housing and floor space of future housing.

Commercial Housing Sales refers to total contract price of commercial housing sales in the reference period (that is total contract price officially signed by both sides according to agreement of purchase and sale). This indicator is calculated by the same standard to the area of commercial housing sales. It constitutes sales of completed housing and sales of future housing.

Completion Rate of Floor Space of Buildings refers to the ratio of the floor space of buildings completed in a certain period of time to the floor space of buildings under construction in the same period.

Newly Increased Fixed Assets refers to the newly increased value of fixed assets gained through investment activities, including the value of projects completed and put into production or service and the value as well as relevant expenses of equipments, tools, and vessels reaching the standards of fixed assets. It is a comprehensive indicator which uses form of value to reflect achievements of investments in fixed assets in different periods, different sectors, and different regions.

Rate of Construction Projects Put into Production refers to the ratio of the number of construction projects completed and put into production in a certain period of time to the number of projects under construction in the same period. It reflects the investment efficiency from the perspective of the speed of projects construction.

Rate of Projects of Fixed Assets Put into Service refers to the ratio of the newly increased fixed assets to the total investments in the same period. It is a comprehensive indicator reflecting the speed of the employment of fixed assets in each period and it is used to evaluate the investment efficiency during the process of construction.

6

Six

能源消费

Energy Consumption

6－1 规模以上工业企业用水
Water Consumption in Industrial Enterprise above Designated Size

单位:万立方米 (10 000 cu. m)

指 标	Item	2015	2016	2017	2018	2019	2019 年比 2018 年增长(%) Growth Rate in 2019over 2018(%)
合 计	**Total**	**40609**	**41943**	**46282**	**49127**	**56365**	**14.7**
#地表水	Surface Water Resources	33622	37079	40112	42952	49846	16.1
地下水	Groundwater	2074	2113	3055	3504	3643	4.0
自来水	Tap Water	4848	2738	2617	2642	2850	7.9
其他水	Others	66	12	482	8	7	-6.7
工业重复用水量	Duplicated Measurement of Industrial Water	142835	131393	114587	143617	127060	-11.5
工业用水量	Industrial Water	183444	173336	10346	10164	10315	1.5

注:规模以上工业企业为年主营业收入2000万元及以上的工业企业。
Industrial enterprises above designated size refers to enterprises with its main business income above 20 million yuan(similarly hereinafter).

6-2 规模以上工业企业能源消费情况
Energy Consumption in Industrial Enterprises above Designated Size

指标	Item	能源消费合计 Total Energy Consumption 2019	2018	2019年比2018年增长(%) Growth Rate in 2019 over 2018 (%)	#工业生产消费 Industrial Production Consumption 2019	2018	2019年比2018年增长(%) Growth Rate in 2019 over 2018 (%)
原煤 (吨)	Coal (ton)	6248327	7091132	-11.9	6245242	7089488	-11.9
#无烟煤 (吨)	Anthracite (ton)	2203689	2489441	-11.5	2203675	2489407	-11.5
炼焦烟煤 (吨)	Byerlyte (ton)	850	25176	-96.6	850	25176	-96.6
一般烟煤 (吨)	Bituminous Coal (ton)	4043788	4576515	-11.6	4040718	4574905	-11.7
其他洗煤 (吨)	Other Washed Coal (ton)	274733	262703	4.6	274733	262703	4.6
煤制品 (吨)	Coal Product (ton)	8548	34740	-75.4	8548	34740	-75.4
焦炭 (吨)	Coke (ton)	84490	45185	87.0	84490	45185	87.0
其他焦化产品 (吨)	Other Coking Products (ton)		92	-100.0		92	-100.0
天然气 (万立方米)	Producer Gas (10 000 cu. m)	14291	17854	-20.0	14184	17771	-20.2
液化天然气 (吨)	Liquefied Natural Gas (ton)	9156	9585	-4.5	9147	9564	-4.4
汽油 (吨)	Gasoline (ton)	11597	11384	1.9	7635	8471	-9.9
煤油 (吨)	Kerosene (ton)	506	564	-10.2	506	564	-10.2
柴油 (吨)	Diesel Oil (ton)	41582	45016	-7.6	36943	38745	-4.7
燃料油 (吨)	Fuel Oil (ton)	363	2157	-83.2	363	2157	-83.2
液化石油气 (吨)	Liquefied Petroleum Gas (ton)	100	297	-66.3	94	292	-67.9
石油焦 (吨)	Cacined Petroleum Coke (ton)	43776	122503	-64.3	43776	122503	-64.3
石油沥青 (吨)	Petroleum Asphalt (ton)	10367	3856	168.9	10367	3856	168.9
热力 (百万千焦)	Heat (million kilo-joule)	125314	144642	-13.4	125314	144642	-13.4
电力 (万千瓦时)	Electricity (10 000 kwh)	1672722	1602065	4.4	1663481	1592972	4.4
城市生活垃圾(用于燃料) (吨)	Household Waste (for fuel) (ton)	389785	278171	40.1	389785	278168	40.1
生物燃料 (吨标准煤)	Bio-fuel (ton of SCE)	16493	19930	-17.2	16335	19725	-17.2
余热余压 (百万千焦)	Afterpressure and Afterheat (million kilo-joule)	11216527	12399989	-9.5	11216527	12399989	-9.5
其他燃料 (吨标准煤)	Other Fuels (ton of SCE)	348	390	-10.7	348	389	-10.5
能源合计(等当量) (吨标准煤)	Energy Total (equal equivalent) (ton of SCE)	6570200	7105100	-7.5	6544539	7079137	-7.6
能源合计(等价值) (吨标准煤)	Energy Total (equivalent value) (ton of SCE)	8960400	9082200	-1.3	8630123	8990307	-4.0

注:能源合计中等当量是指电力折标系数为1.229,能源合计等价值是指电力折标系数为3.0737。

In energy total, equal equivalent refers to 1.229 of the coefficient for the conversion of electric power into the standard coal equivalent; equivalent value means 3.0737 of the coefficient for the conversion of electric power into the standard coal equivalent.

6－3 规模以上工业企业能源购进、消费情况(2019 年)

Purchases and Consumption of Energy in Industrial Enterprises above Designated Size(2019)

指 标	Item	购进量 Purchases		消费量 Consumption			
		实物量 Amount	购自省外 outside guizhou province	合 计 Total	工业生产消费 Industrial Production Consumption	#用于原材料 Raw Materials	非工业生产消费 Non－industrial Productive Consumption
原 煤 (吨)	Coal (ton)	6242924	1089233	6248327	6245242	1470081	3084
#无烟煤 (吨)	Anthracite (ton)	2171663	158566	2203689	2203675	1321078	14
炼焦烟煤 (吨)	Byerlyte (ton)			850	850		
一般烟煤 (吨)	Bituminous Coal (ton)	4071262	930667	4043788	4040718	149003	3070
其他洗煤 (吨)	Other Washed Coal (ton)	271540		274733	274733	6295	
煤制品 (吨)	Coal Product (ton)	8548		8548	8548		
焦 炭 (吨)	Coke (ton)	84739		84490	84490		
其他焦化产品 (吨)	Other Coking Products (ton)						
天然气(气态)(万立方米)	Natural Gas(gaseous) (10 000 cu. m)	14290		14291	14184	34	107
液化天然气(液态) (吨)	Liquefied Natural Gas(liquid) (ton)	9126	7436	9156	9147		9
汽 油 (万立方米)	Gasoline (10 000 cu. m)	11491	204	11597	7635	11	3962
煤 油 (万立方米)	Kerosene (10 000 cu. m)	527		506	506	476	
柴 油 (万立方米)	Diesel Oil (10 000 cu. m)	40738	1965	41582	36943	1453	4639
燃料油 (吨)	Fuel Oil (ton)	355	213	363	363	210	
液化石油气 (吨)	Liquefied Petroleum Gas (ton)	100		100	94		6
石油焦 (吨)	Petroleum Coke (ton)	58519		43776	43776	43776	
石油沥青 (吨)	Petroleum Pitch (ton)	10546	10546	10367	10367	10235	
热 力 (百万千焦)	Heat (million kilo－joule)	125314		125314	125314		
电 力 (万千瓦时)	Electricity (10 000 kwh)	2055430		1672722	1663481		9242
城市垃圾用于燃料 (吨)	Municipal Refuse Used as Fuel (ton)	389785		389785	389785		
生物燃料 (吨标准煤)	Bio－fuel (ton of SCE)	16386	471	16493	16335		158
余热余压 (百万千焦)	Afterpressure and Afterheat (million kilo－joule)	3701860		11216527	11216527		
其他燃料 (吨标准煤)	Other Fuel (ton of SCE)	313	312	348	348		
能源合计(等当量) (吨标准煤)	Energy Total (equal equivalent) (ton of SCE)			6570200	6544539		25661
能源合计(等价值) (吨标准煤)	Energy Total (equivalent value) (ton of SCE)			8960400	8630123		330277

注:能源合计中等当量是指电力折标系数为 1.229,能源合计等价值是指电力折标系数为 3.0737。

In energy total, equal equivalent refers to 1.229 of the coefficient for the conversion of electric power into the standard coal equivalent; equivalent value means 3.0737 of the coefficient for the conversion of electric power into the standard coal equivalent.

6－4 规模以上工业企业分品种分行业工业生产能源消费(2019 年)

指　　标	Item	工业综合能源消费量(吨标准煤) Energe Consumption for Production Purpose (ton of SCE)	煤　炭(吨) Coal (ton)	原　煤 Coal
总　　计	**Total**	**6544539**	**6531608**	**6248327**
采矿业	**Mining**	**17934**	**1939**	**1939**
煤炭开采和洗选业	Mining and Washing of Coal	7719	810	810
有色金属矿采选业	Mining and Processing of Non－ferrous Metals	4034	1129	1129
非金属矿采选业	Ming and Processing of Non－mental of Ores	6180		
制造业	**Manufacturing**	**5431725**	**4440608**	**4157327**
农副食品加工业	Processing of Foods from Agricutural products	37937		
食品制造业	Manufacture of Foods	22391	9899	1351
饮料制造业	Manufacture of Beverages	23202	56	56
烟草制品业	Manufacture of Tobacco	16319		
纺织业	Manufacture of Textile	18		
纺织服装、鞋、帽制造业	Manufacture of Textile Wearing Apparel ,Footware and Caps	129		
皮革、毛皮、羽毛及其制品和制鞋业	Manufacture of Leather, Fur, Feather and Related Products, and Footwear	3503	1669	1669
家具制造业	Manufacture of Furniture	1209		
造纸及纸制品业	Manufacture of Paper and Paper Products	3567	626	626
印刷业和记录媒介的复制	Printing, Reproductionn of Recording Media	5600		
文教体育用品制造业	Manufacture of Articles for Culture,Education and Sport Activities	257		
石油、煤炭及其他燃料加工业	Manufacture of Oil, Coal and Other Fuel Processing	3272	17919	17919
化学原料及化学制品制造业	Manufacture of Raw Chemical Materials and Chemical Products	1799836	1825340	1815512
医药制造业	Manufacture of Medicines	48360		
橡胶和塑料制品业	Manufacture of Rubber and Plastics	125204	103194	103194
非金属矿物制品业	Manufacture of Non－metallic MineralProducts	1281157	1366566	1340146
黑色金属冶炼及压延加工业	Smelting and Pressing of Ferrous Metals	239588		
有色金属冶炼及压延加工业	Smelting and Pressing of Non－ferrous Metals	1718838	1115214	876728
金属制品业	Manufacture of Metal Products	16885		
通用设备制造业	Manufacture of General Purpose Machinery	5870		
专用设备制造业	Manufacture of Special Purpose Machinery	5056		
汽车制造业	Manufacture of Automobile Industry	31767		
铁路、船舶、航空、航天和其他运输设备制造业	Manufacture of Railway,Watercraft,Aviation, Aerospace and Other Transport Equipment	10319		
电气机械和器材制造业	Manufacture of Electrical Machinery and Equipment	24708		
计算机、通信和其他电子设备制造业	Manufacture of Communication Equipment,Computers and Other Electronic Equipment	5058		
仪器仪表制造业	Manufacture of Measuring Instruments and Machinery for Cultural Activity and Office Work	625		
其他制造业	Other Manufacturing			
电力、燃气及水的生产和供应业	**Electric Power, Gas and Water Production and Supply**	**1094880**	**2089061**	**2089061**
电力、热力的生产和供应业	Production and Supply of Electric Power and Heat Power	1055230	2089061	2089061
燃气生产和供应业	Production and Supply of Gas	1143		
水的生产和供应业	Production and Supply of Water	38507		

注:工业生产能源合计按等当量计算。

Energe Consumption of Industrial Enterprises above Designated Size by Sector and Type(2019)

#无烟煤 Anthracite	炼焦烟煤 Byerlyte	一般烟煤 Bituminous Coal	其他洗煤 Other Washed Coal	煤制品 Coal Products	焦炭（吨） Coke (ton)	其他焦化产品（吨） Other Coking Products (ton)	天然气（万立方米） (10 000 cu. m)	液化天然气（吨） Liquefied Natural Gas (ton)	汽油（吨） Gasoline (ton)	煤油（吨） Kerosene (ton)
2203689	**850**	**4043788**	**274733**	**8548**	**84490**		**14291**	**9156**	**11597**	**506**
1129		810					75		108	
		810								
1129							75		7	
									101	
2202560	**850**	**1953917**	**274733**	**8548**	**84490**		**14179**	**9156**	**8017**	**506**
					1772		705	58	251	1
71		1280		8548	6852		299		165	
56							501	2103	156	
							910		213	
									8	
									36	
		1669					116		95	
									5	
		626							19	
							53		291	
									8	
		17919							12	
1659108		156405	9828				500	112	471	476
							2171		476	
		103194					177		869	
543233	850	796063	26420				1611	3	561	
					75393		2408	5333	5	
		876728	238485				3222		10	
							181	6	2145	4
							3		1510	23
					434				268	
							1318		105	
					40		3	358	66	2
								1183	178	
									46	
									39	
		2089061					**38**		**3472**	
		2089061					22		2990	
							12		320	
							3		163	

Energe consumption for production purpose was calculated at its equal equivalence.

6-4 续表1

指　　标	Item	柴油 (吨) Diesel Oil (ton)	燃料油 (吨) Fuel Oil (ton)
总　计	**Total**	**41582**	**363**
采矿业	**Mining**	**3324**	
煤炭开采和洗选业	Mining and Washing of Coal	172	
有色金属矿采选业	Mining and Processing of Non - ferrous Metals	656	
非金属矿采选业	Ming and Processing of Non - mental of Ores	2497	
制造业	**Manufacturing**	**34314**	**363**
农副食品加工业	Processing of Foods from Agricultural Products	352	150
食品制造业	Manufacture of Foods	368	
饮料制造业	Manufacture of Beverages	28	
烟草制品业	Manufacture of Tobacco	229	
纺织业	Manufacture of Textile	1	
纺织服装、鞋、帽制造业	Manufacture of Textile Wearing Apparel, Footware and Caps	32	
皮革、毛皮、羽毛及其制品和制鞋业	Manufacture of Leather, Fur, Feather and Related Products, and Footwear		
家具制造业	Manufacture of Furniture		
造纸及纸制品业	Manufacture of Paper and Paper Products	18	
印刷业和记录媒介的复制	Printing, Reproduction of Recording Media	241	
文教体育用品制造业	Manufacture of Articles for Culture, Education and Sport Activities	78	
石油、煤炭及其他燃料加工业	Manufacture of Oil, Coal and Other Fuel Processing		8
化学原料及化学制品制造业	Manufacture of Raw Chemical Materials and Chemical Products	5917	
医药制造业	Manufacture of Medicines	285	
橡胶和塑料制品业	Manufacture of Rubber	464	
非金属矿物制品业	Manufacture of Non - metallic Mineral Products	23007	210
黑色金属冶炼及压延加工业	Smelting and Pressing of Ferrous Metals	5	
有色金属冶炼及压延加工业	Smelting and Pressing of Non - ferrous Metals	2325	2
金属制品业	Manufacture of Metal Products	86	
通用设备制造业	Manufacture of General Purpose Machinery	44	
专用设备制造业	Manufacture of Special Purpose Machinery	365	
汽车制造业	Manufacture of Automobile Industry	19	
铁路、船舶、航空、航天和其他运输设备制造业	Manufacture of Railway, Watercraft, Aviation, Aerospace and Other Transport Equipment	308	
电气机械和器材制造业	Manufacture of Electrical Machinery and Equipment	109	
计算机、通信和其他电子设备制造业	Manufacture of Communication Equipment, Computers and Other Electronic Equipment		
仪器仪表制造业	Manufacture of Measuring Instruments and Machinery for Cultural Activity and Office Work	17	
其他制造业	Other Manufacturing		
电力、燃气及水的生产和供应业	**Electric Power, Gas and Water Production and Supply**	**3944**	
电力、热力的生产和供应业	Production and Supply of Electric Power and Heat Power	3837	
燃气生产和供应业	Production and Supply of Gas	49	
水的生产和供应业	Production and Supply of Water	58	

(continued)

液化石油气(吨) Liquefied Petroleum Gas(ton)	石油焦(吨) Petroleum Coke Products (ton)	石油沥青(吨) Petroleum Pitch Products (ton)	热力(百万千焦) Heat (million kilo-joule)	电力(万千瓦时) Electricity Comsumption (10 000cu. m)	城市生活垃圾(用于燃料)(吨) Municipal Refuse Used as Fue (ton)	生物燃料(吨标准煤) Bio-fuel (ton of SCE)	余热余压(百万千焦) Afterpressure and Afterheat (Million kilo-joule)
100	**43776**	**10367**	**125314**	**1672722**	**389785**	**16493**	**11216527**
				9160			
				5607			
				901			
				2652			
100	**43776**	**10367**	**125314**	**1419126**		**16493**	**11216527**
				14295		8599	
50				4423		288	
23				10272		112	
				5994			
				4			
				24			
				884			
				977			
				925		2034	
				3528			
				119			
				2124			
6	43776	691		246207		132	4145047
			122603	12631			
				44021			117590
		9676	186	179303		4742	2844139
				102802			
20				730110		129	4109751
				9124		456	
				5415			
				3188			
1				11730			
				7371			
			2525	18078			
				4090			
				728			
				244437	**389785**		
				212905	389785		
				428			
				31104			

6－4 续表2

指　　标	Item	其他燃料（吨标准煤）Other Fuels (ton of SCE)	工业取水量（万立方米）Industrial Water (10 000cu. m)
总　　计	**Total**	**348**	**56365**
采矿业	**Mining**		**54**
煤炭开采和洗选业	Mining and Washing of Coal		45
有色金属矿采选业	Mining and Processing of Non－ferrous Metals		2
非金属矿采选业	Ming and Processing of Non－mental of Ores		7
制造业	**Manufacturing**	**348**	**6910**
农副食品加工业	Processing of Foods from Agricultural Products	6	177
食品制造业	Manufacture of Foods		197
饮料制造业	Manufacture of Beverages		427
烟草制品业	Manufacture of Tobacco		162
纺织业	Manufacture of Textile		
纺织服装、鞋、帽制造业	Manufacture of Textile Wearing Apparel, Footware and Caps		
皮革、毛皮、羽毛及其制品和制鞋业	Manufacture of Leather, Fur, Feather and Related Products, and Footwear		12
家具制造业	Manufacture of Furniture		5
造纸及纸制品业	Manufacture of Paper and Paper Products		11
印刷业和记录媒介的复制	Printing, Reproduction of Recording Media		31
文教体育用品制造业	Manufacture of Articles for Culture, Education and Sport Activities		3
石油、煤炭及其他燃料加工业	Manufacture of Oil, Coal and Other Fuel Processing		2
化学原料及化学制品制造业	Manufacture of Raw Chemical Materials and Chemical Products		3302
医药制造业	Manufacture of Medicines		289
橡胶和塑料制品业	Manufacture of Rubber		219
非金属矿物制品业	Manufacture of Non－metallic Mineral Products	342	976
黑色金属冶炼及压延加工业	Smelting and Pressing of Ferrous Metals		114
有色金属冶炼及压延加工业	Smelting and Pressing of Non－ferrous Metals		519
金属制品业	Manufacture of Metal Products		60
通用设备制造业	Manufacture of General Purpose Machinery		72
专用设备制造业	Manufacture of Special Purpose Machinery		40
汽车制造业	Manufacture of Automobile Industry		119
铁路、船舶、航空、航天和其他运输设备制造业	Manufacture of Railway, Watercraft, Aviation, Aerospace and Other Transport Equipment		50
电气机械和器材制造业	Manufacture of Electrical Machinery and Equipment		67
计算机、通信和其他电子设备制造业	Manufacture of Communication Equipment, Computers and Other Electronic Equipment		39
仪器仪表制造业	Manufacture of Measuring Instruments and Machinery for Cultural Activity and Office Work		16
其他制造业	Other Manufacturing		
电力、燃气及水的生产和供应业	**Electric Power, Gas and Water Production and Supply**		**49401**
电力、热力的生产和供应业	Production and Supply of Electric Power and Heat Power		1022
燃气生产和供应业	Production and Supply of Gas		6
水的生产和供应业	Production and Supply of Water		48373

(continued)

#地表水 Surface Water	地下水 Ground water	自来水 Tap Water	雨　水 Rainwater	再生水 Reclaimed Water	其他水 Others	重复用水（万立方米） Water Duplicated (10 000 cu. m)	用水总量（万立方米） Water Used (10 000 cu. m)	废水排放量（万立方米） Waste Water (10 000 cu. m)
49846	**3643**	**2850**	**16**	**2**	**7**	**127060**	**10315**	**47527**
4	**6**	**40**	**6**	**1**			**25**	**54**
	40	5				24	45	
		1	1			1	2	
6	1						7	4
3838	**934**	**2113**	**15**	**2**	**7**	**81764**	**6689**	**38**
3	10	164				3	177	15
		197				10	197	1
67	46	314				64	337	
	7	155				1718	162	
6		6				35	12	
		5					5	
		11					11	
2		29					31	1
		3					3	
		2	1				2	
2436	750	115				65581	3302	
1	22	266				626	289	13
124		95				4304	210	
613	35	316	4	2	7	3098	862	
79	27	7				4086	114	
444		65	10			2083	511	
	1	58				31	60	1
3	35	34					72	
20		20				12	40	3
9	1	109					119	
		50				88	50	
26		40				18	67	3
		39				7	39	
5		11					16	
46002	**2668**	**731**				**45271**	**3573**	**47485**
871	42	109				44901	1022	
		6					6	
45131	2626	616				369	2544	47485

主要统计指标解释

能源生产总量 指一定时期内全市一次能源生产量的总和。一次能源生产量包括原煤，原油，天然气，水电、核能及其他动力能(如风能、地热能等)发电量，不包括低热值燃料生产量、生物质能、太阳能等的利用和由一次能源加工转换而成的二次能源产量。

能源消费总量 指一定时期内全市产业类(包括第一、二、三次产业和城乡)和物质生产部门、非物质生产部门和生活消费的各种能源的总和。能源消费总量包括原煤和原油及其制品、天然气、电力，不包括低热值燃料、生物质能和太阳能等的利用。能源消费总量分为终端能源消费量、能源加工转换损失量和损失量三部分。

(1)终端能源消费量：指一定时期内全市生产和生活消费的各种能源在扣除了用于加工转换二次能源消费量和损失量以后的数量。

(2)能源加工转换损失量：指一定时期内全市投入加工转换的各种能源数量之和与产出各种能源产品之和的差额，是观察能源在加工转换过程中损失量变化的指标。

(3)能源损失量：指一定时期内能源在输送、分配、储存过程中发生的损失和由客观原因造成的各种损失量，不包括各种气体能源放空、放散量。

能源生产弹性系数 是研究能源生产增长速度与国民经济增长速度之间关系的指标。计算公式为：

能源生产弹性系数 = 能源生产总量年平均增长速度/国民经济年平均增长速度

电力生产弹性系数 是研究电力生产增长速度与国民经济增长速度之间关系的指标。一般来说，电力的发展应当快于国民经济的发展，也就是说电力应超前发展。计算公式为：

电力生产弹性系数 = 电力生产量年平均增长速度/国民经济年平均增长速度

能源消费弹性系数 是反映能源消费增长速度与国民经济增长速度之间比例关系的指标。计算公式为：

能源消费弹性系数 = 能源消费量年平均增长速度/国民经济年平均增长速度

电力消费弹性系数 反映电力消费增长速度与国民经济增长速度之间比例关系的指标。计算公式为：

电力消费弹性系数 = 电力消费量年平均增长速度/国民经济年平均增长速度

能源加工转换效率 指一定时期内能源经过加工、转换后，产出的各种能源产品的数量与同期内投入加工转换的各种能源数量的比率。它是观察能源加工转换装置和生产工艺先进与落后、管理水平高低等的重要指标。计算公式为：

能源加工转换效率 = 能源加工、转换产出量/能源加工、转换投入量 × 100%

工业生产能源消费 指工业企业为进行工业生产活动所消费的能源。主要包括：(1)用于本企业产品生产、工业性作业的能源。包括用原料、材料、燃料、动力；作为能源加工转换企业，还包括用作加工转换的能源(这部分能源不能理解为用作原材料)。(2)产品生产过程中作为辅助材料使用的能源。(3)生产工艺过程使用的能源。(4)新技术研究、新产品试制、科学试验使用的能源。(5)为了工业生产活动而在进行的各种修理过程中使用的能源。(6)生产区内的劳动保护用能等。

能源加工、转换消费 指为了特定的用途，将一种能源(一般为一次能源)，经过一定的工艺，加工或转换成另一种能源(二次能源)。能源的加工与转换，既有联系，又有区别。

能源加工 是能源物理形态的变化，比如用蒸馏的方式将原油炼制成汽油、煤油、柴油等石油制品；用筛选、水洗的方式将原煤洗选成洗煤；以焦化的方式将煤炭高温干馏成焦碳；以气化的方式将煤炭气化成煤气，等等。这些方法在加工前后能源均未发生质的变化。

能源转换 是能源形态以及物质化学形态的变化，比如经过一定的工艺过程，将煤炭、重油等转换成电力和热力，将热能转换为机械能，将机械能转换为电能，将电能转换为热能等；又比如，经过裂化，将重质石油转换成轻质石油（转换前、后的物质具有不同的化学结构和化学性质）。

综合能源消费量 指报告期内工业企业在工业生产活动中实际消费的各种能源的总和。计算综合能源消费量时，需要先将使用的各种能源折算成标准燃料后再进行计算。根据生产活动的性质，综合能源消费量在不同的企业有不同的计算方法。(1)非能源加工转换转换企业综合能源消费量，就是企业工业生产消费的各种一次能源和二次能源的总和，即：综合能源消费量 = 工业生产消费的能源合计。(2)能源加工转换企业综合能源消费量，是企业工业生产消费的各种一次能源和二次能源扣除加工转换产出的二次能源后的实际能源消费量。计算公式：综合能源消费量 = 工业生产消费量的能源合计 - 能源加工转换产出合计。

取水总量 指工业企业从各种水源提取的，并用于工业生产活动的水量总和，包括地表水、地下水、自来水、由管道供应的未经过达标处理的水、经城市污水处理厂处理后回用的中水、海水，以及企业从市场购得的其他水或水的产品（如纯净水、矿泉水、蒸汽、热水、地热水等）。取水总量包括主要工业生产用水、辅助生产（包括机修、运输、空压站等）用水和附属生产（包括厂内绿化、职工食堂，非营业的浴室及保健站、厕所等）用水；不包括非工业生产单位的用水，如厂内居民家庭用水和企业附属幼儿园、学校、对外营业的浴室、游泳池等的用水量。

重复用水量 指在工业企业内部，对生产和生活排放的废水直接或经过处理后回收再利用的水量，不包括企业从城市污水处理厂购买的中水。企业废水在报告期每重复利用一次，计算一次重复用水量。

重复用水量的计算原则：(1)开放原则。即水的循环在开放系统进行。循环一次计算一次。封闭式循环系统的循环水不计算重复用水量。(2)源头计算原则。对循环水来说，使用后的水，又回流到系统的取水源头，流经源头一次，计算一次。循环系统中的中间环节用水不得计算重复用水量。(3)异地原则。对于非循环系统，根据不同工艺对不同水质的要求，在一个地方（工艺）使用过的水，在另一个地方（工艺）中进行使用，使用一次，计算一次。在同一个地方（容器）多次使用的水，不得计算重复用水量。(4)经过进化处理后的水重复再用，在任何情况下都按照重复用水计算。

Explanatory Notes on Main Statistical Indicators

Total Energy Production refers to the total production of primary energy by all energy producing enterprises in the city in a given period of time. The production of primary energy includes that of coal, crude oil, natural gas, hydro-power and electricity generated by nuclear energy and other means such as wind power and geothermal power. However, it does not include the production of fuels of low calorific value, bio-energy, solar energy and secondary energy converted from primary energy.

Total Energy Consumption refers to the total consumption of energy of industries(including the first, the second and tertiary industries) by the production sectors, non – production sectors and the households in the whole city in a given peril od of time. Total energy consumption includes that of coal, crude oil and their products, natural gas and electricity. However, it does not include the consumption of fuel of low calorific value, bio-energy and solar energy. Total energy consumption can be divided into three parts: end-use energy consumption, loss during the process of energy conversion, and energy loss.

(1) End – use Energy Consumption refers to the total energy consumption by the production sectors and the households in the whole city in a given period of time minus the consumption during the conversation of primary energy into secondary energy and the loss in the process of energy conversation.

(2) Loss During the Process of Energy Conversation refers to the total input of various kinds of energy for conversation, minus the total output of various kinds of energy in the whole city in a given period of time. It is an indicator to show the loss that occurs during the process of energy conversation.

(3) Energy Loss refers to the total of the loss of energy during the course of energy transport, distribution and storage and the loss caused by any objective reason in a given period of time. The loss of various kinds of gas due to gas discharges and stocking is not included.

Elasticity Ratio of Energy Production is an indicator to show the relationship between the growth rate of production and the growth rate of the national economy. The formula is:

$$\text{Elasticity Ratio of Energy Production} = \frac{\text{Average Annual Growth Rate of Energy Production}}{\text{Average Annual Growth Rate of National Economy}}$$

Elasticity Ratio of Electricity Production is an indicator to show the relationship between the growth rate of electricity production and the growth rate of the national economy. Generally speaking, the growth rate of electricity production should be higher than that of the national economy. Its formula is:

$$\text{Elasticity Ratio of Electricity Production} = \frac{\text{Average Annual Growth Rate of Electricity Production}}{\text{Average Annual Growth Rate of National Economy}}$$

Elasticity Ratio of Energy Consumption is an indicator to show the relationship between the growth rate of energy consumption and the growth rate of the national economy. The formula is:

$$\text{Elasticity Ratio of Energy Consumption} = \frac{\text{Average Annual Growth Rate of Energy Consumption}}{\text{Average Annual Growth Rate of National Economy}}$$

Elasticity Ratio of Electricity Consumption is an indicator to show the relationship between the growth rate of electricity consumption and the growth rate of the national economy. The formula is:

$$\text{Elasticity Ratio of Electricity Consumption} = \frac{\text{Average Annual Growth Rate of Electricity Consumption}}{\text{Average Annual Growth Rate of National Economy}}$$

Efficiency of Energy Processing and Conversion refers to the ratio of the total output of energy products of various kinds after processing and conversion to the total input of energy of various kinds for processing and conversion in the same reference period. It is an important indicator to show the current conditions of energy processing and conversion equipment, production technique and management. The formula is:

$$\text{Efficiency of Energy Processing \& Conversion} = \frac{\text{Output of Energy After Processing \& Conversion}}{\text{Input of Energy for Processing \& Conversion}} \times 100\%$$

Consumption of Industrial Production refers to the energy cost for industrial production, including:

1. Energy cost for products and industrial operation, including raw material, material, fuel and motive power; as an energy process and conversion enterprise, it also includes the energy uses for processing and conversion (the energy here cannot be treated as raw material;
2. Energy used as accessory materials in production;
3. Technical energy consumed in production technological process;
4. Energy consumed in new - tech research, new product trial, scientific research;
5. Energy consumed for various maintenance for industrial production;
6. Energy consumed for labor protection in production area, etc.

Energy Processing and Conversion Consumption refers to the process of processing and converting of primary energy into secondary energy for designed purpose. There are both connections and differences between processing and converting.

Energy Precessing refers to the changes of physical form changes. For example, refining crude oil into oil products like gasoline, kerosene and diesel oil by distillation; screening and washing cole into washed coal; coking coal into coke by high - temperature retorting. Gasifying coal into coal gas; Energies don't have qualitative changes during those processes.

Energy Converting refers to the changes of energy forms and chemical forms, for example, during a craft art process, conversing coal and heavy oil into electricity and heat, converting heat into mechanical energy, converting mechanical energy into electricity, converting electricity into heat; another example, converting heavy crude oil into light crude oil by cracking (the energies before and after converting have different chemical construction and chemical property).

Comprehensive Energy Consumption refers to total consumption of energies during industries and enterprises production activities in report period. When calculating comprehensive energy consumption, energies should be converted into standard fuels. Comprehensive energy consumption in different enterprises gets different calculation method due to their different production ways. (1) The comprehensive energy consumption of non - energy processing and converting enterprises refers to the summation of primary energy and secondary energy consumed by industries and enterprises, that is, comprehensive energy consumption = the summation of energies during industrial production. (2) The comprehensive energy consumption of energy processing and converting enterprises refers to the real comprehensive energy consumption (which means primary energy and secondary energy deducting secondary energy produced by processing and converting) consumed by industries and enterprises, The formula is: comprehensive energy consumption = the summation of energies during industrial production - total energy processing and converting production.

Total Water withdrawal refers to total water amount that the industries and enterprises withdraw from all kinds water resources, and take them into production activities, includes surface water, underground water, tap water, water supplied by pipelines without standard treatment, reclaimed water and seawater after being treated by the sewage treatment works, water and water products purchased by enterprises from market (like pure water, mineral water, steam water, hot water, geothermal water). Total water withdrawal includes water mainly used in industrial production, water used insubsidiary production (includes machine maintenance, transportation, air – compress station) and water used in auxiliary production(includes greening, staff dining hall, non – business bath room, health station and wash rooms), excludes water consumed by non – industrial production units, such as water consumed by households, kindergartens, schools bathrooms in operation, swimming pools of industries or enterprises.

Reused Water refers to the daily waste water reused directly or reused after treatment in industries and enterprises, excluding reclaimed water bought from sewage treatment works. Each time the industrial waste water during report period reused counts for one water reusing. Principles for calculating water reusing: (1) Open principle, according to which water recycled in an open system, and counted only once after one circulation; water recycled in closed system are not calculated as reused water; (2) calculating the source, used water flow back to the head once, counted once. Water used in intermediate links are not calculated in reused water; (3) changing places, in non – recycle system, according to different water quality requirement, water used in one place(one water processing step) reuses in another places (another processing step) once, counted once; water used in only one place many time are not calculated in reused water; (4) water reused after purification treatment are calculated into reused water at any time.

7

Seven

工　业

Industry

2020 贵阳统计年鉴

GUIYANG STATISTICAL YEARBOOK

7-1 规模以上工业企业数(历年)
Number of Industrial Enterprises above Designated Size(over Years)

单位:个 (unit)

指 标	Item	2015	2016	2017	2018	2019	2019比2018年增长(%) Growth Rate in 2019 over 2018 (%)
规模以上工业	**Number of Industrial Enterprises above Designated Size**	**580**	**691**	**747**	**772**	**758**	**-1.8**
#亏损企业	Unprofitable Enterprises	127	123	127	154	139	-9.7
#国有控股企业	State Holding Enterprises	128	130	127	128	141	10.2
#非公有制工业	Non-public Industries	439	548	611	636	606	-4.7
#高技术	High-tech Industries	89	105	119	126	125	-0.8
按支柱、特色行业分	**By Pillar and Characteristic Industries**						
能源、优势原材料为主的支柱产业	Pillar Industries of Energy and Raw Materials	98	98	86	78	79	1.3
电	Electricity	8	7	9	11	12	9.1
煤	Coal	12	11	7	6	6	
煤化工	Coal Chemical Industry	16	15	10	10	1	-90.0
铝及铝化工	Aluminum and Its Chemical Industry	39	40	40	32	37	15.6
磷及磷化工	Phosphorus and Its Chemical Industry	28	31	27	25	23	-8.0
铁合金	Iron Alloy	7	5				
烟酒为主的传统支柱产业	Traditional Pillar Industries of Tobacco and Liquor	10	12	17	17	14	-17.6
酒	Liquor	7	9	14	14	11	-21.4
烟	Tobacco	3	3	3	3	3	
贵阳市重点产业(行业)	Six Special Pillar Industries	368	434	481	483	479	-0.8
磷煤化工	Phosphorus and Coal Chemical Industry	33	34	29	29	29	
铝及铝化工	Aluminum and Its Chemical Industry	39	40	40	32	37	15.6
特色食品	Characteristic Food	72	88	110	112	115	2.7
烟草制品	Tobacco Products	3	3	3	3	3	
医药制造业	Modern Medicine	41	56	61	63	63	
装备制造业	Equipment Manufacturing Industry	134	168	192	195	187	-4.1
#汽车制造业	Automobile Industry	13	20	23	24	32	33.3
#电子信息设备制造业	Manufacture of Electronic Information Equipment	29	34	42	39	55	41.0
电力生产及供应业	Production and Supply of Electric Power	14	13	11	13	15	15.4
橡胶及塑料制品业	Manufacture of Chemical Fibers and Plastics	32	33	36	37	31	-16.2
按登记注册类型分	**By Status of Registration**						
内资企业	Domestic-funded Enterprises	541	655	715	733	722	-1.5
国有企业	State-owned Enterprises	39	31	23	27	17	-37.0
集体企业	Collective-owned Enterprises	5	5	3	3	4	33.3
股份合作企业	Joint-equity Cooperative Enterprises	1				1	
联营企业	Joint Ownership Enterprises	1	1	1	1		
有限责任公司	Limited Liability Companies	297	328	323	339	287	-15.3
股份有限公司	Companies Limited by Shares	34	40	37	38	36	-5.3
私营企业	Private Enterprises	163	250	327	323	377	16.7
其他企业	Others	1		1	2		
港、澳、台商投资企业	Enterprises with Funds from Hong Kong, Macao and Taiwan	18	19	18	19	16	-15.8
外商投资企业	Enterprises with Foreign Investment	21	17	14	20	20	
按经济组织类型分	**By Types of EconomicOrganization**						
独资企业	Solely Funded Enterprises	68	63	53	57	81	42.1
合作、合伙企业	Cooperative and Partnership Enterprises	13	10	8	9	4	-55.6
股份有限公司	Companies Limited by Shares	42	50	51	49	48	-2.0
有限责任公司	Limited Liability Companies	457	568	635	657	625	-4.9
按轻重工业分	**By Light & Heavy Industries**						
轻工业	Light Industry	183	235	263	286	269	-5.9
重工业	Heavy Industry	397	456	484	486	489	0.6

7-2 工业增加值(历年)

单位:万元

指　　标	Item	2015
规模以上工业	**Number of Industrial Enterprises above Designated Size**	**7122810**
#国有控股企业	State Holding Enterprises	3914338
#非公有制工业	Non - public Industries	3163006
#高技术	High - tech Industries	1220895
按支柱、特色行业分	**By Pillar and Characteristic Industries**	
烟酒为主的传统支柱产业	Traditional Pillar Industries on Tobacco and Liquor	1997097
酒	Liquor	247767
烟	Tobacco	1749330
贵阳市重点产业(行业)	Pillar Industries	6013384
磷煤化工	Phosphorus and Coal Chemical Industry	770498
铝及铝化工	Aluminum and Its Chemical Industry	336654
特色食品	Characteristic Food	723276
烟草制品	Tobacco Products	1749330
医药制造业	Modern Medicine	731369
装备制造业	Equipment Manufacturing Industry	1116073
#汽车制造业	Automobile? Industry	292454
#电子信息设备制造业	Manufacture of Electronic Information Equipment	258432
电力生产及供应业	Production and Supply of Electric Power	397823
橡胶及塑料制品业	Manufacture of Chemical Fibers and Plastics	244380
按登记注册类型分	**By Status of Registration**	
内资企业	Domestic - funded Enterprises	6694367
国有企业	State - owned Enterprises	2491321
集体企业	Collective - owned Enterprises	17849
股份合作企业	Joint - equity Cooperative Enterprises	1910
联营企业	Joint Ownership Enterprises	616
有限责任公司	Limited Liability Companies	2411496
股份有限公司	Companies Limited by Shares	857204
私营企业	Private Enterprises	910347
其他企业	Others	3623
港、澳、台商投资企业	Enterprises with Funds from Hong Kong, Macao and Taiwan	149461
外商投资企业	Enterprises with Foreign Investment	278982
按经济组织类型分	**By Types of Economic Organization**	
独资企业	Solely Funded Enterprises	2674672
合作、合伙企业	Cooperative and Partnership Enterprises	45165
股份有限公司	Companies Limited by Shares	895908
有限责任公司	Limited Liability Companies	3507066
按轻重工业分	**By Light & Heavy Industries**	
轻工业	Light Industry	3530956
重工业	Heavy Industry	3591854

Added Value of All Industrial Enterprises(over Years)

(10 000 yuan)

2016	2017	2018 年分项比重(%) Component Proportion(%)	2019 年分项比重(%) Component Proportion(%)	2019 年比 2018 年增长(%) Growth Rate in 2019 over 2018(%)
7828196	**8177474**	**100.00**	**100.00**	**6.3**
4067112	4012229	62.01	61.56	7.1
3682683	4118352	37.60	37.56	5.1
1421679	1622961	17.98	19.50	8.3
1963794	2042701	27.97	28.46	6.4
378975	370766	1.52	1.02	-20.6
1584820	1671935	26.45	27.43	7.8
6568905	6814097	85.18	83.27	7.2
962487	736750	9.47	6.65	-27.0
398655	528469	6.33	5.34	12.1
902285	914593	8.31	6.98	1.8
1584820	1671935	26.45	27.43	9.8
871552	1046301	10.20	11.04	1.4
1227846	1265466	14.41	16.18	31.6
287831	176976	2.16	3.75	103.6
254873	262985	1.96	1.28	2.3
427897	450150	6.49	5.86	10.0
243299	250427	3.52	3.79	7.5
7114389	7686178	94.65	93.67	4.2
2146984	2041729	33.22	32.41	8.5
18093	8946	0.14	0.15	2.1
686	1026	0.01		
2853922	3395189	38.22	34.40	-1.3
926725	840013	10.53	10.11	10.0
1167979	1396715	12.41	16.60	4.9
	2560	0.11		
372374	286280	1.86	3.41	16.9
341432	205017	3.49	2.92	-1.4
2383667	2348812	35.43	45.20	4.8
56774	62469	0.81	0.14	-1.1
978340	918544	11.26	10.80	9.0
4409415	4847649	52.50	43.86	2.9
3849834	4114843	49.80	49.81	4.6
3978362	4062632	50.20	50.19	7.9

7－3 工业总产值(历年)

单位:万元

指　标	Item	2015
规模以上工业	**Industrial Enterprises above Designated Size**	**25785917**
#国有控股企业	State Holding Enterprises	12417480
#非公有制工业	Non－public Industries	13163287
#高技术	High－tech Industries	4756622
按支柱、特色行业分	**By Pillar and Characteristic Industries**	
烟酒为主的传统支柱产业	Traditional Pillar Industries of Tobacco and Liquor	2487286
酒	Liquor	480391
烟	Tobacco	2006895
贵阳市重点产业(行业)	Pillar Industries	20649993
磷煤化工	Phosphorus and Coal Chemical Industry	3612234
铝及铝化工	Aluminum and Its Chemical Industry	1551080
特色食品	Characteristic Food	2480633
烟草制品	Tobacco Products	2006895
医药制造业	Modern Medicine	2454909
装备制造业	Equipment Manufacturing Industry	5333501
#汽车制造业	Automobile? Industry	1111156
#电子信息设备制造业	Manufacture of Electronic Information Equipment	1823448
电力生产及供应业	Production and Supply of Electric Power	1793048
橡胶及塑料制品业	Manufacture of Chemical Fibers and Plastics	1663962
按登记注册类型分	**By Status of Registration**	
内资企业	Domestic－funded Enterprises	24272614
国有企业	State－owned Enterprises	5511641
集体企业	Collective－owned Enterprises	52977
股份合作企业	Joint－equity Cooperative Enterprises	10129
联营企业	Joint Ownership Enterprises	5199
有限责任公司	Limited Liability Corporations	11084421
股份有限公司	Companies Limited by Shares	3766692
私营企业	Private Enterprises	3804491
其他企业	Others	37063
港、澳、台商投资企业	Enterprises with Funds from Hong Kong,Macao and Taiwan	543161
外商投资企业	Foreign－funded Enterprises	970142
按经济组织类型分	**By Types of Economic Organization**	
独资企业	Solely Funded Enterprises	6232613
合作、合伙企业	Cooperative and Partnership Enterprises	169782
股份有限公司	Companies Limited by Shares	3969269
有限责任公司	Limited Liability Companies	15414252
按轻重工业分	**By Light & Heavy Industries**	
轻工业	Light Industry	8427204
重工业	Heavy Industry	17358713

Gross Output Value of Industry(over Years)

(10 000 yuan)

2016	2017	2018 年分项比重 (%) Component Proportion (%)	2019 年分项比重 (%) Component Proportion (%)	2019 年比 2018 年增长 (%) Growth Rate in 2019 over 2018 (%)
28168691	**28310872**	**100.00**	**100.00**	**5.3**
12957694	12260171	56.32	55.01	5.0
14816588	15852808	43.19	43.69	5.8
5154733	5752405	21.06	22.46	7.1
2515367	2554255	10.06	10.34	5.8
676834	613305	0.71	0.53	-20.6
1838533	1940950	9.35	9.81	7.7
22282520	22865801	82.36	81.11	5.9
4169566	3388250	12.97	8.76	-27.9
1816062	2189125	7.90	7.65	11.6
2975018	3190118	9.14	9.09	4.8
1838533	1940950	9.35	9.81	9.7
2573111	2868559	8.42	8.10	0.2
5759623	6464461	21.72	24.77	23.2
940265	887724	2.33	4.79	120.8
2048616	2234538	6.72	6.40	3.2
1881247	1634721	6.86	7.02	11.1
1412562	1389689	6.01	5.91	7.7
25421856	26743920	94.63	93.09	2.9
4569606	4053285	19.58	18.17	9.1
54269	51339	0.25	0.26	4.5
5331	6198	0.03		
12354147	13532909	46.69	42.50	-1.4
3531601	3619331	12.87	11.91	8.7
4906902	5469619	15.12	20.24	3.8
	11240	0.10		
1668544	899706	2.10	4.11	21.0
1078291	667246	3.27	2.80	4.0
5413905	5127929	21.90	32.74	3.9
134290	196037	0.78	0.11	-19.6
3717805	3905734	13.60	12.60	7.7
18902691	19081172	63.72	54.54	2.5
9338991	10313811	32.73	32.42	1.4
18829700	17997061	67.27	67.58	7.3

7-3 续表

单位:万元

指　　标	Item	2015
按企业规模分	**By Size of Enterprises**	
大型企业	Large Enterprises	9099151
中型企业	Medium - sized Enterprises	5944375
小型企业	Small Enterprises	10240087
微型企业	Micro - sized Enterprises	502304
按企业主营收入分	**By Revenue from Principal Business**	
年收入在40亿元以上	Annual Income Above 4 billion yuan	7542866
年收入在20—40亿元	Annual Income Between 2 billion and 4 billion yuan	2711469
年收入在10—20亿元	Annual Income Between 1 billion and 2 billion yuan	3147086
年收入在1—10亿元	Annual Income Between 0.1 billion and 1 billion yuan	4222348
年收入在5000万—1亿元	Annual Income Between 50 million and 0.1 billion yuan	6572925
年收入在5000万元以下	Annual Income Below 50 million yuan	1339631
规模以下工业	**Industrial Enterprises below Designated Size**	**67651**

(continued)

(10 000 yuan)

2016	2017	2018 年分项比重 (%) Component Proportion (%)	2019 年分项比重 (%) Component Proportion (%)	2019 年比 2018 年增长 (%) Growth Rate in 2019 over 2018 (%)
9821444	10094188	47.47	43.30	2.7
6612032	6613534	23.66	24.44	15.0
11475988	10908906	27.11	30.31	3.4
259226	694244	1.76	1.95	4.4
6926126	6040648	30.60	31.49	6.2
4168138	2917390	11.11	15.38	23.5
3732570	3210292	14.54	9.55	5.7
4311440	4191722	32.52	32.94	4.4
6966399	8120526	5.58	4.98	-3.0
1701709	2717689	5.66	5.66	-33.3

7-4 规模以上工业分行业总产值
Gross Output Value of Industrial Enterprises above Designated Size by Sector

指　标	Item	2019年占比(%) Proportion of 2018 (%)	2019年比2018年增长(%) Growth Rate in 2019 over 2018(%)
总　计	**Total**	**100.00**	**6.3**
按工业行业分	**By Sector**		
采矿业	**Mining**	**2.72**	**-24.7**
煤炭开采和洗选业	Mining and Washing of Coal	0.32	-42.8
有色金属矿采选业	Non-ferrous Metals Mining and Dressing	0.16	31.6
非金属矿采选业	Mining and Processing of Non-mental Ores	2.24	-23.6
制造业	**Manufacturing**	**89.32**	**7.2**
农副食品加工业	Farm and Sideline Products Processing	0.96	14.7
食品制造业	Food Manufacturing	3.71	7.7
酒、饮料和精制茶制造业	Manufacture of Liquor, Beverages and Refined Tea	2.31	-10.5
烟草制品业	Manufacture of Tobacco	27.43	9.8
纺织业	Manufacture of Textile		
纺织服装、服饰业	Manufacture of Textiles and Garments	0.11	1.9
皮革、毛皮、羽毛及其制品和制鞋业	Manufacture of Leather, Fur, Feather and Related Products and Footwear	0.29	29.6
木材加工及木、竹、藤、棕、草制品业	Wood Processing and Manufacture of Wood, Bamboo, Rattan, Palm, and Straw Products	0.01	
家具制造业	Manufacture of Furniture	0.36	17.4
造纸和纸制品业	Manufacture of Paper and Paper Products	0.27	7.5
印刷业和记录媒介复制业	Printing and Reproduction of Recording Media	1.14	-9.0
文教、工美、体育和娱乐用品制造业	Manufacture of Articles for Culture, Education, Industrial Arts, Sports and Recreation	0.04	-65.5
石油加工、炼焦和核燃料加工业	Petroleum Processing, Coking and Nuclear Fuel Processing	2.10	26.2
化学原料和化学制品制造业	Manufacture of Raw Chemical Materials and Chemical Products	5.93	-22.9
医药制造业	Manufacture of Medicines	11.04	1.4
橡胶和塑料制品业	Manufacture of Rubber and Plastics	3.79	7.5
非金属矿物制品业	Manufacture of Non-metallic Mineral Products	6.85	-0.8
黑色金属冶炼和压延加工业	Smelting and Calendering of Ferrous Metals	1.30	38.2
有色金属冶炼和压延加工业	Smelting and Calendering of Non-ferrous Metals	4.39	8.8
金属制品业	Manufacture of Metal Products	1.12	-4.0
通用设备制造业	Manufacture of General Purpose Machinery	1.23	33.9
专用设备制造业	Manufacture of Special Purpose Machinery	1.29	29.1
汽车制造业	Manufacture of Automobiles	3.75	103.6
铁路、船舶、航空航天和其他运输设备制造业	Manufacture of Railway, Watercraft, Aviation, Aerospace and ther Transport Equipment	4.54	12.1
电气机械和器材制造业	Manufacture of Electrical Machinery and Equipment	1.27	-22.9
计算机、通信和其他电子设备制造业	Manufacture of Computers, Communication Equipment and Other Electronic Equipment	3.14	69.9
仪器、仪表制造业	Manufacture of Measuring Instruments	0.38	-4.6
其他制造业	Others	0.12	-46.4
废弃资源综合利用业	Comprehensive Utilization of Waste Resources	0.04	226.3
金属制品、机械和设备修理业	Manufacture of Metal Products, Machinery and Equipment Repairment	0.41	0.6
电力、燃气及水的生产和供应业	**Production and Supply of Electric Power, Gas and Water**	**7.96**	**10.0**
电力、热力的生产和供应业	Production and Supply of Electric Power and Heating Power	5.87	9.9
燃气生产和供应业	Production and Supply of Gas	1.00	18.4
水的生产和供应业	Production and Supply of Water	1.08	3.5

注：增长速度按价格指数紧缩后的可比价格计算。
The growth rate is calculated at the comparable price after the decrease of price index.

7-5 规模以上工业主要经济指标变动情况
The Variation of Main Economic Indicators in Industrial Enterprises above Designated Size

单位:万元 (10 000 yuan)

指标	Item	总计 Total 2019	总计 Total 2019年比2018年增长(%) Growth Rate in 2019 over 2018(%)	#国有及国有控股 State-owned and State-holding Enterprises 2019	#国有及国有控股 State-owned and State-holding Enterprises 2019年比2018年增长(%) Growth Rate in 2019 over 2018(%)
企业单位数(个)	Number of Enterprises(unit)	758	-1.8	141	10.2
#亏损企业数(个)	Number of Unprofitable Enterprises(unit)	139	-9.7	23	-23.3
资产合计	Total Assets	35752416	3.4	23605545	5.1
流动资产合计	Total Current Assets	18758320	4.2	11913327	10.0
#应收账款净额	Net Receivables	3960491	9.8	1915774	8.3
存货	Inventory	5135153	8.8	3992613	11.2
#产成品	Finished Goods	1124514	-10.3	629987	-17.0
负债合计	Total Liabilities	22383112	0.3	15611210	2.5
主营业务收入	Revenue from Principal Business	23685770	9.6	15002108	13.2
主营业务成本	Cost of Principal Business	16054214	3.9	9388198	2.8
主营业务税金及附加	Tax and Extra Charges of Principal Business	2553641	105.9	2485808	113.6
销售费用	Selling Expenses	1173047	-1.3	342574	4.9
管理费用	Management Expenses	1115307	-3.9	708774	-3.4
财务费用	Financial Expenses	318844	-20.3	228050	-23.6
#利息支出	Interest Expenses	342394	-50.1	254337	-57.8
营业利润	Operating Profits	1959403	-3.8	1477734	1.9
投资收益	Investment Income	86013	126.4	52153	138.1
其他收益	Others	76684	9.9	51151	-11.2
利润总额	Total Profits	1983072	-3.8	1485656	0.0
亏损企业亏损总额	Total Losses	427010	187.4	269242	242.8
利税总额	Total Taxes and Profits	5604246	36.2	4732610	50.9
本年应交增值税	Value Added Tax Payable	1067534	33.3	761146	59.1
全部从业人员年平均人数(人)	Annual Average Employed Persons (person)	167006	-36.4	91509	-8.6

7－5 续表

单位:万元

指　　标	Item	#高技术工业 High－tech Industries	
		2019	2019 年比 2018 年增长(％) Growth Rate in 2019 over 2018(％)
企业单位数(个)	Number of Enterprises(unit)	125	－0.8
#亏损企业数(个)	Number of Unprofitable Enterprises(unit)	19	35.7
资产合计	Total Assets	5970549	－7.8
流动资产合计	Total Current Assets	4165768	6.5
#应收账款净额	Net Receivables	1266715	6.4
存　货	Inventory	727290	0.2
#产成品	Finished Goods	274657	14.8
负债合计	Total Liabilities	2649553	－4.1
主营业务收入	Revenue from Principal Business	3877352	4.3
主营业务成本	Cost of Principal Business	2436659	10.8
主营业务税金及附加	Tax and Extra Charges of Principal Business	27999	－17.7
销售费用	Selling Expenses	686222	－5.2
管理费用	Management Expenses	243218	－38.4
财务费用	Financial Expenses	25469	－46.6
#利息支出	Interest Expenses	32679	－88.8
营业利润	Operating Profits	340307	－12.4
投资收益	Investment Income	32268	130.6
其他收益	Others	16966	－9.5
利润总额	Total Profits	341843	－15.1
亏损企业亏损总额	Total Losses	78841	824.0
利税总额	Total Taxes and Profits	540530	－13.5
本年应交增值税	Value Added Tax Payable	170689	－9.0
全部从业人员年平均人数(人)	Annual Average Employed Persons (person)	47025	－2.6

(continued)

(10 000 yuan)

#非公有制工业 Non - public Industries		#大中型工业 Large and Medium - sized Industrial Enterprises		#装备制造业 Equipment Manufacturing Industry	
2019	2019 年比 2018 年增长(%) Growth Rate in 2019 over 2018(%)	2019	2019 年比 2018 年增长(%) Growth Rate in 2019 over 2018(%)	2019	2019 年比 2018 年增长(%) Growth Rate in 2019 over 2018(%)
606	-4.7	105	-14.6	224	14.9
115	-7.3	23	-11.5	47	持平
12051904	0.6	27144041	1.8	7404179	0.5
6789168	-4.5	13873674	3.6	4991944	4.5
2027700	11.5	2193024	3.8	1520639	26.3
1135384	1.0	4325225	7.8	1033246	8.3
490730	-0.4	720042	-22.7	385707	11.9
6735035	-4.0	17148576	-2.8	4074629	-5.6
8571410	4.6	16917866	4.7	4845143	37.8
6583968	5.8	10629653	-3.8	3981487	35.9
67183	-9.5	2408584	102.3	22472	13.7
817546	-3.5	763864	-3.7	134142	2.4
402573	-5.2	826649	-3.6	327098	-11.4
90390	-11.4	242367	-26.5	27936	-30.1
87609	5.0	274016	-55.8	34638	-87.7
470690	-11.9	1592872	-11.8	245365	130.2
34244	113.6	85231	129.0	6704	-35.7
25399	110.6	66283	3.7	26975	25.8
486671	-14.5	1603489	-11.3	254497	114.0
156947	124.1	344962	342.1	65667	83.5
853951	-7.0	4834468	31.8	368477	70.9
300097	9.9	822395	25.0	91508	20.5
74042	0.6	118619	-44.1	56129	2.7

7－6　规模以上工业综合经济效益指标（2019 年）

单位：万元

指　标	Item	总资产贡献率（%）Contribution Ratio of Total Assets（%）
总　计	**Total**	**16.48**
#国有控股企业	State Holding Enterprises	20.93
#非公有制工业	Non－public Industries	7.73
#高技术	High－tech	9.47
按登记注册类型分	**By Status of Registration**	
内资企业	Domestic－funded Enterprises	16.47
国有企业	State－owned Enterprises	74.93
集体企业	Collective－owned Enterprises	21.84
股份合作企业	Joint－equity Cooperative Enterprises	19.60
联营企业	Joint Ownership Enterprises	
有限责任公司	Limited Liability Companies	4.27
股份有限公司	Companies Limited by Shares	6.51
私营企业	Private Enterprises	9.56
其他企业	Others	
港、澳、台商投资企业	Enterprises with Funds from Hong Kong，Macao and Taiwan	26.26
外商投资企业	Enterprises with Foreign Investment	10.84
按轻重工业分	**By Light & Heavy Industries**	
轻工业	Light Industry	38.00
重工业	Heavy Industry	8.71
按企业规模分	**By Size of Enterprises**	
大型企业	Large Enterprises	24.21
中型企业	Medium－sized Enterprises	6.66
小型企业	Small Enterprises	9.52
微型企业	Micro－sized Enterprises	11.85
按企业主营业务收入分	**By Revenue from Principal Business**	
年收入在 40 亿元以上	Annual Income Above 4 billion yuan	36.81
年收入在 20—40 亿元	Annual Income Between 2 billion and 4 billion yuan	8.00
年收入在 10—20 亿元	Annual Income Between 1 billion and 2 billion yuan	6.18
年收入在 1—10 亿元	Annual Income Between 0.1billion and 1 billion yuan	7.43
年收入在 5000 万—1 亿元	Annual Income Between 50 million and 0.1 billion yuan	3.55
年收入在 5000 万元以下	Annual Income Below 50 million yuan	3.91

Overall Indicators on Economic Benefits of Industrial Enterprises above Designated Size(2019)

(10 000 yuan)

资产负债率(%) Ratio of Liabilities to Assets (%)	流动资产周转率(次/年) Turnover Rate of Current Assets(times/year)	成本费用利润率(%) Ratio of Profits to Total Industrial Costs(%)	全员劳动生产率(元/人·年) Labor Productivity (yuan/ person /year)	资本保值增值率(%) Capital Maintenance and Appreciation Rate(%)	产品销售率(%) Sales Rate of Industrial Products (%)	工业综合经济效益指数(%) Composite Index of Industrial Economic Benefits(%)
62.61	**1.26**	**10.46**	**411553**	**107.87**	**94.79**	**411.43**
66.13	1.26	13.74	495603	107.87	95.68	483.89
55.88	1.26	6.05	335097	107.99	93.71	330.66
44.38	0.93	9.73	271023	110.15	90.67	304.08
63.57	1.25	10.58	422264	107.71	94.58	418.34
53.98	1.80	63.75	3314738	96.46	98.16	2479.64
68.50	5.67	4.77	194579	102.47	98.48	310.97
8.48	1.34	13.71	21	100.00		
70.02	1.03	3.11	270552	111.45	94.73	276.41
50.54	0.96	6.48	278279	102.49	87.91	288.01
59.71	1.61	4.94	347625	107.32	94.73	341.51
49.78	2.89	3.33	620428	110.28	99.38	544.74
43.04	0.92	18.04	490230	108.95	94.20	470.36
40.20	1.38	10.41	681011	100.27	94.89	607.69
70.69	1.20	10.48	295502	112.83	94.74	330.15
61.85	1.25	16.95	471335	107.73	95.54	486.38
66.03	1.15	5.72	294059	112.52	93.78	305.76
60.76	1.37	5.56	317580	103.65	92.32	321.25
61.32	1.67	12.52	811436	106.57	99.00	656.61
70.19	1.80	18.92	1025198	101.37	95.28	856.92
56.48	1.15	7.57	372939	121.65	90.31	365.24
56.13	1.38	4.99	319602	111.76	94.42	317.59
58.42	1.02	8.02	303463	110.01	92.60	317.36
65.28	0.71	2.86	190503	112.00	97.88	222.20
62.43	1.01	2.48	165987	84.31	94.45	194.66

7-6 续表1

单位:万元

指　　标	Item	总资产贡献率(%) Contribution Ratio of Total Assets(%)
按支柱、特色行业分	**By Pillar and Characteristic Industries**	
贵阳市重点产业(行业)	**Pillar Industries**	**13.72**
磷煤化工	Phosphorus and Coal Chemical Industry	-1.83
铝及铝化工	Aluminum and Its Chemical Industry	7.97
特色食品	Characteristic Food	9.56
烟草制品	Tobacco Products	70.53
医药制造业	Pharmaceutical Industry	11.86
装备制造业	Equipment Manufacturing Industry	3.39
#汽车制造业	Manufacture of Automobile	3.66
#电子信息设备制造业	Manufacture of Electronic Information Equipment	4.96
电力生产及供应业	Electricity Production and Supply Industry	53.77
橡胶及塑料制品业	Rubber and Plastic Products Industry	4.24
按工业行业分	**By Sector**	
采矿业	**Mining**	0.71
煤炭开采和洗选业	Mining and Washing of Coal	-2.14
有色金属矿采选业	Non-ferrous Metals Mining and Dressing	5.21
非金属矿采选业	Ming and Processing of Non-mental Ores	7.55
制造业	**Manufacturing**	8.94
农副食品加工业	Farm and Sideline Products Processing	6.92
食品制造业	Food Manufacturing	9.85
酒、饮料和精制茶制造业	Manufacture of Liquor, Beverages and Refined Tea	10.89
烟草制品业	Manufacture of Tobacco	70.53
纺织业	Manufacture of Textile	
纺织服装、服饰业	Manufacture of Textiles and Garments	4.06
皮革、毛皮、羽毛及其制品和制鞋业	Manufacture of Leather, Fur, Feather and Related Products and Footwear	5.58
木材加工及木、竹、藤、棕、草制品业	Wood Processing and Manufacture of Wood, Bamboo, Rattan, Palm, and Straw Products	98.01

(continued)

(10 000 yuan)

资产负债率(%) Ratio of Liabilities to Assets (%)	流动资产周转率(次/年) Turnover Rate of Current Assets(times/year)	成本费用利润率(%) Ratio of Profits to Total Industrial Costs(%)	全员劳动生产率(元/人·年) Labor Productivity (yuan/ person /year)	资本保值增值率(%) Capital Maintenance and Appreciation Rate(%)	产品销售率(%) Sales Rate of Industrial Products (%)	工业综合经济效益指数(%) Composite Index of Industrial Economic Benefits(%)
62.26	**1.31**	**11.34**	**457791**	**106.66**	**94.45**	**398.25**
81.83	1.11	-6.34	268024	102.24	93.69	188.77
63.24	2.83	6.32	626702	149.15	99.34	492.55
51.95	1.67	6.11	320754	114.74	97.44	290.69
32.26	1.37	13.19	3911033	97.32	100.00	2598.45
36.27	0.89	13.64	450893	100.35	85.85	387.94
53.82	0.98	3.60	215121	111.01	94.60	198.31
61.61	1.50	3.02	248217	113.74	89.32	223.06
58.96	0.79	4.73	109560	104.99	96.38	140.13
99.27	7.64	215.60	1026759	31.55	99.98	1649.35
63.70	1.31	3.59	247478	97.55	80.10	220.95
82.77	0.43	-6.20	505726	126.48	98.92	335.50
96.60	0.22	-23.12	92167	201.34	99.89	26.47
49.04	1.67	0.76	338744	491.60	100.97	323.36
45.78	0.59	6.19	1543443	96.14	97.43	1013.85
60.01	1.18	3.99	396729	107.66	94.36	323.01
44.62	2.65	2.37	132469	113.82	94.68	165.24
61.51	1.20	7.58	423568	95.91	99.62	354.17
41.29	1.76	10.02	401793	145.81	97.52	359.96
32.26	1.37	13.19	3911033	97.32	100.00	2598.45
52.43	4.41	1.13	878529	109.53	98.29	626.22
31.03	0.57	5.71	192241	109.01	92.82	187.46
59.03	49.79	3.38	102984		98.22	774.86

7-6 续表2

单位:万元

指　　标	Item	总资产贡献率(%) Contribution Ratio of Total Assets(%)
家具制造业	Manufacture of Furniture	5.29
造纸和纸制品业	Manufacture of Paper and Paper Products	3.44
印刷业和记录媒介复制业	Printing and Reproduction of Recording Media	11.13
文教、工美、体育和娱乐用品制造业	Manufacture of Articles for Culture, Education, Industrial Arts, Sports and Recreation	0.14
石油加工、炼焦和核燃料加工业	Petroleum Processing, Coking and Nuclear Fuel Processing	-2.55
化学原料和化学制品制造业	Manufacture of Raw Chemical Materials and Chemical Products	-0.59
医药制造业	Manufacture of Medicines	11.86
橡胶和塑料制品业	Manufacture of Rubber and Plastics	4.24
非金属矿物制品业	Manufacture of Non - metallic Mineral Products	3.60
黑色金属冶炼和压延加工业	Smelting and Calendering of Ferrous Metals	1.58
有色金属冶炼和压延加工业	Smelting and Calendering of Non - ferrous Metals	8.61
金属制品业	Manufacture of Metal Products	2.47
通用设备制造业	Manufacture of General Purpose Machinery	2.34
专用设备制造业	Manufacture of Special Purpose Machinery	3.17
汽车制造业	Manufacture of Automobiles	3.66
铁路、船舶、航空航天和其他运输设备制造业	Manufacture of Railway, Watercraft, Aviation, Aerospace and Other Transport Equipment	3.40
电气机械和器材制造业	Manufacture of Electrical Machinery and Equipment	1.24
计算机、通信和其他电子设备制造业	Manufacture of Computers, Communication Equipment and Other Electronic Equipment	8.10
仪器、仪表制造业	Manufacture of Measuring Instruments	6.53
其他制造业	Others	1.85
废弃资源综合利用业	Comprehensive Utilization of Waste Resources	14.26
金属制品、机械和设备修理业	Metal Products, Machinery and Equipment Repair Industry	-2.36
电力、燃气及水的生产和供应业	**Production and Supply of Electric Power, Gas and Water**	**25.50**
电力、热力的生产和供应业	Production and Supply of Electric Power and Heating Power	53.77
燃气生产和供应业	Production and Supply of Gas	2.24
水的生产和供应业	Production and Supply of Water	2.48

(continued)

(10 000 yuan)

资产负债率(%) Ratio of Liabilities to Assets (%)	流动资产周转率(次/年) Turnover Rate of Current Assets(times/year)	成本费用利润率(%) Ratio of Profits to Total Industrial Costs(%)	全员劳动生产率(元/人·年) Labor Productivity (yuan/ person /year)	资本保值增值率(%) Capital Maintenance and Appreciation Rate(%)	产品销售率(%) Sales Rate of Industrial Products (%)	工业综合经济效益指数(%) Composite Index of Industrial Economic Benefits(%)
39.67	2.37	5.41	388484	89.75	97.72	322.28
69.71	2.32	1.15	189218	100.32	97.30	188.88
37.63	0.97	17.19	313466	105.58	96.00	319.79
70.90	3.85	-0.18	190669	50.80	97.28	187.26
70.88	4.99	-0.82	2261926	92.71	99.58	1452.29
77.74	1.12	-3.56	206931	113.06	93.84	165.25
36.27	0.89	13.64	450893	100.35	85.85	387.94
63.70	1.31	3.59	247478	97.55	80.10	220.95
95.46	1.51	1.12	379791	65.97	98.88	297.37
66.38	0.65	1.86	227126	107.07	100.03	195.14
60.79	2.91	7.60	896868	144.52	99.82	662.00
62.25	1.00	1.36	166404	88.28	98.13	157.98
53.70	0.64	2.60	191720	84.11	93.71	171.33
64.93	0.87	3.20	214990	127.85	94.00	199.68
61.61	1.50	3.02	248217	113.74	89.32	223.06
44.24	0.90	6.38	173802	123.04	96.18	182.90
56.65	0.71	0.31	185771	94.45	95.71	159.95
49.53	1.10	7.74	161539	114.94	91.35	190.70
57.81	1.01	5.75	194305	107.47	94.20	200.32
64.50	1.38	1.50	76815	113.40	100.00	110.90
45.84	1.28	18.29	222922	107.21	94.57	279.66
87.98	0.20	-38.09	10375615	30.76	100.00	6177.36
77.95	**1.69**	**118.67**	**638927**	**108.06**	**98.86**	**942.77**
99.27	7.64	215.60	1029125	31.55	99.98	1650.79
63.40	1.34	3.05	394712	105.17	100.00	308.34
58.99	0.21	25.29	256930	115.06	85.67	296.62

7－6 续表3

单位:万元

指 标	Item
总 计	**Total**
#国有控股企业	State Holding Enterprises
#非公有制工业	Non－public Industries
#高技术	High－tech
按登记注册类型分	**By Status of Registration**
内资企业	Domestic－funded Enterprises
国有企业	State－owned Enterprises
集体企业	Collective－owned Enterprises
股份合作企业	Joint－equity Cooperative Enterprises
联营企业	Joint Ownership Enterprises
有限责任公司	Limited Liability Companies
股份有限公司	Companies Limited by Shares
私营企业	Private Enterprises
其他企业	Others
港、澳、台商投资企业	Enterprises with Funds from Hong Kong,Macao and Taiwan
外商投资企业	Enterprises with Foreign Investment
按轻重工业分	**By Light & Heavy Industries**
轻工业	Light Industry
重工业	Heavy Industry
按企业规模分	**By Size of Enterprises**
大型企业	Large Enterprises
中型企业	Medium－sized Enterprises
小型企业	Small Enterprises
微型企业	Micro－sized Enterprises
按企业主营业务收入分	**By Revenue from Principal Business**
年收入在40亿元以上	Annual Income Above 4 billion yuan
年收入在20—40亿元	Annual Income Between 2 billion and 4 billion yuan
年收入在10—20亿元	Annual Income Between 1 billion and 2 billion yuan
年收入在1—10亿元	Annual Income Between 0.1billion and 1 billion yuan
年收入在5000万—1亿元	Annual Income Between 50 million and 0.1 billion yuan
年收入在5000万元以下	Annual Income Below 50 million yuan

(continued)

(10 000 yuan)

总资产利润率(%) Ratio of Profits to Total Assets(%)	营业收入利税率(%) Profit - tax of Sales Revenue(%)	每百元资产实现的营业收入(元) Prime Operating Revenue of per 100 yuan Assets(yuan)	产成品存货周转天数(天) Turnover Days of Finished Goods Inventory(day)	应收账款平均回收期(天) Average Payback Period of Receivables(day)
5.55	**23.66**	**66.25**	**25.22**	**60.20**
6.29	31.55	63.55	24.16	45.97
4.04	9.96	71.12	26.83	85.16
5.73	13.94	64.94	40.58	117.61
5.52	23.85	65.55	26.02	60.81
22.82	69.72	107.57	16.11	24.61
18.91	4.92	418.10	6.16	13.20
12.51	18.16	105.61		124.88
1.51	6.35	49.77	25.36	69.47
3.00	11.18	49.54	33.75	92.11
4.96	8.50	106.46	28.82	74.11
1.00	2.00			
3.70	20.40	126.57	15.21	33.04
7.54	21.72	49.25	13.26	79.44
5.98	41.57	91.06	30.18	40.95
5.39	13.39	57.30	23.54	71.23
7.16	36.96	63.55	26.35	38.36
3.23	9.44	59.70	21.30	65.63
4.08	11.10	79.00	25.45	96.75
8.22	14.72	74.24	43.67	60.68
9.56	42.83	83.62	22.11	21.14
4.98	10.70	70.47	16.83	50.42
2.95	8.94	61.81	7.51	47.28
4.23	11.55	57.04	31.26	101.92
1.08	7.34	39.39	27.88	146.84
1.35	5.75	66.25	25.22	60.20

7-6 续表4

单位:万元

指　　标	Item
贵阳市重点产业(行业)	**Pillar Industries**
磷煤化工	Phosphorus and Coal Chemical Industry
铝及铝化工	Aluminum and Its Chemical Industry
特色食品	Characteristic Food
烟草制品	Tobacco Products
医药制造业	Modern Medicine
装备制造业	Manufacture of Equipments
#汽车制造业	Manufacture of Automobile
#电子信息设备制造业	Manufacture of Electronic Information Equipment
电力生产及供应业	Electricity Production and Supply Industry
橡胶及塑料制品业	Rubber and Plastic Products Industry
贵阳市产业园区	**Industrial Parks of Guiyang City**
南明临空经济区产业园	Nanming Airport Economic Zone
云岩产业园	Yunyan Industrial Park
花溪产业园	Huaxi Industrial Park
小河—孟关装备制造业生态工业园	Xiaohe - Mengguan Equipment Manufacturing Industry Eco - Industrial Park
乌当医药食品新型产业园	Wudang Food and Drug New Industrial Park
白云铝及铝加工工业基地	Baiyun Aluminum and Aluminum Processing Industrial Base
麦架—沙文高新技术产业园	Maijia - Shawen High - tech Industrial Park
贵阳综合保税区	Guiyang Comprehensive Bonded Area
观山湖电子商务和现代制造业产业园	Guanshanhu Electronic Commerce and Modern Manufacturing Industrial Park
开阳磷煤化工生态工业示范基地	Kaiyang Phosphorus and Coal Chemical Ecological Industries Demonstration Base
息烽磷煤化工生态工业基地	Xifeng Phosphorus and Coal Chemical Ecological Industries Base
修文产业园	Xiuwen Industrial Park
清镇经开区	Qingzhen Economic Development Zone

(continued)

(10 000 yuan)

总资产利润率(%) Ratio of Profits to Total Assets(%)	营业收入利税率(%) Profit - tax of Sales Revenue(%)	每百元资产实现的营业收入(元) Prime Operating Revenue of per 100 yuan Assets(yuan)	产成品存货周转天数(天) Turnover Days of Finished Goods Inventory(day)	应收账款平均回收期(天) Average Payback Period of Receivables(day)
6.08	**20.98**	**64.77**	**29.82**	**71.93**
-2.77	-4.52	40.62	35.43	46.23
6.29	7.49	105.38	15.55	11.10
5.78	8.86	101.05	18.56	33.00
5.19	69.85	98.20	23.05	15.53
6.71	20.37	56.99	64.89	135.67
2.02	4.92	58.92	34.31	129.95
1.97	4.48	67.45	20.81	113.42
3.96	7.00	89.23	31.05	123.89
47.39	76.60	69.56	1.05	51.09
2.35	5.75	69.44	34.54	112.64
2.17	**14.36**	**60.63**	**27.19**	**79.15**
7.85	13.42	97.24	21.72	11.53
1.14	18.23	32.33	91.77	128.70
4.76	9.08	82.72	48.51	76.99
4.51	39.25	82.73	30.51	93.78
7.23	18.15	61.66	43.14	126.78
6.27	7.80	116.54	14.45	74.31
1.30	4.70	42.02	38.55	156.63
4.36	5.06	86.73	5.55	301.77
0.47	0.88	75.63	10.38	49.57
-2.55	-3.85	40.89	34.27	46.66
0.64	4.14	44.01	48.07	51.13
1.62	5.28	52.13	19.73	78.54
3.99	11.78	61.09	14.79	46.08

7 -6 续表5

单位:万元

指　　标	Item
按工业行业分	**By Sector**
采矿业	**Mining**
煤炭开采和洗选业	Mining and Washing of Coal
有色金属矿采选业	Non - ferrous Metals Mining and Dressing
非金属矿采选业	Mining and Processing of Non - mental Ores
制造业	**Manufacturing**
农副食品加工业	Farm and Sideline Products Processing
食品制造业	Food Manufacturing
酒、饮料和精制茶制造业	Manufacture of Liquor, Beverages and Refined Tea
烟草制品业	Manufacture of Tobacco
纺织业	Manufacture of Textile
纺织服装、服饰业	Manufacture of Textiles and Garments
皮革、毛皮、羽毛及其制品和制鞋业	Manufacture of Leather, Fur, Feather and Related Products and Footwear
材加工及木、竹、藤、棕、草制品业	Wood Processing and Manufacture of Wood, Bamboo, Rattan, Palm and Straw Products
家具制造业	Manufacture of Furniture
造纸和纸制品业	Manufacture of Paper and Paper Products
印刷业和记录媒介复制业	Printing and Reproduction of Recording Media
文教、工美、体育和娱乐用品制造业	Manufacture of Articles for Culture, Education, Industrial Arts, Sports and Rcreation
石油加工、炼焦和核燃料加工业	Petroleum Processing, Coking and Nuclear Fuel Processing
化学原料和化学制品制造业	Manufacture of Raw Chemical Materials and Chemical Products
医药制造业	Manufacture of Medicines
橡胶和塑料制品业	Manufacture of Rubber and Plastics
非金属矿物制品业	Manufacture of Non - metallic Mineral Products
黑色金属冶炼和压延加工业	Smelting and Calendering of Ferrous Metals
有色金属冶炼和压延加工业	Smelting and Calendering of Non - ferrous Metals
金属制品业	Manufacture of Metal Products
通用设备制造业	Manufacture of General Purpose Machinery
专用设备制造业	Manufacture of Special Purpose Machinery
汽车制造业	Manufacture of Automobiles
铁路、船舶、航空航天和其他运输设备制造业	Manufacture of Railway, Watercraft, Aviation, Aerospace and Other Transport Equipment
电气机械和器材制造业	Manufacture of Electrical Machinery and Equipment
计算机、通信和其他电子设备制造业	Manufacture of Computers, Communication Equipment and Other Electronic Equipment
仪器、仪表制造业	Manufacture of Measuring Instruments
其他制造业	Others
废弃资源综合利用业	Comprehensive Utilization of Waste Resources
金属制品、机械和设备修理业	Metal Products, Machinery and Equipment Repair Industry
电力、燃气及水的生产和供应业	**Production and Supply of Electric Power, Gas and Water**
电力、热力的生产和供应业	Production and Supply of Electric Power and Heating Power
燃气生产和供应业	Production and Supply of Gas
水的生产和供应业	Production and Supply of Water

(continued)

(10 000 yuan)

总资产利润率(%) Ratio of Profits to Total Assets(%)	营业收入利税率(%) Profit - tax of Sales Revenue(%)	每百元资产实现的营业收入(元) Prime Operating Revenue of per 100 yuan Assets(yuan)	产成品存货周转天数(天) Turnover Days of Finished Goods Inventory(day)	应收账款平均回收期(天) Average Payback Period of Receivables(day)
-1.15	**3.32**	**18.39**	**33.17**	**128.47**
-2.28	-23.61	7.61	22.83	18.50
0.41	7.52	56.44	58.39	64.92
2.27	18.04	43.29	26.51	223.82
2.31	**13.30**	**64.64**	**28.26**	**82.70**
4.35	3.23	188.09	18.07	22.00
5.58	11.45	79.81	13.14	8.54
7.04	13.44	78.41	29.37	90.55
5.19	69.85	98.20	23.05	15.53
3.38	1.37	303.90	21.05	28.25
2.36	9.92	44.65	87.57	32.60
41.97	3.82	1284.15	7.93	6.73
4.85	5.90	97.02	20.31	17.55
2.03	2.20	178.25	8.13	38.94
7.48	19.26	51.33	50.65	84.23
-0.42	0.00	232.10	10.81	19.96
-3.22	-0.59	389.00	16.05	8.03
-1.52	-1.46	40.52	33.78	63.25
6.71	20.37	56.99	64.89	135.67
2.35	5.75	69.44	34.54	112.64
1.00	3.92	90.95	19.68	115.62
0.79	3.52	42.84	8.47	24.24
7.18	8.53	100.96	11.82	7.75
0.83	3.95	62.70	69.88	139.45
1.13	2.13	44.87	50.26	115.04
1.78	4.47	57.98	35.33	147.73
1.97	4.48	67.45	20.81	113.42
2.34	6.07	39.27	35.64	164.00
0.24	2.09	80.20	49.23	87.05
5.48	9.06	78.09	28.16	195.08
3.53	9.33	67.00	48.61	203.05
1.26	1.80	85.75	0.02	140.19
14.55	15.14	96.37	83.22	29.00
-3.61	-36.84	6.68	2.08	1119.29
22.38	**61.89**	**40.88**	**1.55**	**54.95**
47.39	76.60	69.56	1.05	51.09
1.15	3.89	37.87	2.33	53.17
1.86	28.18	8.46	1.73	95.63

7－7　规模以上工业企业主要经济指标(2019 年)

单位:万元

指　　标	Item
总　　计	**Total**
#国有控股企业	State Holding Enterprises
#非公有制工业	Non－public Industries
#高技术	Unprofitable Enterprises
按登记注册类型分	**By Status of Registration**
内资企业	Domestic－funded Enterprises
国有企业	State－owned Enterprises
集体企业	Collective－owned Enterprises
股份合作企业	Joint－equity Cooperative Enterprises
联营企业	Joint Ownership Enterprises
有限责任公司	Limited Liability Companies
股份有限公司	Companies Limited by Shares
私营企业	Private Enterprises
其他企业	Others
港、澳、台商投资企业	Enterprises with Funds from Hong Kong,Macao and Taiwan
外商投资企业	Foreign－funded Enterprises
按轻重工业分	**By Light & Heavy Industries**
轻工业	Light Industry
重工业	Heavy Industry
按企业规模分	**By Size of Enterprises**
大型企业	Large Enterprises
中型企业	Medium－sized Enterprises
小型企业	Small Enterprises
微型企业	Micro－sized Enterprises
按企业主营业务收入分	**By Revenue from Principal Business**
年收入在 40 亿元以上	Annual Income Above 4 billion yuan
年收入在 20—40 亿元	Annual Income Between 2 billion and 4 billion yuan
年收入在 10—20 亿元	Annual Income Between 1 billion and 2 billion yuan
年收入在 1—10 亿元	Annual Income Between 0. 1billion and 1 billion yuan
年收入在 5000 万—1 亿元	Annual Income Between 50 million and 0. 1 billion yuan
年收入在 5000 万元以下	Annual Income Below 50 million yuan

Main Economic Indicators of Industrial Enterprises above Designated Size(2019)

(10 000 yuan)

企业数（个）Number of Enterprises(unit)	#亏损企业 Unprofitable Enterprises	全部从业人员年平均人数(人) Annual Average Employed Persons (person)	资产总计 Total Assets	流动资产合计 Total Current Assets	负债合计 Total Liabilities
758	**139**	**167006**	**35752416**	**18758320**	**22383112**
141	23	91509	23605545	11913327	15611210
606	115	74042	12051904	6789168	6735035
125	19	47025	5970549	4165768	2649553
722	131	159472	33831721	17801863	21507356
17		20204	5398445	3221996	2914042
4	1	684	14629	10780	10021
1		39	3087	2441	262
287	54	74860	19872464	9585932	13913866
36	7	27164	4710115	2442088	2380471
377	69	36521	3832981	2538626	2288694
16	6	3864	728293	319060	362562
20	2	3670	1192402	637397	513194
269	43	55259	9477498	6255540	3810155
489	96	111747	26274918	12502780	18572957
26	1	73182	18510014	9391901	11447819
79	22	45437	8634028	4481773	5700757
568	106	47295	7916890	4577288	4810486
85	10	1092	691485	307359	424050
7	2	31221	11655508	5414965	8181399
11	1	21353	4086311	2506001	2307890
15	3	14658	3168380	1424012	1778330
237	35	65357	12245821	6849240	7154161
153	22	16748	2825281	1575756	1844245
335	76	17669	1771115	988347	1117086

7－7 续表1

单位：万元

指　　标	Item
按支柱、特色行业分	**By Pillar and Characteristic Industries**
贵阳市重点产业（行业）	**Pillar Industries**
磷煤化工	Phosphorus and Coal Chemical Industry
铝及铝化工	Aluminum and Its Chemical Industry
特色食品	Characteristic Food
烟草制品	Tobacco Products
医药制造业	Pharmaceutical Industry
装备制造业	Equipment Manufacturing Industry
#汽车制造业	Manufacture of Automobile
#电子信息设备制造业	Manufacture of Electronic Information Equipment
电力生产及供应业	Electricity Production and Supply Industry
橡胶及塑料制品业	Rubber and Plastic Products Industry
贵阳市产业园区	**Industrial Parks of Guiyang City**
南明临空经济区产业园	Nanming Airport Economic Zone
云岩产业园	Yunyan Industrial Park
花溪产业园	Huaxi Industrial Park
小河—孟关装备制造业生态工业园	Xiaohe－Mengguan Equipment Manufacturing Industry Eco－Industrial Park
乌当医药食品新型产业园	Wudang Food and Drug New Industrial Park
白云铝及铝加工工业基地	Baiyun Aluminum and Aluminum Processing Industrial Base
麦架—沙文高新技术产业园	Maijia－Shawen High－tech Industrial Park
贵阳综合保税区	Guiyang Comprehensive Bonded Area
观山湖电子商务和现代制造业产业园	Guanshanhu Electronic Commerce and Modern Manufacturing Industrial Park
开阳磷煤化工生态工业示范基地	Kaiyang Phosphorus and Coal Chemical Ecological Industries Demonstration Base
息烽磷煤化工生态工业基地	Xifeng Phosphorus and Coal Chemical Ecological Industries Base
修文产业园	Xiuwen Industrial Park
清镇经开区	Qingzhen Economic Development Zone
按工业行业分	**By Sector**
采矿业	**Mining**
煤炭开采和洗选业	Mining and Washing of Coal
有色金属矿采选业	Non－ferrous Metals Mining and Dressing
非金属矿采选业	Mining and Processing of Non－mental Ores
制造业	**Manufacturing**
农副食品加工业	Farm and Sideline Products Processing

(continued)

(10 000 yuan)

企业数(个) Number of Enterprises(unit)	#亏损企业 Unprofitable Enterprises	全部从业人员年平均人数(人) Annual Average Employed Persons (person)	资产总计 Total Assets	流动资产合计 Total Current Assets	负债合计 Total Liabilities
479	**95**	**130957**	**26645629**	**13743031**	**16623088**
29	14	20523	7164282	2723563	5959488
37	11	4747	1453782	463785	856500
115	15	15068	1594109	964503	820191
3		8025	3812619	2743469	1364277
63	7	19658	2647151	1708152	970555
187	40	47717	6328717	4156254	3543762
32	11	12242	1638974	846970	967157
55	13	16606	2326071	1802234	1229577
15	1	6046	2226218	243481	2214708
31	7	9173	1418751	739826	893607
484	**100**	**123698**	**24749381**	**12880419**	**16460493**
9	1	4933	667896	511464	268477
1		3872	420065	170153	122270
39	10	3801	890728	536711	416225
77	13	27505	3871122	2847863	2020352
48	6	16453	1518120	1011277	672216
39	7	9312	1108779	628257	602714
50	18	7257	1143949	774846	725842
2		314	68256	64595	50477
15	6	3023	630764	219619	523217
31	7	16645	6299242	2208723	5091261
35	5	3249	754424	410714	708495
70	12	15386	3752601	2138920	2373419
68	15	11948	3623435	1357277	2885528
28	**6**	**3999**	**839708**	**446593**	**708576**
6	3	2469	610884	309785	590163
7	2	330	59981	26554	29880
15	1	1200	168843	110253	88532
696	**129**	**152603**	**30030504**	**17054828**	**17867504**
46	3	4709	298786	210005	128672

7－7 续表2

单位：万元

指　　标	Item
食品制造业	Food Manufacturing
酒、饮料和精制茶制造业	Manufacture of Liquor, Beverages and Refined Tea
烟草制品业	Manufacture of Tobacco
纺织业	Manufacture of Textile
纺织服装、服饰业	Manufacture of Textiles and Garments
皮革、毛皮、羽毛及其制品和制鞋业	Manufacture of Leather, Fur, Feather and Related Products and Footwear
木材加工及木、竹、藤、棕、草制品业	Wood Processing and Manufacture of Wood, Bamboo, Rattan, Palm, and Straw Products
家具制造业	Manufacture of Furniture
造纸和纸制品业	Manufacture of Paper and Paper Products
印刷业和记录媒介复制业	Printing and Reproduction of Recording Media
文教、工美、体育和娱乐用品制造业	Manufacture of Articles for Culture, Education, Industrial Arts, Sports and Recreation
石油加工、炼焦和核燃料加工业	Petroleum Processing, Coking and Nuclear Fuel Processing
化学原料和化学制品制造业	Manufacture of Raw Chemical Materials and Chemical Products
医药制造业	Manufacture of Medicines
橡胶和塑料制品业	Manufacture of Rubber and Plastics
非金属矿物制品业	Manufacture of Non－metallic Mineral Products
黑色金属冶炼和压延加工业	Smelting and Calendering of Ferrous Metals
有色金属冶炼和压延加工业	Smelting and Calendering of Non－ferrous Metals
金属制品业	Manufacture of Metal Products
通用设备制造业	Manufacture of General Purpose Machinery
专用设备制造业	Manufacture of Special Purpose Machinery
汽车制造业	Manufacture of Automobile
铁路、船舶、航空航天和其他运输设备制造业	Manufacture of Railway, Watercraft, Aviation, Aerospace and Other Transport Equipment
电气机械和器材制造业	Manufacture of Electrical Machinery and Equipment
计算机、通信和其他电子设备制造业	Manufacture of Computers, Communication Equipment and Other Electronic Equipment
仪器、仪表制造业	Manufacture of Measuring Instruments
其他制造业	Others
废弃资源综合利用业	Comprehensive Utilization of Waste Resources
金属制品、机械和设备修理业	Metal Products, Machinery and Equipment Repair Industry
电力、燃气及水的生产和供应业	**Production and Supply of Electric Power, Gas and Water**
电力、热力的生产和供应业	Production and Supply of Electric Power and Heating Power
燃气生产和供应业	Production and Supply of Gas
水的生产和供应业	Production and Supply of Water

(continued)

(10 000 yuan)

企业数(个) Number of Enterprises(unit)	#亏损企业 Unprofitable Enterprises	全部从业人员年平均人数(人) Annual Average Employed Persons (person)	资产总计 Total Assets	流动资产合计 Total Current Assets	负债合计 Total Liabilities
27	4	6351	802927	536561	489962
42	8	4008	492396	217937	201557
2		8025	3812619	2743469	1364277
1		35	1686	1651	622
1		929	125077	106466	38773
1		64	291	150	172
5	1	597	71734	20319	25332
7	2	885	48610	31874	33841
17	4	2323	296870	174574	101579
3		32	4207	2770	679
4	3	310	101279	78445	73832
46	8	19335	7134396	2620575	5507339
63	7	19658	2647151	1708152	970555
31	7	9173	1418751	739826	893607
154	29	12295	1830823	1060608	1703223
8	3	3547	1978675	1236141	1313455
12	3	3159	1349888	425242	812951
37	6	4523	503428	310344	320511
34	6	3410	479201	282627	247563
29	9	3755	739032	579859	465873
32	11	12242	1638974	846970	967157
18		14004	1546298	1062606	774829
39	8	4895	929369	635654	519700
25	7	11798	1452052	1193574	712908
10		1502	115827	80311	66089
1		1019	205914	144685	131912
1		20	4244	3436	536
34	**4**	**10404**	**4882204**	**1256900**	**3807032**
15	1	6046	2226218	243481	2214708
6	1	1639	798503	226067	483955
13	2	2719	1857483	787352	1108370

7－7 续表3

单位：万元

指 标	Item
总 计	**Total**
#亏损企业	Unprofitable Enterprises
#国有控股企业	State Holding Enterprises
#非公有制工业	Non－public Industries
#高技术	High－tech
按登记注册类型分	**By Status of Registration**
内资企业	Domestic－funded Enterprises
国有企业	State－owned Enterprises
集体企业	Cllective－owned Enterprises
股份合作企业	Joint－equity Cooperative Enterprises
联营企业	Joint Owership Enterprises
有限责任公司	Limited Liability Companies
股份有限公司	Companies Limited by Shares
私营企业	Private Enterprises
其他企业	Others
港、澳、台商投资企业	Enterprises with Funds from Hong Kong, Macao and Taiwan
外商投资企业	Foreign－funded Enterprises
按轻重工业分	**By Light & Heavy Industries**
轻工业	Light Industry
重工业	Heavy Industry
按企业规模分	**By Size of Enterprises**
大型企业	Large Enterprises
中型企业	Medium－sized Enterprises
小型企业	Small Enterprises
微型企业	Micro－sized Enterprises
按企业主营业务收入分	**By Revenue from Principal Business**
年收入在40亿元以上	Annual Income Above 4 billion yuan
年收入在20—40亿元	Annual Income Between 2 billion and 4 billion yuan
年收入在10—20亿元	Annual Income Between 1 billion and 2 billion yuan
年收入在1—10亿元	Annual Income Between 0.1billion and 1 billion yuan
年收入在5000万—1亿元	Annual Income Between 50 million and 0.1 billion yuan
年收入在5000万元以下	Annual Income Below 50 million yuan

(continued)

(10 000 yuan)

主营业务收入 Revenue from Principal Business	主营业务成本 Cost of Principal Business	主营业务税金及附加 Tax and Extra Charges of Principal Business	利润总额 Total Profits	亏损企业亏损总额 Total Losses	利税总额 Total Profits and Taxes
23685770	**16054214**	**2553641**	**1983072**	**427010**	**5604246**
4562858	4301118	131120	-427010	427010	-113532
15002108	9388198	2485808	1485656	269242	4732610
8571410	6583968	67183	486671	156947	853951
3877352	2436659	27999	341843	78841	540530
22176762	14925589	2449084	1866287	410442	5288667
5807174	1550396	2326219	1232008		4049009
61165	55899	59	2766	821	3009
3260	2421	19	386		592
9891047	8380876	74740	299555	320828	628233
2333512	1677794	20757	141268	39549	260897
4080605	3258204	27290	190304	49244	346926
921805	756483	99057	26919	16223	188017
587202	372141	5500	89865	345	127562
8630288	4063818	2361967	566488	93307	3587999
15055481	11990395	191673	1416584	333703	2016247
11763648	6503367	2375553	1324468	149925	4347708
5154218	4126286	33031	279021	195038	486759
6254521	5010225	141744	322759	81033	694192
513383	414335	3313	56825	1015	75587
9746335	5210181	2451421	1113744	153541	4174751
2879649	2333763	12973	203593	1916	308101
1958507	1559953	11895	93447	3292	175010
6985417	5255210	55489	517681	202202	807094
1112867	894764	12036	30622	32486	81657
1002996	800343	9827	23983	33574	57633

7－7　续表4

单位:万元

指　　标	Item
按支柱、特色行业分	**By Pillar and Characteristic Industries**
贵阳市重点产业(行业)	**Pillar Industries**
磷煤化工	Phosphorus and Coal Chemical Industry
铝及铝化工	Aluminum and Its Chemical Industry
特色食品	Characteristic Food
烟草制品	Tobacco Products
医药制造业	Pharmaceutical Industry
装备制造业	Equipment Manufacturing Industry
#汽车制造业	Manufacture of Automobile
#电子信息设备制造业	Manufacture of Electronic Information Equipment
电力生产及供应业	Electricity Production and Supply Industry
橡胶及塑料制品业	Rubber and Plastic Products Industry
贵阳市产业园区	**Industrial Parks of Guiyang City**
南明临空经济区产业园	Nanming Airport Economic Zone
云岩产业园	Yunyan Industrial Park
花溪产业园	Huaxi Industrial Park
小河—孟关装备制造业生态工业园	Xiaohe – Mengguan Equipment Manufacturing Industry Eco – Industrial Park
乌当医药食品新型产业园	Wudang Food and Drug New Industrial Park
白云铝及铝加工工业基地	Baiyun Aluminum and Aluminum Processing Industrial Base
麦架—沙文高新技术产业园	Maijia – Shawen High – tech Industrial Park
贵阳综合保税区	Guiyang Comprehensive Bonded Area
观山湖电子商务和现代制造业产业园	Guanshanhu Electronic Commerce and Modern Manufacturing Industrial Park
开阳磷煤化工生态工业示范基地	Kaiyang Phosphorus and Coal Chemical Ecological Industries Demonstration Base
息烽磷煤化工生态工业基地	Xifeng Phosphorus and Coal Chemical Ecological Industries Base
修文产业园	Xiuwen Industrial Park
清镇经开区	Qingzhen Economic Development Zone
按工业行业分	**By Sector**
采矿业	**Mining**
煤炭开采和洗选业	Mining and Washing of Coal
有色金属矿采选业	Non – ferrous Metals Mining and Dressing
非金属矿采选业	Mining and Processing of Non – mental Ores
制造业	**Manufacturing**
农副食品加工业	Farm and Sideline Products Processing

(continued)

(10 000 yuan)

主营业务收入 Revenue from Principal Business	主营业务成本 Cost of Principal Business	主营业务税金及附加 Tax and Extra Charges of Principal Business	利润总额 Total Profits	亏损企业亏损总额 Total Losses	利税总额 Total Profits and Taxes
18190779	**11469586**	**2426390**	**1668786**	**395836**	**5037201**
2565873	2419142	28391	-185698	210085	-123388
1456904	1279630	6601	99645	11596	141316
1706111	1371589	13099	136696	10131	205850
4214382	1115037	2323012	210641		2975471
1514721	543888	18622	190137	45513	341856
4153706	3450926	19397	191906	58105	300093
1080464	938304	4848	33251	20503	67975
1878537	1556880	8154	103009	34857	135594
1559294	452854	7397	991205	52876	1108378
1019789	836522	9872	34255	7530	87625
629630	673388	489686	4845	81474	134
134249	135813	20600	2751	4787	
670478	677872	562589	4492	38957	3609
2310937	2377498	1860500	13144	164419	18228
906262	915498	440521	8331	125397	7527
1226050	1256349	1027860	7068	92093	3313
970073	977518	813706	4773	20423	25448
64299	64575	57263	29	6517	
555888	558755	511428	1784	10109	6977
2546285	2599099	2444857	25615	-145944	176958
312060	316820	265648	2153	6418	9044
1944485	1976670	1594705	17843	98724	9583
2182724	2205981	1852890	15071	137631	96498
179747	**138973**	**6891**	**-4930**	**18265**	**12420**
46552	41377	1502	-13928	15284	-10371
42747	38931	947	629	1163	3403
90448	58665	4442	8369	1818	19389
21489319	**15100064**	**2537377**	**952817**	**353664**	**4481038**
633259	562196	1595	16963	542	29575

7－7 续表5

单位:万元

指　　标	Item
食品制造业	Food Manufacturing
酒、饮料和精制茶制造业	Manufacture of Liquor, Beverages and Refined Tea
烟草制品业	Manufacture of Tobacco
纺织业	Manufacture of Textile
纺织服装、服饰业	Manufacture of Textiles and Garments
皮革、毛皮、羽毛及其制品和制鞋业	Manufacture of Leather, Fur, Feather and Related Products and Footwear
木材加工及木、竹、藤、棕、草制品业	Wood Processing and Manufacture of Wood, Bamboo, Rattan, Palm, and Straw Products
家具制造业	Manufacture of Furniture
造纸和纸制品业	Manufacture of Paper and Paper Products
印刷业和记录媒介复制业	Printing and Reproduction of Recording Media
文教、工美、体育和娱乐用品制造业	Manufacture of Articles for Culture, Education, Industrial Arts, Sports and Recreation
石油加工、炼焦和核燃料加工业	Petroleum Processing, Coking and Nuclear Fuel Processing
化学原料和化学制品制造业	Manufacture of Raw Chemical Materials and Chemical Products
医药制造业	Manufacture of Medicines
橡胶和塑料制品业	Manufacture of Rubber and Plastics
非金属矿物制品业	Manufacture of Non－metallic Mineral Products
黑色金属冶炼和压延加工业	Smelting and Calendering of Ferrous Metals
有色金属冶炼和压延加工业	Smelting and Calendering of Non－ferrous Metals
金属制品业	Manufacture of Metal Products
通用设备制造业	Manufacture of General Purpose Machinery
专用设备制造业	Manufacture of Special Purpose Machinery
汽车制造业	Manufacture of Automobile
铁路、船舶、航空航天和其他运输设备制造业	Manufacture of Railway, Watercraft, Aviation, Aerospace and Other Transport Equipment
电气机械和器材制造业	Manufacture of Electrical Machinery and Equipment
计算机、通信和其他电子设备制造业	Manufacture of Computers, Communication Equipment and Other Electronic Equipment
仪器、仪表制造业	Manufacture of Measuring Instruments
其他制造业	Others
废弃资源综合利用业	Comprehensive Utilization of Waste Resources
金属制品、机械和设备修理业	Metal Products, Machinery and Equipment Repair Industry
电力、燃气及水的生产和供应业	**Production and Supply of Electric Power, Gas and Water**
电力、热力的生产和供应业	Production and Supply of Electric Power and Heating Power
燃气生产和供应业	Production and Supply of Gas
水的生产和供应业	Production and Supply of Water

(continued)

(10 000 yuan)

主营业务收入 Revenue from Principal Business	主营业务成本 Cost of Principal Business	主营业务税金及附加 Tax and Extra Charges of Principal Business	利润总额 Total Profits	亏损企业亏损总额 Total Losses	利税总额 TotalProfits and Taxes
681700	526324	4915	79182	2778	112310
391152	283068	6589	40552	6811	64342
4214382	1115037	2323012	210641		2975471
15648	15495	3	24		344
55497	46074	595	2889		5474
3742	3082	2	122		142
70280	57399	586	3354	143	6089
89083	81685	221	2355	254	4923
168293	123443	1602	26358	2350	34591
18918	18004	12	381		398
566375	469532	97515	-3394	4316	149853
3040902	2780892	25864	-84371	155416	-16096
1514721	543888	18622	190137	45513	341842
1019789	836522	9872	34255	7530	87625
1708291	1460033	16352	50925	53904	123981
849546	784725	3730	15527	2015	29986
1417815	1243311	3723	109317	6425	158068
318545	266094	3031	9755	6374	19091
225825	181372	1349	7948	2787	14345
389445	322754	1766	12925	1960	19714
1080464	938304	4848	33251	20503	61062
857171	654479	2400	70395		85567
771035	680606	2443	12617	25705	31278
1126292	879961	6068	103236	8338	129891
76367	57917	568	4371		7529
177845	163403	95	2611		3149
6941	4464		494		494
2016704	**815177**	**9372**	**1035185**	**55081**	**1110787**
1559294	452854	7397	991205	52876	1055503
296247	251752	786	9457	737	11289
161163	110571	1190	34523	1469	43996

7－8 规模以上工业企业主要产品产销情况(2019年)
Statistics on Output and Sales of Major Products of Industrial Enterprises above Designated Size(2019)

产品名称		Item		生产量 Output	销售量 Sales Volume	企业自用及其他 For Their Own or Other Use	产销率(%) Sales－output Ratio(%)
精制食用植物油	(吨)	Refined Edible Vegetable Oil	(ton)	52704	52716	1	100.0
乳制品	(吨)	Dairy Products	(ton)	127096	127905	49	100.7
白　酒(折65度.商品量)	(千升)	White Liquor (65 degree/commodity amount)	(kiloliter)	6597	6147	98	94.7
软饮料	(吨)	Soft Drink	(ton)	1996372	1992599	5521	100.1
卷　烟	(万支)	Cigarettes	(10 000 pieces)	11146457	11475279	6502	103.0
服　装	(万件)	Costume(10 000 pieces)		6	8		127.2
硫　酸(折100%)	(吨)	Sulfuric Acid(100%)	(ton)	5002562	1289	4985635	99.7
合成氨(无水氨)	(吨)	Synthetic Ammonia (anhydrous ammonia)	(ton)	419165	415258	6903	100.7
农用氮、磷、钾化学肥料总计(折纯)	(吨)	Chemical Fertilizers (covert to pure)	(ton)	2600959	2452960	27022	95.3
氮肥(折含N100%)	(吨)	Nitrogen Fertilizers (include 100% N)	(ton)	767730	707753	17586	94.5
磷　肥(折五氧化二磷100%)	(吨)	Phosphate Fertilizers (include 100% phosphorus pentoxide)	(ton)	1833228	1745207	9436	95.7
涂　料	(吨)	Coating Material	(ton)	6521	6544	6	100.5
初级形态的塑料	(吨)	Primary Plastics	(ton)	49705	49705		100.0
橡胶轮胎外胎	(吨)	Rubber Cover Tyre	(tire)	6068197	6116980		100.8
塑料制品	(吨)	Plastic Products	(ton)	294917	307192		104.2
水　泥	(吨)	Cement	(ton)	11138391	11179780		100.4
生　铁	(吨)	Pig Iron	(ton)	89433	79198	10215	100.0
粗　钢	(吨)	Crude Steel	(ton)	660664	10900	649764	100.0
钢　材	(吨)	Steel	(ton)	1283004	1258456		98.1
氧化铝	(吨)	Aluminium Oxide	(ton)	2172688	2172627		100.0
原　铝	(吨)	Virgin Aluminum	(ton)	479548	481411		100.4
金属切削机床	(台)	Metal－cutting Machine Tool	(set)	280	195		69.6
电子计算机整机	(台)	Complete Electronic Computer	(set)	12520	12580		100.5
彩色电视机	(台)	Color TV Sets	(set)	1235623	1264252		102.3
集成电路	(万块)	Integrated Circuits	(10 000 units)	663	655		98.8

7-9 产业园区情况
Basic Statistics on Industrial Parks

指 标	Item	2019年占比(%) Proportion of 2019(%)	2019年比2018年增长(%) Growth Rate in 2019 over 2018(%)
规模以上增加值	**Added Value of Enterprises above Designated Size**	**100.00**	**6.3**
贵阳市产业园区	Industrial Parks	85.49	6.3
南明临空经济区产业园	Nanming Airport Economic Zone	3.73	9.8
云岩产业园	Yunyan Industrial Park	0.93	-28.0
花溪产业园	Huaxi Industrial Park	2.90	-1.6
小河—孟关装备制造业生态工业园	Xiaohe—Mengguan Equipment Manufacturing Industry Eco - Industrial Park	33.82	9.7
乌当医药食品新型产业园	Wudang Food and Drug New Industrial Park	4.74	9.4
白云铝及铝加工工业基地	Baiyun Aluminum and Aluminum Processing Industrial Base	5.53	4.2
麦架—沙文高新技术产业园	Maijia - Shawen High - tech Industrial Park	4.95	25.0
贵阳综合保税区	Guiyang Comprehensive Bonded Area	0.06	-19.1
观山湖电子商务和现代制造业产业园	Guanshanhu Electronic Commerce and Modern Manufacturing Industrial Park	2.34	159.7
开阳磷煤化工生态工业示范基地	Kaiyang Phosphorus and Coal Chemical Ecological Industries Demonstration Base	5.54	-25.0
息烽磷煤化工生态工业基地	Xifeng Phosphorus and Coal Chemical Ecological Industries Base	2.59	-16.7
修文产业园	Xiuwen Industrial Park	7.02	13.3
清镇经开区	Qingzhen Economic Development Zone	9.26	2.7
规模以上总产值	**Total Output Value of Enterprises above Designated Size**	**100.00**	**5.0**
贵阳市产业园区	Industrial Parks	83.50	5.1
南明临空经济区产业园	Nanming Airport Economic Zone	4.18	10.7
云岩产业园	Yunyan Industrial Park	0.69	-23.1
花溪产业园	Huaxi Industrial Park	3.54	-1.7
小河—孟关装备制造业生态工业园	Xiaohe - Mengguan Equipment Manufacturing Industry Eco - Industrial Park	21.06	5.8
乌当医药食品新型产业园	Wudang Food and Drug New Industrial Park	5.04	4.5
白云铝及铝加工工业基地	Baiyun Aluminum and Aluminum Processing Industrial Base	6.89	11.2
麦架—沙文高新技术产业园	Maijia - Shawen High - tech Industrial Park	5.98	20.9
贵阳综合保税区	Guiyang Comprehensive Bonded Area	0.35	-16.7
观山湖电子商务和现代制造业产业园	Guanshanhu Electronic Commerce and Modern Manufacturing Industrial Park	3.23	165.9
开阳磷煤化工生态工业示范基地	Kaiyang Phosphorus and Coal Chemical Ecological Industries Demonstration Base	6.66	-26.0
息烽磷煤化工生态工业基地	Xifeng Phosphorus and Coal Chemical Ecological Industries Base	3.89	-19.5
修文产业园	Xiuwen Industrial Park	9.34	16.1
清镇经开区	Qingzhen Economic Development Zone	10.62	5.2

主 要 统 计 指 标 解 释

工　业　指从事自然资源的开采，对采掘品和农产品进行加工和再加工的物质生产部门。具体包括：(1)对自然资源的开采，如采矿、晒盐等(但不包括禽兽捕猎和水产捕捞)；(2)对农副产品的加工、再加工，如粮油加工、食品加工、缫丝、纺织、制革等；(3)对采掘品的加工、再加工，如炼铁、炼钢、化工生产、石油加工、机器制造、木材加工等，以及电力、自来水、煤气的生产和供应等；(4)对工业品的修理、翻新，如机器设备的修理、交通运输工具(包括小卧车)的修理等。

工业统计调查单位为独立核算法人工业企业。

独立核算法人工业企业　指从事工业生产经营活动的单位。独立核算法人工业企业应同时具备以下条件：①依法成立，有自己的名称、组织机构和场所，能够承担民事责任；②独立拥有和使用资产，承担负债，有权与其他单位签订合同；③独立核算盈亏，并能够编制资产负债表。

国有及国有控股企业　指国有企业加上国有控股企业。国有企业(即原全民所有制工业或国营工业)指企业全部资产归国家所有，并按《中华人民共和国企业法人登记管理条例》规定登记注册的非公司制的经济组织。包括国有企业、国有独资公司和国有联营企业。1957 年以前的公私合营和私营工业，后均改造为国营工业，1992 年改为国有工业，这部分工业的资料不单独分列时，均包括在国有企业内。国有控股企业是对混合所有制经济的企业进行的国有控股分类。它是指这些企业的全部资产中国有资产(股份)相对其他所有者中的任何一个所有者占资(股)最多的企业。该分组反映了国有经济控股情况。

轻工业　指主要提供生活消费品和制作手工工具的工业。按其所使用的原料不同，可分为两大类：(1)以农产品为原料的轻工业，是指直接或间接以农产品为基本原料的轻工业。主要包括食品制造、饮料制造、烟草加工、纺织、缝纫、皮革和毛皮制作、造纸以及印刷等工业；(2)以非农产品为原料的轻工业，是指以工业品为原料的轻工业。主要包括文教体育用品、化学药品制造、合成纤维制造、日用玻璃制品、日用金属制品、手工工具制造、医疗器械制造、文化和办公用机械制造等工业。

重工业　指为国民经济各部门提供物质技术基础的主要生产资料的工业。按其生产性质和产品用途，可以分为下列三类：(1)采掘(伐)工业，是指对自然资源的开采，包括石油开采、煤炭开采、金属矿开采、非金属矿开采等工业；(2)原材料工业，指向国民经济各部门提供基本材料、动力和燃料的工业。包括金属冶炼及加工、炼焦及焦炭、化学、化工原料、水泥、人造板以及电力、石油和煤炭加工等工业；(3)加工工业，是指对工业原材料进行再加工制造的工业。包括装备国民经济各部门的机械设备制造工业、金属结构、水泥制品等工业，以及为农业提供的生产资料如化肥、农药等工业。

工业总产值

(1)定义：工业总产值是以货币形式表现的，工业企业在一定时期内生产的工业最终产品或提供工业性劳务活动的总价值量。它反映一定时间内工业生产的总规模和总水平。

(2)计算原则：

工业生产的原则　即凡是企业在报告期生产的经检验合格的产品，不管是否在报告期销售，均包括在内。

最终产品的原则　即凡是计入工业总产值的产品，必须是本企业生产的经检验合格的，不需要再进行任何加工的最终产品。如果企业有中间产品(半成品)对外销售，则对外销售的中间产品应视为企业的最终产品。

工厂法原则　即工业总产值是以工业企业作为基本计算(核算)单位，即按企业的最终产品计算工业总产值。按这种方法计算的工业总产值，不允许同一产品价值在企业内部重复计算，不能把企业内部各个车间(分厂)生产的成果相加，但允许企业间的重复计算。

(3)内容及计算方法：包括三项内容：即本期生产成品价值、对外加工费收入、在制品半成品期末期初差额价值三部分。

本期生产成品价值 指企业本期生产，并在报告期内不再进行加工，经检验、包装入库的全部工业成品（半产品）价值合计，包括企业生产的自制设备及提供给本企业在建工程、其他非工业部门和福利部门等单位使用的成品价值。本期生产成品价值为按自备原材料生产的产品的数量乘以本期不含增值税（销项税额）的产品实际销售平均单价计算；会计核算中按成本价格转账的自制设备和自产自用的成品，按成本价格计算生产成品价值。生产成品价值中不包括用定货者来料加工的成品（半产品）价值。

对外加工费收入 指企业在报告期内完成的对外承接的工业品加工（包括用定货者来料加工产品）的加工费收入和对外工业修理作业所取得的加工费收入。对外加工费收入按不含增值税（销项税额）的价格计算，可根据会计产品销售收入科目的有关资料取得。

对于本企业对内非工业部门提供的加工修理、设备安装的劳务收入，如果企业会计核算基础较好，能取得这部分资料，而且这部分价值所占比重较大，应包括在对外加工费收入中。

自制半成品在制品期末期初差额价值 指企业报告期在制品期末减期初的差额价值，本指标一般可以从会计核算资料中取得。如果会计产品成本核算中不计算半成品、在制品的成本，则总产值中也不包括这部分价值，反之则包括。

（4）工业总产值计算的几种具体规定：

①凡自备原材料（包括自备零部件）生产，不论其加工繁简程度如何，一律按全价，即包括自备原材料的价值，计算工业总产值。

②凡来料加工，加工企业只收取加工费，则加工企业一律按财务上结算的加工费计算工业总产值，即不包括定货者来料的价值。一般分两种情况：a、工业企业之间的来料加工，加工企业（即承包单位）按财务上结算的加工费计算工业总产值；委托加工的企业（即发包单位）按全价计算工业总产值。b、工业企业与非工业企业之间的来料加工，当工业企业作为加工企业时一律按加工费计算工业总产值。

工业增加值 指工业企业在报告期内以货币表现的工业生产活动的最终成果。

工业增加值有两种计算方法：一是生产法，即工业总产出减去工业中间投入加上应交增值税；二是收入法，即从收入的角度出发，根据生产要素在生产过程中应得到的收入份额计算，具体构成项目有固定资产折旧、劳动者报酬、生产税净额、营业盈余，这种方法也称要素分配法。本年鉴中的工业增加值是以生产法计算的。

生产法工业增加值的计算方法为：

工业增加值 = 工业总产出 - 工业中间投入 + 应交增值税

（1）工业总产出 指工业企业在一定时期内工业生产活动的总成果。工业总产出包括：成品生产价值，对外加工费收入，自制半成品、在产品期末期初差额价值。1995 年后用新规定计算的工业总产值代替。

（2）工业中间投入 指工业企业在工业生产活动中消耗的外购物质产品和对外支付的服务费用。服务费用包括支付给物质生产部门（工业、农业、批发零售贸易业、建筑业、运输邮电业）的服务费用和支付给非物质生产部门（如保险、金融、文化教育、科学研究、医疗卫生、行政管理等）的服务费用。工业中间投入的确定须遵循以下原则：必须从外部购入的，并已计入工业总产出的产品和服务价值；必须是本期投入生产，并一次性消耗掉（包括本期摊销的低值易耗品等）的产品和服务价值。

工业中间投入包括直接材料费用、制造费用中的工业中间投入、管理费用中的工业中间投入、销售费用中的工业中间投入和利息支出五部分。

现行调查方案工业增加值及增加值率均采用收入法计算。

收入法工业增加值 = 本年折旧 + 劳动者报酬 + 生产税净额 + 营业盈余

（1）固定资产折旧 是一定时期内工业企业为弥补固定资产损耗，按照核定的固定资产折旧率提取的折旧额，反映固定资产在当期生产中转移价值。

（2）劳动者报酬 是指工业企业的劳动者因从事生产活动所获得的全部报酬，包括劳动者获得的各种形式的工资、奖金和津贴，既包括货币形式的，也包括实物形式的，还包括劳动者所享受的公费医疗和医药卫生费、上下班交通补贴、单位交付的社会保险费、住房公积金等。

(3)生产税净额　是指工业企业的生产税减生产补贴后的余额。

(4)营业盈余　是指工业企业创造的增加值扣除劳动者报酬、生产税净额和固定资产折旧后的余额。

资产总计　指企业拥有或控制的能以货币计量的经济资源,包括各种财产、债权和其他权利。资产按流动性分为流动资产、长期投资、固定资产、无形资产、递延资产和其他资产。该指标根据企业会计“资产负债表”中“资产总计”项目的期末数增列。

负债合计　指企业过去的交易或者事项形成的,预期会导致经济利益流出企业的现时义务。

所有者权益合计　指企业资产扣除负债后,由所有者享有的剩余权益。包括实收资本、资本公积、盈余公积、未分配利润等。

主营业务收入　指企业确认的销售商品、提供劳务等主营业务的收入。

主营业务成本　指企业经营主要业务所发生的成本总额。

主营业务税金及附加　指企业经营主要业务应负担的营业税、消费税、城市维护建设税、教育费附加等。

利润总额　指企业生产经营活动的最终成果,是企业在一定时期内实现的盈亏相抵后的利润总额(亏损以 - 号表示),它等于营业利润加上补贴收入加上投资收益加上营业外净收入再加上以前年度损益调整。

本年应交增值税　指企业在报告期内应交纳的增值税额。它等于本年销项税额加上出口退税加上进项税额转出数减去本年进项税额。小规模纳税企业直接按全年计税销售额乘以征收率计算取得。

年末从业人员平均人数　从业人员是指在企业工作并取得劳动报酬的全部人员数。包括在岗职工、再就业的离退休人员、民办教师及在企业工作的外方人员和港澳台方人员、兼职人员、借用的外单位人员和第二职业者。不包括离开本单位但仍保留劳动关系的职工。

总资产贡献率　反映企业全部资产的获利能力,是企业经营业绩和管理水平的集中体现,是评价和考核企业盈利能力的核心指标。

计算公式为:

总资产贡献率(%)=(利润总额+税金总额+利息支出)/平均资金总额×100%

公式中:税金总额为产品销售税金及附加与应交增值税之和;平均资产总额为期初期末资产之和的算术平均值。

资产负债率　该指标既反映企业经营风险的大小,也反映企业利用债权人提供的资金从事经营活动的能力。

计算公式为:

资产负债率(%)=负债总额/资产总额×100%

资产与负债均为报告期期末数。

流动资产周转次数　指一定时期内流动资产完成的周转次数,反映投入工业企业流动资金的周转速度。

计算公式为:

流动资产周转次数=产品销售收入/全部流动资产平均余额

公式中:全部流动资产平均余额为期初和期末的流动资产之和的算术平均值。

成本费用利润率　反映企业投入的生产成本及费用的经济效益,同时也反映企业降低成本所取得的经济效益。

计算公式为:

成本费用利润(%)=利润总额/成本费用总额×100%

公式中:成本费用总额为产品销售成本、销售费用、管理费用、财务费用之和。

全员劳动生产率　指根据产品的价值量指标计算的平均每一个从业人员在单位时间内的产品生产量。是考核企业经济活动的重要指标,是企业生产技术水平、经营管理水平、职工技术熟练程度和劳动积极性的综合表现。目前我国的全员劳动生产率是将工业企业的工业增加值除以同一时期全部从业人员的平均人数来计算的。计算公式为:

全员劳动生产率 = 工业增加值/全部从业人员平均人数

高技术工业 是指国民经济行业中 R&D 投入强度相对较高的制造业行业，包括医药制造、航空、航天器及设备制造，电子及通讯设备制造，计算机及办公设备制造，医疗仪器设备及仪器仪表制造，信息化产品制造等 6 大类。

Explanatory Notes on Main Statistical Indicators

Industry refers to the material production sector which engages in exploitation of natural resources as well as processing and reprocessing of extractive and agricultural products, including (1) exploitation of natural resources such as mining and evaporating brine in the sun to make salt (excluding hunting and fishing); (2) processing and reprocessing of farm and sideline products such as cereals and oils processing, food processing, silk reeling, spinning and weaving, textile processing as well as leather making; (3) processing and reprocessing of mining products such as iron smelting, steelmaking, chemicals manufacturing, petroleum processing, machine building and timber processing as well as production and supply of electricity, water and gas; (4) maintenance and renovation of industrial products such as maintenance of machinery and means of transportation (including small-sized sleeping cars).

In industrial statistics surveys, the units of investigation are industrial enterprises with independent accounting systems.

Industrial Enterprises with Independent Accounting Systems refer to enterprises engaging in industrial production and operating activities and they simultaneously meet the following requirements: (1) being enterprises established by law, owing exclusive names, organizations and sites and being capable of bearing civil liabilities; (2) possessing and utilizing assets independently, assuming liabilities, and having the right to sign contracts with other units; (3) being financially independent and capable of compiling balance sheets.

State – owned and State – holding Enterprises refer to state – owned enterprises plus State – holding enterprises. State – owned enterprises (originally known as State – run enterprises with ownership by the whole society or state – operated industry) refer to non – corporate economic entities registered in accordance with the *Regulation of the People's Republic of China on the Management of Registration of Legal Enterprises* and their total assets are owned by the State. Included in this category are State – owned enterprises, State – funded corporations and State – owned joint ownership enterprises. Joint State – private industries and private industries, which existed before 1957, were transformed into state – run industries since 1957 and into State – owned industries after 1992. Statistics on those enterprises are included in the state – owned industries when they are not filed separately. State – holding enterprises are classified as one branch of enterprises with mixed ownership under the title of state – owned holding and they referring to enterprises where the proportion of state assets (or shares of the state) is larger than any other single share holder of the same enterprises. This sub – classification illustrates the state's control over state – owned economy.

Light Industry refers to the industry that produces consumer goods and hand tools. It consists of two categories, depending on the raw materials used:

(1) Industries using farm products as raw materials. They are branches of light industry which directly or indirectly use farm products as basic raw materials, including the manufacture of food and beverages, tobacco processing, spinning and weaving, sewing, fur and leather manufacturing, paper making, printing, etc.

(2) Industries using non – farm products as raw materials. These are branches of light industry which use manufactured goods as raw materials, including manufacture of cultural, educational and sports articles, chemicals, synthetic fiber, glass products for daily use, metal products for daily use, hand tools, medical apparatus and instruments as well as manufacture of cultural and clerical machinery.

Heavy Industry refers to the industry, producing main capital goods, which provides a material and technological foundation for various sectors of the national economy. And it falls into three categories according to the feature of production and the usage of products:

(1) Extractive industry or logging industry refers to the industry that extracts natural resources such as extraction of petroleum, coal, metal and non – metal ores etc.

(2) Raw materials industry refers to the industry that provides various sectors of the national economy with basic materials, power, and fuels. Included in this category are smelting and calendaring of metals, coking and coke chemistry, chemical industry and chemical raw materials, cement and artificial boards as well as other industries like power industry, petroleum refining and coal processing.

(3) Manufacturing industry refers to the industry that reprocesses industrial raw materials, including mechanical equipments manufacturing industry which equips sectors of the national economy, industries of metal structure and cement products, industries providing means of production for agriculture such as chemical fertilizers and pesticides.

Gross Industrial Output Value

(1) Definition Gross Industrial Output Value refers to the total value of industrial products sold or industrial services provided in monetary terms in the given period. It reflects the overall scale and aggregate level of industrial production in the given period.

(2) Principles of calculation:

Principle of Calculating Industrial Products refers to all products, if produced by enterprises and verified to meet designated standards during the reference period, whether they are sold or not during the reference period their value shall be added to gross industrial output value.

Principle of Checking Final Products refers to all products that are included in the calculation of gross industrial output value are final products of enterprises which have been verified to meet designated standards and required no further processing. If an enterprise has intermediate (semi – finished) products to sell, these intermediate products shall be considered as the final products of the enterprise.

Principle of Factory Approach refers to industrial enterprise shall be used as the basic accounting unit in calculating the gross industrial output value. By this approach, value of the same product shall not be double counted and the output value of different workshops (branch factories) shall not be added together. However, this approach does not exclude the possibility of double counting among enterprises.

(3) Content and Calculating Method Three parts are included: value of current finished products, income from outward processing as well as the change of value in semi – finished and finished products between the end and the beginning of the reference period.

Value of Current Finished Products refers to the total value of all finished (semi – finished) industrial products, including the value of self – made equipments as well as the value of products provided for the same enterprise's projects under construction and for other non – industrial or welfare units. And those products are produced during the reference period that are verified to meet designated standards, without the need for further processing, packed and put into the warehouse of enterprises. Value of current finished products is calculated at the product of average actual selling unit prices of products sold during the reference period, excluding value – added tax (substituted money on value – added tax), and the quantity of products produced with own materials during the reference period. Own – produced equipments and products produced for own usage is valued at cost prices as in the case of enterprise accounting. Value of current finished products does not include the value of finished products (semi – finished products) that are produced using the materials from the clients who make the orders.

Income from Outward Processing refers to income from contracted processing of industrial products (including processing of industrial products using materials from clients) and income from industrial repairing work provided to other units. Income from outward processing can be calculated at statistics titled sales revenue from relative accounting information, if not calculated at prices excluding value-added tax (substituted money on value-added tax).

For income from services such as processing, repairing and installation of equipment provided to non – industrial units within the enterprise, if the accounting information of the enterprise is good enough and accessible and the value of such services account for a major proportion in the gross industrial output value, it shall also be included in the income from outward processing.

Change of Value in Finished and Semi – finished Products between the End and the Beginning of the Reference Period refers to the gap of value in finished and semi – finished products between the end and the beginning of the reference period, whose indicators generally can be obtained from accounting records of enterprises. If enterprise accounting excludes the cost of semi – finished products and products being processed, then the value of those products shall not be included in the gross industrial output value, or otherwise.

(4) Stipulations on the Calculating of Gross Industrial Output Value

First, all products produced with own raw materials, including components and parts, are to be calculated at full price, whether the procedure of production is complicated or not. Namely, in the process of calculating gross industrial output value, the value of raw materials used shall be included.

Second, for outward processing, processing enterprises only take processing charges and gross industrial output value of these enterprises shall be calculated at processing charges recorded in settled accounts. Namely, the value of materials provided by clients shall be added to gross industrial output value of these enterprises. Generally speaking, there are two cases: a) outward processing among industrial enterprises. In this case, processing industries (contractor units) shall calculate gross industrial output value at processing charges recorded in settled accounts but enterprises (consignors) entrust the task of manufacturing consignment shall calculate gross industrial output value at full price; b) outward processing between industrial enterprises and non – industrial enterprises. In this case, industrial enterprises serving as processing enterprises shall only calculate gross industrial output value at processing charges.

Industrial Added Value refers to the final results of industrial production of industrial enterprises in monetary terms during the reference period. Specifically, there are two approaches of calculating industrial added value. The first one is production approach. With this approach, the added value shall be the result after gross industrial output value minus intermediate input and then plus value – added tax. The second one is income approach. With this approach, from the perspective of incomes, the added value shall be calculated at the revenue shares of production factors used in the course of production, including depreciation of fixed assets, remunerations of laborers, net production tax, and operating surplus. Thus this approach is also called method of faltor distribution. Industry added value in this Yearbook is calculated with production approach, also called the approach of production factors, as follows:

Industrial added value = gross industrial output – industrial intermediate input + value – added tax

(1) Gross industrial output refers to the total achievements of industrial production during a given period. Gross industrial output includes value of finished products, income from outward processing, and change of value in self – made semi – finished products and products being processed between the end and the beginning of the reference period. Since 1995, it was substituted by the gross industrial output value calculated with new rules.

(2) Industrial intermediate input refers to purchased material products consumed during the industrial production of enterprises and services fees. Fees paid for services include fees paid for the services provided by material production sectors (industry, agriculture, wholesale and retail trades, construction, transport, post and telecommunications) and by non – material production sectors (insurance, banking, culture, education, scientific research, health and medical care, public administration, etc.). The determination of industrial intermediate input

shall adhere to the following principles: a) goods and services shall be purchased and their value shall be added to the gross industrial output; b) goods and services purchased shall be put into production during the reference period and wholly consumed once (include low value consumables amortized during the reference period).

Industrial intermediate input includes 5 components, namely direct material cost, industrial intermediate input in manufacturing expenses, industrial intermediate input in administrative expenses industrial intermediate input in marketing expenses and interest expenses.

At present, industrial added value and its growth rate are both calculated with income approach.

Industrial added value = depreciation in current year + laborers´remuneration + net taxes on production + operating surplus

(1) Depreciation of Fixed Assets refers to amount of depreciation which is extracted according to approved fixed assets depreciation rate for the purpose of making up the wear and tear of fixed assets during a given period and it reflects the value added during the process of transferring fixed assets in the reference period.

(2) Laborers´Remuneration refers to all the payments laborers gained from production activities, including all kinds of wages, bonuses and allowances, in monetary or substantial form. Still, it includes such expenses as state expenses for medical services, medical care expenses, traffic subsidies, social insurance expenses paid by enterprises and housing accumulation fund.

(3) Net Taxes on Production refer to the results gained by using industrial enterprises´production taxes to subtract production subsidies.

(4) Operating Surplus refers to the results gained by using industrial enterprises´added value to subtract laborers´remuneration, net taxes on production and depreciation of fixed assets.

Total Assets refer to all economic resources, in monetary terms, owned or controlled by enterprises, including properties, creditors´equity and other economic rights of all forms. According to liquidity of assets, total assets can be classified into current assets, long – term investment, fixed assets, intangible assets and deferred assets and other assets. Data on this indicator can be obtained from the year – end figures of total assets in enterprises´ balance sheets.

Total Liability refers to current obligations which are formed in past trades or other activities and expected to bring about losses of economical interests.

Total Owners´Equity refers to the residual equity gained by using enterprise assets to subtract liabilities. It includes paid – in capital, capital reserves, surplus reserves, undistributed profits, etc.

Revenue from Principal Business refers to the income confirmed from the principal businesses such as selling products and providing labor services.

Cost of Principal Business refers to the total cost occurred in the principal business of the enterprise.

Tax and Extra Charges on Principal Business refers to the sale tax, consumption tax, urban maintenance, construction tax and education expenses shouldered by the enterprise from its principal business.

Total Profits refer to the final achievements of production and operating activities of enterprises. It is the profits gained by using total profits to deduct losses (loss is represented by " – ") or the total sum of operating profits, subsidize revenue, investment earnings, non – operating revenue and allocations of previous years´profits and losses.

Value – added Tax Payable in the Current Year refers to the amount of the value – added tax which should be paid by the enterprises during the reference period. It is the amount gained by using the sum of value – added tax on sales, export rebates and transferred tax on purchases of the current year to minus the tax on purchases of the current year. Value – added tax payable of small – size enterprises is gained by using the taxable sales of the year to multiply the tax rate.

Average Annual Number of Employed Persons at the Year – end refers to all those who are employed in enterprises and receive remunerations there, including on – post staff, retirees who are re – employed, teachers of local – run schools, staff (work in enterprises) from abroad, Hong Kong, Macao and Taiwan, part – time employees, employees of other units temporarily working in the enterprises as well as persons with second jobs but excluding former employees who left their original enterprises with their employment records still being kept by the enterprises.

Contribution Ratio of Total Assets reflects the profit – making capability of all assets of enterprises and is a key indicator manifesting enterprises' operating performance and management level and evaluating the profit – making potential of enterprises. The design formula is as follows:

$$\text{Contribution Ratio of Total Assets}(\%) = \frac{\text{total profits} + \text{total taxes} + \text{interest payment}}{\text{average assets}} \times 100\%$$

In the above formula, total taxes is the sum of tax and extra charges on the sales of products and value – added tax payable; and average assets is the arithmetic mean value between total assets at the beginning of a given period and total assets at the end of the same period.

Ratio of Debts to Assets reflects both the operation risk and the capability of the enterprise in making use of the capital from the creditors. The design formula is as follows:

Ratio of Debts to Assets (%) = (total debts / total assets) × 100%

Both assets and debts are figures at the end of the reference period.

Times of Turnover of Current Assets refers to the number of turnover of current assets in a given period, which reflects the speed of the turnover of current assets of industrial enterprises. The design formula is as follows:

Times of turnover of current assets = sales revenue / average balance of total current assets

In the above formula, average balance of total current assets refers to the arithmetic mean value between the sum of current assets at the beginning and at the end of the reference period.

Ratio of Profits to Total Industrial Costs refers to the ratio of profits realized in a given period to the total costs in the same period, which reflects the economic efficiency achieved by reducing cost. The design formula is as follows:

Ratio of profits to total industrial cost (%) = (total profits / total costs) × 100%

Total costs in the above formula are the sum of cost of products sold, marketing expenses, administrative expense and financial cost.

Overall Labor Productivity refers to the value of products produced by an employed person in unit time and the value is calculated according to indicators of output value. It is an important indicator of economic activities of enterprises and at the same time an integrate manifestation of enterprises' level of production, technology, operation and management as well as staff's technical proficiency and labor enthusiasm. At present, industrial added value and average number of employed persons of industrial enterprises in a given period are used to calculate the overall labor productivity. The design formula is as follows:

Overall labor productivity = industrial added value / average number of employed persons

High – tech Industry refers to the manufacturing industry with high R&D devotion intensity in the national economy, including 6 categories: pharmaceutical manufacturing; aviation, spacecraft and equipment manufacturing; electronic and communication equipment manufacturing; computer and office equipment manufacturing; medical instrument and apparatus manufacturing and information product manufacturing.

8

Eight

建筑业

Construction

8－1 建筑业主要指标
Main Economic Indicators on Construction Enterprises

指　　标	Item	2015	2016	2017	2018	2019	2019 比 2018 增长(%) Growth Rate in 2019 over 2018 (%)
建筑业企业个数　(个)	**Number of Construction Enterprises (unit)**	**294**	**292**	**320**	**319**	**344**	**7.8**
年末从业人员　(万人)	Number of Emplyed Persons at the Year－end (10000 persons)	37.42	44.25	43.64	47.21	45.86	－2.9
自有固定资产原价(亿元)	Fixed Assets Owned(original value) (100 million yuan)	89.24	99.68	97.69	118.84	121.73	2.4
自有固定资产净价(亿元)	Fixed Assets Owned(net value) (100 million yuan)	45.56	48.53	89.57	63.45	63.37	－0.1
建筑业总产值　(亿元)	**Gross Output Value of Construction (100 million yuan)**	**1280.19**	**1562.10**	**1836.10**	**2047.08**	**2314.47**	**13.1**
房屋建筑施工面积 (万平方米)	**Floor Space of Buildings under Construction (10000 sq. m)**	**8796.23**	**9304.67**	**9579.57**	**8359.18**	**8598.24**	**2.9**
房屋建筑竣工面积 (万平方米)	**Floor Space of Buildings Completed (10000 sq. m)**	**1246.57**	**1579**	**2062.15**	**2459.72**	**2215.40**	**－9.9**
利润总额　(亿元)	Total Profits (100 million yuan)	22.90	30.19	50.34	50.84	65.93	29.7
劳动生产率　(元/人)	Overall Labor Productivity (yuan/person)	342138	353017	420738	433618	504689	16.4
产值利润率　(%)	Ratio of Profit to Gross Output Value (%)	1.8	1.9	2.7	2.5	2.9	14.9
产值利税率　(%)	Ratio of Pre－tax Profit to Gross Output Value (%)	5.1	4.5	2.4	2.7	2.1	－24.1

注:2016 年起建筑业数为有工作量的企业数据(以下相关表同)。
The number of construction is the enterprises with work load from 2016. (the same as in the following table)

8－2　总承包及专业承包建筑业企业主要经济指标
Main Economic Indicator on Construction Enterprises of General and Professional Contractors

指　　标	Item	2015	2016	2017	2018	2019	2019 年比 2018 年增长(%) Growth Rate in 2019 over 2018 (%)
从业人员　(万人)	Number of Employed Persons (10 000 persons)	37.42	44.25	43.64	47.21	45.86	-2.9
自有固定资产原价 (亿元)	Fixed Assets (original value) (100 million yuan)	89.24	99.68	97.69	118.84	121.73	2.4
自有固定资产净价 (亿元)	Fixed Assets (net value) (100 million yuan)	45.56	48.53	89.57	63.45	63.37	-0.1
建筑业总产值(亿元)	Gross Output Value of Construction (100 million yuan)	1280.19	1562.1	1836.09786	2047.08	2314.47	13.1
施工面积(万平方米)	Floor Space of Buildings Under Construction (10 000 sq. m)	8796.23	9304.67	9579.5682	8359.18	8598.24	2.9
竣工面积(万平方米)	Floor Space of Buildings Completed (10 000 sq. m)	1246.57	1579	2062.1546	2459.72	2215.4	-9.9
利润总额　(亿元)	Total Profits (100 million yuan)	22.9	30.19	50.34	50.84	65.93	29.7
劳动生产率 (元/人)	Overall Labor Productivity (yuan/person)	342138	353017	420738	433618	504689	16.4
产值利润率　(%)	Ratio of Profit to Gross Output Value (%)	1.8	1.9	2.7	2.5	2.9	0.4 个百分点
产值利税率　(%)	Ratio of Pre－tax Profit to Gross Output Value (%)	5.1	4.5	2.4	2.7	2.1	-0.6 个百分点

8-3 总承包及专业承包建筑企业生产情况(2019年)

单位:个、万元

指标	Item	建筑业企业个数 Number of Construction Enterprises	#有工作量的建筑业企业 Enterprises Having Project	#亏损企业 Losing Enterprises
总计	**Total**	**344**	**344**	**58**
#国有及国有控股企业	State - owned and State - controlled Construction Enterprises	57	57	7
按登记注册类型分	**By Status of Registration**			
内资企业	Domestic Funded	344	344	58
国有企业	State - owned Enterprises	3	3	1
集体企业	Collective - owned Enterprises	7	7	
股份合作企业	Cooperative Enterprises			
联营企业	Joint Ownership Enterprises	1	1	1
有限责任公司	Limited Liability Corporations	177	177	28
股份有限公司	Share - holding Corporations Ltd.	9	9	
私营企业	Private Enterprises	147	147	28
按国民经济行业分	**By Sector**			
房屋建筑业	House Building	147	147	22
土木工程建筑业	Building and Civil Engineering	100	100	16
建筑安装业	Construction Installation	44	44	4
建筑装饰和其他建筑业	Construction Decoration and Others	53	53	16
建筑装饰业	Construction Decoration	24	24	7
工程准备活动	Project Preparation	14	14	5
提供施工设备服务	Construction Equipment Providing	3	3	3
其他未列明建筑业	Others not listed	12	12	1
按隶属关系分	**By Administrative Division**			
中 央	Central Government	16	16	2
地 方	Local Government	55	55	5
其 他	Others	273	273	51
按企业资质等级分	**By Qualification Grade**			
施工总承包	Construction of General Contractors	240	240	37
特 级	Special Grade	9	9	
一 级	First Grade	42	42	3
二 级	Second Grade	113	113	24
三级及以下	Third Grade and Below	76	76	10
专业承包	Speciality Contractors	104	104	21
一 级	First Grade	15	15	3
二 级	Second Grade	44	44	9
三级及以下	Third Grade and Below	45	45	9
按营业状态分	**By Operation Status**			
营 业	In Business or Operating	338	338	56
停业(歇业)	Closed	4	4	
其 他	Others	1	1	1
按控股情况分	**By Share - holding**			
国有控股	State - owned and State - controlled Enterprises	57	57	7
集体控股	Collective Share - holding Enterprises	23	23	1
私人控股	Private Share - holding Enterprises	237	237	45
港澳台商控股	Hong Kong, Macao and Taiwan Share - holding Enterprises			
其 他	Others	27	27	5

Main Indicators on Construction Enterprises of General and Professional Contractors(2019)

(unit:10 000 yuan)

合同情况 Contracts Signed by Construction Enterprises		承包工程完成情况 Completion of Contracted Projects						
#签订的合同额 Value from Signed Contracts	#本年新签合同额 Value from New Contracts Signed in This Year	直接从建设单位承揽工程完成的产值 Completed Output Value of Projects Contracted Directly from Investors	自行完成施工产值 Own－completed Output Value	分包出去工程的产值 Output Value of Out－sourced Projects	从建设单位以外承揽工程完成的产值 Completed Output Value of Projects Contracted from Non－investors	建筑业总产值 Total Output Value	#装饰装修产值 Output Value of Decoration	#在外省完成的产值 Output Value of Construction Fulfilled Outside of Guizhou Province
70814396	**34863617**	**22781664**	**22726280**	**55384**	**418390**	**23144670**	**174362**	**8051130**
48872719	21731997	15400627	15372884	27743	204666	15577550	32244	6797853
70814396	34863617	22781664	22726280	55384	418390	23144670	174362	8051130
48830	6134	7479	7479			7479		
335721	247898	150306	150306			150306		
410	250	470	470			470		
56744930	27519542	19095216	19064740	30476	322030	19386770	135019	6850122
8233949	3039887	2388840	2387530	1310	1891	2389421	167	1150857
5450557	4049906	1139353	1115755	23598	94469	1210225	39176	50151
39098203	20317020	11518391	11495902	22489	364089	11859991	110460	3512938
26876504	12030474	9027298	9011065	16233	20946	9032011	1863	4070840
2813333	1778100	1723147	1707792	15355	17379	1725171	100	373270
2026356	738023	512828	511522	1307	15976	527498	61939	94081
568592	274474	190144	189043	1101	1734	190777	60271	8265
1378359	405784	266908	266702	206	14242	280945	1668	84125
366	366	445	445			445		
79040	57400	55331	55331			55331		1691
26151670	12543975	7606278	7606278		168472	7774750	2629	4907320
35118335	16360735	12487859	12485129	2730	119899	12605028	79510	2988342
9544391	5958907	2687528	2634873	52654	130019	2764892	92223	155469
67838927	33249249	22087305	22048291	39015	228851	22277142	129270	7971554
29395522	14249565	10610404	10610404		87317	10697721	43700	5179660
33998625	16751336	9529705	9529705		30955	9560660	56796	2726414
3213417	1616248	1313093	1281996	31097	77952	1359948	17258	47441
1231363	632101	634103	626185	7918	32628	658813	11516	18040
2975469	1614368	694359	677990	16369	189539	867529	45092	79576
1575323	853412	204372	204372		2884	207256	21670	63435
1144040	603855	328406	312097	16309	186372	498468	22576	14925
256106	157102	161581	161521	60	284	161805	846	1216
70746962	34827866	22736699	22683883	52815	418390	23102274	161749	8051130
49154	35752	43757	41188	2569		41188	12609	
18280		1205	1205			1205		
48872719	21731997	15400627	15372884	27743	204666	15577550	32244	6797853
3140171	1777753	1082395	1082395		943	1083338	167	157518
6946841	4734098	1906355	1878714	27641	110197	1988911	63857	69536
11854665	6619770	4392288	4392288		102584	4494872	78095	1026222

8－3 续表1

单位:万元、万平方米

指标	Item	建筑工程产值 Output Value of Construction	安装工程产值 Output Value of Installation	其他产值 Others	竣工产值 Output Value of Buildings Completed
总计	**Total**	**19454550**	**2354706**	**1335414**	**8888483**
#国有及国有控股企业	State－owned and State－controlled Construction Enterprises	13110354	1935541	531654	3237175
按登记注册类型分	**By Status of Registration**				
内资企业	Domestic Funded	19454550	2354706	1335414	8888483
国有企业	State－owned Enterprises	816		6663	7479
集体企业	Collective－owned Enterprises	150205	80	21	52064
股份合作企业	Cooperative Enterprises				
联营企业	Joint Ownership Enterprises	470			2070
有限责任公司	Limited Liability Corporations	16028448	2179946	1178375	7135930
股份有限公司	Share－holding Corporations Ltd.	2335307	9789	44325	1313627
私营企业	Private Enterprises	939304	164891	106029	377313
按国民经济行业分	**By Sector**				
房屋建筑业	House Building	10723122	197025	939845	8171404
土木工程建筑业	Building and Civil Engineering	7495564	1407178	129269	483437
建筑安装业	Construction Installation	838339	730236	156596	104610
建筑装饰和其他建筑业	Construction Decoration and Others	397526	20268	109704	129033
建筑装饰业	Construction Installation	106343	13293	71141	99806
工程准备活动	Project Preparation	272280	119	8546	15648
提供施工设备服务	Construction Equipment Providing		445		
其他未列明建筑业	Others	18902	6411	30018	13579
按隶属关系分	**By Administrative Division**				
中央	Central Government	6118081	1591715	64953	1437097
地方	Local Government	11224792	409521	970715	6523483
其他	Others	2111677	353470	299746	927903
按企业资质等级分	**By Qualification Grade**				
施工总承包	Construction of General Contractors	18877530	2175380	1224232	8639211
特级	Special Grade	9798114	202821	696786	3208868
一级	First Grade	7365518	1744395	450747	4711540
二级	Second Grade	1099132	190169	70646	421280
三级及以下	Third Grade and Below	614766	37994	6053	297523
专业承包	Speciality Contractors	577020	179327	111182	249272
一级	First Grade	120955	16986	69316	70561
二级	Second Grade	418742	47193	32533	86100
三级及以下	Third Grade and Below	37323	115148	9334	92611
按营业状态分	**By Operation Status**				
营业	In Business or Operating	19425031	2341829	1335414	8880800
停业(歇业)	Closed	28310	12877		7680
其他	Others	1205			
按控股情况分	**By Share－holding**				
国有控股	State－owned and State－controlled Enterprises	13110354	1935541	531654	3237175
集体控股	Collective Share－holding Enterprises	1027412	55718	207	578736
私人控股	Private Share－holding Enterprises	1500098	256687	232127	686076
港澳台商控股	Hong Kong, Macao and Taiwan Share－holding Enterprises				
其他	Others	3816686	106760	571426	4386497

(continued)

(10 000 yuan;10 000 sq. m)

房屋建筑施工面积 Floor Space under Construction	#本年新开工面积 Newly Started Buildings This Year	年末自有施工机械设备(净值)(万元) Machinery and Equipment Owned at Year-end (Net Value) (10 000 yuan)	年末自有施工机械设备(总台数)(台) Total Number of Machinery and Equipment Owned at Year-end (set)	年末自有施工机械设备(总功率)(万千瓦) Total Power of Machinery and Equipment Owned at Year-end (10 000kw)	从事建筑业活动的平均人数(人) Average Number of Employed Persons in Construction (person)	建筑业企业期末人数(人) Number of Employed Persons in Construction Enterprises (person)	房屋建筑竣工面积 Floor Space of Building Completed	#住宅房屋 Residential Building	商业及服务用房屋 Business Building	办公用房屋 Office Building	科研、教育、医疗用房屋 Scientific Research, Educational and Medical Buildings
8598.24	**2814.93**	**439074**	**52711**	**281.01**	**458593**	**1065232**	**2215.40**	**1515.35**	**139.04**	**74.11**	**201.28**
3367.20	1334.55	389476	36833	180.56	256783	586112	596.69	428.57	56.08	16.06	35.10
8598.24	2814.93	439074	52711	281.01	458593	1065232	2215.40	1515.35	139.04	74.11	201.28
1.50	0.10	90	2		419		0.07	0.07			
151.95	88.86	1547	208	0.17	2784	374	18.19	16.39		0.06	1.72
2.78	0.71		1		132	980	0.81	0.81			
6382.04	1992.43	396256	45658	254.29	380232	450403	1730.12	1138.27	109.98	59.60	176.92
1571.95	558.26	17569	5914	22.91	41674	572962	346.91	289.50	16.86	2.19	19.01
488.01	174.57	23613	928	3.63	33352	40513	119.30	70.31	12.20	12.24	3.63
8244.23	2703.44	58394	20709	43.36	247300	1051436	2187.42	1488.38	139.04	73.35	201.28
106.74	24.64	375831	30526	232.29	167463	1465	19.48	19.18		0.05	
88.71	68.60	2253	900	3.19	26538	12318	7.28	7.28			
158.56	18.25	2597	576	2.18	17292	13	1.23	0.52		0.71	
146.78	12.96	293	190	0.39	11067	13	1.23	0.52		0.71	
11.78	5.29	2063	41	0.12	3659						
					57						
		240	345	1.66	2509						
1087.49	450.60	312031	20828	139.81	127136	1596	181.82	103.56	37.54	15.44	6.85
6845.58	2133.28	91341	28950	134.88	243327	1009332	1824.73	1282.23	88.30	33.74	185.53
665.17	231.04	35702	2933	6.32	88130	54304	208.86	129.57	13.20	24.93	8.90
8382.19	2636.20	435873	51707	276.88	438832	1064760	2200.45	1514.83	127.00	73.36	201.28
3618.64	1209.19	355873	28519	163.23	188373	660006	812.21	547.15	46.17	21.67	87.84
4188.02	1214.92	46331	20243	105.82	187570	358059	1222.35	878.13	67.62	27.44	104.38
253.98	105.25	19906	2317	5.32	42462	36200	78.40	49.24	5.66	2.80	6.21
321.54	106.84	13763	628	2.52	20427	10495	87.50	40.32	7.54	21.45	2.85
216.05	178.73	3201	1004	4.13	19761	472	14.95	0.52	12.04	0.75	
32.28	26.51	1731	428	3.19	4207		1.12				
183.24	151.69	638	293	0.78	8914	6	13.31	0.52	12.04	0.75	
0.52	0.52	832	283	0.16	6640	466	0.52				
8588.10	2814.93	438886	52698	280.97	453034	1065232	2215.40	1515.35	139.04	74.11	201.28
8.65		188	12	0.03	5381						
1.49					177						
3367.20	1334.55	389476	36833	180.56	256783	586112	596.69	428.57	56.08	16.06	35.10
524.15	256.90	7827	485	83.21	27591	6270	104.39	44.05	4.08	21.79	23.05
665.87	219.81	27574	2232	6.96	61851	43117	171.43	104.38	13.02	14.56	8.69
4041.01	1003.67	14197	13161	10.28	112368	429733	1342.90	938.35	65.87	21.70	134.43

8-3 续表2

单位:万平方米;万元

指　　标	Item	文化、体育、娱乐用房屋 Buildings for Culture, Sports and Entertainment	厂房及建筑物 Workshop	仓　库 Storehouse
总　　计	**Total**	**30.25**	**208.00**	**15.31**
#国有及国有控股企业	State - owned and State - controlled Construction Enterprises	3.97	38.61	3.07
按登记注册类型分	**By Status of Registration**			
内资企业	Domestic Funded	30.25	208.00	15.31
国有企业	State - owned Enterprises			
集体企业	Collective - owned Enterprises			
股份合作企业	Cooperative Enterprises			
联营企业	Joint Ownership Enterprises			
有限责任公司	Limited Liability Corporations	26.48	173.93	13.27
股份有限公司	Share - holding Corporations Ltd.	2.09	15.40	1.87
私营企业	Private Enterprises	1.68	18.67	0.17
按国民经济行业分	**By Sector**			
房屋建筑业	House Building	30.19	207.84	15.28
土木工程建筑业	Civil Engineering	0.07	0.15	0.03
建筑安装业	Construction Installation			
建筑装饰和其他建筑业	Construction Decoration and Others			
建筑装饰业	Construction Decoration			
工程准备活动	Project Preparation			
提供施工设备服务	Construction Equipment Providing			
其他未列明建筑业	Others not listed			
按隶属关系分	**By Administrative Division**			
中　央	Central Government	1.88	1.32	
地　方	Local Government	25.22	179.71	13.62
其　他	Others	3.15	26.97	1.69
按企业资质等级分	**By Qualification Grade**			
施工总承包	Construction of General Contractors	30.25	207.47	15.31
特　级	Special Grade	12.41	60.97	9.87
一　级	First Grade	16.62	120.05	3.75
二　级	Second Grade	0.54	12.29	1.54
三级及以下	Third Grade and Below	0.68	14.15	0.14
专业承包	Speciality Contractors		0.52	
一　级	First Grade			
二　级	Second Grade			
三级及以下	Third Grade and Below		0.52	
按营业状态分	**By Operation Status**			
营　业	In Business or Operating	30.25	208.00	15.31
停业(歇业)	Closed			
其 他	Others			
按控股情况分	**By Share - holding**			
国有控股	State - owned and State - controlled Enterprises	3.97	38.61	3.07
集体控股	Collective Share - holding Enterprises	0.02	8.54	0.03
私人控股	Private Share - holding Enterprises	2.36	26.43	1.60
港澳台商控股	Hong Kong, Macao and Taiwan Share - holding Enterprises			
其　他	Others	23.90	134.42	10.61

(continued)

(10 000 sq. m;10 000 yuan)

竣工房屋价值 Value of Buildings Completed	#住宅房屋 Residential Buildings	商业及服务用房屋 Business Buildings	办公用房屋 Office Buildings	科研、教育、医疗用房屋 Scientific Research, Educational and Medical Buildings	文化、体育、娱乐用房屋 Buildings for Culture, Sports and Entertainment	厂房及建筑物 Workshop	仓库 Storehouse
4098151	**2545816**	**299336**	**165146**	**456989**	**137762**	**376135**	**47544**
1121627	773023	101500	20345	100628	29090	63589	13611
4098151	2545816	299336	165146	456989	137762	376135	47544
150	150						
29040	25634		103	3269			
2070	2070						
3182227	1860557	246826	144742	390801	107804	325724	37692
703676	550039	34901	6000	56493	25293	21567	9384
180988	107367	17610	14301	6425	4665	28844	469
4052614	2502615	299336	163280	456989	137642	375846	47484
24273	23654		150		120	289	60
18052	18052						
3212	1496		1717				
3212	1496		1717				
273545	156366	59691	18994	14335	3797	519	
3520710	2194456	220471	112216	431602	127673	342385	44946
303896	194994	19174	33936	11052	6292	33231	2598
4065563	2544320	275666	163315	456989	137762	374945	47544
1561889	960306	113182	37255	206166	56143	109399	32657
2269926	1452259	143310	93853	238519	80604	233505	12289
114352	70654	11242	5817	7673	194	14542	2298
119396	61101	7932	26392	4630	821	17500	300
32588	1496	23670	1831			1189	
4402							
26997	1496	23670	1831				
1189						1189	
4098151	2545816	299336	165146	456989	137762	376135	47544
1121627	773023	101500	20345	100628	29090	63589	13611
227998	90271	14655	57954	47675	50	11117	60
256893	165208	19004	18357	11885	5486	33065	2581
2491632	1517315	164177	68491	296801	103136	268363	31293

8-4 总承包及专业承包建筑业企业财务状况(2019年)

单位:万元

指 标	Item	年初存货 Stock at Year-beginning	年末资产负债 流动资产合计 Total Current Assets	应收工程款 Accounts Receivable	在建工程 Projects Under Construction
总 计	**Total**	**5679631**	**28720339**	**10404148**	**322622**
#国有及国有控股企业	State-owned and State-controlled Construction Enterprises	4738065	21247739	6453146	250566
按登记注册类型分	**By Status of Registration**				
内资企业	Domestic Funded	5679631	28720339	10404148	322622
国有企业	State-owned Enterprises	7362	37915	21144	
集体企业	Collective-owned Enterprises	6670	15134	700	5
股份合作企业	Cooperative Enterprises				
联营企业	Joint Ownership Enterprises	231	1282	101	
有限责任公司	Limited Liability Corporations	5051688	23507998	8004121	269889
股份有限公司	Share-holding Corporations Ltd.	380183	3333069	1666051	1581
私营企业	Private Enterprises	233497	1824941	712031	51147
按国民经济行业分	**By Sector**				
房屋建筑业	House Building	1047184	12470260	6573958	249827
土木工程建筑业	Civil Engineering	3972152	12796746	2189541	36286
建筑安装业	Construction Installation	555210	2084028	820416	35563
建筑装饰和其他建筑业	Construction Decoration and Others	105084	1369306	820233	946
建筑装饰业	Construction Decoration	69228	462551	264909	69
工程准备活动	Project Preparation	30283	838657	523995	858
提供施工设备服务	Construction Equipment Providing		1350	213	
其他未列明建筑业	Others not listed	5572	66748	31116	19
按隶属关系分	**By Administrative Division**				
中 央	Central Government	1019247	8062106	2113625	149878
地 方	Local Government	4080120	16131957	6357805	107022
其 他	Others	580264	4526276	1932718	65722
按企业资质等级分	**By Qualification Grade**				
施工总承包	Construction of General Contractors	5543865	27614388	9859452	321367
特 级	Special Grade	2004347	12349605	3983318	51041
一 级	First Grade	3191437	12421695	4610630	202853
二 级	Second Grade	229623	1629658	658882	56634
三级及以下	Third Grade and Below	118458	1213430	606623	10840
专业承包	Speciality Contractors	135766	1105951	544696	1255
一 级	First Grade	55306	269328	149436	129
二 级	Second Grade	45462	639769	332380	274
三级及以下	Third Grade and Below	34998	196854	62879	852
按营业状态分	**By Operation Status**				
营 业	In Business or Operating	5679031	28689958	10392832	314573
停业(歇业)	Closed	310	17084	7295	134
其 他	Others		13118	3908	7916
按控股情况分	**By Share-holding**				
国有控股	State-owned and State-controlled Enterprises	4738065	21247739	6453146	250566
集体控股	Collective Share-holding Enterprises	121566	891438	541232	2110
私人控股	Private Share-holding Enterprises	345810	2942852	1106377	67563
港澳台商控股	Hong Kong, Macao and Taiwan Share-holding Enterprises				
其 他	Others	474189	3638310	2303393	2384

Financial State for Construction Enterprises of General and Professional Contractors(2019)

(10 000 yuan)

Asset - liability at Year - end						
资产合计 Total Assets	流动负债合计 Total Working Liabilities	应付账款 Accounts Payable	负债合计 Total Liabilities	所有者权益合计 Total Owner's Equities	#实收资本 Paid - in Capitals	#个人资本 Personal Capital
33444481	**24147406**	**11225309**	**26039489**	**7404992**	**3173458**	**224545**
25518911	17819140	7932038	19492625	6026285	2354484	7996
33444481	24147406	11225309	26039489	7404992	3173458	224545
40518	35118	21067	35118	5400	3107	
20500	9899	1547	11900	8600	6859	
1870	1197		1214	656	600	
27439797	19539462	8960792	20966343	6473453	2550395	128806
3975100	3185537	1841888	3480217	494883	306359	20405
1966697	1376192	400015	1544696	422001	306138	75334
13638356	11411599	6307485	11830401	1807956	1155245	100639
15940402	9839072	3743832	11164466	4775936	1500430	94345
2375289	1724975	574601	1841032	534257	354665	12402
1490434	1171761	599390	1203590	286844	163120	17159
501966	426204	295122	438700	63266	32499	7382
917400	694404	293118	713538	203862	114510	5977
1418	479	343	479	939	930	
69650	50674	10808	50874	18777	15181	3800
10038300	7634575	3726150	8337795	1700505	1261141	2709
18512221	12962571	6325470	13928962	4583259	1141130	57506
4893960	3550260	1173688	3772731	1121229	771188	164331
32167175	23233639	10796627	25057332	7109843	2991055	178899
15687805	11883639	5483212	13030001	2657805	1371556	
13309775	9144438	4618579	9630310	3679465	1082379	60849
1875461	1287438	457608	1349238	526223	380900	86473
1294134	918124	237227	1047783	246351	156219	31577
1277306	913766	428682	982157	295149	182404	45647
290003	238506	96353	243126	46877	36499	7845
716935	544613	279434	563415	153520	86114	12714
270368	130647	52895	175616	94752	59791	25088
33412301	24122807	11207748	26014194	7398107	3166039	224035
18546	10339	6026	10858	7688	6909	
13455	14259	11535	14437	-982		
25518911	17819140	7932038	19492625	6026285	2354484	7996
930027	808481	487515	814912	115115	51963	1300
3189577	2188617	621330	2380561	809016	563536	192097
3805967	3331167	2184425	3351391	454576	203475	23153

8-4 续表

单位:万元

指标	Item	损益及分配 营业收入 Business Revenue	主营业务收入 Revenue from Principal Business	营业成本 Business Cost	主营业务成本 Cost of Principal Business
总　　计	**Total**	**22995337**	**22682676**	**21607963**	**21270025**
#国有及国有控股企业	State - owned and State - controlled Construction Enterprises	15178305	14990529	14153098	13924758
按登记注册类型分	**By Status of Registration**				
内资企业	Domestic Funded	22995337	22682676	21607963	21270025
国有企业	State - owned Enterprises	11437	11437	10155	10155
集体企业	Collective - owned Enterprises	89618	89618	86386	86386
股份合作企业	Cooperative Enterprises				
联营企业	Joint Ownership Enterprises	348	348	283	283
有限责任公司	Limited Liability Corporations	19470385	19257012	18228361	17965311
股份有限公司	Share - holding Corporations Ltd.	2246959	2219452	2115089	2101854
私营企业	Private Enterprises	1176591	1104810	1167689	1106036
按国民经济行业分	**By Sector**				
房屋建筑业	House Building	11308030	11201714	10711867	10636419
土木工程建筑业	Building and Civil Engineering	9232764	9032648	8654586	8398803
建筑安装业	Construction Installation	1771871	1770005	1646100	1643364
建筑装饰和其他建筑业	Construction Decoration and Others	682672	678309	595412	591438
建筑装饰业	Construction Decoration	279042	274698	264357	260454
工程准备活动	Project Preparation	340175	340155	273109	273038
提供施工设备服务	Construction Equipment Providing	959	959	890	890
其他未列明建筑业	Others	62497	62497	57056	57056
按隶属关系分	**By Administrative Division**				
中　央	Central Government	7448513	7287880	7099651	6881795
地　方	Local Government	12297595	12254163	11424598	11406383
其　他	Others	3249230	3140633	3083714	2981846
按企业资质等级分	**By Qualification Grade**				
施工总承包	Construction of General Contractors	22060137	21775516	20781037	20469235
特　级	Special Grade	10802499	10630678	10111511	9894498
一　级	First Grade	9228321	9180738	8726755	8692451
二　级	Second Grade	1428001	1374193	1310252	1262320
三级及以下	Third Grade and Below	601316	589908	632519	619966
专业承包	Speciality Contractors	935200	907160	826926	800789
一　级	First Grade	204975	200395	189168	184836
二　级	Second Grade	510709	508815	450655	448983
三级及以下	Third Grade and Below	219516	197950	187103	166971
按营业状态分	**By Operation Status**				
营　业	In Business or Operating	22968928	22656267	21586577	21248638
停业(歇业)	Closed	22477	22476	17624	17624
其　他	Others	3929	3929	3759	3759
按控股情况分	**By Share - holding**				
国有控股	State - owned and State - controlled Enterprises	15178305	14990529	14153098	13924758
集体控股	Collective Share - holding Enterprises	953065	952526	901386	901033
私人控股	Private Share - holding Enterprises	2086067	1994326	1987075	1908982
港澳台商控股	Hong Kong, Macao and Taiwan Share - holding Enterprises				
其　他	Others	4777901	4745296	4566405	4535253

(continued)

(10 000 yuan)

Profits and Losses				所得税费用 Income Tax Expenses	应付职工薪酬（本年贷方累计发生额） Payroll Payable (Accumulated Amount of Credit This Year)	应交增值税 Value Added Tax Payable	建筑业企业在境外完成的营业收入 Revenue Earned by Construction Enterprises from Abroad
营业税金及附加 Taxes and Extra Charges Business	主营业务税金及附加 Taxes and Extra Charges on Principal Business	营业利润 Business Profits	利润总额 Total Profits				
62404	**58449**	**653920**	**659290**	**96128**	**2212975**	**323107**	**716746**
30523	29159	507460	508983	71162	1309889	153024	694817
62404	58449	653920	659290	96128	2212975	323107	716746
52	52	143	27	12	1760	211	
729	729	1567	1544	1471	9750	6128	
1	1	0	0		177	1	
47547	45929	587479	589787	88535	1694433	265280	658829
6609	6604	38527	37558	1637	390356	28997	36611
7467	5134	26204	30374	4474	116499	22490	21306
34957	32341	203819	208104	23763	1348449	185742	126615
20500	19203	367458	369369	54794	651053	90357	513751
4977	4955	50405	49355	13122	161966	15022	76352
1971	1949	32239	32462	4449	51506	31986	28
511	490	3194	3255	851	15607	20336	28
1185	1185	28420	28443	3432	33080	9120	
2	2	-215	-94	2	195	30	
273	273	840	858	164	2624	2500	
7597	7588	100356	103504	8374	425040	57095	623516
36035	34655	464350	462119	72492	1504520	185574	71300
18772	16206	89214	93666	15262	283415	80437	21929
58951	55073	610501	616160	89312	2142416	307111	716718
21401	20331	351498	350094	47749	892661	133073	346998
19774	19287	199731	208469	30571	1026143	124536	347338
10984	8797	49408	47433	7122	153720	31942	21203
6792	6659	9865	10165	3871	69892	17560	1179
3454	3376	43420	43129	6816	70559	15996	28
762	737	4460	4244	363	14443	1273	
1783	1779	25207	25123	2818	40808	11702	28
909	859	13752	13763	3636	15308	3022	
61972	58016	650470	655838	95991	2211530	322266	716746
427	427	3756	3758	138	1157	841	
5	5	-304	-304		282		
30523	29159	507460	508983	71162	1309889	153024	694817
7382	7382	21022	21049	3495	205242	13552	
12665	10311	60142	63367	11142	223271	46258	21929
11836	11597	65297	65890	10329	474572	110273	

主要统计指标解释

建筑业统计单位　指从事房屋、构筑物建造和设备安装活动的法人企业。建筑业法人企业应同时具备的条件是:①依法成立,有自己的名称、组织机构和场所,能够承担民事责任;②独立拥有和使用资产,承担负债,有权与其他单位签订合同;③独立核算盈亏,能够编制资产负债表。

建筑业总产值　是以货币表现的建筑企业在一定时期内生产的建筑业产品和服务的总和。建筑业总产值包括:

(1)建筑工程产值:指列入建筑工程预算内的各种工程价值。

(2)设备安装工程产值:指设备安装工程价值,不包括被安装设备本身价值。

(3)房屋、构筑物修理产值:指房屋、构筑物修理所完成的价值,但不包括被修理房屋、构筑物本身的价值和生产设备的修理价值。

(4)非标准设备制造产值:指加工制造没有定型的、非标准的生产设备的加工费和原材料价值,以及附属加工厂为本企业承建工程制作的非标准设备的价值。

房屋施工面积　指在报告期内施过工的全部房屋建筑面积,包括本期新开工的房屋面积、上期施工跨入本期继续施工的房屋面积、上期停缓建在本期恢复施工的房屋面积、本期竣工的房屋面积及本期施工后又停缓建的房屋面积。

房屋竣工面积　指在报告期内房屋建筑按照设计要求全部完工,达到了住人和使用条件,经验收鉴定合格,正式移交使用的各栋房屋建筑面积的总和。

工程总承包　指取得施工总承包资质的企业(以下简称施工总承包企业),可以承接施工总承包工程。施工总承包企业可以对所承接的施工总承包工程内各专业工程全部自行施工,也可以将专业工程或劳务作业依法分包给具有相应资质的专业承包企业或劳务分包企业。

工程专业承包　指取得专业承包资质的企业,可以承接施工总承包企业分包的专业工程和建设单位依法发包的专业工程。专业承包企业可以对所承接的专业工程全部自行施工,也可以将劳务作业依法分包给具有相应资质的劳务分包企业。

Explanatory Notes on Main Statistical Indicators

Statistical Unit in the Construction Industry refers to a corporate enterprise engaging in the construction of buildings and structures and in the Installation of equipment. A corporate construction enterprise should meet the following 3 requirements: a) being set up in line with relevant legal basis, having its full name, Organization and location, and capable of taking civil liabilities; b) independently processing and using its assets and assuming its liabilities, and entitled to sign contracts with other institutions; and c) making independent accounts of its profits and losses, and capable of compiling its own balance sheet.

Gross Output Value of Construction refers to total construction products and services, expressed in money terms, produced or rendered by construction and installation enterprises during a given period of time. It includes:

(1) Output value of construction projects: the value of projects covered by the project budgets;

(2) Output value of installation projects: the value of the installation of equipment, (excluding the value of the equipment to be installed);

(3) Output value of repair of buildings and structures: the value created through the repairs of buildings or structures. It does not include the value of buildings or structures being repaired and the value of the repair of production equipment;

(4) Output value of manufactured non - standard equipment; the value of non - standard production equipment, including raw materials and manufacturing cost, made for the construction project (i. e., chemical plant; kettles or tanks used by refineries; various fillers, triangle tanks, valves used by mines). It also includes the output value of equipment manufactured by subsidiary workshops.

Floor Space Under Construction refers to floor space of buildings under construction during the reference period, including the floor space of building for which construction has newly started; buildings for which construction has started earlier and is continuing during the reference period: and buildings for which construction has been suspended earlier but has restarted during the reference period; buildings completed during the reference period; and buildings under construction but construction has subsequently been during the reference period.

Floor Space Completed refers to total floor space of each building that has been completed in the reference period in accordance with the requirements of the design, up to the standard for being resided in and put into use, or has been checked and accepted by departments concerned as qualified ones which can be handed over for putting into use.

Engineering, procurement and construction (EPC) refers to construction enterprises with general contractors' qualification (general contracted enterprises), which undertake construction projects of general contractors. General contracted enterprises construct of all professions by their own and subcontract professional engineering or labor service to qualified professional contracted enterprises or labor service sublet enterprises by law.

Professional engineering contractor refers to construction enterprises with professional contractors' qualification, which undertake professional projects subcontracted by general contracted enterprises and professional projects let contracted by construction units by law. Professional engineering contractor constructs of all professions by their own or subcontract professional engineering or labor service to qualified professional contracted enterprises or labor service sublet enterprises by law.

9

Nine

农　业

Agriculture

2020

贵阳统计年鉴

GUIYANG STATISTICAL YEARBOOK

9-1 农村基本情况及农业生产条件
Basic Conditions of Rural Areas and Agricultural Production

指　　标	Item	2015	2016	2017	2018	2019	2019年比2018年增长(%) Growth Rate in 2019 over 2018 (%)
农村基层组织	**Rural Grassroots Units**						
乡镇个数　(个)	Number of Towns and Townships　(unit)	77	77	77	75	75	持平
#镇　(个)	Towns　(unit)	45	47	50	49	49	持平
村委会个数　(个)	Number of Villagers Committee　(unit)	947	947	949	912	912	持平
农村社会基础设施	**Infrastructure in Rural Areas**						
自来水受益村数　(个)	Villages with Tap Water　(unit)	947	932	934	932	932	持平
通有线电视村数　(个)	Villages with Cable TV　(unit)	77	77	791	876	906	3.4
通宽带村数　(个)	Villages with Broadband Connections　(unit)	947	947	869	932	932	持平
农村人口及劳动力资源	**Rural Population and Laborers**						
乡村户数　(万户)	Rural Households　(10 000 households)	56.58	56.30	58.32	58.55	57.23	-2.3
乡村人口数　(万人)	Rural Population　(10 000 persons)	193.99	192.98	198.39	197.53	187.20	-5.2
乡村从业人员数　(万人)	Rural Employees　(10 000 persons)	114.09	111.10	113.58	107.50	105.67	-1.7
按性别分	By Gender						
男　(万人)	Male　(10 000 persons)	59.95	58.08	58.95	57.24	57.09	-0.3
女　(万人)	Female　(10 000 persons)	54.14	53.02	54.63	50.26	48.58	-3.3

备注：本章农业2015、2016、2017年数据为第三次全国农业普查最终修订数。
The data about agriculture in 2015,2016 and 2017 are the final revised number of the third national agricultural census.

9－1 续表 (continued)

指　　标	Item	2015	2016	2017	2018	2019	2019 年比 2018 年增长 (%) Growth Rate in 2019 over 2018 (%)
农田水利建设和农业机械化情况	**Construction of Water Conservancy and Agricultural Machinery**						
机耕面积 (公顷)	Area Plowed by Machinery (hectare)	118145	140002	205000	200874	201746	0.4
机播面积 (公顷)	Area Sowed by Machinery (hectare)	3744	4370	8703	9666	9333	-3.4
机电灌溉面积 (公顷)	Area Irrigated by Machinery (hectare)	36675	40227	38861	39159	35070	-10.4
机械植保面积 (公顷)	Plant Area Protected by Machinery (hectare)	26636	30666	30666	32000	30126	-5.9
机械收获面积 (公顷)	Area Harvested by Machinery (hectare)	9937.00	13738.00	34624.50	33422.70	28111.00	-15.9
农用机械总动力 (万千瓦)	Total Agricultural Machinery Power (10 000 kw)	186.46	191.39	196.42	199.41	201.46	1.0
柴油机 (万千瓦)	Diesel Engine (10 000 kw)	140.37	142.72	147.18	141.98	142.09	0.1
汽油机 (万千瓦)	Gasoline Engine (10 000 kw)	13.10	14.92	14.80	32.07	33.01	2.9
电动机 (万千瓦)	Electricmotor (10 000 kw)	32.99	33.76	34.44	25.36	26.36	3.9
其他机械 (万千瓦)	Others (10 000 kw)						
农用主要能源及物资消耗	**Rural Energy and Material Consumption**						
农用化肥施用量(折纯法) (万吨)	Pure Consumption of Chemical Fertilizers (10 000 tons)	6.39	6.04	5.42	5.35	4.80	-10.3
氮　肥 (万吨)	Nitro-genous Fertilizer (10 000 tons)	2.95	2.81	2.53	2.22	1.98	-10.8
磷　肥 (万吨)	Phosphate Fertilizer (10 000 tons)	0.52	0.49	0.42	0.46	0.39	-15.2
钾　肥 (万吨)	Potash Fertilizer (10 000 tons)	0.84	0.81	0.70	0.77	0.52	-32.5
复合肥 (万吨)	Compound Fertilizer (10 000 tons)	2.08	1.92	1.77	1.90	1.91	0.5
平均每亩耕地化肥施用量 (公斤)	Consumption of Chemical Fertilizers per Mou (kg)	40.64	38.40	36.16	37.39	31.67	-15.3
农村用电量 (万千瓦时)	Rural Electricity Consumption (10 000 kwh)	56513	64965	61326	74405	74807	0.5
农药使用量 (吨)	Use of Pesticides (ton)	453	378	377	353	346	-1.9
地膜使用量 (吨)	Consumption of Farm Plastic Film (ton)	1819	2305	2290	2197	1874	-14.7

注：平均每亩耕地化肥施用量中耕地面积采用2009年发布的第二次全国土地调查结果计算(全市耕地及园地410万亩)，化肥施用量按实物量计算。
The average amount of fertilizer applied to each mu of cultivated land was calculated according to the results of the second national land survey released in 2009 (4.1 million mu of cultivated land and garden land in the city), and the amount of fertilizer applied was calculated on the basis of the actual amount.

9－2 主要农业机械年末拥有量
Major Agricultural Machinery at Year－end

指　　标	Item	2015	2016	2017	2018	2019	2019 年比 2018 年增长(%) Growth Rate in 2019 over 2018 (%)
大中型拖拉机　(台)	Large and Medium－sized Tractors　(set)	2994	3100	3167	2100	2116	0.8
小型拖拉机　(台)	Small Tractors　(set)	3549	3644	3665	3000	3005	0.2
拖拉机配套农具　(部)	Implements and Accessories for Tractors　(unit)	4571	5249	5487	2100	2116	0.8
耕整机　(台)	Cultivators　(set)	61781	69608	81770	4200	4470	6.4
农用水泵　(台)	Agriculture Pumps　(set)	33292	34035	34486	34606	34889	0.8
联合收获机　(台)	Combine Harvesters　(set)	43	43	48	52	54	3.8
机动脱粒机　(台)	Power Threshers　(set)	41841	38741	39083	42148	42627	1.1
谷物烘干机　(台)	Grain Drying Machines　(set)	71	74	83	90	90	持平
饲草料加工机械(台/套)	Processing Machinery of Fodder and Hay (unit/set)	20747	20906	21649	24480	24884	1.7
机动挤奶机　(台)	Mobile Milking Machines　(set)	553	551	551	551	549	－0.4
农用运输车　(辆)	Agricultural Vehicles　(unit)	18669	18660	16802	14575	13759	－5.6

注：本表资料由市农业农村局提供。
Data in this table are provided by Guiyang Municipal Bureau of Agricultural and Rural Affairs.

9－3 主要农作物播种面积
Total Sown Areas of Major Farm Crops

单位：公顷　　(hectare)

指　　标	Item	2015	2016	2017	2018	2019	2019 年比 2018 年增长(%) Growth Rate in 2019 over 2018 (%)
农作物总播种面积	**Total Sown Area**	**295022**	**260935**	**264847**	**257710**	**250182**	**－2.9**
粮食作物播种面积	**Sown Areas of Grain Crops**	**114466**	**111767**	**109250**	**88977**	**81221**	**－8.7**
#稻　谷	Rice	31830	31091	28845	28340	27843	－1.8
小　麦	Wheat	1866	1691	1342	2107	1972	－6.4
玉　米	Corn	60291	59333	63049	38342	31098	－18.9
大　豆	Soybean	4753	4296	4174	4185	3801	－9.2
薯　类	Tubers	14732	13449	11327	15181	15776	3.9
经济作物播种面积	**Sown Areas of Cash Crops**	**180556**	**149168**	**155597**	**168733**	**168961**	**0.1**
#棉　花	Cotton						
油菜籽	Rapeseeds	38737	29341	29341	29504	29504	持平
花　生	Peanuts	1072	898	644	644	644	持平
麻　类	Fiber Crops	1	1	1	1	1	持平
烤　烟	Flue－cured Tobacco	8866	5690	5924	3421	2884	－15.7
蔬菜及食用菌	Vegetables and Edible Fungus	119114	98195	101877	115788	118385	2.2
西　瓜	Watermelon	797	790	719	562	420	－25.3
青饲料	Succulence	6177	6436	8213	6473	13351	106.3
绿　肥	Green Manure	1296	1251	1041	168	341	103.0

9-4 主要农作物产品产量
Output of Major Farm Products

单位:万吨 (10 000 tons)

指　　标	Item	2015	2016	2017	2018	2019	2019年比2018年增长(%) Growth Rate in 2019 over 2018 (%)
粮食作物产量	**Grain Crops**	**40.71**	**43.71**	**43.66**	**38.17**	**37.55**	**-1.62**
按夏秋粮分	By Seasons						
#夏　粮	Summer Grain	5.76	4.55	3.97	5.05	5.19	2.77
秋　粮	Autumn Grain	34.95	39.16	39.69	33.12	32.36	-2.29
按类别分	By types						
稻　谷	Rice	18.49	18.47	17.24	16.89	17.55	3.91
小　麦	Wheat	0.88	0.50	0.47	0.58	0.54	-6.90
玉　米	Corn	15.03	19.85	21.86	15.28	13.90	-9.03
大　豆	Soybean	0.21	0.42	0.26	0.34	0.31	-8.82
薯　类	Tubers	5.73	4.40	3.79	4.97	4.73	-4.83
油料作物	**Oil Crops**	**6.87**	**5.64**	**5.60**	**5.33**	**4.40**	**-17.45**
#油菜籽	Rapeseeds	6.58	5.27	5.27	4.98	3.97	-20.28
花　生	Peanuts	0.21	0.19	0.15	0.15	0.12	-20.00
烤　烟	**Flue - cured Tobacco**	**1.63**	**1.08**	**1.12**	**0.79**	**0.50**	**-36.71**
蔬菜及食用菌	**Vegetables and Mushrooms**	**250.33**	**203.18**	**206.32**	**237.28**	**250.32**	**5.50**

9-5 主要农作物单产
Output Per Monjor Farm Products Per Mu

单位:公斤/亩 (kg/mu)

指　　标	Item	2015	2016	2017	2018	2019	2019年比2018年增长(%) Growth Rate in 2019 over 2018 (%)
粮食作物产量	**Grain Crops**	**237**	**260**	**266**	**286**	**308**	**7.7**
按夏秋粮分	By Seasons						
#夏　粮	Summer Grain	256	215	224	194	216	11.3
秋　粮	Autumn Grain	234	267	271	301	331	10.0
按类别分	By types						
稻　谷	Rice	387	396	398	397	420	5.8
小　麦	Wheat	314	197	233	183	184	0.5
玉　米	Corn	166	223	231	266	298	12.0
大　豆	Soybean	30	65	42	54	55	1.9
薯　类	Tubers	259	218	223	218	218	持平
油料作物	**Oil Crops**	**114**	**122**	**120**	**114**	**116**	**1.8**
#油菜籽	Rapeseeds	113	120	119	112	115	2.7
花　生	Peanuts	131	141	155	155	150	-3.2
烤　烟	**Flue - cured Tobacco**	**123**	**127**	**126**	**154**	**117**	**-24.0**
蔬菜及食用菌	**Vegetables and Mushrooms**	**1401**	**1379**	**1350**	**1296**	**1410**	**8.8**

9-6 茶叶、水果、水产品面积及产量
Basic Statistics on Tea, Fruits and Aquatic Products

指 标	Item	2015	2016	2017	2018	2019	2019年比2018年增长(%) Growth Rate in 2019 over 2018 (%)
面 积 （公顷）	**Area (Hectare)**						
茶园面积	Area of Tea Fields	16522	16579	16877	18176	17884	-1.6
果园面积	Area of Orchards Fields	44640	31333	45202	57114	72706	27.3
产 量 （吨）	**Output (ton)**						
茶 叶	Tea	3739	4122	5104	4848	5478	13.0
园林水果	Garden Fruits	176241	156526	242142	317766	328330	3.3
苹 果	Apples	224	210	582	326	707	116.9
柑 桔	Citrus	10464	6420	8434	19159	15694	-18.1
#桔	Tangerine	8189	4136	4458	8909	7991	-10.3
梨	Pears	54645	28388	29547	31994	32045	0.2
桃	Peach	22786	21862	21862	38525	36365	-5.6
杨 梅	Red Bayberry	6861	7325	8371	8373	10680	27.6
猕猴桃	Kiwi	35866	46658	48665	91615	97046	5.9
葡 萄	Grape	18678	21539	25210	29306	31110	6.2
柿 子	Persimmons	401	422	245	239	282	18.0
水产品产量 （吨）	**Output of Aquatic Products (ton)**	**10227**	**9560**	**9821**	**2316**	**3378**	**45.9**

9-7 畜牧业生产
Number of Livestock and Livestock Products

指　　标	Item	2015	2016	2017	2018	2019	2019年比2018年增长(%) Growth Rate in 2019 over 2018 (%)
猪牛羊家禽出栏头数	**Number of Slaughtered Hogs, Cattle and Poultry**						
当年肉猪出栏头数（万头）	Annual Slaughtered Fattened Hogs (10 000 heads)	112.12	112.17	109.37	112.18	99.99	-10.9
当年肉用牛出栏头数（万头）	Annual Slaughtered Beef Cattle (10 000 heads)	3.53	3.67	3.96	4.13	4.23	2.4
当年羊出栏头数（万只）	Annual Slaughtered Sheep and Goats (10 000 heads)	3.98	4.38	3.49	3.74	3.67	-1.9
当年家禽出栏头数（万只）	Annual Slaughtered Poultry (10 000 heads)	1456.31	1613.66	1338.90	1482.67	1944.30	31.1
当年肉类总产量（万吨）	**Annual Output of Meat (10 000 tons)**	**13.10**	**13.26**	**12.48**	**13.00**	**12.64**	**-2.8**
#猪　肉（万吨）	Pork (10 000 tons)	10.01	9.89	9.60	9.86	8.75	-11.3
牛　肉（万吨）	Beef (10 000 tons)	0.45	0.44	0.50	0.52	0.54	3.8
羊　肉（万吨）	Mutton (10 000 tons)	0.06	0.07	0.06	0.07	0.07	持平
禽　肉（万吨）	Poultry (10 000 tons)	2.46	2.73	2.27	2.50	3.26	30.4
其他畜产品产量	**Other Livestock Products**						
#牛　奶（吨）	Milk (ton)	37600	38900	39800	38021	46528	22.4
蜂　蜜（吨）	Honey (ton)	38	35	37	94	128	36.2
禽　蛋（吨）	Poultry Eggs (ton)	47400	51200	41012	34908	37209	6.6
大牲畜年末存栏头数（万头）	**Large Animal at Year-end (10 000 heads)**	**14.88**	**14.32**	**14.20**	**13.14**	**18.83**	**43.3**
#牛（万头）	Cattle and Buffaloes (10 000 heads)	13.22	12.69	12.96	12.20	12.93	6.0
肉　牛（万头）	Beef Cattle (10 000 heads)	11.81	11.19	11.31	10.79	11.66	8.1
奶　牛（万头）	Cows (10 000 heads)	1.41	1.50	1.65	1.41	1.28	-9.2
马（万匹）	Horses (10 000 heads)	1.65	1.62	1.27	0.93	0.89	-4.3
猪年末存栏数（万头）	**Hogs at Year-end (10 000 heads)**	**86.09**	**80.18**	**77.87**	**75.90**	**66.94**	**-11.8**
羊年末存栏数（万只）	**Sheep and Goats at Year-end (10 000 heads)**	**5.87**	**5.85**	**4.58**	**3.92**	**3.70**	**-5.6**
家禽年末存栏数（万只）	**Poultry at Year-end (10 000 heads)**	**1272.28**	**1346.38**	**1112.63**	**1181.67**	**1302.42**	**10.2**

9-8 农林牧渔总产值、增加值
Gross Output Value and Added Value of Agriculture, Forestry, Animal Husbandry and Fishery

指　　标	Item	2015	2016	2017	2018	2019	2019年比2018年增长(%) Growth Rate in 2019 over 2018 (%)
农林牧渔业总产值(万元)	**Total**	**2004103**	**2256078**	**2479970**	**2562556**	**2701975**	**5.8**
农业产值	**Output Value of Farming**	**1291882**	**1440107**	**1625245**	**1760261**	**1906319**	**9.2**
谷物及其他作物	Grain and Others	246070	247298	199073	175944	111339	-18.9
蔬菜园艺作物	Vegetables and Horticultural Crops	800715	910407	1050691	1182805	1248929	6.5
水果、饮料和香料作物	Fruit, Beverage and Aromatic Crops	193931	230321	307758	354281	473119	20.4
中药材	Medicinal Materials	51166	52081	67723	47230	72932	27.5
林业产值	**Output Value of Forestry**	**12773**	**12922**	**15642**	**25963**	**28782**	**9.7**
林木的培育和种植	Cultivating and Planting of Forest	5534	3597	5396	23184	24894	5.4
竹木采运	Transporting of Timber & Bamboo	6862	9031	10030	2706	3568	22.9
林产品	Collecting of Forest Products	377	294	216	73	320	288.4
牧业产值	**Output Value of Animal Husbandry**	**558798**	**646853**	**671298**	**614982**	**591197**	**-4.7**
牲畜饲养	Animal Raising	82940	109303	112722	101616	86920	-1.6
猪的饲养	Hogs Raising	332605	345780	341783	305897	294649	-10.7
家禽饲养	Poultry Raising	139786	187046	212701	199769	199642	1.9
其他畜牧业	Others	3467	4724	4092	7700	9986	9.6
渔业产值	**Output Value of Fishery**	**24579**	**25803**	**28990**	**5930**	**9061**	**52.8**
农林牧渔专业及辅助性活动产值	**Output Value of Agriculture, Forestry, Animal Husbandry and Fishery**	**116071**	**130393**	**138794**	**155420**	**166616**	**5.9**
农林牧渔业增加值(当年生产价)	**Added Value of Agriculture, Forestry, Animal Husbandry and Fishery (at current price)**	**1298860**	**1462030**	**1569017**	**1636356**	**1726118**	**5.6**
农　业	Agriculture	869530	977259	1058623	1151144	1243873	8.7
林　业	Forestry	7983	8516	10562	16240	17907	9.1
牧　业	Animal Husbandry	323416	370078	387547	359999	346087	-4.7
渔　业	Fishery	13958	15507	16575	3649	5535	51.6
农林牧渔专业及辅助性活动	Service Industry of Agriculture, Forestry, Animal Husbandry and Fishery	83973	90670	95710	105324	112716	5.7

注：表中绝对数按当年价格计算，增长速度按可比价格计算。
Data in value terms in this table are calculated at current prices, while growth rate is calculated at comparable prices.

9－9 全市农林牧渔业总产值
Gross Output Value of Agriculture, Forestry, Animal Husbandry and Fishery

单位:万元 (10 000 yuan)

年 份 Year	农林牧渔业总产值 Gross Output Value of Agriculture, Forestry, Animal Husbandry and Fishery	农 业 Agriculture	#种植业 Crop Farming	林 业 Forestry	牧 业 Animal Husbandry	渔 业 Fishery	农林牧渔服务业 Services of Agriculture, Forestry, Animal Husbandry and Fishery
1978	20394	16714	14538	528	3127	25	
1979	22314	18176	15789	647	3439	51	
1980	22427	17882	15721	650	3851	43	
1981	27815	21299	18738	722	5750	43	
1982	34372	27362	24269	1122	5839	50	
1983	35441	27113	23954	1631	6601	97	
1984	43753	34835	27225	1418	7353	146	
1985	45351	30964	28087	1966	11913	508	
1986	51032	35060	31728	1636	13648	688	
1987	62352	40370	23457	1865	19657	460	
1988	82895	50676	45443	1849	29230	1140	
1989	91274	55190	51080	1813	33366	906	
1990	89660	57196	52893	3366	28128	1270	
1991	107985	73751	69828	2983	29871	1380	
1992	116180	77572	72342	3461	32744	2403	
1993	133030	87928	78291	4101	41239	2762	
1994	207946	136776	129369	4339	63429	3402	
1995	263352	171414	163235	5867	79997	6074	
1996	311117	205301	195636	7217	91948	6651	
1997	340619	271209	206892	7168	108391	7851	
1998	347982	213746	201028	8717	117443	8076	
1999	362061	218136	206334	8500	126938	8487	
2000	369939	230774	215146	8170	123709	7286	
2001	389659	237175	221221	6769	137845	7870	
2002	410318	231154	224798	8944	151940	8059	10221
2003	439373	257259	257259	6149	157215	7627	11123
2004	503219	288665	288665	5625	197452	9117	2360
2005	547663	313678	313678	4514	215686	10646	3139
2006	540166	325357	325357	4543	199088	6486	4692
2007	627533	388066	388066	4332	220979	8460	5696
2008	729872	454631	454631	8917	250719	9718	5887
2009	784592	518431	518431	5604	242702	11520	6335
2010	832429	554555	554555	5137	253598	12273	6866
2011	965503	622118	622118	8608	313870	13617	7290
2012	1114911	732370	732370	7556	352089	14832	8064
2013	1258807	825910	825910	9608	397573	16365	9351
2014	1706832	1200009	1200009	10424	463499	22233	10667
2015	2004103	1291882	1291882	12773	558798	24579	116071
2016	2256078	1440107	1440107	12922	646853	25803	130393
2017	2479970	1625176	1625176	15659	671290	28989	138854
2018	2562556	1760261	1760261	25963	614982	5930	155420
2019	2701975	1906319	1906319	28782	591197	9061	166616

注:2003 年起农林牧渔业总产值按国民经济新行业分类划分,2002 年数据作相应调整;2006、2007 年为第二次农业普查调整数。

Since 2003, the gross output value of agriculture, forestry, animal husbandry and fishery has been grouped by new sectors on national economic industry and the data of 2002 were adjusted accordingly; data of 2006 and 2007 refer to the adjusted figures of the Second Agriculture Census.

主要统计指标解释

农林牧渔业总产值 是以货币表现的农林牧渔业的全部产品总量和对农林牧渔业生产活动进行的各种支持性服务活动的价值。它反映一定时期内农林牧渔业生产总规模和总成果。根据农业生产特点，农林牧渔业总产值的核算采用“产品法”进行计算，即用产品产量乘以价格求出各种产品的产值，然后把它们加总求得各业的产值，最后各业相加求出农林牧渔业总产值。

农林牧渔业增加值 指农、林、牧、渔及农林牧渔服务业生产货物或提供服务活动而增加的价值，为农林牧渔业现价总产值扣除农林牧渔业现价中间投入后的余额。农林牧渔业增加值核算采用“生产法”和“分配法”两种方法计算。

(1)生产法：这是目前各地计算增加值普遍使用的一种方法。即由现价农林牧渔业总产值减去农林牧渔业中间消耗(不包括固定资产折旧及大修理基金)的方法取得。

(2)分配法：分配法也称收入法，是根据各种生产要素在生产过程中应取得收入份额来进行计算的一种方法。农林牧渔业增加值 = 固定资产折旧 + 劳动者报酬 + 生产税净额(生产税 - 生产补贴) + 营业盈余

耕地面积 指种植农作物的土地。包括熟地，新开发、复垦、整理地，休闲地(含轮歇地、轮作地)；以种植农作物(含蔬菜)为主，间有零星果树、桑树或其他树木的土地；平均每年能保证收获一季的已垦滩地和海涂。耕地中包括南方宽度 <1.0 米、北方宽度 <2.0 米固定的沟、渠、路和地坎(埂)；临时种植药材、草皮、花卉、苗木等的耕地，以及其他临时改变用途的耕地。

农业机械总动力 指全部农业机械动力的额定功率之和。农业机械是指用于种植业、畜牧业、渔业、农产品初加工、农用运输和农田基本建设等活动的机械及设备。

化肥使用量(折纯量) 指本年度内实际用于农业生产的化学肥料数量，包括氮肥、磷肥、钾肥和复合肥。使用量要求按折纯量计算数量，即各类化学肥料的实际施用数量按其含氮、含五氧化二磷、含氧化钾的比例折成百分之百计算。折纯量 = 实物量 × 某种化肥有效成份含量的百分比。

有效灌溉面积 指具有一定的水源，地块比较平整，灌溉工程或设备已经配套，在一般年景下当年能够进行正常灌溉的耕地面积。在一般的情况下，有效灌溉面积应等于灌溉工程或设备已经配套，能够进行正常灌溉的水田和水浇地面积之和。

农作物播种面积 指农业生产经营者应在日历年度内收获农作物在全部土地(耕地或非耕地)上的播种或移植面积。凡是本年内收获的农作物，无论是本年还是上年播种，都算为播种面积，但不包括本年播种，下年收获的农作物面积。移植的农作物面积按移植后的面积计算，不计算移植前的秧田、畦田等面积。多年生作物，即播种后可连续生长多年的缩根性草本植物，如有些麻类、中药等作物的播种面积，按本年新增面积加往年的连续累计面积计算。如果因灾害等原因，应该收获却未能收获，也要按原播种面积计算，新补或改种，并在本年收获的，要按复种作物计算面积。间种、混种的作物面积按比例折算各个作物的面积，如果完全混合、同步生长、收获的作物，按混合面积平均分配。复种、套种的作物，按次数计算面积，每种一次计算一次。再生稻、再生高粱、再生烟等，因其没有经过播种或移植，不算入播种面积。

粮食产量 指农业生产经营者日历年度内生产的全部粮食数量。按收获季节包括夏收粮食、早稻和秋收粮食，按作物品种包括谷物、薯类和豆类。其中谷物包括小麦、玉米、早稻、中稻和一季晚稻、双季晚稻、大麦、高粱、谷子、荞麦等禾本科和蓼科粮食作物；薯类只包括马铃薯、甘薯，木薯统计在其他农作物，芋头等其他薯统计在其他蔬菜；豆类包括大豆、绿豆、红小豆、杂豆等。谷物产量按脱粒后的原粮计算，薯类按鲜薯重量的5:1 折算，豆类按去豆荚后的干豆计算。

经济作物 指除粮食作物之外，种植在耕地或非耕地上的农作物。包括油料、棉花、麻类、糖料、烟叶、中草药材、蔬菜、瓜果等。

油料产量 指全部油料作物的生产量。包括花生、油菜籽、芝麻、向日葵籽、胡麻籽(亚麻籽)和其他油料。不包括大豆、木本油料和野生油料。花生以带壳干花生计算。

茶叶产量 是指本年度内生产的全部茶叶产量。包括从成片茶园和零星种植的茶树以及荒芜未垦复的茶树上所采摘的全部产量。不论自食的或出售的,都应统计在内。茶叶的产量按经过初步加工的干毛茶的重量计算。根据制造方法的不同和品质上的差异,将茶叶分为绿茶、青茶、红茶其他茶等。

园林水果 指农业生产经营者日历年度内在专业性果园、林地及零星种植果树(藤)上生产的水果。包括苹果、梨、柑橘类、热带及亚热带水果和其他园林水果如桃、葡萄、红枣等,不包括采集的野生水果。按实收的鲜果计算产量。经脱水、晾干等处理的干果,如干枣、葡萄干、柿饼、桔饼等一律折合成鲜果计算。

水果产量 指农业生产经营者日历年度内生产的乔木类和藤本类水果、多年草本水果及果用瓜。包括园林水果和非园林水果(瓜果类),不包括采集的野生水果。按鲜果产量计算。经脱水、晾干等处理的干果,如干枣、葡萄干、柿饼、桔饼等一律折合成鲜果计算。

茶园、果园面积 是指成片种植的茶园、果园面积,包括原有的、垦复的和本年新植定株的面积,以及调查时虽已荒芜,但只要稍加开垦、修整和培育后就能恢复生产的面积,不论树龄大小,也不论当年有无得到收益,都要包括在内。茶园、果园面积中,不包括培育幼苗的苗圃面积。零星种植的桑树、果树株数和茶树的丛数,不必折算面积。

造　林 指在宜林地、无立木林地、疏林地、灌木林地和有林地上通过人工措施形成、恢复或改善森林、林木、灌木林的过程。按造林地类分为荒山荒(沙)地造林和有林地造林。

荒山荒(沙)地造林 指报告期内宜林荒山荒地、宜林沙荒地、无立木林地、疏林地和退耕地等其他宜林地上通过人工措施形成或恢复森林、林木、灌木林的过程。包括三种造林方式:人工造林、飞播造林、无林地和疏林地新封山(沙)育林。

有林地造林 指在灌木林地和有林地上通过人工措施改善森林、林木、灌木林的过程。包括三种造林方式:林冠下造林、飞播营林、有林地和灌木林地新封山(沙)育林。

猪、牛、羊出栏头数 指育肥出售和自食的头数。包括淘汰的和因伤死的耕牛、肉牛、奶牛和羊。猪出栏不包括个别地区习惯吃的“烤小猪”或出口的“乳猪”。

禽、兔出栏数 指统计期内出栏供屠宰的家禽和家兔。不包括出卖的雏禽和幼兔。

猪期末存栏 指本调查期末饲养生猪的总量,包括15公斤以下仔猪、待育肥猪(架子猪)和种猪等数量之和。

能繁殖母猪 是指猪龄约在9个月(包括9个月)以上的、具备繁殖能力的母猪。

肉类总产量 指各种牲畜及家禽、兔等动物肉产量总计。猪、牛、羊、马、驴、骡、骆驼肉产量按去掉头蹄下水后带骨肉的胴体重量计算,兔禽肉产量按屠宰后去毛和内脏后的重量计算。

水产品产量 指渔业(捕捞和养殖)生产活动的最终有效成果,包括全部海水和淡水鱼类、甲壳类(虾、蟹)、贝类、头足类、藻类和其他类渔业产品的最终产量。不包括渔业生产过程中的中间成果,如鱼苗、鱼种、亲鱼、转塘鱼、存塘鱼和自用作饵料的产品等。水产品在上岸前已经腐烂变质,不能供人食用或加工成其他制品的,不统计在水产品产量中。

Explanatory Notes on Main Statistical Indicators

Gross Output Value of Agriculture, Forestry, Animal Husbandry and Fishery refers to the total value of products of agriculture, forestry, animal husbandry and fishery, and total value of services in support of agriculture, forestry, animal husbandry and fishery activities. It reflects the total scale and outputs of agricultural production during a given period. Gross output value of agriculture is obtained by multiplying the output of each product or by – product by its price, resulting in the output value of each single item, thus addition leads to gross output value of agriculture.

Added Value of Agriculture, Forestry, Animal Husbandry and Fishery refers to the total value of products of agriculture, forestry, animal husbandry and fishery and also the added value from tertiary production of goods and tertiary activities. It is obtained from the current gross output value of agriculture, forestry, animal husbandry and fishery divided by its balance after the current rate for intermediate inputs. Two ways of calculating the added value are method of production and method of distribution.

(1) Method of production: now one of the common and widespread ways to calculate the added value. It is obtained from the current gross output value of agriculture, forestry, animal husbandry and fishery minus intermediate consumption of those industries (excluding depreciation of fixed assets and fund for major overhaul).

(2) Method of distribution: also called method of income. It is a way to calculate due income share based on various production factors in the process of production. Added Value of Agriculture, Forestry, Animal Husbandry and Fishery = depreciation of fixed assets + laborers´remuneration + net taxes on production (taxes on production – production subsidy) + operating surplus.

Cultivated Area (Area under Cultivation) refers to farmland for growing crops, including cultivated land, newly cultivated land, reclamation land, fallow land (including rotation plot and transferring cultivation of paddy and upland land); it includes mainly land for crop planting (including vegetables) with some land for fruit trees, mulberry trees and other trees, and cultivated seashore land and shoal for a season´s harvest. The plantation of mulberry fields, tea plantations, and orchards, nurseries of young plants, forest land, reeds and natural or artificial pasture are not included in this category. The cultivated land includes fixed ditch, trench, path and sill less than 1.0 meter in South and North in terms of its width; and temporary land for planting medicinal materials, turf, flowers, and nursery stock, as well as land used for other temporary usage.

Total Power of Agriculture Machinery refers to total rated mechanical power used in agriculture, forestry, animal husbandry and fishery. Here agricultural machinery refers to those machinery and equipment used in crop framing, animal husbandry, fishery, primary process of agricultural products, farm transport vehicle and farmland capital construction equipment.

Consumption of Chemical Fertilized in Agriculture (Volume of effective component) refers to the quantity of chemical fertilizers actually applied in the agriculture in the current year, including nitrogenous fertilizer, phosphate fertilizer, potash fertilizer, and compound fertilizer. The consumption of chemical fertilizers is calculated at volume of effective components, which means various chemical fertilizer, such as nitrogen, phosphorus pentoxide, potassium oxide, are accounted by being converted into percentage. Volume of effective components = physical quantity of goods * percentage of effective ingredient of some fertilizers.

Effective Irrigated Area refers to arable land that are effectively irrigated, i. e. relatively level land, where there are water sources or complete sets of irrigation facilities to lift and transport adequate water for irrigation purpose under normal conditions. Generally, effective irrigated area means paddy field and irrigated land with normal irrigation where irrigation project and equipment has been complete.

Sown Area of Crops refers to area of land sown or transplanted with crops regardless of cultivated area or non – cultivated area for agricultural production operator within the calendar year. The crops harvested this year, regardless of being sown in this year or the previous year, are all considered as area of crops, but crops sown this year will be harvested in the coming year are excluded. Area of transplanted crops is counted through the area of transplantation, which excludes rice field and ridge – bordered plots before transplantation. The area of perennial crops, which can grow continuously many years after planting the root herbs, such as some hemp and Chinese traditional medicine is counted based on new area accumulated that of the previous year. In case of disasters, due crops failed to harvest; thus the area of crops should be counted by the previous area of crops; Addition and revert to plant other crops being harvested within this year is counted by multiple crops′ area. The area of crossbred and interplant convert to respective area based on proportion while crops of complete crossbred and synchronous growth to harvest are counted through the equal division of mixed area. The area of multiple cropping and interplant are counted based on times – one calculation per time. Ratoon rice, regeneration sorghum and aftergrowth tobacco cannot be counted into the area of crops because of without sow or transplant.

Grain Output refers to the total output of grains produced by all agricultural producers within the calendar year. According to harvest season, grains include summer – harvest grain, early season rice, and autumn – harvest grain; according to crop variety, grains include cereals, beans and tubers – cereals include gramineous crops, such as wheat, corn, early rice, middle – season rice, single – cropping late rice, double – cropping late rice, barley, sorghum, millet and polygonaceae crops; beans only include potatoes and sweet potatoes while cassava are counted into other crops, and other tubers such as taro is counted into other vegetables; beans include soybeans, green beans, red beans and mixed beans etc. Grain yield is calculated after raw grain thresh, potato's weight have reduced one fifth compared to the fresh potato; beans is calculated based on dried beans without pod.

Economic crops refer to those crops planted in arable lands or bare places except grains, which include oil, cotton, hemp, sugar, tobacco, Chinese medicine, vegetable, and fruits etc.

Yield of Oil Bearing Crops refers to the total yield of oil bearing crops of various kinds, including peanuts, rapeseeds, sesame, sunflower seeds, flax seeds, and other oil bearing crops. Soybeans, oil bearing woody plants, and wild oil bearing crops are not included. Dried peanuts are counted with shells.

Yield of Tea refers to gross yield of tea in this calendar year, including those picked from tea gardens, scattered tea trees and desolate uncultivated trees. Tea for self – sufficient need or sales are all included. The yield of tea is calculated based on dry semi – finished tea through initial processing. According to different manufacturing methods and quality of products, teas are divided into green tea, blue tea, black tea and so on.

Garden fruits refer to the fruit produced by agricultural production operator in the calendar year planted in the specialized orchard, forest and scattered fruit trees, including apples, pears, citrus, tropical and subtropical fruits and other garden fruits such as peach, grape and red dates etc.. Wild fruits collected are excluded. The yield of fruits is counted by actual collected fresh fruits. Nuts through the process of dehydration and airing, such as dry dates, raisin, dried persimmon and flattened orange, are counted as fresh fruits.

Yield of Fruits refer to timber and vine fruits, several – year herb fruits and melons produced by agricultural production operator in the calendar year, including garden fruits and non – garden fruits (melons); Wild fruits collected are excluded. The yield of fruits is counted by fresh fruits. Nuts through the process of dehydration and airing, such as dry dates, raisin, dried persimmon and flattened orange, are counted as fresh fruits.

Tea Plantations, Orchards Areas refer to tableted tea plantations and richards, including those original, reclaimed and newly planted areas. Although they were desolated when under research, those areas can put back on production with proper reclamation, adjustment and nurture. Despite of tree ages and current – year profits, those areas are included. The area of tea plantation and orchard excludes area of nursery bed cultivating seedling.

Afforestation refers to a process of forming, returning or improving forests, trees and shrubs through artificial measures in suitable land for forest, bare land, open forest land, shrubland and forest land. According to category of afforestation, land of afforestation is divided into afforestation on barren and sand land as well as forest land.

Afforestation on Barren and Sand land refers to a process of forming and returning forests, trees and shrubs through artificial measures in waste hills and unreclaimed lands suitable for afforestation, sand lands suitable for afforestation, bare lands, open forest land and rehabilitated land during the reporting period.

Afforestation on Forest Land refers to a process of improving forests, trees and shrubs through artificial measures in shrubs lands and forest lands, which includes three ways of afforestation – afforesting the canopy base, afforestation by aerial seeding, the project of closing hillsides to facilitate afforestation in forest lands and shrub lands.

Output of Pork, Beef, Mutton refers to amount of fattening animals for sales and self – sufficient, including obsolete farm cattle, meat castle, milk sheep and sheep dead from injury. The amount of pork excludes grilled young pig eaten habitually in some special districts or suckling pig for export.

Output of Poultry and Rabbits refer to the poultry and rabbits raised for slaughter in the statistical period, which excludes young birds and immature rabbit.

Amount of Pig in Stock at Year – end refers to total amount of swine raised at end of the reference period, including the total amount of piglet under 15 kg, fattening pig (feeder pig) and boar.

Fertile Boar refers to boar above 9 months (including 9 months) with fertility.

Total Output of Aquatic Products refers to total meat yield of animals including various livestock, poultry and rabbits. The yield of meat includes carcass with bones and meat without animal offals and head and feet of animals such as pig, cattle, sheep, horse, donkey, mule, camel. The yield of rabbit excludes fur and offals after slaughtering.

Output of Aquatic Products refers to the final output actually yielded from fishing production (fishery and breeding), including all output of marine and freshwater fish, crustacea (shrimps, crabs), mollusc, cephalopod, seaweed and other fishery products; but it excludes the intermediate output in the process of fishery, such as fry, fingerling, parent fish, pond – turning fish, pond – despositing fish and products for personal use as bait. Aquatic products putrid before landing cannot be eaten or processed to make other aquatic products, which are not counted in the yield of aquatic products.

10

Ten

国内外贸易及旅游

Domestic Trade, Foreign Trade and Tourism

10－1 社会消费品零售总额及构成
Total Retail Sales of Consumer Goods and Its Composition

单位:万元

年 份 Year	社会消费品零售总额 Total Retail Sales of Consumer Goods	社会消费品零售总额指数(%) Total Retail Sales of Consumer Goods Indices(%)
1978	48458	110.7
1979	55731	115.0
1980	67017	120.3
1981	75482	112.6
1982	81863	108.5
1983	90399	110.4
1984	107105	118.5
1985	132380	123.6
1986	153254	115.8
1987	180877	118.0
1988	231322	127.9
1989	240265	103.9
1990	249475	103.8
1991	274794	110.1
1992	328166	119.4
1993	418684	127.6
1994	487174	116.4
1995	611494	125.5
1996	761471	124.5
1997	872720	114.6
1998	954472	109.4
1999	1045710	109.6
2000	1215235	116.2
2001	1376838	113.3
2002	1562297	113.5
2003	1776526	113.7
2004	2050835	115.4
2005	2346033	114.4
2006	2726693	116.2
2007	3276903	120.2
2008	4218840	128.7
2009	4855796	115.1
2010	5870153	120.9
2011	7151228	121.8
2012	8450441	118.2
2013	9821851	116.2
2014	11227238	114.3
2015	13538364	120.6
2016	15427633	114.0
2017	17417921	112.9
2018	19014470	109.2
2019	20528549	106.2

注:按照国家统计局贸经司工作方案,根据2018年第四次经济普查社会消费品零售总额数据,对1992年以来的数据进行修订,2019年社会消费品零售总额总量进行相应调整,增速为同比口径。

According to the work program of the Trade and Economic Department of the National Bureau of Statistics, the data since 1992 are revised based on the data of the total retail sales of consumer goods in the Fourth Economic Census in 2018, and the total retail sales of consumer goods in 2019 are adjusted accordingly. The growth rate is on a year－on－year basis.

10－2 限额以上批发业和零售业
Total Sales of Wholesale and Retail Trades

指　　标	Item	2015	2016	2017	2018	2019	2019年比2018年增长(%) Growth Rate in 2019 over 2018 (%)
销售总额		**18439332**	**18138177**	**21111394**	**21982042**	**25268227**	**14.9**
批发业	**Wholesale Trade**						
法人企业 (个)	Number of Corporations (unit)	196	176	230	258	280	8.5
年末从业人数 (人)	Employees at Year－end (person)	13561	12578	13816	20869	16743	－19.8
批发业销售额 (万元)	Total Sales of Wholesale Trade (10 000 yuan)	11910359	10942703	12812986	13647832	16588784	21.5
年末零售营业面积 (平方米)	Area of Retail at Year－end (sq. m.)	246907	156303	80125	175806	254292	44.6
零售业	**Retail Trade**						
法人企业 (个)	Number of Corporations (unit)	351	360	337	347	349	0.6
年末从业人数 (人)	Employees at Year－end (person)	32506	34485	36132	40036	43344	8.3
零售业销售额 (万元)	Total Sales of Retail Trade (10 000 yuan)	6528973	7255474	8298408	8334209	8679443	4.1
年末零售营业面积 (平方米)	Area of Retail at Year－end (sq. m.)	1421282	1467665	1574148	1678007	2024614	20.7

10－3 限额以上住宿业和餐饮业
Statistics on Hotels and Catering Services

指　　标	Item	2015	2016	2017	2018	2019	2019年比2018年增长(%) Growth Rate in 2019 over 2018 (%)
住宿业	**Lodging Industry**						
法人企业 (个)	Number of Corporations (unit)	87	76	85	121	158	30.6
年末从业人员 (人)	Employees at Year－end (person)	10053	9032	9770	9921	10657	7.4
营业额 (万元)	Business Revenue (10 000 yuan)	172032	173530	204795	218214	241336	10.6
#客房收入	Revenue from Hotel Rooms	96537	95659	114913	134856	149959	11.2
餐费收入	Revenue from Meals	59601	62774	70177	65522	63323	－3.4
客房数 (间)	Number of Hotel Rooms (room)	13095	15962	13579	25961	30553	17.7
床位数 (个)	Number of Beds (unit)	21030	25507	21317	40585	46148	13.7
年末餐饮营业面积 (平方米)	Opening Area of Retail Trade at Year－end (sq. m.)	125720	149151	189011	273854	659093	140.7
餐饮业	**Catering Services**						
法人企业 (个)	Catering Services	68	72	81	85	90	5.9
年末从业人员 (人)	Catering Services	5961	5615	5927	6153	7133	15.9
营业额 (万元)	Business Revenue (10 000 yuan)	94634	101231	109722	119409	135269	13.3
#客房收入	Revenue from Hotel Rooms	3311	4080	3651	2587	2116	－18.2
餐费收入	Revenue from Meals	83959	88947	98826	108632	124128	14.3
客房数 (间)	Number of Hotel Rooms (room)	802	846	756	811	807	－0.5
床位数 (个)	Number of Beds (unit)	1336	1400	1315	1324	1354	2.3
年末餐饮营业面积 (平方米)	Opening Area of Retail Trade at Year－end (sq. m.)	154816	145707	149775	194121	306398	57.8

注:2018年住宿业中的餐费收入、客房数、床位数,进行经普数据调整。
Dining income, number of hotel rooms and number of beds in the lodging industry in 2018 were adjusted based on the economic census data.

10－4 限额以上批发和零售业企业基本情况(2019 年)

指　　标	Item
总　计	**Total**
批发业	**Wholesale Trade**
按批发行业小类分(2017)	**By Sectors**
农、林、牧、渔产品批发	Wholesale of Agricultural, Forestry, Livestock and Fishery Products
畜牧渔业饲料批发	Wholesale of Livestock and Fishery Feed
食品、饮料及烟草制品批发	Wholesale of Food, Beverages and Tobacco Products
米、面制品及食用油批发	Wholesale of Rice, Flour and Edible Oil
肉、禽、蛋、奶及水产品批发	Wholesale of Meats, Poultry, Eggs, Milk and Aquatic Products
盐及调味品批发	Wholesale of Salt and Flavouring
酒、饮料及茶叶批发	Wholesale of Liquor, Beverages and Tea
烟草制品批发	Wholesale of Tobacco Products
纺织、服装及家庭用品批发	Wholesale of Texiles, Garments and Household Articles
服装批发	Wholesale of Garments
鞋帽批发	Wholesale of Shoes and Hats
化妆品及卫生用品批发	Wholesale of Cosmetics and Hygienic Products
厨房卫具及日用杂品批发	Wholesale of Kitchen Ware and Daily Necessities
家用视听设备批发	Wholesale of Household Audio－visual Equipment
日用家电批发	Wholesale of Household Appliances
其他家庭用品批发	Wholesale of Other Household Articles
文化、体育用品及器材批发	Wholesale of Culture Articles and Sports Appliances and Equipments
文具用品批发	Wholesale of Stationery
图书批发	Wholesale of Books
其他文化用品批发	Wholesale of Other Culture Articles
医药及医疗器材批发	Wholesale of Medicines and Medical Equipments
西药批发	Wholesale of Western Medicines
中药批发	Wholesale of Traditional Chinese Medicines
矿产品、建材及化工产品批发	Wholesale of Mineral Products, Building Materials and Chemical Products
煤炭及制品批发	Wholesale of Coal and Coal Products
石油及制品批发	Wholesale of Petroleum and Related Products
非金属矿及制品批发	Wholesale of Non－metallic Minerals and Related Products
金属及金属矿批发	Wholesale of Metals and Metalliferous Minerals
建材批发	Wholesale of Building Materials
化肥批发	Wholesale of Chemical Fertilizers
其他化工产品批发	Wholesale of Other Chemical Products
机械设备、五金产品及电子产品批发	Wholesale of Machinery, Hardware and Electronic Products
汽车零配件批发	Wholesale of Automotive Spare and Accessory Parts
摩托车及零配件批发	Wholesale of Motorcycles and Related Spare and Accessory Parts
五金产品批发	Wholesale of Hardware Products
计算机、软件及辅助设备批发	Wholesale of Computers, Softwares and Assistant Appliances
通讯设备批发	Wholesale of Communication Equipment
其他机械设备及电子产品批发	Wholesale of Other Machinery and Electronic Products

Basic Conditions of Enterprises above Designated Size in Wholesale and Retail Trades(2019)

法人企业数(个) Number of Corporations (unit)	年末从业人员(人) Employees at Year - end (person)	年末零售营业面积(平方米) Area of Retail Business at Year - end (sq. m.)
629	**60087**	**2278906**
280	**16743**	**254292**
4	57	400
3	53	320
33	3312	24813
6	647	13095
5	363	700
5	240	800
9	424	9818
3	1350	
11	1271	4608
3	740	4371
1	92	150
2	34	
1	130	
1	134	
2	98	
1	43	87
10	488	10036
3	62	1700
2	341	8146
4	55	80
71	5154	18063
37	3670	16601
12	749	1050
99	2843	142489
11	197	245
8	703	22906
3	31	1000
34	922	14149
23	452	4193
6	166	24500
14	372	75496
48	2260	11514
21	759	7250
3	86	1000
1	47	
5	121	350
4	28	1000
11	928	1429

10－4 续表1

指　　标	Item
其他批发业	Other Wholesales
互联网批发	Wholesale Through Internet
其他未列明批发业	Other Wholesales not Listed Here
按登记注册类型分	**By Status of Registration**
内资企业	Domestic Funded Enterprises
国有企业	State－owned Enterprises
集体企业	Collective－owned Enterprises
有限责任公司	Limited Liability Corporations
国有独资公司	State Sole Funded Corporations
其他有限责任公司	Other Limited Liability Corporations
股份有限公司	Share－holding Corporations Ltd.
私营企业	Private Enterprises
私营有限责任公司	Private Limited Liability Corporations
私营股份有限公司	Private Share－holding Corporations Ltd.
外商投资企业	Enterprises with Foreign Investment
中外合资经营企业	Sino－foreign Equity Joint Ventures
按控股情况分	**By Holdings**
国有控股	State－owned Holding
集体控股	Collective Holding
私人控股	Private Holding
其　他	Others
按经营形式分	**By Management Forms**
独立门店	Independent Stores
连锁总店	Chain Store Headquarters
其　他	Others
按单位规模分	**By Scale**
大　型	Large
中　型	Medium
小　型	Small
微　型	Minitype
零售业	**Retail Trade**
按零售行业小类分(2017)	**By Sector**
综合零售	Integrated Retail
百货零售	Retail of General Merchandise
超级市场零售	Retail of Supermarkets
食品、饮料及烟草制品专门零售	Specialist Retail of Food, Beverages and Tobacco Products
粮油零售	Retail of Grain and Oils
肉、禽、蛋、奶及水产品零售	Retail of Meats, Poultry, Eggs, Milk and Aquatic Products

(continued)

法人企业数(个) Number of Corporations (unit)	年末从业人员(人) Employees at Year - end (person)	年末零售营业面积(平方米) Area of Retail Business at Year - end (sq. m.)
4	1358	42369
1	34	906
3	1324	41463
273	14989	249144
7	1640	4825
2	17	18200
97	6004	50736
18	838	10348
79	5166	40388
8	493	
159	6835	175383
158	6578	175383
1	257	
3	496	
1	61	
60	4961	175383
7	333	
195	8762	
14	1256	
99	5356	82308
1	3	50
180	11384	171934
9	4524	37864
130	10042	92498
118	2078	39684
23	99	84246
349	**43344**	**2024614**
61	18140	970575
22	3227	352705
30	14377	597516
43	1446	30397
3	96	782
2	138	6000

10－4 续表2

指　　标	Item
酒、饮料及茶叶零售	Retail of of Liquor, Beverages and Tea
其他食品零售	Retail of Other Food
纺织、服装及日用品专门零售	Specialist Retail of Texiles, Garments and Daily Necessities
服装零售	Retail of Garments
化妆品及卫生用品零售	Retail of Cosmetics and Hygienic Products
钟表、眼镜零售	Retail of Clocks, Watches and Glasses
其他日用品零售	Retail of Other Daily Necessities
文化、体育用品及器材专门零售	Specialist Retail of Culture and Sports Appliances and Equipments
文具用品零售	Retail of Stationery
体育用品及器材零售	Retail of Sports Appliances and Equipments
图书、报刊零售	Retail of Books, Newspapers and Periodicals
医药及医疗器材专门零售	Specialist Retail of Medicines and Medical Devices
西药零售	Retail of Western Medicine
中药零售	Retail of Chinese Medicine
汽车、摩托车、燃料及零配件及其他动力销售	Retail of Automobiles, Mortotcycles, Fuels, Spares and Accessories, and Other Driving Forces
汽车新车零售	Retail of New Automobiles
汽车零配件零售	Retail of Automotive Spare and Accessory Parts
摩托车及零配件零售	Retail of Motorcycles and Related Spare and Accessory Parts
机动车燃油零售	Retail of Motor Fuel
机动车燃气零售	Retail of Motor Gas
家用电器及电子产品专门零售	Specialist Retail of Household Electrical Appliances and Electronic Products
家用视听设备零售	Retail of Household Audio－Visual Equipments
日用家电设备零售	Retail of Household Electric Appliances
计算机、软件及辅助设备零售	Retail of Computers, Softwares and Assistant Appliances
通信设备零售	Retail of Communication Facilities
其他电子产品零售	Retail of Other Electronic Products
五金、家具及室内装饰材料专门零售	Specialist Retail of Hardware Products, Furniture and Interior Decoration Materials
灯具零售	Retail of Lamps
家具零售	Retail of Furniture
陶瓷、石材装饰材料零售	Retail of Ceramic and Stone Decorative Materials
货摊、无店铺及其他零售业	Stalls, Non－shop and Other Retails
互联网零售	Internet Retail

(continued)

法人企业数(个) Number of Corporations (unit)	年末从业人员(人) Employees at Year – end (person)	年末零售营业面积(平方米) Area of Retail Business at Year – end (sq. m.)
24	538	7719
4	49	2320
11	1639	31174
6	1134	23836
1	20	200
2	57	198
1	8	120
8	407	11540
2	20	2200
1	28	1800
4	342	7040
11	7271	127061
10	7177	125261
1	94	1800
175	11807	727002
140	9006	354628
2	17	1136
4	214	42257
28	2474	319123
1	96	9858
24	1677	79543
1	20	363
9	804	69467
9	513	4108
3	278	5105
2	62	500
7	430	36102
2	20	2330
4	399	33520
1	11	252
9	527	11220
6	219	480

10－4 续表3

指 标	Item
邮购及电视、电话零售	Retail Goods Sold via Mail Order, Television and Telephone
生活用燃料零售	Retail of Residential Fuels
其他未列明零售业	Other Retails Not Listed Here
按登记注册类型分	**By Status of Registration**
内资企业	Domestic Funded Enterprises
集体企业	Collective－owned Enterprises
股份合作企业	Cooperative Enterprises
联营企业	Joint Ownership Enterprises
集体联营企业	Collective Joint Ownership Enterprises
有限责任公司	Limited Liability Corporations
国有独资公司	State Sole Funded Corporations
其他有限责任公司	Other Limited Liability Corporations
股份有限公司	Share－holding Corporations Ltd.
私营企业	Private Enterprises
私营独资企业	Sole Proprietorships
私营有限责任公司	Private Limited Liability Corporations
私营股份有限公司	Private Share－holding Corporations Ltd.
港、澳、台商投资企业	Enterprises with Funds from Hong Kong, Macao and Taiwan
与港澳台商合资经营企业	Joint－venture Enterprises with Funds from Hong Kong, Macao and Taiwan
外商投资企业	Enterprises with Foreign Investment
中外合资经营企业	Chinese－foreign Equity Joint Ventures
外资企业	Enterprises with Foreign Funds
按控股情况分	**By Holding**
国有控股	State－owned Holding
集体控股	Collective－owned Holding
私人控股	Private Holding
港澳台商控股	Hong Kong, Macao and Taiwan Holdings
外商控股	Foreign Holding
其 他	Others
按经营形式分	**By Management Forms**
独立门店	Independent Stores
连锁总店(总部)	General Chain Store(Headquarters)
连锁直营店	Chain Stores
其 他	Others
按单位规模分	**By Scale**
大 型	Large
中 型	Medium
小 型	Small
微 型	Minitype

(continued)

法人企业数(个) Number of Corporations (unit)	年末从业人员(人) Employees at Year - end (person)	年末零售营业面积(平方米) Area of Retail Business at Year - end (sq. m.)
1	293	
1	7	10500
1	8	240
340	41221	1835266
2	18	2580
2	1159	97680
1	14	1500
1	14	1500
117	22470	901687
3	612	600
114	21858	901087
8	1567	247361
210	15993	584458
9	180	6700
197	15600	566224
2	175	5834
3	467	55364
3	467	55364
6	1656	133984
1	214	100
5	1442	133884
32	5863	446256
8	179	15746
288	34435	1357512
3	467	55364
6	1656	133984
12	744	15752
284	23810	1177900
19	13468	529606
6	999	52555
40	5067	264553
16	22283	961872
143	17171	817691
140	3636	205995
50	254	39056

10－5 限额以上批发和零售业企业商品销售情况(2019 年)

单位:万元

指　　标	Item
总　　计	**Total**
批发业	**Wholesale Trade**
按批发行业小类分(2017)	**By Sector**
农、林、牧、渔产品批发	Wholesale of Agricultural, Forestry, Livestock and Fishery Products
畜牧渔业饲料批发	Wholesale of Livestock and Fishery Feed
食品、饮料及烟草制品批发	Wholesale of Food, Beverages and Tobacco Products
米、面制品及食用油批发	Wholesale of Rice, Flour Products and Edible Oil
肉、禽、蛋、奶及水产品批发	Wholesale of Meat, Poultry, Eggs, Milk and Aquatic Products
盐及调味品批发	Wholesale of Salt and Flavouring
酒、饮料及茶叶批发	Wholesale of Liquor, Beverages and Tea
烟草制品批发	Wholesale of Tobacco Products
纺织、服装及家庭用品批发	Wholesale of Texiles, Garments and Household Articles
服装批发	Wholesale of Garments
鞋帽批发	Wholesale of Shoes and Hats
化妆品及卫生用品批发	Wholesale of Cosmetics and Hygienic Products
厨房卫具及日日用杂品批发	Wholesale of Kitchen Ware and Daily Necessities
家用视听设备批发	Wholesale of Household Audio - visual Equipment
日用家电批发	Wholesale of Household Appliances
其他家庭用品批发	Wholesale of Other Household Articles
文化、体育用品及器材批发	Wholesale of Culture Articles and Sports Appliances and Equipments
文具用品批发	Wholesale of Stationeries
图书批发	Wholesale of Books
其他文化用品批发	Wholesale of Other Culture Articles
医药及医疗器材批发	Wholesale of Medicines and Medical Equipments
西药批发	Wholesale of Western Medicines
中药批发	Wholesale of Traditional Chinese Medicines
矿产品、建材及化工产品批发	Wholesale of Mineral Products, Building Materials and Chemical Products
煤炭及制品批发	Wholesale of Coal and Coal Products
石油及制品批发	Wholesale of Petroleum and Related Products
非金属矿及制品批发	Wholesale of Non - metallic Minerals and Related Products
金属及金属矿批发	Wholesale of Metals and Metalliferous Minerals
建材批发	Wholesale of Building Materials
化肥批发	Wholesale of Chemical Fertilizers
其他化工产品批发	Wholesale of Other Chemical Products
汽车零配件批发	Wholesale of Automotive Spare and Accessory Parts
摩托车及零配件批发	Wholesale of Motorcycles and Related Spare and Accessory Parts
五金产品批发	Wholesale of Hardware Products
计算机、软件及辅助设备批发	Wholesale of Computers, Softwares and Assistant Appliances
通讯设备批发	Wholesale of Communication Equipment
其他机械设备及电子产品批发	Wholesale of Other Machinery and Electronic Products
其他批发业	Other Wholesales
互联网批发	Wholesale Through Internet
其他未列明批发业	Other Wholesales Not Listed Here

The Sales of Enterprises above Designated Size in Wholesale and Retail Trades(2019)

(10 000 yuan)

销售额合计 Total Sales	批发额 Wholesale Trade	零售额 Retail Trade
25268227	**17194383**	**8048723**
16588784	**16357429**	**206235**
32352	32283	69
27666	27666	
2813660	2747335	66325
155996	155996	
52571	51146	1425
397666	363385	34281
1039558	1009620	29938
1116337	1116158	179
150545	146581	3964
53686	50494	3192
3861	3183	678
6834	6834	
6455	6455	
24255	24255	
50735	50641	94
4719	4719	
246943	240039	6905
21262	19386	1876
165115	163077	2038
16825	15012	1813
2655734	2654409	1325
1834464	1834396	68
428681	428681	
8609183	8524217	59845
274560	266027	4586
308986	272443	36543
13308	13308	
5697704	5697704	
718477	711868	5011
1217994	1210476	7518
378156	352393	6187
1244245	1233007	11239
64089	60090	3999
34371	34371	
29188	22900	6288
100461	99893	568
154250	144882	9369
361617	325278	36338
45594	37045	8549
316022	288233	27789

10－5 续表1

单位:万元

指　　标	Item
按登记注册类型分	**By Status of Registration**
内资企业	Domestic－funded Enterprises
国有企业	State－owned Enterprises
集体企业	Collective－owned Enterprises
有限责任公司	Limited Liability Corporations
国有独资公司	State Sole Funded Corporations
其他有限责任公司	Other Limited Liability Corporations
股份有限公司	Share－holding Corporation Ltd.
私营企业	Private Enterprises
私营有限责任公司	Private Limited Liability Corporations
私营股份有限公司	Private Share－holding Corporation Ltd.
外商投资企业	Enterprises with Foreign Investment
中外合资经营企业	Sino－foreign Equity Joint Ventures
按控股情况分	**By Holding**
国有控股	State－owned Holding
集体控股	Collective－owned Holding
私人控股	Private Holding
其　他	Others
按经营形式分	**By Management Forms**
独立门店	Independent Stores
连锁总店	Chain Store Headquarters
其　他	Others
按单位规模分	**By Scale**
大　型	Large
中　型	Medium
小　型	Small
微　型	Minitype
零售业	**Retail Trade**
按零售行业小类分(2017)	**By Sector**
综合零售	Integrated Retail
百货零售	Retail of General Merchandise
超级市场零售	Retail of Supermarkets
其他综合零售	Other Integrated Retails
食品、饮料及烟草制品专门零售	Specialist Retail of Food, Beverages and Tobacco Products
粮油零售	Retail of Grain and Oils
肉、禽、蛋、奶及水产品零售	Retail of Meat, Poultry, Eggs, Milk and Aquatic Products

(continued)

(10 000 yuan)

销售额合计 Total Sales	批发额 Wholesale Trade	零售额 Retail Trade
16176456	15976435	174900
2210924	2200762	10162
22613	15095	7518
9424809	9331844	73390
3530347	3477211	53136
5894462	5854633	20254
1311864	1311864	
3206245	3116869	83830
3170332	3080957	83830
35913	35913	
59909	58812.	1097
16790	16790	
9641977	9541175	81226
216833	209315	7518
5284343	5194525	84272
1259176	1256196	2980
2759569	2670477	83547
2704	1746	958
13826512	13685206	121730
2600255	2547175	53081
10228299	10120928	107371
3242982	3201309	41672
517249	488017	4110
8679443	836955	7842488
1573969	85235	1488734
600413		600413
892876	85194	807682
76296		76296
548092	164756	383337
6090		6090
9642	8675	966

10－5 续表2

单位:万元

指　　标	Item
酒、饮料及茶叶零售	Retail of of Liquor, Beverages and Tea
其他食品零售	Retail of Other Food
纺织、服装及日用品专门零售	Specialist Retail of Texiles, Garments and Daily Necessities
服装零售	Retail of Garments
化妆品及卫生用品零售	Retail of Cosmetics and Hygienic Products
钟表、眼镜零售	Retail of Clocks, Watches and Glasses
其他日用品零售	Retail of Other Daily Necessities
文化、体育用品及器材专门零售	Specialist Retail of Culture and Sports Appliances and Equipment
文具用品零售	Retail of Stationeries
体育用品及器材零售	Retail of Sports Appliances and Equipments
图书、报刊零售	Retail of Books, Newspapers and Periodicals
医药及医疗器材专门零售	Specialist Retail of Medicines and Medical Devices
西药零售	Retail of Western Medicine
中药零售	Retail of Chinese Medicine
汽车、摩托车、燃料及零配件及其他动力销售	Retail of Automobiles, Mortotcycles, Fuels, Spares and Accessories, and Other Driving Forces
汽车新车零售	Retail of New Automobiles
汽车零配件零售	Retail of Automotive Spare and Accessory Parts
摩托车及零配件零售	Retail of Motorcycles and Related Spare and Accessory Parts
机动车燃油零售	Retail of Motor Fuel
机动车燃气零售	Retail of Motor Gas
家用电器及电子产品专门零售	Specialist Retail of Household Electrical Appliances and Electronic Products
家用视听设备零售	Retail of Household Audio－Visual Equipments
日用家电设备零售	Retail of Household Electric Appliances
计算机、软件及辅助设备零售	Retail of Computers, Softwares and Assistant Appliances
通信设备零售	Retail of Communication Facilities
其他电子产品零售	Retail of Other Electronic Products
五金、家具及室内装饰材料专门零售	Specialist Retail of Hardware Products, Furniture and Interior Decoration Materials
灯具零售	Retail of Lamps
家具零售	Retail of Furniture
陶瓷、石材装饰材料零售	Retail of Ceramic and Stone Decorative Materials
货摊、无店铺及其他零售业	Stalls, Non－shop and Other Retails
互联网零售	Internet Retail

(continued)

(10 000 yuan)

销售额合计 Total Sales	批发额 Wholesale Trade	零售额 Retail Trade
413994	74531	339463
5107	468	4639
141639	22464	119174
109475	21044	88430
3087		3087
3727	577	3150
843	843	
63960	87	63873
2561		2561
748		748
60044	87	59958
311873	4609	307265
309189	4609	304581
2684		2684
4965685	391184	4574501
3203453	77626	3125827
7814		7814
84157	47520	36637
1658111	266038	1392073
12151		12151
425015	147714	277301
1714		1714
214471	2188	212283
29105	3610	25495
167573	139402	28171
12151	2514	9638
17001	3424	13577
2909		2909
10435		10435
3657	3424	233
632209	17483	614726
438266	17483	420783

10－5 续表3

单位：万元

指　　标	Item
邮购及电视、电话零售	Retail Goods Sold via Mail Order, Television and Telephone
生活用燃料零售	Retail of Residential Fuels
其他未列明零售业	Other Retails Not Listed Here
按登记注册类型分	**By Status of Registration**
内资企业	Domestic – funded Enterprises
集体企业	Collective – owned Enterprises
股份合作企业	Cooperative Enterprises
联营企业	Joint Ownership Enterprises
集体联营企业	Collective Joint Ownership Enterprises
有限责任公司	Limited Liability Corporations
国有独资公司	State Sole Funded Corporations
其他有限责任公司	Other Limited Liability Corporations
股份有限公司	Share – holding Corporation Ltd.
私营企业	Private Enterprises
私营独资企业	Private Sole Proprietorships
私营有限责任公司	Private Limited Liability Corporations
私营股份有限公司	Private Companies Limited by Shares
港、澳、台商投资企业	Enterprises with Funds from Hong Kong, Macao and Taiwan
与港澳台商合资经营企业	Joint – venture Enterprises with Funds from Hong Kong, Macao and Taiwan
外商投资企业	Enterprises with Foreign Investment
中外合资经营企业	Sino – foreign Equity Joint Ventures
外资企业	Foreign – funded Enterprises
按控股情况分	**By Holding**
国有控股	State – owned Holding
集体控股	Collective Holding
私人控股	Private Holding
港澳台商控股	Hong Kong, Macao and Taiwan Business Holding
外商控股	Foreign Holding
其　他	Others
按经营形式分	**By Management Forms**
独立门店	Independent Stores
连锁总店（总部）	General Chain Store (Headquarters)
连锁直营店	Chain Stores
其　他	Others
按单位规模分	**By Scale**
大　型	Large
中　型	Medium
小　型	Small
微　型	Minitype

(continued)

(10 000 yuan)

销售额合计 Total Sales	批发额 Wholesale Trade	零售额 Retail Trade
192648		192648
1200		1200
95		95
8214696	836955	7377742
1813		1813
993919	141848	852071
46648		46648
46648		46648
3935297	397136	3538161
179025		179025
3756273	397136	3359137
781341	127614	653727
2455678	170357	2285322
15691	22	15668
2378178	170334	2207844
56058		56058
162728		162728
162728		162728
302019		302019
136567		136567
165451		165451
2793818	402302	2391517
67040	853	66187
5127095	425542	4701553
162728		162728
302019		302019
226742	8258	218485
5271573	453470	4818103
1345939	124693	1221245
100833	651	100183
1961098	258141	1702957
2927815	350105	2577710
4471709	411732	4059977
846593	62619	783975
433325	12499	420826

10-6 限额以上批发和零售业企业主要财务状况(2019年)

单位:万元

指 标	Item	流动资产合计 Current Assets
总 计	**Total**	**11906344**
一、批发业	**Wholesale Trade**	**7615198**
按批发行业小类分(2017)	**By Sector**	
农、林、牧、渔产品批发	Wholesale of Agricultural, Forestry, Livestock and Fishery Products	5227
畜牧渔业饲料批发	Wholesale of Livestock and Fishery Feed	4461
食品、饮料及烟草制品批发	Wholesale of Food, Beverages and Tobacco Products	871935
米、面制品及食用油批发	Wholesale of Rice, Flour Products and Edible Oil	40139
肉、禽、蛋、奶及水产品批发	Wholesale of Meat, Poultry, Eggs, Milk and Aquatic Products	7182
盐及调味品批发	Wholesale of Salt and Flavouring	167856
酒、饮料及茶叶批发	Wholesale of Liquor, Beverages and Tea	278281
烟草制品批发	Wholesale of Tobacco Products	358946
纺织、服装及家庭用品批发	Wholesale of Texiles, Garments and Household Articles	51818
服装批发	Wholesale of Garments	32750
鞋帽批发	Wholesale of Shoes and Hats	714
化妆品及卫生用品批发	Wholesale of Cosmetics and Hygienic Products	2016
厨房卫具及日用杂品	Wholesale of Kitchen Ware and Daily Necessities	1592
家用视听设备批发	Wholesale of Household Audio - visual Equipment	1194
日用家电批发	Wholesale of Household Appliances	12022
其他家庭用品批发	Wholesale of Other Household Articles	1530
文化、体育用品及器材批发	Wholesale of Culture Articles and Sports Appliances and Equipment	409730
文具用品批发	Wholesale of Stationeries	7261
图书批发	Wholesale of Books	371380
医药及医疗器材批发	Wholesale of Medicines and Medical Equipments	1770127
西药批发	Wholesale of Western Medicines	1279570
中药批发	Wholesale of Traditional Chinese Medicines	281835
矿产品、建材及化工产品批发	Wholesale of Mineral Products, Building Materials and Chemical Products	3932385
煤炭及制品批发	Wholesale of Coal and Coal Products	422015
石油及制品批发	Wholesale of Petroleum and Related Products	150389
非金属矿及制品批发	Wholesale of Non - metallic Minerals and Related Products	10444
金属及金属矿批发	Wholesale of Metals and Metalliferous Minerals	1588467
建材批发	Wholesale of Building Materials	1069784
化肥批发	Wholesale of Chemical Fertilizers	527946
其他化工产品批发	Wholesale of Other Chemical Products	163340
机械设备、五金产品及电子产品批发	Wholesale of Machinery, Hardware and Electronic Products	455335
汽车零配件批发	Wholesale of Automotive Spare and Accessory Parts	217601
摩托车及零配件批发	Wholesale of Motorcycles and Related Spare and Accessory Parts	20661
五金产品批发	Wholesale of Hardware Products	23044
计算机、软件及辅助设备批发	Wholesale of Computers, Softwares and Assistant Appliances	13260
通讯设备批发	Wholesale of Communication Equipment	8493
其他机械设备及电子产品批发	Wholesale of Other Machinery and Electronic Products	121629

Main Financial Indicators of Enterprises above Designated Size in Wholesale and Retail Trades(2019)

(10 000 yuan)

#存　货 Inventory	固定资产原价 Original Value of Fixed Assets	本年折旧 Depreciation in This Year	资产总计 Total Assets	负债合计 Total Liabilities	所有者权益合计 Owners Equities
1550045	**1328675**	**100400**	**15173255**	**10665433**	**3512501**
741075	**672461**	**54017**	**9567205**	**6441062**	**2518947**
612	72	3	5358	1778	2939
506	66	3	4580	1778	2802
198328	144902	35209	1102773	404362	675540
10489	5377	224	45564	35859	8855
1239	467	65	7462	5267	2190
27390	32423	1444	257233	153300	82452
33713	36403	2149	317253	115453	201797
118611	69707	31272	449691	85381	364286
22116	1642	153	61072	44180	14054
16258	547	80	40800	27035	10927
336	472	51	764	455	309
322	10	2	2025	1588	437
77	436	15	2709	2147	563
33	77	1	1196	1018	176
3756	70	2	12029	10588	1441
1334	30	2	1550	1350	201
41140	10940	441	445108	387078	57649
1962	336	29	8165	6435	1731
33687	8528	344	402280	351699	50582
202549	109913	8498	2025872	1504215	492267
150821	56211	3139	1389536	1098176	286120
24194	23362	1772	392517	267917	118477
171071	87269	4764	5175490	3544691	1096422
2842	3853	261	563148	4128	217824
12510	33662	1900	183399	40025	57892
1498	506	25	12418	9592	2826
76234	20173	953	1922163	1466478	425363
21218	7897	384	1765127	1416462	299586
47877	14633	647	552075	480954	67245
8892	6546	596	177160	127052	25687
90218	312119	4498	621182	457183	147745
21710	22850	2341	362644	270094	77048
11234	951	89	21119	13855	7264
3545	142	6	23186	18918	4268
1522	377	18	13595	8782	4813
188	14	2	8496	6829	1667
41931	23222	1957	140175	98558	40865

10－6 续表1

单位：万元

指　　标	Item	流动资产合计 Current Assets
其他批发业	Other Wholesales	118640
互联网批发	Wholesale Through Internet	17352
其他未列明批发业	Other Wholesales not Listed Here	101288
按登记注册类型分	**By Status of Registration**	
内资企业	Domestic Funded Enterprises	7146127
国有企业	State－owned Enterprises	685965
集体企业	Collective－owned Enterprises	3201
有限责任公司	Limited Liability Corporations	4563254
国有独资公司	State Sole Funded Corporations	2015426
其他有限责任公司	Other Limited Liability Corporations	2547828
股份有限公司	Share－holding Corporations Ltd.	579111
私营企业	Private Enterprises	1314597
私营有限责任公司	Private Limited Liability Corporations	1294200
私营股份有限公司	Private Share－holding Corporations Ltd.	20397
外商投资企业	Enterprises with Foreign Investment	22405
中外合资经营企业	Sino－foreign Equity Joint Venture	2905
按控股情况分	**By Holding**	
国有控股	State－owned Holding	4983094
集体控股	Collective－owned Holding	50480
私人控股	Private Holding	2003279
其　他	Others	518762
按经营形式分	**By Management Forms**	
独立门店	Independent Stores	1161415
连锁总店	Chain Store Headquarters	630
其　他	Others	6453153
按单位规模分	**By Scale**	
大　型	Large	1044263
中　型	Medium	5621514
小　型	Small	837437
微　型	Minitape	111983
零售业	**Retail Trade**	**4291147**
按零售行业小类分(2017)	**By Sector**	
综合零售	Integrated Retail	666579
百货零售	Retail of General Merchandise	275022
超级市场零售	Retail of Supermarkets	379207
食品、饮料及烟草制品专门零售	Specialist Retail of Food, Beverages and Tobacco Products	345742
粮油零售	Retail of Grain and Oils	3510
肉、禽、蛋、奶及水产品零售	Retail of Meat, Poultry, Eggs, Milk and Aquatic Products	1625

(continued)

(10 000 yuan)

#存 货 Inventory	固定资产原价 Original Value of Fixed Assets	本年折旧 Depreciation in This Year	资产总计 Total Assets	负债合计 Total Liabilities	所有者权益合计 Owners Equities
15041	5603	451	130352	97577	32332
6292	202	24	17658	11143	6514
8749	5400	427	112694	86433	25818
721496	656667	52463	8862278	6317122	2273637
121853	75239	31452	919920	368153	511054
1419	1138	42	6376	1908	622
372676	178193	11217	5734518	4266060	1275827
93327	49891	2249	2842150	2086761	702751
279348	128302	8968	2892368	2179299	573076
42728	27596	2728	694667	536532	153474
182821	374501	7024	1506797	1144469	332661
173467	361044	6133	1475271	1119696	325907
9355	13457	891	31527	24773	6754
3950	7326	1045	26930	20650	5694
669	209	34	3071	1664	1401
378671	194483	39889	6454920	4117308	1782971
29410	20677	2208	76601	53001	17731
253953	398407	8428	2226311	1715738	469490
62157	50112	2630	655790	447610	203161
161385	100579	6833	1463438	1061880	357421
285	293	50	700		100
579405	571590	47134	8103067	5379182	2161427
204417	119545	33285	1277503	713426	557127
436873	519956	18394	7292433	5150960	1609830
95050	31117	2185	875388	516508	343136
4735	1846	153	121881	60167	8854
808969	**656215**	**46383**	**5606050**	**4224371**	**993554**
160347	140793	11864	1071207	640279	323795
27259	66646	3960	577112	252182	255266
130575	67240	7645	476731	370392	70875
177300	9366	909	442820	277894	160850
200	2088	33	5037	2526	1506
63	91	5	1729	-269	1998

10－6 续表 2

单位:万元

指 标	Item	流动资产合计 Current Assets
酒、饮料及茶叶零售	Retail of of Liquor, Beverages and Tea	315851
其他食品零售	Retail of Other Food	3074
纺织、服装及日用品专门零售	Specialist Retail of Texiles, Garments and Daily Necessities	49204
服装零售	Retail of Garments	39840
化妆品及卫生用品零售	Retail of Cosmetics and Hygienic Products	1152
钟表、眼镜零售	Retail of Clocks, Watches and Glasses	1890
其他日用品零售	Retail of Other Daily Necessities	789
文化、体育用品及器材专门零售	Specialist Retail of Culture and Sports Appliances and Equipment	53567
文具用品零售	Retail of Stationeries	1315
体育用品及器材零售	Retail of Sports Appliances and Equipments	1128
图书、报刊零售	Retail of Books, Newspapers and Periodicals	49425
医药及医疗器材专门零售	Specialist Retail of Medicines and Medical Devices	219750
西药零售	Retail of Western Medicine	218235
中药零售	Retail of Chinese Medicine	1515
汽车、摩托车、燃料及零配件及其他动力销售	Retail of Automobiles, Mortotcycles, Fuels, Spares and Accessories, and Other Driving Forces	2656260
汽车新车零售	Retail of New Automobiles	1412442
汽车零配件零售	Retail of Automotive Spare and Accessory Parts	1014
摩托车及零配件零售	Retail of Motorcycles and Related Spare and Accessory Parts	7996
机动车燃油零售	Retail of Motor Fuel	1228610
机动车燃气零售	Retail of Motor Gas	6199
家用电器及电子产品专门零售	Specialist Retail of Household Electrical Appliances and Electronic Products	156124
家用视听设备零售	Retail of Household Audio－Visual Equipments	2552
日用家电设备零售	Retail of Household Electrical Appliances	106309
计算机、软件及辅助设备零售	Retail of Computers, Softwares and Assistant Appliances	16622
通信设备零售	Retail of Communication Facilities	22963
其他电子产品零售	Retail of Other Electronic Products	7679
五金、家具及室内装饰材料专门零售	Specialist Retail of Hardware Products, Furniture and Interior Decoration Materials	13435
灯具零售	Retail of Lamps	1911
家具零售	Retail of Furniture	10497
陶瓷、石材装饰材料零售	Retail of Ceramic and Stone Decorative Materials	1027
货摊、无店铺及其他零售业	Stalls, Non－shop and Other Retails	130486
互联网零售	Internet Retail	49564

(continued)

(10 000 yuan)

#存　货 Inventory	固定资产原价 Original Value of Fixed Assets	本年折旧 Depreciation in This Year	资产总计 Total Assets	负债合计 Total Liabilities	所有者权益合计 Owners Equities
174118	5141	542	408940	264805	143757
950	919	89	3133	2339	683
33495	20423	1335	64969	50409	14164
27105	19543	1077	54588	41921	12667
956	71	16	1174	974	200
790	65	5	1971	1324	647
128	16	2	889	345	146
9798	3158	163	55470	45951	9519
118	26	0	1319	817	502
1010	104	3	1142	918	224
8545	3028	159	51310	42608	8703
46163	26400	3303	290272	218890	70793
45618	26109	3290	287240	218588	68064
545	291	13	3032	302	2730
352492	394729	27471	3259135	2732196	284300
310565	232758	19296	1679904	1223259	304780
564	15	1	1571	516	30
2868	6273	302	62498	46218	11323
38395	140904	7379	1493892	1453190	-44090
100	14780	493	21270	9013	12257
8569	10084	450	178166	103703	50634
324	137		2569	1788	780
6374	1944	257	108526	63428	29970
969	638	97	17971	12277	5667
788	185	29	40780	22762	9345
114	7181	68	8320	3448	4872
556	41519	651	77009	57682	19319
335	161	71	1982	775	1207
163	41358	580	74001	56497	17496
58			1027	410	617
20250	9742	237	167002	97367	60180
16538	460	96	77073	37335	38015

10－6　续表3

单位:万元

指　　标	Item	流动资产合计 Current Assets
邮购及电视、电话零售	Retail Goods Sold via Mail Order, Television and Telephone	80864
生活用燃料零售	Retail of Residential Fuels	35
其他未列明零售业	Other Retails Not Listed Here	24
按登记注册类型分	**By Status of Registration**	
内资企业	Domestic－funded Enterprises	4041328
国有企业	State－owned Enterprises	571
集体企业	Collective－owned Enterprises	1179173
联营企业	Joint Ownership Enterprises	3054
集体联营企业	Collective Joint Ownership Enterprises	3054
有限责任公司	Limited Liability Corporations	1638679
国有独资公司	State Sole Funded Corporations	229921
其他有限责任公司	Other Limited Liability Corporations	1408758
股份有限公司	Share－holding Corporation Ltd.	109567
私营企业	Private Enterprises	1110285
私营独资企业	Private Sole Proprietorships	3556
私营有限责任公司	Private Limited Liability Corporations	1100657
私营股份有限公司	Private Companies Limited by Shares	4691
港、澳、台商投资企业	Enterprises with Funds from Hong Kong, Macao and Taiwan	107068
外商投资企业	Enterprises with Foreign Investment	142750
中外合资经营企业	Joint－venture Enterprises	62773
外资企业	Foreign－funded Enterprises	79977
按控股情况分	**By Holding**	
国有控股	State－owned Holding	1776960
集体控股	Collective－owned Holding	18621
私人控股	Private Holding	2160390
港澳台商控股	Hong Kong, Macao and Taiwan Holdings	107068
外商控股	Foreign Holding	142750
其　他	Others	85357
按经营形式分	**By Management Forms**	
独立门店	Independent Stores	2381194
连锁总店(总部)	General Chain Store(Headquarters)	428831
连锁直营店	Chain Stores	48991
其　他	Others	1432131
按单位规模分	**By Scale**	
大　型	Large	1821019
中　型	Medium	1996643
小　型	Small	408091
微　型	Minitype	65395

(continued)

(10 000 yuan)

#存　货 Inventory	固定资产原价 Original Value of Fixed Assets	本年折旧 Depreciation in This Year	资产总计 Total Assets	负债合计 Total Liabilities	所有者权益合计 Owners Equities
3675	9149	141	89745	60020	21992
20	128	0	161	3	158
16	6	0	24	9	15
780033	559912	43039	5000230	3927092	745918
40	246	45	809	734	75
23358	77739	3357	1343754	1440302	-132088
133	5019	45	6732	2377	4355
133	5019	45	6732	2377	4355
476365	233337	21051	2160295	1439240	583950
151519	5143	23	315789	189740	70967
324845	228194	21028	1844506	1249499	512983
15680	91583	4229	207067	77146	71834
264457	151989	14313	1281574	967294	217793
726	572	164	4321	1862	1465
261270	144342	13801	1262212	954839	211881
2382	6468	306	9885	7078	2807
5840	25974	638	202411	127826	70584
23097	70328	2706	403409	169453	177052
11643	5999	661	69684	44569	23636
11454	64330	2045	333725	124884	153416
267730	197231	9703	2234869	1882920	182077
1506	24245	789	44587	15430	23067
492047	322440	30291	2608095	1960259	501965
5840	25974	638	202411	127826	70584
23097	70328	2706	403409	169453	177052
18750	15997	2257	112680	68484	38809
621756	448721	33328	3312540	2158307	880798
96874	89077	6806	581142	404383	128884
10899	10314	1024	58184	24390	31369
79440	108104	5225	1654184	1637291	-47497
231574	197896	16695	2186951	1973681	75086
473377	388870	24505	2811582	1886797	729876
92160	63430	4497	528881	317841	175610
11858	6018	686	78636	46051	12981

10－6 续表4

单位:万元

指　　标	Item	主营业务收入 Revenue from Principal Business
总　　计	**Total**	**22508746**
批发业	**Wholesale Trade**	**14842152**
按批发行业小类分	**By Sector**	
农、林、牧、渔产品批发	Wholesale of Agricultural, Forestry, Livestock and Fishery Products	31772
畜牧渔业饲料批发	Wholesale of Livestock and Fishery Feed	27091
食品、饮料及烟草制品批发	Wholesale of Food, Beverages and Tobacco Products	2592840
米、面制品及食用油批发	Wholesale of Rice, Flour Products and Edible Oil	144512
肉、禽、蛋、奶及水产品批发	Wholesale of Meat, Poultry, Eggs, Milk and Aquatic Products	47811
盐及调味品批发	Wholesale of Salt and Flavouring	441204
酒、饮料及茶叶批发	Wholesale of Liquor, Beverages and Tea	923292
烟草制品批发	Wholesale of Tobacco Products	987100
纺织、服装及家庭用品批发	Wholesale of Texiles, Garments and Household Articles	133865
服装批发	Wholesale of Garments	48052
鞋帽批发	Wholesale of Shoes and Hats	3861
化妆品及卫生用品批发	Wholesale of Cosmetics and Hygienic Products	6179
厨房卫具及日用杂品批发	Wholesale of Kitchen Utensils, Bathroom Appliances and Daily Groceries	5661
家用视听设备批发	Wholesale of Household Audio - visual Equipment	21273
其他家庭用品批发	Wholesale of Other Household Articles	4214
文化、体育用品及器材批发	Wholesale of Culture Articles and Sports Appliances and Equipment	232754
文具用品批发	Wholesale of Stationeries	18696
图书批发	Wholesale of Books	162014
医药及医疗器材批发	Wholesale of Medicines and Medical Equipment	2341411
西药批发	Wholesale of Western Medicines	1600294
中药批发	Wholesale of Traditional Chinese Medicines	383921
矿产品、建材及化工产品批发	Wholesale of Mineral Products, Building Materials and Chemical Products	7637920
煤炭及制品批发	Wholesale of Coal and Coal Products	267129
石油及制品批发	Wholesale of Petroleum and Related Products	282499
非金属矿及制品批发	Wholesale of Non - metallic Minerals and Related Products	11637
金属及金属矿批发	Wholesale of Metals and Metalliferous Minerals	5007069
建材批发	Wholesale of Building Materials	648859
化肥批发	Wholesale of Chemical Fertilizers	1086943
其他化工产品批发	Wholesale of Other Chemical Products	333784
机械设备、五金产品及电子产品批发	Wholesale of Machinery, Hardware and Electronic Products	1525980
汽车零配件批发	Wholesale of Automotive Spare and Accessory Parts	1093744
摩托车及零配件批发	Wholesale of Motorcycles and Related Spare and Accessory Parts	58569
五金产品批发	Wholesale of Hardware Products	30417
计算机、软件及辅助设备批发	Wholesale of Computers, Softwares and Assistant Appliances	26351
通讯设备批发	Wholesale of Communication Equipment	90072
其他机械设备及电子产品批发	Wholesale of Other Machinery and Electronic Products	140847

(continued)

(10 000 yuan)

营业成本 Business Cost	税金及附加 Tax and Extra Charges	营业利润 Operating Profits	利润总额 Total Profits	所得税费用 Income Tax Payable	应交增值税 VAT Payable
20586180	**173276**	**675768**	**687336**	**174755**	**228665**
13702058	**145759**	**520902**	**530110**	**131463**	**139508**
30279	22	91	30	4	29
25927	18	59	-2	3	29
2014994	130673	375605	376822	97743	70620
148953	101	-1185	-891	61	666
41531	109	493	500	34	690
440626	779	4316	4079	494	-1350
645413	4707	259491	259137	65638	32572
694485	124911	112164	113669	31480	37668
121277	363	377	540	150	1849
38151	90	593	711	117	336
3547	34	-927	-927		279
5660	8	178	187	14	44
4405	72	101	28	10	233
18979	46	332	415		322
3689	12	-29	-28	-23	87
216247	114	4016	3822	242	286
17268	20	253	256	23	141
148879	38	3043	2839	98	-19
2120628	4759	63157	62750	12489	30934
1465761	3025	36983	36881	6164	19178
346678	889	9388	9264	1920	4828
7425145	7418	56288	64947	15580	28513
254324	368	500	591	97	2520
260489	451	9740	10818	1187	1516
10456	35	903	903	56	111
4927072	4104	39200	43639	10430	13621
605811	1276	7088	7249	1701	6967
1052502	830	-1878	975	1448	2203
314493	353	787	773	662	1574
1459225	2041	7279	6982	2578	5028
1060558	1484	1174	1236	442	1915
55380	84	1141	1137	228	534
28195	20	179	180	53	74
24148	50	384	339	40	372
87957	31	686	697	146	70
127147	231	-503	-843	427	910

10－6 续表 5

单位：万元

指　　标	Item	主营业务收入 Revenue from Principal Business
其他批发业	Other Wholesales	345611
互联网批发	Wholesale Through Internet	41948
其他未列明批发业	Other Wholesales Not Listed Here	303663
按登记注册类型分	**By Status of Registration**	
内资企业	Domestic－funded Enterprises	14451394
国有企业	State－owned Enterprises	1944333
集体企业	Collective－owned Enterprises	20768
有限责任公司	Limited Liability Corporations	8346468
国有独资公司	State Sole Funded Corporations	3086925
其他有限责任公司	Other Limited Liability Corporations	5259543
股份有限公司	Share－holding Corporation Ltd.	1172534
私营企业	Private Enterprises	2967291
私营有限责任公司	Private Limited Liability Corporations	2935510
私营股份有限公司	Private Share－holding Corporation Ltd.	31781
外商投资企业	Enterprises with Foreign Investment	54356
中外合资经营企业	Sino－foreign Equity Joint Ventures	14922
按控股情况分	**By Holdings**	
国有控股	State－owned Hollding	8554505
集体控股	Collective－owned Holding	195922
私人控股	Private Holding	4815144
其　他	Others	1107558
按经营形式分	**By Management Forms**	
独立门店	Independent Stores	2448632
连锁总店	Chain Store Headquarters	2692
其　他	Others	12390828
按单位规模分	**By Scale**	
大　型	Large	2300218
中　型	Medium	9067757
小　型	Small	2927940
微　型	Minitype	546237
零售业	**Retail Trade**	**7666594**
按零售行业小类分(2017)	**By Sector**	
综合零售	Integrated Retail	1414764
百货零售	Retail of General Merchandise	519796
超级市场零售	Retail of Supermarkets	819245
食品、饮料及烟草制品专门零售	Specialist Retail of Food, Beverages and Tobacco Products	486601
粮油零售	Retail of Grain and Oils	5881
肉、禽、蛋、奶及水产品零售	Retail of Meats, Poultry, Eggs, Milk and Aquatic Products	966

(continued)

(10 000 yuan)

营业成本 Business Cost	税金及附加 Tax and Extra Charges	营业利润 Operating Profits	利润总额 Total Profits	所得税费用 Income Tax Payable	应交增值税 VAT Payable
314263	370	14090	14217	2677	2249
30668	113	6884	6885	1703	724
283596	257	7206	7333	974	1525
13347457	144968	513666	523510	130146	136415
1649182	125733	114734	119185	32877	38524
19045	98	-55	72	1	54
7757201	12934	355809	358784	85953	63454
2745429	6723	293435	294533	73081	35196
5011772	6211	62374	64251	12873	28258
1122458	1411	8168	10101	2893	7003
2799572	4792	35010	35368	8421	27380
2772587	4746	36083	36442	8421	27358
26985	46	-1073	-1073		22
41964	179	-2246	-2764	120	1270
12557	36	262	262	21	303
7751161	136436	439504	448525	114829	92078
190797	520	200	823	65	1030
4563463	6662	54223	54527	12054	35971
1053882	1676	16946	16704	3270	8403
2320357	3943	32484	33053	5995	25021
2181	3	19	19	1	13
11379519	141813	488400	497038	125467	114475
1926346	122939	144808	146163	35227	50224
8643625	15802	108521	115670	29946	45878
2584802	6567	266344	266913	66153	43153
547284	451	1230	1364	137	254
6884123	27517	154866	157227	43292	89157
1251129	9474	21560	25435	10259	12449
445924	7839	35316	36953	7897	7170
735598	1538	-9137	-6986	2277	5038
435051	1309	40002	39847	10655	6333
5549	30	-64	55	4	42
9164	3	-94	-91	6	

10-6 续表6

单位:万元

指标	Item	主营业务收入 Revenue from Principal Business
酒、饮料及茶叶零售	Retail of of Liquor, Beverages and Tea	372651
其他食品零售	Retail of Other Food	4580
纺织、服装及日用品专门零售	Specialist Retail of Texiles, Garments and Daily Necessities	125146
服装零售	Retail of Garments	96865
化妆品及卫生用品零售	Retail of Cosmetics and Hygienic Products	2732
钟表、眼镜零售	Retail of Clocks, Watches and Glasses	3261
其他日用品零售	Retail of Other Daily Necessities	742
文化、体育用品及器材专门零售	Specialist Retail of Culture and Sports Appliances and Equipments	61483
文具用品零售	Retail of Stationeries	2381
体育用品及器材零售	Retail of Sports Appliances and Equipments	660
图书、报刊零售	Retail of Books, Newspapers and Periodicals	57910
医药及医疗器材专门零售	Specialist Retail of Medicines and Medical Devices	283530
西药零售	Retail of Western Medicine	281097
中药零售	Retail of Chinese Medicine	2433
汽车、摩托车、燃料及零配件及其他动力销售	Specialist Retail of Automobiles, Motorcycles, Fuels and Spare and Accessory Parts	4317095
汽车新车零售	Retail of New Automobiles	2892318
汽车零配件零售	Retail of Automotive Spare and Accessory Parts	7112
摩托车及零配件零售	Retail of Motorcycles and Related Spare and Accessory Parts	71594
机动车燃油零售	Retail of Motor Fuel	1332839
机动车燃气零售	Retail of Motor Gas	13232
家用电器及电子产品专门零售	Specialist Retail of Household Electrical Appliances and Electronic Products	398944
家用视听设备零售	Retail of Household Audio - Visual Equipments	1503
日用家电设备零售	Retail of Household Electric Appliances	188761
计算机、软件及辅助设备零售	Retail of Computers, Softwares and Assistant Appliances	35179
通信设备零售	Retail of Communication Facilities	163578
其他电子产品零售	Retail of Other Electronic Products	9923
五金、家具及室内装饰材料专门零售	Specialist Retail of Hardware Products, Furniture and Interior Decoration Materials	15158
灯具零售	Retail of Lamps	2604
家具零售	Retail of Furniture	9330
陶瓷、石材装饰材料零售	Retail of Ceramic and Stone Decorative Materials	3224
货摊、无店铺及其他零售业	Stalls, Non - shop and Other Retails	563873
互联网零售	Internet Retail	386479

(continued)

(10 000 yuan)

营业成本 Business Cost	税金及附加 Tax and Extra Charges	营业利润 Operating Profits	利润总额 Total Profits	所得税费用 Income Tax Payable	应交增值税 VAT Payable
323905	1075	38354	37831	10285	5590
3650	45	425	422	29	126
97299	558	5486	5486	506	3230
77277	416	3274	3279	505	2057
2396	1	22	22		27
2810	8	-12	-12	0	59
684	1	15	15	1	6
52978	3285	2185	2426	113	161
2215	2	16	16		16
525	0	-140	10	1	0
49856	3253	2303	2394	112	132
199552	1062	-9765	-9583	884	7171
198395	1044	-10139	-9965	847	7026
1157	19	375	381	36	145
3975094	9264	87663	84753	13856	49535
2664046	7220	33918	31120	11081	37997
6890	1	7	48		36
65735	243	179	178	71	265
1227769	1776	52144	51978	2503	11198
10655	25	1415	1430	201	41
365742	1128	1284	1652	1709	3858
1141	13	56	56	3	104
165992	961	-2455	-2408	828	2876
29826	122	3256	3294	723	632
158385	27	1580	1839	117	247
10399	6	-1153	-1129	37	
11934	531	-7044	-7016	25	154
2044	13	304	315	13	101
6968	514	-7383	-7365	10	52
2923	5	35	35	2	1
495343	905	13496	14226	5286	6265
344196	606	9001	9705	4213	3947

10－6 续表7

单位:万元

指 标	Item	主营业务收入 Revenue from Principal Business
邮购及电视、电话零售	Retail Good Sold via Mail Order, Television and Telephone	176211
生活用燃料零售	Retail of Residential Fuels	1101
其他未列明零售业	Other Retails Not Listed Here	83
按登记注册类型分	**By Status of Registration**	
内资企业	Domestic－funded Enterprises	7242243
集体企业	Collective－owned Enterprises	1668
股份合作企业	Cooperative Enterprises	791289
联营企业	Joint Ownership Enterprises	43842
集体联营企业	Collective Joint Ownership Enterprises	43842
有限责任公司	Limited Liability Corporations	3548629
国有独资公司	State Sole Funded Corporations	148296
其他有限责任公司	Other Limited Liability Corporations	3400333
股份有限公司	Companies Limited by Shares	651213
私营企业	Private Enterprises	2205602
私营独资企业	Private Sole Proprietorships	14209
私营有限责任公司	Private Limited Liability Corporations	2135965
私营股份有限公司	Private Companies Limited by Shares	50127
港、澳、台商投资企业	Enterprises with Funds from Hong Kong, Macao and Taiwan	144063
外商投资企业	Enterprises with Foreign Investment	280288
中外合资经营企业	Joint－venture Enterprises	127365
外资企业	Foreign－funded Enterprises	152923
按控股情况分	**By Holding**	
国有控股	State－owned Holding	2343754
集体控股	Collective－owned Holding	64464
私人控股	Private Holding	4623975
港澳台商控股	Hong Kong, Macao and Taiwan Holdings	144063
外商控股	Foreign Holding	280288
其 他	Others	210050
按经营形式分	**By Management Forms**	
独立门店	Independent Stores	4770416
连锁总店(总部)	General Chain Store(Headquarters)	1164115
连锁直营店	Chain Stores	89266
其 他	Others	1642797
按单位规模分	**By Scale**	
大 型	Large	2494580
中 型	Medium	4022637
小 型	Small	767035
微 型	Minitype	382343

(continued)

(10 000 yuan)

营业成本 Business Cost	税金及附加 Tax and Extra Charges	营业利润 Operating Profits	利润总额 Total Profits	所得税费用 Income Tax Payable	应交增值税 VAT Payable
150035	291	4457	4484	1073	2303
1043	6	30	30		15
70	2	8	8		
6532731	24238	130571	131387	37259	81488
1374	4	55	49	4	49
723192	1280	33740	33663	18	8641
42915	58	26	26		
42915	58	26	26		
3142960	12579	50426	52579	27855	33091
138486	350	3391	3035	780	1558
3004474	12229	47036	49543	27074	31533
605445	1446	13949	13492	1562	3525
2016845	8872	32375	31578	7821	36182
11926	84	475	469	101	447
1952869	8721	32042	31303	7707	34774
47655	51	-378	-372	13	860
119856	1238	15520	15463	3873	3067
231536	2040	8775	10376	2160	4601
112968	596	4976	4258	1064	4058
118568	1445	3800	6119	1095	544
2078138	5161	107291	108699	20208	23381
59380	110	1879	1883	241	260
4205132	16976	15750	15535	15514	56624
119856	1238	15520	15463	3873	3067
231536	2040	8775	10376	2160	4601
190081	1992	5651	5270	1296	1223
4302027	22097	108748	110010	33480	56577
1012747	2397	-7250	-6876	2080	14749
69937	219	7145	6961	1003	308
1499412	2804	46223	47131	6729	17524
2204410	4440	45860	47164	5012	26128
3655075	14497	75170	74615	26794	41629
666344	7087	38300	39771	11138	18238
358295	1493	-4465	-4323	349	3162

10－7　限额以上住宿和餐饮业企业基本情况(2019 年)

指　　标	Item	法人企业数(个) Number of Corporations(unit)
总　　计	**Total**	**248**
住宿业	**Lodging Industry**	**158**
按住宿业行业小类分	**By Classification of Lodging Industry**	
旅游饭店	Tourist Hotels	104
一般旅馆	General Hotels	51
其他住宿业	Other Hotels	3
按登记注册类型分	**By Status of Registration**	
内资企业	Domestic Funded Enterprises	157
国有企业	State－owned Enterprises	5
有限责任公司	Limited Liability Corporations	44
国有独资公司	State Sole Funded Corperations	8
其他有限责任公司	Other Limited Liability Corporations	36
私营企业	Private Enterprises	107
私营独资企业	Sole Proprietorships	2
私营有限责任公司	Private Limited Liability Corporations	102
外商投资企业	Enterprises with Foreign Investment	1
中外合资经营企业	Sino－foreign Equity Joint Venture Enterprises	1
按控股情况分	**By Holding**	
国有控股	State－owned Holding	21
私人控股	Private Holding	130
其　他	Others	7
按经营形式分	**By Management Forms**	
独立门店	Independent Stores	126
连锁加盟店	Franchised Outlets	14
其　他	Others	17
按星级分	**By Hotel Ratings**	
五　星	Five－star	5
四　星	Four－star	19
三　星	Three－star	10
二　星	Two－star	5
一　星	One－star	
其他	Others	7
按单位规模分	**By Scale**	
大　型	Large	2
中　型	Medium	24
小　型	Small	128
微　型	Minitype	4

Basic Conditions of Enterprises above Designated Size of Hotels and Catering Services(2019)

年末从业人员(人) Employed Persons(person)	客房数(间) Number of Hotel Rooms(room)	床位数(个) Number of Beds(unit)	餐位数(张) Number of Tables(table)
17790	**31360**	**47502**	**119890**
10657	**30553**	**46148**	**40340**
8261	23633	35772	34368
2109	6546	9813	3772
287	374	563	2200
10546	30332	45824	39480
678	696	1246	2720
4434	14161	21179	15227
1245	8460	12330	3754
3189	5701	8849	11473
5348	15307	23092	11533
67	193	285	
5139	14755	22195	11363
111	221	324	860
111	221	324	860
3310	11064	16619	21273
6773	18441	28004	17673
574	1048	1525	1394
8957	24954	38358	36814
372	1678	2437	258
1293	3645	4990	3268
1280	1522	2116	3931
2445	3900	6360	19208
607	1289	2279	1837
158	460	730	320
574	1048	1525	1394
833	640	922	2312
4071	5976	9413	12617
5581	23577	35216	24721
172	360	597	690

10－7 续表

指　　标	Item	法人企业数(个) Number of Corporations(unit)
餐饮业	**Catering Services**	**90**
按餐饮业行业小类分	**By Classification of Catering Industry**	
正餐服务	Dinner Services	81
快餐服务	Fast Food Services	1
饮料及冷饮服务	Beverage and Cold Drink Services	4
餐饮配送及外卖送餐服务	Catering Delivery Service	3
其他餐饮业	Other Catering Services	1
按登记注册类型分	**By Status of Registration**	
内资企业	Domestic Funded Enterprises	89
有限责任公司	Limited Liability Corporations	26
国有独资公司	State Sole Funded Corporations	2
其他有限责任公司	Other Limited Liability Corporations	24
私营企业	Private Enterprises	63
私营独资企业	Private Sole Proprietorships	12
私营合伙企业	Private Partnership Enterprises	1
私营有限责任公司	Private Limited Liability Corporations	50
按控股情况分	**By Holding**	
国有控股	State－owned Holding	4
私人控股	Private Holding	79
其　他	Others	7
按经营形式分	**By Management Forms**	
独立门店	Independent Stores	71
连锁总店	Chain Store Headquarters	3
连锁直营店	Chain Stores	2
连锁加盟店	Franchised Outlets	3
其　他	Others	11
按单位规模分	**By Scale**	
大　型	Large	1
中　型	Medium	15
小　型	Small	59
微　型	Minitype	15

(continued)

年末从业人员(人) Employed Persons(person)	客房数(间) Number of Hotel Rooms(room)	床位数(个) Number of Beds(unit)	餐位数(张) Number of Tables(table)
7133	**807**	**1354**	**79550**
5481	807	1354	78717
4			72
342			560
1017			200
289			1
7129	807	1354	79478
2446	440	773	45318
155	187	351	11810
2291	253	422	33508
4683	367	581	34160
220			5446
136			1000
4327	367	581	27714
534	187	351	12511
5770	620	1003	58859
829			8180
3384	807	1354	66093
1396			3715
210			508
82			675
2061			8559
942			1100
2751	209	352	34808
3323	299	439	34529
117	299	563	9113

10－8 限额以上住宿和餐饮业企业经营情况(2019年)

单位:万元

指　　标	Item	营业额 Business Revenue
总　　计	**Total**	**376605**
住宿业	**Lodging Industry**	**241336**
按住宿业行业小类分	**By Classification of Lodging Industry**	
旅游饭店	Tourist Hotels	199688
一般旅馆	General Hotels	38295
其他住宿业	Other Hotels	3354
按登记注册类型分	**By Status of Registration**	
内资企业	Domestic Funded Enterprises	238899
国有企业	State－owned Enterprises	10329
集体企业	Collective－owned Enterprises	
有限责任公司	Limited Liability Corporations	114502
国有独资公司	State Sole Funded Corperations	36886
其他有限责任公司	Other Limited Liability Corporations	77617
私营企业	Private Enterprises	111077
私营独资企业	Sole Proprietorships	714
私营有限责任公司	Private Limited Liability Corporations	108406
外商投资企业	Enterprises with Foreign Investment	2437
中外合资经营企业	Sino－foreign Equity Joint Ventures	2437
按控股情况分	**By Holdings**	
国有控股	State－owned Holding	79703
私人控股	Private Holding	143274
其　他	Others	18359
按经营形式分	**By Management Forms**	
独立门店	Independent Stores	189014
连锁加盟店	Franchised Outlets	8110
其　他	Others	43681

Business of Enterprises above Designated Size of Hotels and Catering Services(2019)

(10 000 yuan)

客房收入 Reveneue from Hotel Rooms	餐费收入 Reveneue from Meals	商品销售额 Merchandise Sales	其他收入 Other Revenue	年末餐饮营业面积(平方米) Operating Area of Retail Trade at Year - end(sq. m.)
152076	**187451**	**15102**	**21976**	**965491**
149959	**63323**	**9746**	**18307**	**659093**
117251	56710	9648	16078	465751
31063	5373	98	1761	180640
1645	1240	1	468	12702
148725	62538	9746	17890	657493
4451	4082	165	1632	11988
57183	36850	9217	11252	250342
14332	12621	7419	2514	34447
42851	24229	1799	8738	215895
85759	20501	314	4503	380163
592			122	8385
83270	20441	314	4381	358690
1234	786		417	1600
1234	786		417	1600
33717	27372	9210	9405	160125
106927	28556	365	7426	470201
9316	7396	171	1477	28767
113028	50206	9538	16242	547378
7973	74	36	27	36632
28483	13043	172	1983	75083

10－8 续表

单位：万元

指　　标	Item	营业额 Business Revenue
按星级分	**By Hotel Ratings**	
五　星	Five－star	40897
四　星	Four－star	70867
三　星	Three－star	18076
二　星	Two－star	3090
一　星	One－star	
其　他	Others	18359
按单位规模分	**By Scale**	
大　型	Large	29792
中　型	Medium	97571
小　型	Small	110373
微　型	Minitype	3600
餐饮业	**Catering Services**	**135269**
按餐饮业行业小类分	**By Classification of Catering Industry**	
正餐服务	Dinner Services	104571
快餐服务	Fast Food Services	431
饮料及冷饮服务	Beverage and Cold Drink Services	8492
餐饮配送及外卖送餐服务	Catering Delivery Service	7721
其他餐饮业	Other Catering Services	14053
按登记注册类型分	**By Status of Registration**	
内资企业	Domestic－funded Enterprises	134838
有限责任公司	Limited Liability Corporations	69260
国有独资公司	State Sole Funded Corporations	6653
其他有限责任公司	Other Limited Liability Corporations	62607
私营企业	Private Enterprises	65577
私营独资企业	Private－funded Enterprises	5161
私营合伙企业	Private Partnership Enterprises	1828
私营有限责任公司	Private Limited Liability Corporations	58588
按控股情况分	**By Holding**	
国有控股	State－owned Holding	21966
私人控股	Private Holding	93135
其　他	Others	20168
按经营形式分	**By Management Forms**	
独立门店	Independent Stores	69807
连锁总店	Chain Store Headquarters	18680
连锁直营店	Chain Stores	4699
连锁加盟店	Franchised Outlets	1287
其　他	Others	40796
按单位规模分	**By Scale**	
大　型	Large	11791
中　型	Medium	66652
小　型	Small	46418
微　型	Minitype	10408

(continued)

(10 000 yuan)

客房收入 Reveneue from Hotel Rooms	餐费收入 Reveneue from Meals	商品销售额 Merchandise Sales	其他收入 Other Revenue	年末餐饮营业面积(平方米) Operating Area of Retail Trade at Year-end(sq. m.)
19739	18948	211	2000	66749
35233	21055	6756	7822	113512
10200	4108	2382	1386	56626
2271	517	106	196	24224
9316	7396	171	1477	28767
11212	10871	5062	2647	9915
49997	34994	1790	10790	222837
86668	16068	2853	4783	423238
2082	1390	40	88	3103
2116	124128	5356	3669	306398
2116	94164	4811	3480	297754
	431			265
	7855	545	92	4578
	7625		96	3800
	14053			1
2116	123697	5356	3669	306133
1385	60339	4001	3535	146473
245	5708	572	128	37694
1140	54631	3429	3408	108779
731	63358	1355	134	159660
	4653	503	5	15395
	1828			1100
731	56876	852	128	143165
245	21021	572	128	39695
1871	86254	4783	226	222105
	16853		3315	44598
2116	63565	3866	260	223438
	18680			21873
	4333	273	92	3958
	1268	17	2	1750
	36281	1199	3315	55379
	11791			6000
984	58449	3907	3311	166542
786	44550	858	224	109559
346	9339	590	133	24297

10－9　限额以上住宿和餐饮业企业主要财务状况(2019 年)

单位:万元

指　标	Item	流动资产合计 Current Assets
总　计	**Total**	**578347**
住宿业	**Lodging Industry**	**503457**
按住宿业行业小类分	**By Classification of Lodging Industry**	
旅游饭店	Tourist Hotels	417538
一般旅馆	General Hotels	85032
其他住宿业	Other Hotels	887
按登记注册类型分	**By Status of Registration**	
内资企业	Domestic Funded Enterprises	502645
国有企业	State－owned Enterprises	8799
有限责任公司	Limited Liability Corporations	397144
国有独资公司	State Sole Funded Corperations	304721
其他有限责任公司	Other Limited Liability Corporations	92423
私营企业	Private Enterprises	96261
私营独资企业	Sole Proprietorships	308
私营有限责任公司	Private Limited Liability Corporations	95508
外商投资企业	Enterprises with Foreign Investment	812
中外合资经营企业	Sino－foreign Equity Joint Ventures	812
按控股情况分	**By Holdings**	
国有控股	State－owned Holding	338427
私人控股	Private Holding	163133
其　他	Others	1897
按经营形式分	**By Management Forms**	
独立门店	Independent Stores	478991
连锁直营店	Chain Stores	313
连锁加盟店	Franchised Outlets	3416
其　他	Others	20738
按星级分	**By Hotel Ratings**	
五　星	Five－star	9080
四　星	Four－star	51959
三　星	Three－star	15271
二　星	Two－star	3542
一　星	One－star	
其　他	Others	423606
按单位规模分	**By Scale**	
大　型	Large	17593
中　型	Medium	119756
小　型	Small	365655
微　型	Minitype	454

Main Financial Indicators of Enterprises above Designated Size of Hotels and Catering Services(2019)

(10 000 yuan)

#存　货 Inventory	固定资产原价 Original Value of Fixed Assets	本年折旧 Depreciation in This Year	资产总计 Total Assets	负债合计 Total Liabilities	所有者权益 Owners Equities
15201	**726648**	**22885**	**1407478**	**813543**	**593935**
10004	682363	16772	1296935	728738	568197
9068	653462	13984	1166483	612776	553708
862	28032	2738	129123	114007	15116
74	869	51	1328	1955	-627
9984	668697	16350	1287904	728336	559568
370	10028	479	13095	5951	7144
7431	583178	9619	1015162	516622	498540
2426	415231	1869	781810	370845	410966
5005	167947	7750	233351	145777	87575
2112	73672	6206	258620	204677	53943
	128	18	459	484	-25
2112	73384	6124	257342	204007	53335
20	13666	422	9031	402	8629
20	13666	422	9031	402	8629
6826	477953	4413	875045	414722	460324
2754	148877	9634	395710	304306	91404
423	55533	2726	26180	9710	16470
9107	580921	11972	1181276	664567	516709
	47	21	339	339	
68	7760	705	10506	4260	6246
828	93635	4074	104814	59571	45242
1664	92579	4826	75797	42724	33073
1892	71744	2582	135507	68142	67366
360	34851	1063	42159	24380	17779
55	7312	392	9978	5389	4590
6033	475878	7910	1033493	588103	445389
790	17829	1322	39725	32625	7100
7049	146865	7857	282329	196002	86327
2166	517645	7591	974349	499710	474639
	25	2	532	401	131

10－9 续表1

单位:万元

指 标	Item	流动资产合计 Current Assets
餐饮业	**Catering Services**	**74889**
按餐饮业行业小类分	**By Classification of Catering Industry**	
正餐服务	Dinner Services	63768
快餐服务	Fast Food Services	264
饮料及冷饮服务	Beverage and Cold Drink Services	854
餐饮配送及外卖送餐服务	Catering Delivery Service	1166
其他餐饮业	Other Catering Services	8838
按登记注册类型分	**By Status of Registration**	
内资企业	Domestic Funded Enterprises	74625
有限责任公司	Limited Liability Companies	37578
国有独资公司	State Sole Funded Corporations	8287
其他有限责任公司	Other Limited Liability Companies	29291
私营企业	Private Enterprises	37047
私营独资企业	Private－funded Enterprises	1645
私营合伙企业	Private Partnership Enterprises	364
私营有限责任公司	Private Limited Liability Corporations	35039
按控股情况分	**By Holdings**	
国有控股	State－owned Holding	18332
私人控股	Private Holding	47760
其 他	Others	8797
按经营形式分	**By Management Forms**	
独立门店	Independent Stores	38321
连锁总店	Chain Store Headquarters	11860
连锁直营店	Chain Stores	265
连锁加盟店	Franchised Outlets	753
其 他	Others	23690
按单位规模分	**By Scale**	
大 型	Large	1292
中 型	Medium	48285
小 型	Small	20923
微 型	Minitype	4389

(continued)

(10 000 yuan)

#存　货 Inventory	固定资产原价 Original Value of Fixed Assets	本年折旧 Depreciation in This Year	资产总计 Total Assets	负债合计 Total Liabilities	所有者权益 Owners Equities
5198	**44285**	**6113**	**110543**	**84806**	**25738**
4134	41903	5035	96172	77193	18979
	116	24	390	402	-13
248	287	35	2023	1724	298
15	421	67	1777	1262	514
801	1558	952	10182	4223	5959
5198	44169	6089	110154	84403	25750
2431	16050	1960	52268	38843	13425
27	3148	93	10222	9192	1030
2404	12903	1867	42046	29651	12395
2767	28118	4129	57886	45560	12325
284	1301	112	3612	1556	2055
55	991	991	1269	459	810
2428	25827	3026	53005	43545	9460
846	5144	1128	21790	14451	7339
3971	37146	4779	77249	59643	17606
380	1995	206	11505	10712	793
3075	23770	3349	54994	45701	9293
300	15453	1001	23003	17055	5948
93	179	26	886	1255	-369
237	826	119	1730	2531	-801
1493	4056	1617	29930	18263	11668
205	6678	664	6669	4771	1898
2656	17498	2191	66742	50785	15957
2250	12851	3135	30024	24262	5762
88	7258	122	7108	4987	2121

10－9　续表2

单位:万元

指　　标	Item	主营业务收入 Revenue from Principal Business
总　　计	**Total**	**365129**
住宿业	**Lodging Industry**	**230897**
按住宿业行业小类分	**By Classification of Lodging Industry**	
旅游饭店	Tourist Hotels	187472
一般旅馆	General Hotels	40514
其他住宿业	Other Hotels	2911
按登记注册类型分	**By Status of Registration**	
内资企业	Domestic Funded Enterprises	228598
国有企业	State－owned Enterprises	9766
集体企业	Collective－owned Enterprises	
有限责任公司	Limited Liability Corporations	107878
国有独资公司	State Sole Funded Corperations	33558
其他有限责任公司	Other Limited Liability Corporations	74320
私营企业	Private Enterprises	108517
私营独资企业	Sole Proprietorships	607
私营有限责任公司	Private Limited Liability Corporations	106001
外商投资企业	Enterprises with Foreign Investment	2299
中外合资经营企业	Sino－foreign Equity Joint Venture Enterprises	2299
按控股情况分	**By Holdings**	
国有控股	State－owned Holding	74472
集体控股	Collective－owned Holding	
私人控股	Private Holding	139163
港澳台商控股	Hong Kong, Macao and Taiwan Holdings	
其　他	Others	17262
按经营形式分	**By Management Forms**	
独立门店	Independent Stores	181661
连锁直营店	Chain Stores	515
连锁加盟店	Franchised Outlets	7592
其　他	Others	41129
按星级分	**By Hotel Ratings**	
五　星	Five－star	38739
四　星	Four－star	62579
三　星	Three－star	17463
二　星	Two－star	3120
一　星	One－star	
其　他	Others	108997
按单位规模分	**By Scale**	
大　型	Large	26855
中　型	Medium	94488
小　型	Small	109427
微　型	Minitype	127

(continued)

(10 000 yuan)

营业成本 Business Cost	税金及附加 Tax and Extra Charges	营业利润 Operating Profits	利润总额 Total Profits	所得税费用 Income Tax Payable
199284	**4542**	**-5924**	**-3631**	**3065**
114505	**3854**	**-6482**	**-4791**	**3091**
95019	3119	-2721	-1624	3005
18067	692	-2958	-2816	86
1420	43	-803	-351	
114265	3725	-6422	-4731	3091
5575	613	-335	202	131
60292	2322	4060	4279	2175
17946	287	1475	1590	434
42346	2035	2585	2689	1741
45322	784	-10079	-9153	785
427	5	6	6	
43702	770	-10392	-9468	712
240	129	-60	-60	
240	129	-60	-60	
43652	1903	2172	2863	1261
62938	1415	-11338	-10388	813
7915	536	2684	2734	1017
85778	3209	-9537	-8561	1624
358	1	64	65	
4601	93	-837	-832	400
23769	552	3827	4538	1066
14480	969	-1370	-1251	1166
30765	895	2280	2988	1022
11978	309	376	351	118
1500	44	-161	63	2
55782	1637	-7608	-6943	783
12053	130	-2253	-2151	407
41850	2103	157	269	1938
60567	1620	-4314	-2838	746
34	1	-73	-71	0

10 -9 续表3

单位:万元

指 标	Item	主营业务收入 Revenue from Principal Business
餐饮业	**Catering Services**	**134232**
按餐饮业行业小类分	**By Classification of Catering Industry**	
正餐服务	Dinner Services	106458
快餐服务	Fast Food Services	407
饮料及冷饮服务	Beverage and Cold Drink Services	8088
餐饮配送及外卖送餐服务	Catering Delivery Service	6649
其他餐饮业	Other Catering Services	12630
按登记注册类型分	**By Status of Registration**	
内资企业	Domestic Funded Enterprises	133826
有限责任公司	Limited Liability Corporations	70805
国有独资公司	State Sole Funded Corporations	12695
其他有限责任公司	Other Limited Liability Corporations	58111
私营企业	Private Enterprises	63020
私营独资企业	Private - funded Enterprises	5058
私营合伙企业	Private Partnership Enterprises	1725
私营有限责任公司	Private Limited Liability Corporations	56238
按控股情况分	**By Holding**	
国有控股	State - owned Holding	26585
私人控股	Private Holding	89541
其 他	Others	18107
按经营形式分	**By Management Forms**	
独立门店	Independent Stores	73125
连锁总店	Chain Store Headquarters	18282
连锁直营店	Chain Stores	4451
连锁加盟店	Franchised Outlets	1221
其 他	Others	37154
按单位规模分	**By Scale**	
大 型	Large	11791
中 型	Medium	68474
小 型	Small	44584
微 型	Minitype	9383

(continued)

(10 000 yuan)

营业成本 Business Cost	税金及附加 Tax and Extra Charges	营业利润 Operating Profits	利润总额 Total Profits	所得税费用 Income Tax Payable
84779	**688**	**558**	**1160**	**-26**
65832	552	1482	934	-50
190		1	1	0
4908	10	48	57	17
3830	15	122	127	7
10019	111	1869	1910	
84589	688	558	1159	-26
49143	375	1227	1615	-194
11973	57	-197	13	-1
37170	318	1424	1601	-193
35447	313	-669	-455	168
3386	23	538	537	13
680	46	51	55	43
31381	244	-1258	-1047	111
23241	175	1363	1614	-1
52441	476	48	355	232
9097	37	-852	-809	-257
50352	400	791	1349	149
6559	24	-442	-491	35
3458	3	-143	-126	1
429	3	-270	-269	3
23981	259	622	697	-214
3836		152	78	19
47202	339	-50	454	-174
25977	295	-22	110	116
7764	54	479	519	13

10－10 各区(市、县)社会消费品零售总额增速
Total Retail Sales of Consumer Goods by District (City, County)

单位:%

区(市、县)名称	District (City, County)	2015	2016	2017	2018	2019
南明区	Nanming	11.2	12.5	11.8	8.2	6.8
云岩区	Yunyan	11.1	11.5	11.3	8.0	7.4
花溪区	Huaxi	11.2	13.0	11.5	7.5	4.7
乌当区	Wudang	12.4	13.6	12.2	8.1	6.7
白云区	Baiyun	12.4	13.1	12.3	8.6	7.3
观山湖区	Guanshanhu	12.1	13.4	12.4	8.8	5.6
开阳县	Kaiyang	12.6	13.3	12.7	9.0	7.2
息烽县	Xifeng	12.7	13.2	12.3	7.8	4.6
修文县	Xiuwen	12.5	13.5	12.6	8.4	7.1
清镇市	Qingzhen	12.6	12.9	12.2	8.3	6.7

注:由于国家统计体系的变化,为了与两年进行比较和对比,根据2018年的相关口径调整了2017年社会消费品总额增速。
On account of changes in national statistical systems and in order to make a contrast and comparison between the two years, the data of total retail sales of consumer goods in 2017 has been adjusted according to the related caliber of 2018.

10－11 旅 游
Tourism

指 标	Item	2015	2016	2017	2018	2019	2019年比2018年增长(%) Growth Rate in 2019 over 2018(%)
接待海外旅游人数 (人次)	**Number of Foreign Tourists (person－time)**	**158469**	**183685**	**409538**	**540590**	**709921**	**31.3**
外国人 (人次)	Foreigners (person－time)	71960	82622	210015	292392	402263	37.6
港澳同胞 (人次)	Compatriots from Hong Kong and Macao (person－time)	49501	55344	115186	148644	186938	25.8
台湾同胞 (人次)	Compatriots from Taiwan (person－time)	37008	45719	84337	99554	120720	21.3
接待海外旅游人天数 (人天)	**International Tourists (person－time)**	**340453**	**389412**	**900984**	**1154522**	**1599328**	**38.5**
外国人 (人天)	Foreigner (person－day)	151466	175159	462033	643262	925205	43.8
港澳同胞 (人天)	Compatriots from Hong Kong and Macao (person－day)	106417	117329	253409	312152	420611	34.7
台湾同胞 (人天)	Compatriots from Taiwan (person－day)	82570	96924	185542	199108	253512	27.3
旅游外汇收入 (万美元)	**Foreign Exchange Earnings for Tourisms (10 000 USD)**	**6034.70**	**7902.86**	**18562.96**	**23359.56**	**35569.55**	**52.3**
国内旅游	**Domestic Tourism**						
接待国内游客 (万人次)	Domestic Tourists (10 000 person－times)	8461.95	11073.42	14836.59	18792.19	22830.21	21.5
旅游收入 (亿元)	Tourism Earnings (100 million yuan)	1036.56	1384.08	1860.24	2440.44	3074.31	26.0
旅游总收入 (亿元)	**Total Tourism Earnings (100 million yuan)**	**1040.53**	**1389.51**	**1871.95**	**2456.56**	**3098.79**	**26.1**

10－12　星级饭店
Star－rated Hotels

单位:个　　　　(unit)

指　　标	Item	2015	2016	2017	2018	2019	2019年比2018年增长(%) Growth Rate in 2019 over 2018(%)
总 计	**Total**	**59**	**56**	**48**	**45**	**46**	**2.2**
按星级分	**By Hotel Level**						
一　星	One－star Hotel	3	3				
二　星	Two－star Hotel	13	13	9	7	7	持平
三　星	Three－star Hotel	18	15	14	14	14	持平
四　星	Four－star Hotel	21	21	21	20	21	5.0
五　星	Five－star Hotel	4	4	4	4	4	持平
按经济类型分	**By Ownership**						
国有经济	State－owned	9	18	18	17	17	持平
集体经济	Collective－owned						
外商投资经济	Foreign Funded	1	1	1	1	1	持平
个人投资经济	Private Funded	49	37	29	27	28	3.7
按规模分	**By Capacity**						
客房总数500间以上	With more than 500 Rooms	1	1	1	1	1	持平
客房总数300－499间	With 300－499 Rooms	4	4	4	4	4	持平
客房总数200－299间	With 200－299 Rooms	9	9	8	7	8	14.3
客房总数100－199间	With 100－199 Rooms	23	23	23	22	21	－4.5
客房总数99间以下	With Less than 99 Rooms	22	19	12	11	12	9.1

10 – 13　全市旅游接待
Tourists Reception

年　份 Year	旅　游 总收入 （亿元） Total Tourism Earnings (100 million yuan)	比上年 增长（%） Growth Rate over Last Year(%)	国内旅游 收　入 （亿元） Earnings from Domestic Tourism (100 million yuan)	比上年 增长（%） Growth Rate over Last Year(%)	旅游外汇 收　入 （万美元） Foreign Exchange Earnings from Tourism (10 000 USD)	比上年 增长（%） Growth Rate over Last Year(%)	旅游人数 （万人次） Number of Tourists (10 000 persons)	比上年 增长（%） Growth Rate over Last Year(%)	接待海外 游　客 （万人次） Number of Foreign Visitors (10 000 persons)	比上年 增长（%） Growth Rate over Last Year(%)	接待国内 游　客 （万人次） Number of Dometic Tourists (10 000 persons)	比上年 增长（%） Growth Rate over Last Year(%)
1997	5.84		4.02		1160.67		869.56		4.37		865.19	
1998	20.51	251.2	19.52	385.6	1201.00	3.5	899.41	3.4	4.21	-3.6	895.20	3.5
1999	23.03	12.3	21.90	12.2	1369.00	14.0	960.92	6.8	4.52	7.4	956.40	6.8
2000	30.47	32.3	29.24	33.5	1484.00	8.4	998.63	3.9	4.96	9.7	993.67	3.9
2001	36.03	18.2	34.67	18.6	1633.00	10.0	1005.44	0.7	5.95	19.9	999.49	0.6
2002	41.62	15.5	40.04	15.5	1908.91	16.9	1016.37	1.1	6.75	13.4	1009.62	1.0
2003	38.74	-6.9	38.07	-4.9	806.52	-57.7	923.85	-9.1	2.26	-66.6	921.59	-8.7
2004	48.70	25.7	47.60	25.0	1332.07	65.2	1166.42	26.3	3.72	64.9	1162.70	26.2
2005	60.38	24.0	58.40	22.7	2480.24	86.2	1458.82	25.1	6.15	65.3	1452.67	24.9
2006	84.54	40.7	81.43	41.2	3904.16	42.2	1853.67	35.0	8.92	35.0	1844.75	35.0
2007	125.28	48.2	120.81	48.4	5872.28	50.4	2326.23	25.5	12.09	35.6	2314.14	25.4
2008	187.29	51.0	182.29	50.9	6268.90	6.8	2625.85	12.9	13.58	12.9	2612.27	12.9
2009	294.85	57.4	292.09	60.2	4042.28	-35.5	3288.47	25.2	9.11	-32.9	3279.36	25.5
2010	425.96	44.5	424.24	45.2	2486.66	-38.5	3946.91	20.0	6.13	-32.7	3940.78	20.2
2011	612.37	43.8	609.93	43.8	3726.76	49.9	5250.42	33.0	9.78	60.3	5240.64	33.0
2012	602.70	28.6	600.01	28.6	4474.08	20.1	4924.21	23.6	11.62	18.8	4912.59	23.6
2013	728.66	20.9	725.50	20.9	5229.79	16.9	6022.50	22.3	13.42	15.5	6009.08	22.3
2014	874.39	20.0	870.86	20.0	5661.94	8.3	7240.09	20.2	14.59	8.7	7225.50	20.2
2015	1040.53	19.0	1036.56	19.0	6034.70	6.6	8477.80	17.1	15.85	8.6	8461.95	17.1
2016	1389.51	33.5	1384.08	33.5	7902.86	31.0	11091.79	30.9	18.37	15.9	11073.42	30.9
2017	1871.95	34.7	1860.24	34.4	18562.96	134.9	14877.54	34.1	40.95	123.0	14836.59	34.0
2018	2456.56	31.2	2440.44	31.2	23359.56	25.8	18846.25	26.7	54.06	32.0	18792.19	26.7
2019	3098.79	26.1	3074.31	26.0	35569.55	52.3	22901.20	21.5	709921	31.3	22830.21	21.5

10－14　各区(市、县)实际利用外资
Foreign Investment Actually Utilized by District (City, County)

单位:万美元　(10 000 USD)

区(市、县)名　称	District(City, County)	2015	2016	2017	2018	2019	2019 年比 2018 年增长(%) Growth Rate in 2019 over 2018(%)
总　计	**Total**	**92740**	**111988**	**134540**	**157506**	**178000**	**13.0**
南明区	Nanming	11167	13478	16214	17136	17500	2.1
云岩区	Yunyan	10814	13051	15700	16535	17500	5.8
花溪区	Huaxi	8748	10571	12718	13337	14600	9.5
乌当区	Wudang	8415	10152	12181	12800	14000	9.4
白云区	Baiyun	8457	10213	12256	12800	14000	9.4
观山湖区	Guanshanhu	12072	14580	17496	18500	20000	8.1
开阳县	Kaiyang	3371	4077	4901	5000	5500	10.0
息烽县	Xifeng	3145	3774	4529	4800	5300	10.4
修文县	Xiuwen	3147	3776	4531	4800	5300	10.4
清镇市	Qingzhen	3200	3871	4653	5013	5500	9.7
高新区	High－tech Zone	11369	15353	18477	19556	21500	9.9
经开区	Economic Development Zone	8637	10437	12550	13329	14700	10.3
综保区	Guiyang Comprehensive Bonded Area	－	－	14370	15300	16900	10.5
双龙区	Shuanglong	－	－	－	－	5500	－

注:花溪区不含经开区数据。
The data of Huaxi district does not include the data of Economic Development Zone.

10－15 进出口总额
Total Value of Imports and Exports

单位:万美元 (10 000 USD)

指　　标	Item	2015	2016	2017	2018	2019	2019年比2018年增长(%) Growth Rate in 2019 over 2018(%)
进出口总额	**Total Value of Imports and Exports**	**912149**	**392747**	**299156**	**349380**	**415115**	**18.8**
按企业性质分	**By Ownship of Enterprises**						
三资企业	Foreign－funded Enterprises	23404	25265	12224	13023	17046	30.9
国有企业	State－owned Enterprises	270991	209181	210270	226644	254725	12.4
集体企业	Collective－owned Enterprises	3785	2001	2510	3708	5824	57.1
民营企业及其他	Private and Other Enterprises	613969	156298	74151	106005	137520	29.7
按贸易方式分	**By Types of Trade**						
一般贸易	General Trade	747941	299573	236137	257617	311875	21.1
加工贸易	Processing Trade	111507	74283	42129	62968	56813	-9.8
其他贸易	Others	52701	18890	20890	28795	46427	61.2
出口总额	**Total Value of Exports**	**789732**	**328783**	**227146**	**251496**	**304476**	**21.0**
按企业性质分	**By Ownship of Enterprise**						
三资企业	Three－Funded Enterprises	11907	15101	6153	8185	10971	34.1
国有企业	State－owned Enterprises	217527	175134	170518	190501	216275	13.5
集体企业	Collective－owned Enterprises	3263	1142	913	1574	2953	87.6
民营企业及其他	Private and Other Enterprises	557034	137406	49563	51236	74277	45.0
按贸易方式分	**By Type of Trade**						
一般贸易	General Trade	704541	269874	189224	197114	254613	29.2
加工贸易	Processing Trade	64460	50586	29561	42376	35842	-15.4
其他贸易	Others	20732	8323	8361	12006	14021	16.8
进口总额	**Total Value of Imports**	**122417**	**63964**	**72009**	**97884**	**110639**	**13.1**
按企业性质分	**By Ownship of Enterprises**						
三资企业	Three－Funded Enterprises	11497	10165	6072	4839	6075	25.5
国有企业	State－owned Enterprises	53464	34048	39751	36143	38450	6.4
集体企业	Collective－owned Enterprises	521	859	1597	2134	2871	34.5
民营企业及其他	Private and Other Enterprises	56935	18892	24589	54769	63243	15.5
按贸易方式分	**By Types of Trade**						
一般贸易	General Trade	43401	29699	46912	60503	57262	-5.4
加工贸易	Processing Trade	47047	23698	12568	20591	20971	1.9
其他贸易	Others	31969	10567	12529	16790	32406	93.0

注:此表数据来源于市商务局。
The data from this table comes from Guiyang Municipal Bureau of Commerce.

10-16 招商引资
Capital Attraction and Investment Promotion

指标	Item	项目个数(个) Number of Projects (unit)					
		2015	2016	2017	2018	2019	2019年比2018年增长(%) Growth Rate in 2019 over 2018(%)
利用外资(万美元)	**Foreign Investment (10 000 USD)**	**30**	**24**	**33**	**52**	**43**	**-17.3**
#合资经营企业	Joint Venture Enterprises	12	10	13	20	21	5.0
合作经营企业	Cooperative Enterprises		2	1	1	1	持平
外资企业	Foreign-funded Enterprises	18	12	19	31	21	-32.3
引进内资(亿元)	**Domestic Capital (100 million yuan)**	**463**	**753**	**1074**	**1203**	**1213**	**0.8**

10-16 续表1 (continued)

指标	Item	合同引资额 Contracted Capital					
		2015	2016	2017	2018	2019	2019年比2018年增长(%) Growth Rate in 2019 over 2018(%)
利用外资(万美元)	**Foreign Investment (10 000 USD)**	**63213**	**11423**	**192227**	**334002**	**115742**	**-65.4**
#合资经营企业	Joint Venture Enterprises	15188	3339	12453	47656	50826	6.7
合作经营企业	Cooperative Enterprises		15	1451	82712	7176	-91.3
外资企业	Foreign-funded Enterprises	48025	8069	178324	203598	57740	-71.6
引进内资(亿元)	**Domestic Capital (100 million yuan)**	**1707.94**	**2764.40**	**2436.62**	**2602.36**	**2048.95**	**-21.3**

10-16 续表2 (continued)

指标	Item	实际到位资金 Actually Absorbed Capital					
		2015	2016	2017	2018	2019	2019年比2018年增长(%) Growth Rate in 2019 over 2018(%)
利用外资(万美元)	**Foreign Investment (10 000 USD)**	**92740**	**111988**	**134540**	**158906**	**178000**	**13.0**
#合资经营企业	Joint Venture Enterprises	2730	16020	991	23019		
合作经营企业	Cooperative Enterprises			3385			
外资企业	Foreign-funded Enterprises	54160	74208	53133	55149		
引进内资(亿元)	**Domestic Capital (100 million yuan)**	**2765.69**	**3180.84**	**1638.50**	**2218.67**	**1270.03**	**-42.8**

10－17 分国别(地区)进出口总额
Total Value of Imports and Exports by Country(Region)

单位:万美元 (10 000 USD)

指 标	Item	2019 合计 Total Value	2019 出口 Exports	2019 进口 Imports	2018 合计 Total Value	2018 出口 Exports	2018 进口 Imports
总 计	**Total**	**715497**	**523180**	**192317**	**349380**	**251496**	**97884**
亚 洲	Asia	263016	182875	80141	216338	147967	68371
#香 港	Hong Kong	78919	78856	63	33894	33894	0
印 度	India	4185	4139	46	9056	8777	279
日 本	Japan	22117	12195	9922	9513	7439	2074
韩 国	South Korea	13330	8908	4422	8023	5624	2399
台 湾	Taiwan	33270	1471	31799	25063	829	24234
东 盟	ASEAN	65659	51083	14576	66319	50851	15468
非 洲	Africa	18250	11785	6465	21819	16659	5160
欧 洲	Europe	55990	48274	7716	38246	31127	7119
#欧 盟	European Union	39720	32721	6999	31955	26719	5236
拉丁美洲	Latin America	20344	19286	1058	15652	15455	197
北美洲	North America	25388	17827	7561	26772	16101	10671
#美 国	America	21355	15147	6208	19315	14315	5000
大洋洲	Oceania	32126	24428	7698	30553	24187	6366
#澳大利亚	Australia	21828	14185	7643	17291	11715	5576

10－18 各区(市、县)进出口总额
Total Value of Imports and Exports by District(City, County)

单位:万美元 (10 000 USD)

区(市、县)名 称	District (City, County)	2019 合计 Total Value	2019 出口 Exports	2019 进口 Imports	2018 合计 Total Value	2018 出口 Exports	2018 进口 Imports
总 计	**Total**	**415115**	**304646**	**110469**	**349370**	**251496**	**97884**
南明区	Nanming	90080	84704	5376	79561	68712	10849
云岩区	Yunyan	106332	90933	15399	108094	92089	16005
花溪区	Huaxi	23	5	18	19		19
乌当区	Wudang	2565	1977	588	2169	1803	366
白云区	Baiyun	9879	9857	22	10564	10314	250
观山湖区	Guanshanhu	46590	43040	3550	46486	37517	8969
开阳县	Kaiyang	2190	1979	211	1701	1701	
息烽县	Xifeng	219	219		185	185	
修文县	Xiuwen	633	325	308	391	336	55
清镇市	Qingzhen	594	594		78	78	
高新区	High－tech Zone	36532	16966	19566	22404	8589	13815
经开区	Economic Development Zone	10469	6068	4401	8207	4117	4090
综保区	Guiyang Comprehensive Bonded Area	100218	41713	58506	64821	25485	39336
双龙区	Shuanglong	8791	6267	2524	4690	567	4123

主要统计指标解释

社会消费品零售总额 指企业(单位、个体户)通过交易直接售给个人、社会集团非生产、非经营用的实物商品金额,以及提供餐饮服务所取得的收入金额。个人包括城乡居民和入境人员,社会集团包括机关、社会团体、部队、学校、企事业单位、居委会或村委会等。

批发零售贸易业商品购、销、存总额 指各种登记注册类型的批发、零售贸易业(不包括个体)企业(单位)以本企业(单位)为总体的商品购进、销售、库存总额。

商品购进总额 指从本企业(单位)以外的单位和个人购进(包括从境外直接进口)作为转卖或加工后转卖的商品总额。它反映批发零售贸易业从国内、国外市场上购进商品的总量。商品购进总额包括:(1)从工农业生产者购进的商品;(2)从出版社、报社的出版发行部门购进的图书、杂志和报纸;(3)从各种登记注册类型的批发零售贸易企业(单位)购进的商品;(4)从其他单位购进的商品,如从机关、团体、企业等单位购进的剩余物资,从餐饮业、服务业购进的商品,从海关、市场管理部门购进的缉私和没收的商品,从居民手中收购的废旧商品等;(5)从国(境)外直接进口的商品。不包括企业(单位)为自身经营用和未通过买卖行为而收入的商品以及销售退回、商品升溢等。

商品销售总额 指对本企业(单位)以外的单位和个人出售(包括对境外直接出口)的商品总额。它反映批发零售贸易业在国内市场上销售商品以及出口商品的总量。商品销售总额包括:(1)售给城乡居民和社会集团消费用的商品;(2)售给工业、农业、建筑业、运输邮电业、批发零售贸易业、餐饮业、服务业等作为生产、经营使用的商品;(3)售给批发零售贸易业作为转卖或加工后转卖的商品;(4)对国(境)外直接出口的商品。不包括出售本企业(单位)自用的废旧包装用品;未通过买卖行为付出的商品;经本单位介绍,由买卖双方直接结算,本单位只收取手续费的业务;购货退出的商品以及商品损耗和损失等。

批发零售贸易业库存 指报告期末各种登记注册类型的批发零售贸易企业(单位)已取得所有权的商品。它反映批发零售贸易企业(单位)的商品库存情况和对市场商品供应的保证程度。

零售额 指售给城乡居民用于生活消费和社会集团用于公共消费的商品金额。具体包括:

(1)售给城乡居民的各种生活消费品;

(2)售给入境旅游的外国人、华侨、港澳台同胞的各类商品;

(3)售给行政事业单位、社会团体、军队和武警等机构的商品,以及以零售方式售予各类企业的商品。具体包括:用于非生产和社会交往的办公用品,如通讯设备、计算器具和设备、电讯网络设备、文印设备、音像视听器材和设备、纸张、本册、文具及装订文印材料、家具、日用电器、针纺织品、清洁卫生用品、文体用品、奖品、纪念品、礼品等;供内部人员乘坐的交通工具和燃料;用于办公设施修缮的各类配件、材料、工具等;用于取暖和防暑降温的设备、燃料、材料及食品等;专用于教学的用品和设备;非营利医疗机权的中、西药品、中药材和医疗设备器材;非专用的劳动保护用品;不对外营业的内部食堂用的餐具、炊具、设备、清洁卫生工具和食品、燃料等;军队、武警用于其人员生活的衣着品和个人用品;其他各类非生产性设备和用品。不包括:

(1)售给城乡居民已确知是用于生产、经营的商品;

(2)售给各类农业生产者的生产资料类商品;

(3)售给企业单位生产上专用的劳动保护用品;

批发额 指售给国民经济各行业用于生产经营的商品金额。具体包括:

(1)售予国民经济各行业用于生产经营、勘察设计、科研试验等的商品;加油站售予生产及营运用的运输工具的石油及制品类商品;售予民政部门救灾用的商品。

(2)售予批发零售业、餐饮业和其他服务行业用于转卖的商品。

(3)直接向境外出品的商品和委托外贸部门代理出口的商品。不包括售给外贸部门出口或加工后出口的商品以及在境内市场以外币销售的商品。外贸企业只统计自主出口的商品,不包括代理出口的商品。

住宿和餐饮业经营情况

营业额 指住宿和餐饮业法人企业、产业活动单位在经营活动中因提供服务或销售商品等取得的收入。包括:客房收入、餐费收入、商品销售额(含增值税)和其他收入。

客房收入 指住宿和餐饮业法人企业、产业活动单位在经营活动中因提供住宿服务取得的客房收入。

餐费收入 指住宿和餐饮业法人企业、产业活动单位因为顾客提供就餐服务取得的收入。包括:经烹饪、调制加工后出售的各种食品,如主食、炒菜、凉拌菜等的收入。

商品销售额 指住宿和餐饮业法人企业、产业活动单位出售商品的总金额(含增值税)。

其他收入 指营业额中除客房收入、餐费收入、商品销售额(含增值税)以外的其他收入。包括:娱乐、健身和商务服务等。

从业人员 指在该连锁企业工作并取得劳动报酬的年末实有人员数。包括在岗职工、再就业的离退休人员、在该企业工作的外方人员、港、澳、台方人员、兼职人员、借用的外单位人员和第二职业者。不包括离开本单位但仍保留劳动关系的职工。从业人数包括总店和全部门店以及自有配送中心的从业人数。

进出口总额 指实际进出我国国境的货物总金额。包括对外贸易实际进出口货物,来料加工装配进出口货物,国家间、联合国及国际组织无偿援助物资和赠送品,华侨、港澳台同胞和外籍华人捐赠品,租赁期满归承租人所有的租赁货物,来料加工进出口货物,边境地方贸易及边境地区小额贸易进出口货物(边民互市贸易除外),中外合资企业、中外合作经营企业、外商独资经营企业进出口货物和公用物品,到、离岸价格在规定限额以上的进出口货样和广告品(无商业价值、无使用价值和免费提供出口的除外),从保税仓库提取在中国境内销售的进口货物,以及其他进出口货物。进出口总额用以观察一个国家在对外贸易方面的总规模。我国规定出口货物按离岸价格统计,进口货物按到岸价格统计。

利用外资 指我国各级政府、部门和其他经济组织通过对外借款、吸收外商直接投资以及用其他方式筹措的境外现汇、设备、技术等。

旅游者人数

(1)入境国际旅游者人数 指来中国参观、访问、旅行、探亲、访友、休养、考察、参加会议和从事经济、科技、文化、教育、宗教等活动的外国人、华侨、港澳同胞和台湾同胞的人数。不包括外国在我国的常驻机构,如使领馆、通讯社、企业办事处的工作人员;来我国常住的外国专家、留学生以及在岸逗留不过夜人员。

(2)出境居民人数 指大陆居民因公务活动或私人事务短期出境的人数。公务活动出境居民人数包括在国际交通工具上的中国服务员工,因私出境居民人数不包括在国际交通工具上的中国服务员工。

(3)国内旅游者人数 指我国大陆居民和在我国常住1年以上的外国人、华侨、港澳台同胞离开常住地在境内其他地方的旅游设施内至少停留一夜,最长不超过6个月的人数。

旅游总收入 游客(海外游客和国内游客)在旅游过程中(由游客或游客的代表为游客)支付的一切旅游支出就是国家(省、区、市)的旅游总收入。旅游支出应包括(过夜)旅游者和一日游游客在整个游程中行、游、住、食、购、娱,以及为亲友、家人购买纪念品、礼品等方面的旅游支出,不包括为商业目的购物、购买房、地、车、船等资本性或交易性的投资、馈赠亲友的现金及给公共机构的捐赠。

旅游收入包括国际旅游(外汇)收入和国内旅游收入。

国际旅游(外汇)收入 海外旅游者在中国(大陆)境内旅行、游览过程中用于交通、参观游览、住宿、餐饮、购物、娱乐等全部花费。

国内旅游收入 指国内旅游者在国内旅行、游览过程中用于交通、参观游览、住宿、餐饮、购物、娱乐等全部花费。

Explanatory Notes on Main Statistical Indicators

Total Retail Sales of Consumer Goods refers to the amount obtained by enterprises (unites, self – employed individuals) through direct sales of non – production and non – business physical commodity to individuals and social institutions, and revenue from providing catering services. Individuals include rural and urban households as well as people from abroad; social institutions include government agencies, social organizations, military units, schools, public institutions, neighborhood (village) committees, etc.

Purchase, Sales and Stock of Commodities by Wholesale and Retail Trades refer to the total volume of commodities purchased, total volume of sales and the stock of commodities by wholesale and retail enterprises (establishments) of different types of registration (excluding individuals).

Total Purchases of Commodities refer to the total value of purchases of commodities purchased by enterprises (establishments) from other establishments or individuals (including direct import from abroad) for the purpose of re – selling, either with or without further processing of the commodities purchased. This indicator reflects the total value of commodities purchased by wholesale and retail establishments from domestic and overseas markets. The types of commodities include: (1) products purchased from agricultural and industrial producers; (2) books, magazines and newspapers purchased from distribution departments of the publishers and newspaper offices; (3) commodities purchased from wholesale and retail establishments of different types of registration; (4) commodities purchased from other units, such as surplus materials purchased from government agencies, enterprises or institutions, commodities purchased from catering and service establishments, confiscated goods purchased from customs authorities or market management agencies second – hand goods and wastes purchased from residents; and (5) commodities directly imported from abroad. Commodities excluded those purchased by establishments(units) for their own use in business operation, commodities obtained without buying or selling procedures, returned commodities, etc.

Total Sales of Commodities refer to value of commodities sold by the establishments to other establishments and individuals (including direct export). This indicator is used to show the total value of sales of commodities at domestic markets and in exports. The types of commodities sold include: (1) commodities sold to urban and rural residents and social groups for their consumption; (2) commodities sold to establishments in industry, agriculture, construction, transportation, post and telecommunications, wholesale and retail trades, hotels and catering services, and public utility for their production and operation; (3) commodities sold to wholesale and retail establishments for re – selling, with or without further processing; (4) commodities directly exported to other countries. Commodities excluded selling of waste packaging materials used by the establishments (units) themselves, commodities transferred without buying or selling procedures, commission income from brokerage in transactions for which settlement is directly handled by buyers and sellers, returned commodities, loss in commodities, etc.

Commodity Stock of Wholesale and Retail Enterprises refers to total commodities possessed by wholesale and retail enterprises (units) of various types of registration at the end of the reference period, reflecting the commodity stock level of various wholesale and retail enterprises and the potential for market supply.

Turnover of Retail Sales refers to retail goods sold to urban and rural households for household consumption and to social institutions for public consumption. Specific types of retail goods are as follows:

a) Commodities sold to urban and rural households;

b) Commodities sold to foreigners, overseas Chinese and Chinese compatriots from Hong Kong, Macao and Taiwan visiting China;

c) Commodities sold to government agencies, institutions, social organizations, military and armed police units, and commodities to enterprises in the form of retail sales. More specifically, they include: office facilities and articles for non – production purposes such as communications equipment, computing equipment and instruments, TV and network equipment, printing and copying equipment, audio – visual equipment and instruments, paper, notebooks, stationeries, furniture, electric appliances, knitwear, sanitation and cleaning articles, cultural and sport articles, articles for prizes, souvenirs, etc. ; transport vehicles and fuels for employees; materials, spare parts and tools for the maintenance of office facilities; equipment, fuels, materials and food for winter heating or summer cooling purposes; articles and equipment for teaching purpose; Chinese and western medicines and medical equipment and facilities purchased by non profit – making medical institutes; non – specialized work safety articles; cooking utensils, tableware, equipment, cleaning articles, food and fuels purchased by in – house cafeterias; clothes and personal articles purchased by military or armed police units for their officials and soldiers; and other equipment and articles for non – production purposes.

Commodities of retail sales exclude:

(1) Commodities sold to residents for production and management;

(2) Commodities like means of production sold to agricultural producers;

(3) Labor protection products sold to enterprises during production.

Turnover of Wholesale Sales refers to the amount of commodities sold to industries of national economy for production and management. Specific types of retail goods are as follows:

(1) Commodities sold to industries for production and management, survey and design and scientific researches, Oil and oil products permitted by gas station to produce and be used to traffic tools and relief goods sold to Ministry of Civil Affairs.

(2) Commodities sold to retailers, catering and, other service industries to resale.

(3) Commodities directly exported overseas or exported by Foreign Trade Department, excluding commodities sold to Foreign Trade Department to export, processed commodities for export and commodities sold in foreign currencies at domestic market. Commodities of foreign trade enterprises only count those exported themselves, not including commodities by export broker.

Accommodation and catering

Business Revenue refers to revenue of hotels and catering services received from providing services or selling commodities through business activities, including income from hotels, from catering services, from selling of commodities (including value added tax) and from other services.

Income from Hotel Rooms refers to income of corporate enterprises and establishments by providing lodging services.

Income from Serving Meals refers to income of corporate enterprises and establishments by serving customers meals. Types of meals include all kinds of food cooked and flavoured such as staple food, stir – fried and cold vegetable dishes in sauce.

Income from Selling of Commodities refers to income of corporate enterprises and establishments by selling commodities that accompany the services they provide (including value added tax). Income from other activities refers to those other than income from hotel rooms, catering services or selling of commodities, such as income from providing recreational, fitness or business services.

Other income refers to the income other than the income from hotel rooms, income from serving Meals and turnover of sales (including Value added tax). It includs: recreation, fitness and business services.

Employed Persons refer to all those who are employed in enterprises and receive remunerations there, including currently working employees, retirees who are re – employed, teachers of local – run schools, as well as foreigners, staff from Hong Kong, Macao and Taiwan, part – time employees and persons with second job who are employed by the enterprises, and employees of other units temporarily working in the enterprises, but excluding former employees who left the enterprises with their employment records still being kept by the enterprises.

Total Volume of Imports and Exports refers to the real value of commodities imported and exported across the border of China. They include the actual imports and exports through foreign trade, imported and exported goods under the processing and assembling trades and materials, supplies and gifts as aid given gratis between governments and by the United Nations and other international organizations, and donations by overseas Chinese, compatriots in Hong Kong and Macao and Chinese with foreign citizenship, leasing commodities owned by tenant at the expiration of leasing period, the imported and exported commodities processed with imported materials, commodities trading in border areas (excluding mutual exchange goods), the imported and exported commodities and articles for public use of the Sino – foreign joint ventures, cooperative enterprises and ventures with sole foreign investment. Included in this category are also imports or exports of samples and advertising goods for whose CIF or FOB value are beyond the permitted ceiling (excluding goods of no trading or use value and free commodities for export), imported goods sold in China from bonded warehouses and other imported or exported goods. This indicator can be used to observe the total size of external trade in a country. In accordance with the stipulation of the Chinese government, imports are calculated at CIF, while exports are calculated at FOB.

Utilization of Foreign Capital refers to remittance, equipment and technology financed from abroad, by loans, foreign direct investment and other forms undertaken by the governments at all levels, by various departments, enterprises and other economic units.

Number of Tourists

(1) International tourists refer to foreigners, overseas Chinese, Chinese compatriots from Hong Kong, Macao and Taiwan coming to China for sight – seeing, visits, tours, family reunions, vacations, study tours, conferences and other activities of a business, scientific and technological, cultural, educational and religious nature. It does not include representatives and employees of resident institutions of foreign countries in China such as embassies, consulates, news agencies and offices of foreign companies and organizations, nor does it include long – term foreign experts or students residing in China, or persons in transition without spending a night in China.

(2) Number of local residents going abroad refers to the number of mainland China residents who go abroad either for official business or for private affairs. The quantity of Chinese workers who serve in the international transportation vehicles are included in those who go for official business, but those for private affairs are not included.

(3) Number of domestic tourists refers to the quantity of people who leave their living places to stay in tourism destinations for at least one night but no more than 6 months, including mainland China residents, foreigners, residents from Hong Kong, Macao and Taiwan who lived in China for more than one year.

Total Tourism Revenue refers to the total expenditure of foreigners, overseas Chinese, Chinese compatriots from Hong Kong, Macao and Taiwan and domestic tourists spending during their stay in mainland China on transportation, sighting, accommodation, food, shopping, entertainment, souvenirs and gifts for their friends and families, excluding the expenses on commercial shopping, houses, lands, cars, ships, cash given to friends and families and donations.

Tourism Revenue includes foreign exchange earnings from international tourism and income from domestic tourism.

Foreign Exchange Earnings from International Tourism refers to the total expenditure of foreigners, overseas Chinese, Chinese compatriots from Hong Kong, Macao and Taiwan during their stay in mainland China on transportation, sightseeing, accommodation, food, shopping and entertainment.

Income from Domestic Tourism refers to expenditure of domestic tourists on transportation, sighting, accommodation, food, shopping and entertainment while they travel.

11

Eleven

交通、运输、邮电、城市公用事业

Traffic, Transportation, Postal and Telecommunication Services, Urban Public Utilities

2020 贵阳统计年鉴

GUIYANG STATISTICAL YEARBOOK

11－1　民用车辆拥有量
Possession of Civil Vehicles

单位:辆 (unit)

指　　标	Item	2015	2016	2017	2018	2019	2019年比2018年增长(%) Grwoth Rate in 2019 over 2018 (%)
民用车辆合计	**Total Civil Vehicles**	**1108244**	**1190626**	**1314018**	**1492425**	**1687111**	**13.0**
#个　人	**Private Vehicle**	**991303**	**1072832**	**1192524**	**1360002**	**1539785**	**13.2**
按用途分	**By Proposes**						
营　运	Commercial Vehicle	88141	87790	90917	97432	97574	0.1
非营运	Non－Commercial Vehicle	1020064	1102793	1223053	1394906	1577508	13.1
按车辆类型分	**By Types of Vehicles**						
汽　车	Cars	841570	916740	995522	1157420	1341511	15.9
载客汽车	Passenger Vehicles	697660	771636	997842	997842	1177015	18.0
载货汽车	Trucks	133694	134670	845688	148942	155973	4.7
其他汽车	Others	10216	10434	139507	10636	8523	－19.9
摩托车	Motorcycle	265970	273022	317053	333048	342996	3.0
挂　车	Trailer	704	864	1443	1957	2604	33.1

注:机动车驾驶员2317018人,其中汽车驾驶员2214726人。
The number of vehicle drivers was 2317018 and the number of car drivers was 2214726 in 2019.

11－2　旅客运量及货物运输量
Passenger and Freight Traffic

指　　标	Item	2015	2016	2017	2018	2019	2019年比2018年增长(%) Grwoth Rate in 2019 over 2018 (%)
旅客运输量(万人)	**Total Passenger Traffic (10 000 persons)**	**66970**	**66171**	**73070**	**81675**	**89665**	**9.8**
铁　路	Railways	2019	2204	2553	3102	3352	8.1
公　路	Highways	63580	62385	68522	76415	83823	9.7
航　空	Aviation	1325	1511	1811	2010	2191	9.0
水　运	Waterways	46.24	72.00	184.06	148.02	299.08	102.1
货物运输量(万吨)	**Total Freight Traffic (10 000 tons)**	**32192**	**38685**	**46107**	**53946**	**61372**	**13.8**
铁　路	Railways	1264	1313	1246	1470	1264	－14.0
公　路	Highways	30915	37355	44839	52451	60082	14.5
航　空	Aviation	8.72	9.59	10.24	11.24	12.01	6.9
水　运	Waterways	4.34	7.53	12.16	14.01	13.83	－1.3

注:铁路数据由成都铁路局提供,统计口径为发送量。
The data of railway are provided by China railway Chengdu Group Co.,Ltd, with the number of passengers daily dispatched as the statistical caliber.

11-3 邮电线路及通信工具拥有量
Number of Postal Routes and Telecommunication Facilities

指标	Item	2015	2016	2017	2018	2019	2019年比2018年增长(%) Grwoth Rate in 2019 over 2018(%)
邮路总条数（条）	**Total Postal Routes (line)**	**142**	**161**	**175**	**113**	**219**	**93.8**
邮路总长度(单程)（公里）	**Length of Postal Routes (one way) (km)**	**49717**	**19694**	**113199**	**97839**	**120664**	**23.3**
汽车邮路（公里）	Highway Routes (km)	13061	19694	21643	20895	27839	33.2
铁路邮路（公里）	Railway Routes (km)	2536.00	0.00	0.00	0.00	1269	
航空邮路（公里）	Air Mail Routes (km)	34120	0	91556	91556	91556	持平
农村投递线路总长度（公里）	**Rural Delivery Routes (km)**	**5838**	**3413**	**4252**	**6539**	**6591**	**0.8**
电话交换机容量（万门）	**Capacity of Telephone Exchanges (10 000 lines)**	**1137**	**1100**	**1086**	**1259**	**1535**	**21.9**

注:2016年起贵阳市邮政公司停止铁路运输业务,铁路邮路为0;2019年铁路邮路开始统计高铁运输业务。
The number of railways routes is zero, because Guiyang Post Company has closed railways routes business since 2016. High-speed rail transport business has been contained in the data of railways routes since 2019.

11-4 邮电业务量
Statistics on Postal and Telecommunication Services

指标	Item	2015	2016	2017	2018	2019	2019年比2018年增长(%) Grwoth Rate in 2019 over 2018(%)
邮电业务收入（万元）	**Business Revenue of Postal and Telecommunication Services (10 000 yuan)**	**680462**	**752861**	**836582**	**920669**	**956532**	**3.9**
电信业务收入（万元）	Business Revenue of Telecommunication Services (10 000 yuan)	575072	595877	636278	683391	676987	-0.9
邮政业务收入（万元）	Business Revenue of Postal Services (10 000 yuan)	105390	156984	200304	237278	279545	17.8
函件（万件）	Numbers of Letters (10 000 pcs)	662	978	1467	2857	1836	-35.7
包件（万件）	Packages (10 000 pcs)	10	2	2	1	1	-7.0
特快专递（万件）	Pieces of Express Mail Services (10 000 pcs)	4041	5929	7845	10200	13651	33.8
汇票（万张）	Postal Order (10 000 pcs)	47	33	20	15	10	-30.7
订销报纸（万份）	Issue of Newspapers (10 000 copies)	11953	8011	8147	8278	7867	-5.0
订销杂志（万份）	Issue of Magazines (10 000 copies)	892	386	445	403	375	-7.0
邮电业务总量（万元）	**Business Volume of Postal and Telecommunication Services (10 000 yuan)**	**1322408**	**954243**	**2101561**	**4789358**	**7212753**	**50.6**
电信业务总量（万元）	Business Volume of Telecommunication Services (10 000 yuan)	1214085	812994	1922866	4572066	6923198	51.4
邮政业务总量（万元）	Business Volume of Postal Services (10 000 yuan)	108323	141249	178695	217291	289555	33.3
年末固定电话用户（万户）	**Number of Fixed Telephone Subscribers at Year-end (10 000 subscribers)**	**97.04**	**87.52**	**83.85**	**78.21**	**75.77**	**-3.1**
移动电话用户（万户）	**Mobile Telephone Subscribers (10 000 subscribers)**	**856.63**	**655.89**	**748.95**	**804.94**	**819.25**	**1.8**
#3G用户数（万户）	3G Subscribers (10 000 subscribers)	203.58	60.89	44.48	64.63	36.12	-44.1
#4G用户数（万户）	4G Subscribers (10 000 subscribers)		385.68	497.66	569.03	646.00	13.5
固定宽带接入用户数（万户）	**Fixed Broadband Access Subscribers (10 000 subscribers)**	**116.15**	**123.65**	**145.60**	**190.52**	**193.78**	**1.7**
移动互联网用户数（万户）	**Mobile Internet Subscribers (10 000 subscribers)**	**459.50**	**621.04**	**563.56**	**625.99**	**676.42**	**8.1**

注:1)邮政数据来源于市邮政管理局;2)部分数据上年同期数据本年有修正。
a) Postal data came from Municipal Postal Service; b) Compared with the data of the same peroid in the previous years, the data of this year has been revised.

11-5 自来水、公共汽车基本情况

Basic Statistics on Tap Water Supply and Buses

指标	Item	2015	2016	2017	2018	2019
水厂 (个)	Water Plant (unit)	8	12	12	12	12
综合生产能力 (万吨/日)	Production Capacity of Water Supply (10 000tons/day)	115.64	151.50	151.50	154.50	174.50
供水管道长度 (公里)	Length of Water Supply Pipelines (km)	4064.56	4190.18	4635.38	4894.14	4993.45
全年供水总量 (万立方米)	Total Annual Volume of Water Supply (10 000cu. m)	29633.97	33563.00	34992.74	38352.66	40612.12
#生产用量 (万立方米)	For Productive Use (10 000cu. m)	2592.00	3232.92	2770.01	6865.21	7262.09
生活用量 (万立方米)	For Residential Use (10 000cu. m)	18498.33	22285.40	24123.88	22301.77	23091.13
用水户数 (万户)	Registered Subscribers (10 000subscribers)	78.62	99.66	112.75	123.69	128.83
#家庭用户 (万户)	Household Subscribers (10 000subscribers)	72.47	94.49	106.62	115.87	120.59
用水人口 (万人)	Number of Residents with Access to Tap Water (10 000 persons)	355.06	360.00	375.72	430.57	485.81
年末实有公共汽车(电)车营运车辆数 (辆)	Number of Buses (Trolley) under Operation at Year-end (unit)	2738	2759	3346	3210	3186
公共汽(电)车营运标准车台数 (标台)	Number of Buses (Trolley) under Operation (unit)	3536	3498	4089	3914	4256
公共汽(电)车营运线路网长度 (公里)	Length of Buses (Trolley) under Operation (km)	714	778	4706	4814	5474
全年公共汽(电)车客运总量 (万人次)	Passengers Transported by Public Vehicles of the Whole Year (10 000 person-times)	57584	53569	56033	55358	55357
年末实有出租汽车数 (辆)	Number of Taxis at Year-end (unit)	7849	8034	8623	9539	10445

注:1)本表数据为市辖区数。2)公共汽车、出租车数据2017年起取自市交委。
a) All statistics in the table came from Guiyang Municipal Districts. b) The data of buses and taxies since 2017 are provided by Guiyang Municipal Commission of Transport.

11-6 市政设施和城市燃气情况

Basic Statistics on Municipal Infrastructure and Supply of Gas in Cities

指标	Item	2015	2016	2017	2018	2019	2019年比2018年增长(%) Grwoth Rate in 2019 over 2018 (%)
道路长度 (公里)	Length of Paved Roads (km)	1307	1306	1465	1459	1514	3.8
道路面积 (万平方米)	Area of Paved Roads (10 000 sq. m)	2645	2643	2937	2924	3040	4.0
#人行道 (万平方米)	Area of Pavements (10 000 sq. m)	862	862	928	925	943	1.9
桥梁数 (座)	Number of City Bridges (unit)	375	345	360	349	349	
排水管道长度 (公里)	Length of City Sewage Pipes (km)	3523	3424	3474	3458	3847	11.3
路灯盏数 (万盏)	Number of Street Lights (10 000 units)	22.57	22.57	18.32	23.43	23.35	-0.3
天然气供气总量 (万立方米)	Volume of Natural Gas Supply (10 000 cu. m)	20500	24903	30692	34285	56932	66.1
#家庭用量 (万立方米)	Consumption of Natural Gas for Residential Use (10 000 cu. m)	8658	9854	11731	14493	20500	41.4
用天然气户数 (万户)	Number of Households Using Natural Gas (10 000 households)	74.32	89.27	102.02	110.66	126.11	14.0
#家庭用户 (万户)	Residential Users (10 000 households)	73.87	88.78	101.43	109.98	125.30	13.9
用天然气人口 (万人)	Population with Access to Natural Gas (10 000 persons)	210	252	288	312	346	10.8
液化石油气供气总量 (万吨)	Volume of Liquefied Petroleum Gas Supply (10 000 tons)	4.20	4.40	4.60	4.80	5.30	
#家庭用量 (万吨)	Consumption of LPG for Residential Use (10 000 tons)	4.20	4.40	4.60	4.80	1.40	
用液化气户数 (万户)	Number of Households Using Liquefied Gas (10 000 households)	20.50	20.50	20.50	20.50	13.30	
#家庭用户 (万户)	Residential Users (10 000 households)	20.50	20.50	20.50	20.50	10.00	
用液化石油气人口 (万人)	Population with Access to Liquefied Petroleum (10 000 persons)	72	72	72	72	28	

注:2019年液化石油气供气总量、液化气户数、液化石油气人口数据统计口径有调整,与往年不可比。
The data of volume of liquefied petroleum gas supply, numbers of households using liquefied gas, and population with access to liquefied petroleum in 2019 has been adjusted due to change in coverage, which cannot be compared with data of previous years.

11－7 园林绿化和环境保护
Basic Statistics on Parks, Gardens and Green Areas and Environment Protection

指 标	Item	2015	2016	2017	2018	2019	2019年比2018年增长(%) Grwoth Rate in 2019 over 2018 (%)
建成区绿化覆盖面积 (公顷)	Green Coverage of Built－up Districts (hectare)	11533	12296	14684	14800	14905	0.7
建成区绿地面积 (公顷)	Area of Greenland in Built－up Districts (hectare)	11115	13993	13884	13993	14096	0.7
建成区公园绿地面积 (公顷)	Area of Public Greenland in Built－up Districts (hectare)	3065	3601	4328	4354	4425	1.6
建成区绿地率 (%)	The Rate of Green Land in Built－up Districts (%)	37.2	39.3	39.7	39.0	39.3	0.7
建成区绿化覆盖率 (%)	Green Coverage Rate in Built－up Districts (%)	38.6	40.7	41.1	41.2	41.5	0.7
建成区人均公园绿地面积 (平方米/人)	Per Capita Public Green Areas in Built－up Districts (sq. m/per person)	10.95	12.86	12.88	13.00	13.40	3.1
建成区公园面积 (公顷)	Area of Parks in Built－up Districts (hectare)	14	249	3606	6634	6634	持平
道路清扫面积 (万平方米)	The Area of Road Swept and Cleaned (10 000 sq. m)	2598	9133	4556	4880	4880	持平
生活垃圾清运量 (万吨)	Volume of Consumption Wastes Treated (10 000 tons)	3012.00	128.62	121.62	128.62	152.46	18.5
城市生活垃圾无害化处理率 (%)	Rate of Harmlessly Treating Consumption Wastes (%)	95.1	97.5	97.5	97.8	98.0	0.2
公厕数量(水冲式) (座)	The Number of Public Latrine(Flushing) (unit)	540	586	620	622	595	－4.3
市容环卫专用车辆设备数 (台)	Total Number of Environmental Sanitary Vehicles (unit)	1203	1775	1951	1946	2096	7.7
废水排放总量 (万吨)	Total Volume of Waste Water Discharged (10 000 tons)	28686	33975	36730	49568		
工业废水排放总量 (万吨)	Total Volume of Industrial Waste Water Discharged (10 000 tons)	2700	3768	4452	5854		
工业废气排放总量 (亿标立方米)	Total Volume of Indusrial Waste Gas Discharged (100 million standard sq. m)	2322	6096	3779	1881		
二氧化硫排放总量 (万吨)	Total Volume of SO2 Emission (10 000 tons)	10.36	6.99	7.93	4.82		
#工业二氧化硫排放量 (万吨)	Volume of Industrial Sulphur Dioxide Discharged (10 000 tons)	5.72	4.04	5.06	1.68		
烟尘排放总量 (万吨)	Total Volume of Smoke and Dust Discharged (10 000 tons)	2.90	1.70	2.14	2.06		
工业固体废物产生量 (万吨)	Volume of Industrial Solid Wastes Produced (10 000 tons)	1200.98	1417.80	1629.25	1767.63		

注:1. 此表数据分别由省住建厅、市生态环境局、市自然资源和规划局、市综合执法局提供。

2. 根据生态环境部要求,2019年度污染物排放数据需根据第二次污染源普查成果进行校正。目前数据未定稿,故无法提供。

a) The data are offered by Department of Housing and Urban－Rural Development of Guizhou Province, Guiayng Municipal Ecological Environment Bureau, Guiyang Municipal Natural Resources and Planing Bureau and Guiyang Municipal Bureau of City Administration and Law Enforcement.

b) Based on the requirements of the Ministry of Ecology and Environment, the data of annual pollutant discharge should be adjusted according to the results of the second pollution source census. At present, the data is not finalized, so it cannot be provided.

主要统计指标解释

民用汽车拥有量 指报告期末，在公安交通管理部门按照《机动车注册登记工作规范》，已注册登记领有民用车辆牌照的全部汽车数量。汽车拥有量统计的主要分类：根据汽车结构分为载客汽车、载货汽车、其他汽车；根据汽车所有者不同分为个人(私人)汽车、单位汽车；根据汽车的使用性质分为营运汽车、非营运汽车；根据汽车大小规格不同，载客汽车分为大型、中型、小型和微型，载货汽车分为重型、中型、轻型和微型。

货(客)运量 指在一定时期内，各种运输工具实际运送的货物(旅客)数量。货运按吨计算，客运按人次计算。货物不论运输距离长短、货物类别，均按实际重量统计。旅客不论行程远近或票价多少，均按一人一次客运量统计；半价票、小孩票也按一人统计。

铁路旅客运量 指在一定时期内使用铁路客车运送的旅客人数。铁路旅客运量的计算方法：不论票价多少或行程长短，均按单程计算为一人次；不足购票年龄免购客票的儿童，不记运量；月、季票按往返25人计算。因地方铁路管理体制改变，各地可以辖区内的铁路火车站为基本统计单位进行客货发送量统计。

公路客(货)运量 统计范围为在公路运输管理部门注册登记从事公路运输的营业性载客汽车和营业性货运车辆一定时期内实际运送的旅客(货物)数量。

水运客运量 指水运企业及其他单位在一定时期内实际运送的旅客人数。

民用航空客运量 指公共航空运输飞行所载运的旅客人数。成人和儿童各按一人计算，婴儿不计人数。每一特定航班的每一旅客只计算一次。唯一例外的是，乘坐定期航班既经过国内航段又经过国际航段的旅客，同时计算一个国内旅客和一个国际旅客。

民用航空货邮运量 指航空站在一年内从航站发运的行李、邮件、货物的重量总和。包括始发运量和联运量。发运量是根据进出港舱单、载重表等原始记录计算的。

邮电业务总量 指以价值量形式表现的邮电通信企业为社会提供各类邮电通信服务的总数量。邮电业务量按专业分类包括函件、包件、汇票、报刊发行、邮政快件、特快专递、邮政储蓄、集邮、公众电报、用户电报、传真、长途电话、出租电路、市话无线寻呼、移动电话、分组交换数据通信、出租代维等。计算方法为各类产品乘以相应的平均单价(不变价)之和，再加上出租电路和设备、代用户维护电话交换机和线路等的服务收入。其计算公式为：

邮电业务总量 = Σ(各类邮电业务量 × 不变单价) + 出租代维及其他业务收入

邮政、电信业务收入 指邮电、通信企业通过生产经营活动所取得的全部业务收入，包括邮政、长途电信、本地电话等各项主营业务收入和地方国有通信收入。统计范围改为全社会所有从事电信运营的企业(即中国电信、中国移动、中国联通三家基础电信企业)，邮政企业和年业务收入200万元以上的快递企业。

移动电话用户 指在移动电话营业部门登记，通过移动电话交换机进入移动电话网、占有移动电话号码的电话用户。用户数量以实际办理登记手续进入邮电部门移动电话网的户数进行计算，一部或一台移动电话统计为一户。

固定电话用户 指接入国家公众固定电话网，并按固定电话业务进行经营管理的电话用户。

城市电话用户 指直辖市、省辖市、地级市、县级市的市区、市郊区及县城(包括县人民政府所在地的县城关区或行政建制相当于县人民政府所在地的镇)范围内接入局用交换机的电话用户数，包括分布在农村地区的独立工矿区、林区、驻军等电话用户数。

农村电话用户 指按行政区划属于城市范围内以外的乡镇、村的电话用户数

供水综合生产能力 指城建部门系统自来水公司所属自来水厂及各单位自备水源取水、净化、送水、出厂输水干管等环节的综合生产能力，以四个环节中最薄弱的环节为主确定能力，超负荷运行增加的能力不应计算。

城市供水总量　指报告期供水企业(单位)供出的全部水量,包括有效供水量和漏损水量,不包括开水直接利用量。

居民生活用水量　指城市范围内所有居民家庭的日常生活用水。包括城市居民、农民家庭、公共供水站用水。

用水人口　指供应生活用水的年末实际人口。包括非农业人口和农业人口。

供气总量(人工、天然气)　指城市煤气企业向城市生产用户、家庭用户和其他用户供应的全部煤气量,包括外购及损失量。

用气人口　指报告期末家庭用户的用气人口。

年末实有公共汽(电)车营运车辆数　指城市公共交通企业可参加营运的全部车辆数。包括技术完好的、在修的、待修的、长期停驶的,以及拟报废尚未经上级主管部门批准报废的运营车辆数。不包括公交企业的油罐车、货车和其他专用车等非运营车,也不包括借入、租入的客运车辆。

全年公共汽(电)车客运总量　指运送乘客的总人数。包括普通票乘客人次,月票乘客人次和包车乘客人次。

年末实有出租汽车数　指经有关部门批准的专门从事出租业务的一切营业车辆。包括轿车、面包车、大客车。

年末实有城市道路面积　指路面经过铺筑的路面宽度在3.5米以上(含3.5米)的道路。包括高级、次高级道路和普通道路,不包括街道内部路面宽度不足3.5米的胡同、里弄。

道路面积只包括路面面积和与道路相通的广场、桥梁、停车场面积。不包括街心花坛、侧石、人行道和路肩的面积。

排水管道长度　排水管道是指汇集和排放污水、废水和雨水的管渠及其附属设施所组成的系统。包括干管、支管以及通往处理厂的管道,无论修建在街道上或其他任何地方,只要是起排水作用的管道,都应作排水管道统计。

绿地面积　指报告期末用作园林和绿化的各种绿地面积。包括公园绿地、生产绿地、防护绿地、附属绿地和其他绿地的面积。

公园绿地面积　指城市中向公众开放的、以游憩为主要功能,有一定的游憩设施和服务设施,同时兼有健全生态、美化景观、防灾减灾等综合作用的绿化用地。包括综合公园、社区公园、专类公园、带状公园和街旁绿地。其中综合公园、专类公园和带状公园面积之和为公园面积。

建成区绿化覆盖面积　指城市建成区内各单位管理的一切用于绿化的乔灌木和多年生草本植物的垂直投影面积。包括园林绿地以外的道路绿化覆盖面积(即道路的隔离带、中心绿岛和林荫道及行道树的覆盖面积)和单株树木的覆盖面积。

工业废水排放总量　指经过企业厂区所有排放口排到企业外部的工业废水量。包括生产废水、外排的直接冷却水、超标排放的矿井地下水和与工业废水混排的厂区生活污水,不包括外排的间接冷却水(清污不分流的间接冷却水应计算在内)。

工业废气排放总量　指报告期内企业厂区内燃料燃烧和生产工艺过程中产生的各种排入大气的含有污染物的气体的总量,以标准状态(273K,101325Pa)计算。测算公式为:

工业废气排放量=燃料燃烧过程中废气排放量+生产工艺过程中废气排放量

工业烟尘排放总量　指企业厂区内燃料燃烧过程中产生的烟气中夹带的颗粒物排放量。

工业固体废物产生量　指报告期内企业在生产过程中产生的固体状、半固体状和高浓度液体状废弃物的总量,包括危险废物、冶炼废渣、粉煤灰、炉渣、煤矸石、尾矿、放射性废物和其他废物等。不包括矿山开采的剥离废石和掘进废石(煤矸石和呈酸性或碱性的废石除外)。酸性或碱性废石指采掘的废石其流经水、雨淋水的pH值小于4或pH值大于10.5者。

生活垃圾清运量　指报告期内收集和运送到垃圾处理厂(场)的生活垃圾数量。生活垃圾指城市日常生活或为城市日常生活提供服务的活动中产生的固体废物以及法律行政规定的视为城市生活垃圾的固体废物。

包括：居民生活垃圾、商业垃圾、集市贸易市场垃圾、街道清扫垃圾、公共场所垃圾和机关、学校、厂矿等单位的生活垃圾。

生活垃圾无害化处理率　指报告期生活垃圾无害化处理量与生活垃圾产生量比率。在统计上，由于生活垃圾产生量不易取得，可用清运量代替。计算公式为：

生活垃圾无害化处理率 = 生活垃圾无害化处理量/生活垃圾产生量 ×100%

Explanatory Notes on Main Statistical Indicators

Possession of Civil Motor Vehicles refer to the total number of vehicles that are registered and received vehicles license tags according to the Work Standard for Motor Vehicles Registration formulated by the Transport Management Office under the department of public security at the end of the reference period. They are divided into categories. According to the structure of motor vehicles, they are divided into passenger vehicles, trucks and others; according to ownership into private vehicles and vehicles for the unit's use; according to kind of usage into working vehicles and non – working vehicles and according to size of vehicles into large passenger vehicles, medium – sized passenger vehicles, small passenger vehicles and mini passsenger vehicles, heavy trucks, light – heavy trucks, light trucks and mini – trucks.

Freight (Passenger) Traffic refers to the weight of freight (number of passenger) transported with various means within a specific period of time. Freight transport is calculated in tons and passenger traffic is calculated in terms of the actual weight of the goods and takes no account of the type of freight and distance of diatance, Passenger traffic is calculated by the principle that one person can be counted only once in one trip and takes no account of the travelling distance and ticket price. The passengers who travel with a half price ticket or a child's ticket is also calculated as one person.

Railway (Passenger) Tranffic refers to the weight of freight (number of passenger) transported with railway within a specific period of time. Passenger traffic is calculated by the principle that: a) one person can be counted only once in one trip and takes no account of the travelling distance and ticket price. b) children eligible for free ticket are not calculated; c) persons with monthly or season tickets shall be regarded as 25 passengers. Besides, due to the change of management system of local railway, every district has the right to calculate the volume of passengers through railway stations within its district as the basic statistic unit.

Highway Passenger (Freight) Traffic refers to the actual quantity of cargos delivered with commercial freight cars and passengers travelling with commercial passenger service vehicles in a given period. Besides, these commercial vehicles shall be registered at Management Department of Highway Transportation.

Water Traffic refers to the actual quantity of passengers travel with means of transport provided by water transportation enterprises and other units in a given period.

Civil Aviation Passenger Traffic refers to the quantity of passengers travels with means of public air transport in a given period. In the process of calculation, both adults and children shall be regarded as statistic units but infants shall not. And every passenger of ever particular flight shall be counted only once. But there is one exception that one passenger taking a scheduled flight which both flies across domestic and international sectors can be counted twice and regarded as a domestic and a international passenger at the same time.

Civil Aviation Delivery of Cargos and Mails refers to the total weight of luggage, mails and cargos delivered from air terminals within one year. It includes the total weight of originating and multimodal transport. And the weight of transport is calculated at such original records as listed in shipping bills and load sheets.

Business Volume of Post and Telecommunications refers to the total amount of postal and telecommunication services, expressed in value terms, provided by the post and telecommunication departments for society. According to professional classification, post and telecommunication services can be classified as letters, package, postal order, issue of newspapers and periodicals, QMX, EMS, postal savings, stamps for collection, public telegraphs, facsimiles, long – distance telephone service, leasing of telephone lines, mobile telephone service, communication of packet switched data, maintenance, etc. The calculation method is to multiply the service products of all types with their average unit price (constant price) to get the total business value and to plus the result with income from other services such as leasing of telephone lines and equipments as well as maintenance of telephone switchboards and lines for customers.

The formula is as follows:

Business volume of post and telecommunications = $\sum$(transaction of post and telecommunication services × price [constant price]) + income from leasing, maintenance and other services

Post and Telecommunications Revenue refers to total income from all production and operating activities of post and telecommunication enterprises, including main business incomes from post, telecommunication and local call services as well as from local state – owned telecommunication services. Besides, this year the statistical range has changed into all enterprises engaged into telecom operation (namely China Telecom, China Mobile Communication Corporation and China Unicom), postal enterprises and express enterprises with an annual business income above 2 million yuan.

Mobile Telephone Subscribers refer to persons who have registered at postal and telecommunication institutions and are hence connected with the mobile telephone communication network through the mobile telephone switchboards and occupy moble phone numbers. The number of subscribers is calculated at the actual subscribers who have gone through all the register formalities and are connected with the mobile telephone communication network. Besides, one mobile telephone owner is treated as a subscriber.

Fixed – line Phone Subscribers refer to all subscribers who are connected to the national public fixed – line telephone network and enjoy fixed telephone services.

Urban Telephone Subscribers refer to the number of telephone subscribers located at the municipalities directly under the Central Government, cities under the jurisdiction of province, cities at prefecture level, downtowns and suburb of city at county level town and county towns (including country towns where county governments located and towns rank at county level according to the administrative organizational system) and subscribers in rural mineral areas, forest area and military areas.

Rural Telephone Subscribers refer to telephone subscribers located at counties (towns) and villages outside the coverage of urban areas according to administrative jurisdiction.

Production Capacity of Water Supply refers to comprehensive productive capacity of waterworks and various units affiliated to water supplying companies of city constructing departments to fetch water from self – contained water source, to purify water, to deliver water and to build water transmission main pipes. The capacity is determined mainly on the weakest og the above – mentioned four segments, excluding the capacity increased through overload operation.

Total Volume of Urban Water Supply refers to the total volume of water supplied by water – works (units) during the reference period, including both the efective water supply and loss during the water supply, excluding the volume of boiling water directly available.

Consumption of Water for Household Use refers to consumption of water for daily life of all households in cities, including households of urban residents, farmers and public water supply stations.

Population Consuming Water refers to the actual population consuming domestic water calculated at year – end. The population includes both nonagricultural and agricultural population.

Volume of Gas Supply (Artificial and Natural Gas) refers to total volume of gas provided to urban production users, households and other users by gas – producing enterprises, including the volume purchased and lost gas.

Population Consuming Gas refers to number of domestic consumers consuming gas calculated at the end of reference period.

Number of Buses (Trolley) under Opereation at Year – end refers to total number of vehicles urban public transport enterprises put into operation, including those which are technologically intact, under repair, to be repaired, out of use for a long time and number of operating vehicles which are about to be scraped but haven't been scraped without the permission of superior competent departments. But the actual quantity of operating vehicles excludes fuel tank cars and trucks of public transport enterprises, other non – operating special purpose vehicles as well as borrowed and rented passenger service vehicles.

Passenger Traffic of Buses (Trolley) All Year Round refers to total number of passengers, including passengers travel with tickets of standard fares and monthly tickets as well as passengers who charter buses.

Number of Taxies under Opereation at Year – end refers to all business vehicles used in rental business with the permission of related departments, including cars, minibuses and motor buses.

Area of Urban Paved Roads at Year – end refers to the total land area of roads the width of whose pavement are over 3.5 (include 3.5) meters. And the roads used as statistical units include high level, sub – high level and general roads but exclude lanes and alleys the width of whose pavement are below 3.5 meters.

Besides, road area consists of only the land areas of pavements as well as those of squares, bridges and parking lots which are connected with roads, excluding the land areas of flower beds in the city center, curbstones, sidewalks and road shoulders.

Length of Sewage Pipes refers to the drainage system made up of pipes and ditches which are used for aggregating and discharging sewage, waste water and rain water as well as subsidiary facilities, including main pipes, branch pipes and pipes leading to treatment plants. Besides, whether installed in streets or else where, pipes which can drain away water shall be regarded as drainage pipelines.

Green Land Area refers to the total area occupied for green projects at the end of reference period, including park green land, production green land, protection green land, green land attached to institutions and other green areas.

Park Green Area refers to green area opent o the public for amusement and test with the facilities of amusement, rest and services. Its function included perfecting ecology, beautifying landscape and preventing and reducing distaster. Park green areas include comprehensive park, community park, theme park, linear park and roadside green space. Total areas of comprehensive park, topic park and belt – shaped is the area of park.

Green Coverage of Built – up Areas refers to the total vertical projected area of trees and shrubs in urban built – up areas, including green coverage of roads (namely the total cover area of isolation belts, center green lands, boulevards and street trees) apart from that of gardens and cover area of trees. Besides, those plants are used for greening projects and are managed by related units of respective built – up areas.

Total Industrial Waste Water Discharged refers to the volume of waste water discharged by industrial enterprises through all their outlets, including waste water from production process, directly cooled water, groundwater from mining wells which excesses discharge standards and sewage from households mixed with industrial wastewater. However, indirectly discharged cooled water shall not be regarded as the statistic unit while indirectly discharged cooled water which is discharged uniformly whether muddy or not shall be regarded as the statistic unit.

Total Emission of Industrial Waste Gas refers to the total volume of pollution gases which are generated from fuel burning and production process in enterprises and discharged into atmosphere within a given period of time. It is calculated in standard state (273K, 101325Pa) and the design formula is as follows:

Emission of industrial waste gas = volume of industrial waste gas generated from fuel burning + volume of industrial waste gas generated from production process

Total Industrial Fumes Emission refers to volume of particulate matters in exhaust gas generated in the process of fuel burning in factories of enterprises.

Industrial Solid Wastes Produced refers to total volume of solid, semi – solid and highly concentrated liquid wastes produced by industrial enterprises in production process in the report period, including hazardous wastes, smelting wastes, coal ash, slag, coal gangue, tailings, radioactive residues and other wastes, but excluding stones stripped or dug out from mines (exclude gangue and acid or alkaline stones). And acid or alkaline stones refer to those soaked in water or drenched by rain water whose PH value is below 4 or above 10.5.

Consumption Wastes Transported refers to volume of consumption wastes collected and transported to disposal factories or sites during the reference period. Consumption waste are solid wastes produced from urban households or from service activities for urban households and solid wastes regarded by laws and regulations as urban consumption wastes, including those from households, commercial activities, markets, cleaning of streets, public sites, offices, schools, factories and mines and other sources.

Decontamination Rate of Life Refuse refers to Consumption Wastes Treated over that produced, in practical statistics, as it is difficult to estimate, the volume of consumption wasted produced is replaced with that transported. It is calculated as:

Decontamination Rate of Life Refuse = consumption wastes treated / consumption wastes produced × 100%

12

Twelve

财政、税收

Government Finance, Taxation

2020 贵阳统计年鉴

GUIYANG STATISTICAL YEARBOOK

12－1 财政收入基本情况
Government Revenues

单位:万元 (10 000 yuan)

指　　标	Item	2015	2016	2017	2018	2019	2019 年比 2018 年增长(%) Growth Rate in 2019 over 2018 (%)
财政总收入	**Total Government Revenue**	**7232965**	**7177007**	**7828488**	**9032558**	**9013499**	**-0.2**
#一般公共预算收入	**Public Financial Budget Revenues**	**3741476**	**3663181**	**3778473**	**4113402**	**4172610**	**1.4**
税收收入	**Total Tax Revenue**	**3018866**	**2837769**	**2964789**	**3198440**	**3173773**	**-0.8**
增值税	Value - added Tax	352048	719713	1043540	1204142	1203415	-0.1
企业所得税	Corporate Income Tax	304043	283594	370425	462944	464344	0.3
个人所得税	Individual Income Tax	119133	118824	160189	277030	141141	-49.1
资源税	Resource Tax	26316	27408	26913	28910	25952	-10.2
城市维护建设税	City Maintenance and Construction Tax	231089	231957	226262	285337	283311	-0.7
房产税	House Property Tax	134344	156070	174744	138507	144266	4.2
印花税	Stamp Tax	66440	55064	63252	70126	67572	-3.6
城镇土地使用税	Urban Land Use Tax	79055	57394	56140	63481	60597	-4.5
土地增值税	Land Appreciation Tax	142012	171983	264831	212651	293309	37.9
车船税	Tax on Vehicles and Boat Operation	28850	34717	39848	44850	48658	8.5
耕地占用税	Farm Land Occupation Tax	262205	252123	228764	105674	53593	-49.3
契　税	Deed Tax	255001	267879	305592	298434	384521	28.8
烟叶税	Tobacco Tax	6902	5050	4289	2782	3157	13.5
其他税收收入	Other Tax Revenues				3572	-4907	
非税收入	**Total Non - tax Revenue**	**722610**	**825412**	**813684**	**914962**	**998837**	**9.2**
专项收入	Special Project Revenue	268118	219566	273217	373816	398682	6.7
行政事业性收费收入	Charges of Administrative Institutions	118052	109979	127526	131509	134506	2.3
罚没收入	Income from Fines and Confiscation	59242	62814	74922	88770	108463	22.2
国有资本经营收入	Income from State - owned Capital Operation	70294	112600	80700	34592	32739	-5.4
国有资源(资产)有偿使用收入	Income from Use of State - owned Resources(Assets)	174431	273342	196435	212275	148792	-29.9
其他收入	Other Non - tax Revenues	32473	47111	60884	74000	175655	137.4
#政府性基金收入	**Income from Government - managed Funds**	**1220737**	**1251821**	**2704576**	**3441786**	**5148845**	**49.6**

注:财政总收入、一般公共预算收入增速为剔除营改增因素后,可比口径计算的增速;
The growth of total government revenues and public financial budget revenues are obtained by comparable statistics after removing the influence of the replacement of business tax value added tax.

12－2 财政支出基本情况
Government Expenditures

单位:万元 (10 000 yuan)

指　　标	Item	2015	2016	2017	2018	2019	2019 年比 2018 年增长(%) Growth Rate in 2019 over 2018 (%)
财政总支出	**Total Government Expenditure**	**6103907**	**6914779**	**8232574**	**9359518**	**11611396**	**24.1**
一般公共预算支出	**Public Financial Budget Expenditures**	**5035189**	**5252621**	**5824776**	**6242193**	**7188224**	**15.2**
一般公共服务	Expenditure for General Public Services	723700	742574	780771	924438	1118827	21.0
国防支出	Expenditure for National Defense			9180	8915	7779	-12.7
公共安全	Expenditure for Public Security	414461	499518	504465	557188	584613	4.9
教　育	Expenditure for Education	986633	992693	1047672	1210969	1268289	4.7
科学技术	Expenditure for Science and Technology	145535	172621	166542	247794	284573	14.8
文化体育与传媒	Expenditure for Culture, Sports and Media	79771	78916	79356	74503	83109	11.6
社会保障和就业	Expenditure for Social Security and Employment	346245	389449	542986	534794	541966	1.3
医疗卫生与计划生育	Expenditure for Medical and Health Care	394605	393314	425028	451189	497185	10.2
节能环保	Expenditure for Energy Conservation and Environmental Protection	166989	126349	186122	163334	189969	16.3
城乡社区事务	Expenditure for Urban and Rural Community Affairs	466461	508370	729676	809155	1316445	62.7
农林水事务	Expenditure for Agriculture, Forestry and Water Conservancy	403841	449109	402788	412485	416172	0.9
交通运输	Expenditure for Transportation	84778	67798	101938	167636	102023	-39.1
资源勘探电力信息等事务	Expenditure for Affairs of Exploration, Power and Information	267440	326854	267537	197067	140909	-28.5
商业服务业等事务	Expenditure for Affairs of Commerce and Services	40985	38867	51125	47228	31306	-33.7
金融	Finance	332	6747	582	727	1558	114.3
自然资源海洋气象等	Natural resources, Marine meteorology etc	34545	32251	40974	51789	39284	-24.1
住房保障支出	Expenditure for Housing Security	180860	223883	192613	206981	238551	15.3
粮食物资储备管理等事务	Expenditure for Reservation and Management of Grain & Related Materials	15182	6315	6515	9777	13582	38.9
债务付息支出	Expenditure for Repaying Principals and Interests of National Debts	18384	59002	107185	109309	154866	41.7
债务发行费用支出	Expenditure on Debt Issuance			1233	1391	243	-82.5
其他支出	Other Expenditures	247684	127348	180488	55524	116222	109.3
政府性基金支出	**Expenditure for Government - managed funds**	**1068718**	**1662158**	**2407798**	**3117325**	**4423172**	**41.9**

注:一般公共预算支出增速为剔除营改增因素后,用可比口径计算的增速。

The growth of total government revenues and public financial budget revenues are obtained by comparable statistics after removing the influence of the replacement of business tax with value added tax.

12－3 各级地方财政分类别收入(2019年)
Government Revenues by Level and Item(2019)

单位:万元 (10 000 yuan)

指 标	Item	全市合计 Guiyang	市级 City Level	县级 County Level	乡镇级 Town Level
总 计	**Total**	**4172610**	**1622476**	**2351106**	**199028**
税收收入	**Total Tax Revenues**	**3173773**	**1048233**	**1948117**	**177423**
增值税	Value－added Tax	1203415	475469	651511	76435
企业所得税	Corporate Income Tax	464344	185435	260007	18902
个人所得税	Individual Income Tax	141141	49023	87770	4348
资源税	Resource Tax	25952	6400	7071	12481
城市维护建设税	City Maintenance and Construction Tax	283311	129107	147471	6733
房产税	House Property Tax	144266		135845	8421
印花税	Stamp Tax	67572		62609	4963
城镇土地使用税	Urban Land Use Tax	60597	16699	39860	4038
土地增值税	Land Appreciation Tax	293309	51453	232051	9805
车船税	Tax on Vehicles and Boat Operation	48658	43115	5028	515
耕地占用税	Farm Land Occupation Tax	53593	2360	40448	10785
契 税	Deed Tax	384521	89253	278061	17207
烟叶税	Tobacco Tax	3157		1026	2131
环境保护税	Environmental Protection Tax	4844	1204	2981	659
其他税收收入	Other Tax Revenues	－4907	－1285	－3622	
非税收入	**Total Non－tax Revenue**	**998837**	**574243**	**402989**	**21605**
专项收入	Special Project Revenue	398682	263166	131793	3723
行政事业性收费收入	Charges of Administrative Institutions	134506	65399	65546	3561
罚没收入	Income from Fines and Confiscation	108463	72557	33478	2428
国有资本经营收入	Income from State－owned Capital Operation	32739		29505	3234
国有资源(资产)有偿使用收入	Income from Use of State－owned Resources(Assets)	148792	24587	116148	8057
其他收入	Other Non－tax Revenues	175655	148534	26519	602

12－4 各级地方财政分类别支出(2019年)
Government Expenditures by Level and Category(2019)

单位:万元 (10 000 yuan)

指 标	Item	全市合计 Guiyang	市级 City Level	县级 County Level	乡镇级 Town Level
总 计	**Total**	**7188224**	**1974838**	**4944276**	**269110**
一般公共服务	Expenditure for General Public Services	1118827	237841	803347	77639
国 防	Expenditure for National Defense	7779	5310	2394	75
公共安全	Expenditure for Public Security	584613	209290	371005	4318
教 育	Expenditure for Education	1268289	293485	964908	9896
科学技术	Expenditure for Science and Technology	284573	43532	239881	1160
文化旅游体育与传媒	Expenditure for Culture,Sports and Media	83109	33072	44797	5240
社会保障和就业	Expenditure for Social Security and Employment	541966	193203	318784	29979
卫生健康	Expenditure for Medical and Health Care	497185	239770	242393	15022
节能环保	Expenditure for Energy Conservation and Environmental Protection	189969	57878	129490	2601
城乡社区事务	Expenditure for Urban and Rural Community Affairs	1316445	256916	1040232	19297
农林水	Expenditure for Agriculture,Forestry and Water Conservancy	416172	124444	199407	92321
交通运输	Expenditure for Transportation	102023	58198	43736	89
资源勘探电力信息等事务	Expenditure for Affairs of Exploration,Power and Information	140909	38113	102465	331
商业服务业等事务	Expenditure for Affairs of Commerce and Services	31306	8415	22574	317
金融	Expenditure for Affairs of Financial Supervision	1558		1558	
自然资源海洋气候	Expenditure for Affairs of Territorial Resources and Weather	39284	15274	19396	4614
住房保障	Expenditure for Housing Security	238551	58692	177958	1901
粮油物资储备管理等事务	Expenditure for Reservation and Management of Grain & Related Materials	13582	9605	3946	31
债务付息	Expenditure for Repaying Principals and Interests of National Debts	154866	72001	82865	
债务发行费用	Expenditure on Debt Issuance	243	63	180	
其他支出	Other Expenditures	116222	4447	111512	263

12－5　一般公共预算分类别支出(2019年)
Public Financial Budget Expenditures by Item(2019)

单位:万元　　　　　　　　　　　　　　　　　　　　　　　　　　(10 000 yuan)

指　标	Item	支出数 Expenditure	指　标	Item	支出数 Expenditure
教　育	**Expenditure for Education**	**1268289**	退役安置	Ex－servicemen's Employment	26726
教育管理事务	Educational Affairs Management	17168	社会福利	Social Welfare	21008
普通教育	Regular Education	985217	残疾人事业	Undertakings of the Disabled	8823
职业教育	Vocational Education	106897	最低生活保障	Minimum Living Allowances	44650
成人教育	Adult Education	189	其他生活救助	Other Life Assistants	523
广播电视教育	Radio and Television Education	722	其他社会保障和就业支出	Others	25082
特殊教育	Special Education	5698	**卫生健康**	**Expenditure for Medical Care**	**497185**
进修及培训	Further Education for Teachers and Cadres	13015	#卫生健康管理事务	Medical Health and Birth Control Affairs	22375
教育费附加安排的支出	Educational Surtax	112448	公立医院	Public Hospitals	47994
其他教育支出	Others	26847	基层医疗卫生机构	Grassroots Health Care Institutions	34849
科学技术	**Expenditure for Science and Technology**	**284573**	公共卫生	Public Health	114396
#科学技术管理事务	Management Issues of Science and Technology	6606	财政对基本医疗保险基金的补助	Government Subsidies for Basic Medical Insurance Funds	157562
技术研究与开发	Scientific Research and Development	175389	**节能环保**	**Expenditure for Environmental Protection**	**189969**
科技条件与服务	Scientific Conditions and Services	13276	#环境保护管理事务	Management of Environmental Protection	16758
社会科学	Social Science	383	环境监测与监察	Environmental Monitoring and Supervision	3197
科学技术普及	Popularization of Science and Technology	3873	污染防治	Pollution Control	118802
其他科学技术支出	Others	84896	自然生态保护	Conservation of Natural Ecology	11865
文化旅游体育与传媒	**Expenditure for Culture, Sports and Media**	**83109**	天然林保护	Natural Forest Protection	3467
#文化和旅游	Culture	50542	退耕还林	Returning Farmland to Forest	6820
文　物	Historical Relics	4052	风沙荒漠治理	Management of Sand Desertification	369
体　育	Sports	6310	能源节约利用	Energy Conservation	2523
新闻出版广播影视	Press and Publication, Radio, Film and Television	12087	污染减排	Pollution Reduction	2196
其他文化体育与传媒	Others	10118	**农林水事务**	**Expenditure for Agriculture, Forestry and Water**	**416172**
社会保障和就业	**Expenditure for Social Security and Employment**	**541966**	#农　业	Agriculture	135470
#人力资源和社会保障管理事务	Management of Human Recources, and Social Security Affairs	30535	林　业	Forestry	45824
民政管理事务	Management of Civil Affairs	81798	水　利	Water Conservation	75750
行政事业单位离退休	Pensions for Retirees from Administrative Institutions	161055	扶　贫	Poverty Alleviation	30102
企业改革补助	Subsidies for Enterprise Reform	27621	农业综合开发	Comprehensive Agricultural Development	1554
就业补助	Employment Subsidy	29321	农村综合改革	Comprehensive Agricultural Reform	32436
抚　恤	Pension	25892	其他农林水	Others	85199

12 - 6 各区(市、县)地方财政收支
Government Revenue and Expenditure by District (City, County)

单位:万元 (10 000 yuan)

区(市、县)名称	Disrict (City, County)	一般公共预算收入 Public Financial Budget Revenue		一般公共预算支出 Public Financial Budget Expenditure	
		2019	2018	2019	2018
南明区	Nanming	403297	415798	732461	616521
云岩区	Yunyan	337103	334008	555114	510213
花溪区	Huaxi	255581	278072	379560	631218
乌当区	Wudang	144920	207834	337768	317700
白云区	Baiyun	163282	162963	311881	258367
观山湖区	Guanshanhu	537982	504395	789909	652455
开阳县	Kaiyang	87784	119410	314098	307689
息烽县	Xifeng	48489	45649	245589	231452
修文县	Xiuwen	77974	72087	270540	252122
清镇市	Qingzhen	178113	175157	421971	356128
高新区	High - tech	159129	150802	222471	166706
经开区	Economic Development Zone	144710	137183	206605	173457
综保区	Comprehensive Bonded	11770	11012	32624	20961

12－7　历年财政收支
Local Budgetary Revenue and Expenditures and Their Composition

年　份 Year	一般公共预算收入 Public Finance Budget Revenues		一般公共预算支出 Public Finance Budget Expenditure	
	绝对值(万元) Absolute Figures (10 000 yuan)	比上年增长(%) Growth Rate over last year (%)	绝对值(万元) Absolute Figures (10 000 yuan)	比上年增长(%) Growth Rate over last year (%)
1978	25761		8984	
1979	26891	4.4	9424	4.9
1980	29851	11.0	10041	6.5
1981	31420	5.3	11065	10.2
1982	37437	19.2	13492	21.9
1983	44177	18.0	16541	22.6
1984	51016	15.5	26067	57.6
1985	60780	19.1	26930	3.3
1986	72490	19.3	33082	22.8
1987	82370	13.6	38224	15.5
1988	96507	17.2	44953	17.6
1989	118124	22.4	67982	51.2
1990	136291	15.4	71991	5.9
1991	149939	10.0	73851	2.6
1992	155344	3.6	81143	9.9
1993	172183	10.8	92093	13.5
1994	64040	-62.8	105844	14.9
1995	86341	34.8	131104	23.9
1996	113498	31.5	147782	12.7
1997	130506	15.0	166153	12.4
1998	167353	28.2	207261	24.7
1999	197907	18.3	261554	26.2
2000	241483	22.0	310569	18.7
2001	279687	15.8	361699	16.5
2002	330788	18.3	459589	27.1
2003	403855	22.1	502919	9.4
2004	497019	23.1	599316	19.2
2005	498015	0.2	725719	21.1
2006	615798	23.7	882349	21.6
2007	759154	23.3	1064287	20.6
2008	890503	17.3	1422818	33.7
2009	1053636	18.3	1698423	19.4
2010	1363034	29.4	2043801	20.3
2011	1870940	37.3	2773807	35.7
2012	2411920	28.9	3493275	25.9
2013	2772077	14.9	3936020	12.7
2014	3315962	19.6	4486298	14.0
2015	3741476	12.8	5035189	12.2
2016	3663181	-2.1	5252621	4.3
2017	3778473	3.1	5824776	10.9
2018	4113402	8.9	6242193	7.2
2019	4172610	1.4	7188224	15.2

注:财政收支1994年起为新口径,2005年起财政收入为40%所得税口径。
Since 1994, data refer to the new caliber; since 2005, budgetary revenue has referred to the caliber of 40% income tax.

12－8 税收收入分企业类型情况
Tax Revenue by Enterprise Entities

单位:万元 (10 000 yuan)

指　　标	Item	2015	2016	2017	2018	2019
总　　计	**Total**	**6421515**	**6168234**	**6725828**	**8071861**	**7585357**
内资企业	**Domestic－funded Enterprise**	**5924002**	**5636079**	**6081216**	**7229313**	**6821654**
国有企业	State－owned Enterprises	490040	451598	497691	613892	372247
集体企业	Collective－owned Enterprises	23037	22442	23194	19974	23144
股份合作企业	Joint－equity Cooperative Enterprises	39108	20571	27346	36493	47671
联营企业	Joint Ownership Enterprises	913	1037	950	737	600
股份公司	Joint Stock Companies	5028624	3178489	3616589	5942293	5850799
私营企业	Private Enterprises	103750	162850	302259	463634	444409
其他企业	Others	238530	166221	152297	152290	82784
港澳台投资企业	**Enterprises with Funds from Hong Kong, Macao and Taiwan**	**76646**	**97485**	**112969**	**162393**	**104898**
外商投资企业	**Foreign－funded Enterprises**	**142005**	**124527**	**125130**	**105982**	**106903**
个体经营	**Individual Operators**	**278862**	**310143**	**406513**	**574173**	**551902**

自2019年起,数据统计口径有调整,与往年不可比。(下表同)
The statistic caliber has been adjusted since 2019, which cannot be compared with data of previous years. (the same as in the following table)

12－9 税收收入分产业情况
Tax Revenue by Sector

单位:万元 (10 000 yuan)

指　　标	Item	2015	2016	2017	2018	2019
总　　计	**Total**	**6421515**	**6168234**	**6725828**	**8071861**	**7585357**
第一产业	**Primary Industry**	**10938**	**8670**	**20330**	**13017**	**3734**
第二产业	**Secondary Industry**	**3021887**	**2521033**	**2474089**	**2785186**	**2761545**
采矿业	Mining Industry	98462	71504	66045	64512	55536
制造业	Manufacturing	1983925	1709525	1717672	1971675	2053962
电力、燃气及水的生产和供应业	Production and Supply of Electric Power, Gas and Water	235113	209719	132642	134683	132900
建筑业	Building Industry	704387	530285	557730	614316	519147
第三产业	Tertiary Industry	3388690	3638531	4231409	5273658	4820078
交通运输、仓储及邮政业	Transport, Storage and Post	78385	101756	110487	134400	100683
批发和零售业	Wholesale and Retail Trades	593352	699338	853196	956892	982928
金融业	Financial Industry	781089	816215	876496	1023618	1340350
信息传输、计算机服务和软件业	Information Transmission, Computer Services and Software Industry	65960	77873	96062	120805	118543
住宿和餐饮业	Lodging and Catering Industries	34383	28097	30996	40324	30446
文化、体育和娱乐业	Culture, Sports and Entertainment	18620	17519	22073	22270	13900
租赁和商务服务业	Leasing and Business Services	595085	455458	443856	857870	352108
房地产业	Real Estates	808791	904923	1139550	1301701	1342786
其他行业	Others	413025	204866	658693	815778	538334

12－10 税收收入分税种情况(2019年)
Taxation Revenue by Business Entities(2019)

单位:万元 (10 000 yuan)

指 标	Item	合 计 Total	内资企业 Domestic－funded Enterprises				
			小 计 Subtotal	国有企业 State－owned Enterprises	集体企业 Collective－owned Enterprises	股份合作企业 Joint－equity Cooperative Enterprises	联营企业 Joint Ownership Enterprises
税收收入合计	**Total Tax Revenue**	**7585357**	**6821654**	**372247**	**23144**	**47671**	**600**
增值税收入	**Value－added Tax Revenue**	**2958737**	**2750147**	**133624**	**11402**	**4877**	**461**
一般纳税人	General Taxpayer	2615709	2507788	120333	9878	4765	416
小规模纳税人	Small－scale Taxpayer	343028	242359	13291	1524	112	45
消费税收入	Consumption Tax Revenue	1147427	1145904	102485	9		
营业税	Business Tax						
企业所得税	Corporate Income Tax	1550466	1490929	65328	3092	31393	20
个人所得税	Individual Income Tax	405645	327248	22163	6265	6032	12
资源税	Resource Tax	32799	32119	2	54	3	
城市维护建设税	City Maintenance and Construction Tax	273938	263392	16112	790	256	32
房产和城市房地产税	House Property and Urban Real Estate Taxes	137383	122666	10349	1075	1458	16
印花税	Stamp Tax	60451	56816	2528	81	162	4
城镇土地使用税	Urban Land Use Tax	70846	66181	3670	217	43	18
土地增值税	Land Appreciation Tax	279743	268440	5486	60		
车船使用和牌照税	Tax on Vehicle and Vessel Use and Licence	48380	47200	1961			
车辆购置税	Vehicle Purchase Tax	229586	29551	517	35	32	2
其他税收	Other Tax Revenues	389956	221061	8022	64	3415	35

12－10 续表 (continued)

单位:万元 (10 000 yuan)

指 标	Item	内资企业 Domestic－funded Enterprises			港澳台投资企业 Enterprises with Funds from HongKong, Macao and Taiwan	外商投资企业 Foreign－funded Enterprises	个体经营 Individual Operators
		股份公司 Joint Stock Companies	私营企业 Private Enterprises	其他企业 Others			
税收收入合计	**Total Tax Revenue**	**5850799**	**444409**	**82784**	**104898**	**106903**	**551902**
增值税收入	**Value－added Tax Revenue**	**2374837**	**208634**	**16312**	**45882**	**62836**	**99872**
一般纳税人	General Taxpayer	2212566	149111	10719	45060	59366	3495
小规模纳税人	Small－scale Taxpayer	162271	59523	5593	822	3470	96377
消费税收入	Consumption Tax Revenue	1042916	493	1	692	369	462
营业税	Business Tax						
企业所得税	Corporate Income Tax	1275363	105084	10649	29354	30183	
个人所得税	Individual Income Tax	219421	34676	38679	3966	2845	71586
资源税	Resource Tax	30295	1719	46		2	678
城市维护建设税	City Maintenance and Construction Tax	230362	14784	1056	3261	3798	3487
房产和城市房地产税	House Property and Urban Real Estate Taxes	100646	5626	3496	5216	2363	7138
印花税	Stamp Tax	49221	4672	148	1274	913	1448
城镇土地使用税	Urban Land Use Tax	56781	4854	598	2809	1305	551
土地增值税	Land Appreciation Tax	241442	21344	108	8622	754	1927
车船使用和牌照税	Tax on Vehicle and Vessel Use and Licence	43158	2078	3		919	261
车辆购置税	Vehicle Purchase Tax	22934	4013	2018	3334	103	196598
其他税收	Other Tax Revenues	163423	36432	9670	488	513	167894

主要统计指标解释

财政收入 包括地方财政收入和上划中央增值税、消费税两部分。财政一般预算内收入包括营业税、地方企业所得税40%部分、个人所得税40%部分、城镇土地使用税70%部分、城镇维护建设税、房产税、车船使用税、印花税、屠宰税、烤烟税、耕地占用税、契税、增值税15%部分和除海洋石油资源税以外的其他资源税70%部分。

财政支出 国家财政将筹集起来的资金进行分配使用，以满足经济建设和各项事业的需要，主要包括：一般公共服务、公共安全、教育、科学技术、文化体育与传媒、社会保障和就业、医疗卫生、环境保护、城乡社区事务、农林水事务、交通运输、粮食物资储备管理等事务、采掘电力信息等事务和其他支出。

地方财政一般预算收入 包括增值税、营业税、企业所得税、个人所得税、资源税、城市维护建设税、房产税、印花税、城镇土地使用税、土地增值税、车船税、耕地占用税、契税、烟草税、其他各项税收等税收收入和专项收入、行政事业性收费收入、罚没收入、国有资本经营收入、国有资源(资产)有偿使用收入、其他收入等非税收入。

各项税收 包括增值税、消费税、营业税、企业所得税、企业所得税退税、个人所得税、资源税、固定资产投资方向调节税、城市维护建设税、房产税、印花税、城镇土地使用税、土地增值税、车船税、耕地占用税、契税、烟叶税、其他税收收入。

企业所得税 反映税务机关按《中华人民共和国企业所得税暂行条例》征收的企业所得税及依照《中华人民共和国外商投资企业和外国企业所得税法》征收的外商投资企业和外国企业所得税。税务机关对港澳台商投资企业征收的企业所得税也包括在内。

个人所得税 反映按照《中华人民共和国个人所得税法》、《对储蓄存款利息所得征收个人所得税的实施办法》征收的个人所得税。

地方财政一般预算支出 包括一般公共服务、国防、公共安全、教育、科学技术、文化体育与传媒、社会保障就业、医疗卫生、环境保护、城乡社区事务、农林水事务、交通运输等方面的支出。

一般公共服务支出 反映政府提供一般公共服务的支出。

科学技术支出 反映用于科学技术方面的支出。

教育支出 反映政府教育事务支出。有关具体教育事务包括教育行政管理、学前教育、小学教育、初中教育、普通高中教育、普通高等教育、初等职业教育、中专教育、技校教育、职业高中教育、高等职业教育、广播电视教育、留学生教育、特殊教育、干部继续教育、教育机关服务等。

文化体育与传媒支出 反映政府在文化、文物、体育、广播电视、新闻出版等方面的支出。

医疗卫生支出 即地方财政一般预算内支出中的医疗卫生支出项目。指政府医疗卫生方面的支出。具体包括医疗卫生管理事务支出、医疗服务支出、医疗保障支出、疾病预防控制支出、卫生监督支出、妇幼保健支出、农村卫生支出等。

城乡社区事务支出 反映政府城乡社区事务支出。具体包括：城乡社区管理事务支出、城乡社区规划与管理支出、城乡社区公共设施支出、城乡社区住宅支出、城乡社区环境卫生支出、建设市场管理与监督支出等

交通运输支出 反映政府交通运输方面的支出。包括公路运输支出、水路运输支出、铁路运输支出、民用航空运输支出等。

社会保障和就业支出 反映政府在社会保障与就业方面的支出。有关事项包括社会保障与就业管理事务、民政管理事务、财政对社会保险基金的补助、补充全国社会保障基金、行政事业单位离退休、企业改革补助、就业补助、抚恤、退役安置、社会福利、残疾人事业、城市居民最低生活保障、其他城镇社会救济、农村社会救济、自然灾害生活补助、红十字事务等。

Explanatory Notes on Main Statistical Indicators

Government Revenue Government Revenue refers to local government revenue and central VAT and consumption tax. General Budgetary Financial Revenue includes business tax, 40% of local enterprise income tax, 40% of personal income tax, 70% of city land use tax, urban maintenance and construction tax, house property tax, vehicle and vessel tax, stamp tax, slaughter tax, tobacco tax, farm land pccupation tax, deed tax, 15% of VAT and 70% other taxes except for offshore petroleum resources tax.

Government Expenditure refers to the distribution and use of the funds which the government finance has raised, so as to meet the needs of economic construction and various causes. It includes: expenditure for general public services, expenditure for public security, expenditure for education, expenditure for science and technology, expenditure for culture, sport and media, expenditure for social safety net and employment effort, expenditure for medical and health care, expenditure for environment protection, expenditure for urban and rural community affairs, expenditure for agriculture forestry and water conservancy, expenditure for transportation, expenditure for grain and material reserves and management, expenditure for affairs of exploration, power and information and others.

General Budgetary Revenue of Local Finance refers to revenue from valued – added tax, business tax, corporate income tax, individual income tax, resource tax, urban maintenance and construction tax, house property tax, stamp tax, urban and rural land use tax, land value increment tax, vehicle and vessel tax, farmland occupancy tax, deed tax, tobacco tax and other taxes. It also includes special revenue, and non – tax revenue of administrative and institutional fees, penalty income, government capital operating income, state – owned resource (asset) compensable use income and other incomes.

Taxes of Various Kinds refer to value – added tax, consumption tax, business tax, corporate income tax, drawback for corporate income tax, individual income tax, resource tax, fixed asset investment regulation tax, urban maintenance and construction tax, house property tax, stamp tax, urban and rural land use tax, land value increment tax, vehicle and vessel tax, farmland occupancy tax, deed tax, tobacco tax and other taxes.

Corporate Income Tax refers to the income levied by tax authorities abiding by Provisional Regulation of PRC on Corporate Income Tax and the foreign – funded enterprises income tax and foreign enterprises income tax levied abiding by Tax Law of PRC on Foreign – funded Enterprises Income and Foreign Enterprises Income. The income levied by tax authorities from the investment on the Hong Kong, Macao and Taiwan enterprises is included as well.

Individual Income Tax refers to the tax levied abiding by Individual Income Tax Law of the People′s Republic of China and by Implementary Measure of Collection to Individual Income to Savings Deposit Interest.

General Budgetary Expenditure of Local Finance refers to the cost from general public service, national defense, social security, education, science and technology, culture, sports and media, social security and employment effort, medical and health care, environment protection, urban and rural community affairs, agriculture, forestry, water conservancy affairs, communications and transportations and etc.

General Public Service Expenditure refers to the cost provided by government for public service.

Science and Technology Expenditure refers to the cost for science and technology.

Education Expenditure refers to the cost provided by government for education affairs. The education affairs include educational administration and service for pre – school education, primary school education, junior high school education, regular senior high school education, regular higher education, elementary vocational education, technical secondary school education, technical school education, vocational high school education, higher vocational education, radio and television education, oversea – students education, special education, cadre continuing education and other education organizations.

Culture, Sports and Media Expenditure refers to the cost provided by government for culture, cultural relic, sports, radio and television, press and publication news.

Medical and Health Care Expenditure refers to the medical and health programs in the general budget of local finance. It refers to the cost provided by government for medicine and health care, including medical and health management affairs, medical service, medical support, disease control and prevention, health supervision, maternal and children hygiene and rural health.

Urban and Rural Community Affairs Expenditure refers to the cost provided by government, including the cost of urban and rural community management affairs, urban and rural community plan and management, urban and rural community public facilities, urban and rural community residences, establishing of marketing management and supervision.

Communication and Transportation Expenditure refers to the cost provided by government for communication and transportation, including road transportation, waterway transportation, railway transportation, civil aviation transportation and etc.

Social Safety and Employment Effort Expenditure refers to the cost provided by government for social safety and employment effort including the social security and employment management affairs, civil management affairs, subsidies to social security fund from finance, replenish to national social security fund, subsidies for retirement of administrative institutions, subsidies for enterprises reform, subsidies for employment, pension, arrangement after retirement, social welfare, handicapped utilities, minimum subsistence allowances for urban residents, other urban social relief, rural social relief, living subsidies for natural disasters, red cross affairs and etc.

13

Thirteen

金融、证券、保险

Banking, Securities, Insurance

13－1 金融机构本外币信贷情况
Credit Conditions of Domestic and Foreign Currency in Financial Institutions

单位：万元 (10 000 yuan)

指标	Item	2015	2016	2017	2018	2019	2019年比2018年增长(%) Growth Rate in 2019 over 2018(%)
各项存款合计	**Total Deposits**	**88579829**	**99788423**	**109082653**	**114185161**	**119794568**	**4.9**
境内存款	Demestic Deposits	88549939	99756472	109049940	114117855	119739658	4.9
住户存款	Household Deposits	22629124	25054136	26633626	28539446	31814656	11.5
活期存款	Current Deposit	10919147	12445615	12623479	12256138	13094907	6.8
定期及其他存款	Fixed Deposit and others	11709977	12608520	14010147	16283309	18719749	15.0
非金融企业存款	Non－financial Corporate Deposits	39273106	46915167	48677605	43421808	41001186	－5.6
活期存款	Current Deposit	24677502	31451344	34276020	27821308	26319852	－5.4
定期及其他存款	Time Deposits and Others	14595603	15463823	14401585	15600500	14681334	－5.9
广义政府存款	General Government Deposits	21466992	21352008	23808702	26153049	26007951	－0.6
财政性存款	Fiscal Deposits	3628479	4491759	6279049	5907726	3191251	－46.0
机关团体存款	Deposits of Non－profit Institutions	17838514	16860249	17529653	20245323	22816700	12.7
非银行业金融机构存款	Non－banking Financial Institutions Deposits	5180717	6435161	9930006	16003551	20915866	30.7
境外存款	Oversees Deposits	29890	31952	32713	67306	54910	－18.4

13－1 续表 (continued)

单位：万元 (10 000 yuan)

指标	Item	2015	2016	2017	2018	2019	2019年比2018年增长(%) Growth Rate in 2019 over 2018(%)
各项贷款合计	**Total Loans**	**79445457**	**92564057**	**105061387**	**125087295**	**141413102**	**13.1**
境内贷款	Demestic Loans	78949533	91667069	104218891	124307752	140797201	13.3
住户贷款	Household Loans	15280206	17548428	20441717	25399903	31473685	23.9
短期贷款	Short－term Loans	3033303	3016770	3189486	3998366	4745449	18.7
消费贷款	Consumption Loans	1144946	1358489	1496494	2001193	2660126	32.9
经营贷款	Business Loans.	1888357	1658281	1692993	1997172	2085323	4.4
中长期贷款	Medium & Long－term Loans	12246903	14531658	17252231	21401537	26728236	24.9
消费贷款	Consumption Loans	9651518	11792002	14257729	17916088	22696688	26.7
经营贷款	Business Loans.	2595385	2739656	2994502	3485449	4031547	15.7
非金融企业及机关团体贷款	Non－financial Corporate & Non－government Loans	63657132	74116446	83774978	98907849	109303516	10.5
短期贷款	Short－term Loans	11474607	12358359	13241180	13343915	13840335	3.7
中长期贷款	Medium & Long－term Loans	50503577	59082193	68132211	81755352	90778475	11.0
票据融资	Bill Financing	1461559	1710294	951578	1708292	2317702	35.7
各项垫款	Miscellaneous Advances	217389	267400	150014	156113	85161	－45.4
非银行业金融机构贷款	Non－banking Financial Institutions Loans	12195	2195	2195		20000	
境外贷款	Oversees Loans	495924	896989	842497	779544	615901	－21.0

13-2 金融机构人民币信贷情况
The RMB Credit Conditions in Financial Institutions

单位:万元 (10 000 yuan)

指 标	Item	2015	2016	2017	2018	2019	2019年比2018年增长(%) Growth Rate in 2019 over 2018(%)
各项存款合计	**Total Deposits**	**87722178**	**99283045**	**108145106**	**113574421**	**119361672**	**5.1**
境内存款	Demestic Deposits	87694697	99256552	108116214	113542362	119315184	5.1
住户存款	Household Deposits	22506008	24860738	26460865	28357390	31641230	11.6
活期存款	Current Deposit	10846566	12330700	12523973	12145293	12992527	7.0
定期及其他存款	Fixed Deposit and Others	11659442	12530038	13936893	16212097	18648703	15.0
非金融企业存款	Non-financial Corporate Deposits	38558467	46626198	47959843	43096602	40791181	-5.3
活期存款	Current Deposit	24543020	31317353	34015880	27609269	26153176	-5.3
定期及其他存款	Time Deposits and Others	14015447	15308844	13943963	15487333	14638006	-5.5
广义政府存款	General Government Deposits	21451447	21336158	23767027	26090426	25968611	-0.5
财政性存款	Fiscal Deposits	3628479	4491759	6279049	5907726	3191251	-46.0
机关团体存款	Deposits of Non-profit Institutions	17822969	16844400	17487978	20182701	22777360	12.9
非银行业金融机构存款	Non-banking Financial Institutions Deposits	5178774	6433457	9928478	15997943	20914161	30.7
境外存款	Oversees Deposits	27481	26494	28892	32060	46489	45.0

13-2 续表 (continued)

单位:万元 (10 000 yuan)

指 标	Item	2015	2016	2017	2018	2019	2019年比2018年增长(%) Growth Rate in 2019 over 2018(%)
各项贷款合计	**Total Loans**	**78755785**	**91532038**	**104031208**	**124127535**	**140575879**	**13.3**
境内贷款	Demestic Loans	78753056	91528969	104027207	124122312	140570995	13.3
住户贷款	Household Loans	15278477	17546823	20440457	25398699	31471121	23.9
短期贷款	Short-term Loans	3031738	3015270	3188289	3997185	4742915	18.7
消费贷款	Consumption Loans	1143381	1356988	1495296	2000013	2657592	32.9
经营贷款	Business Loans.	1888357	1658281	1692993	1997172	2085323	4.4
中长期贷款	Medium & Long-term Loans	12246740	14531554	17252169	21401514	26728206	24.9
消费贷款	Consumption Loans	9651355	11791898	14257666	17916066	22696658	26.7
经营贷款	Business Loans.	2595385	2739656	2994502	3485449	4031547	15.7
非金融企业及机关团体贷款	Non-financial Corporate & Non-government Loans	63462384	73979950	83584555	98723613	109079875	10.5
短期贷款	Short-term Loans	11282190	12231726	13052794	13203481	13701935	3.8
中长期贷款	Medium & Long-term Loans	50501246	59072330	68130172	81714252	90695982	11.0
票据融资	Bill Financing	1461559	1710294	951578	1708292	2317702	35.7
各项垫款	Miscellaneous Advances	217389	267400	150014	153410	82414	-46.3
非银行业金融机构贷款	Non-banking Financial Institutions Loans	12195	2195	2195		20000	
境外贷款	Oversees Loans	2729	3069	4001	5223	4883	-6.5

13 - 3 人寿保险
Life Insurance

指　　标	Item	2015	2016	2017	2018	2019	2019年比2018年增长(%) Growth Rate in 2019 over 2018(%)
承保人次　(万人)	**Insurer　(10 000 persons)**	**1075.47**	**1586.34**	**3072.11**	**2201.00**	**1421.15**	**-35.4**
寿　险	Life Insurance	173.89	172.51	98.78	96.11	138.98	44.6
意外伤害险	Personal Accident Insurance	524.00	775.57	2266.02	1345.96	449.28	-66.6
健康险	Health Insurance	377.57	638.26	707.30	758.93	832.89	9.7
保险金额　(万元)	**Insured Amount　(10 000 yuan)**	**63393229**	**102645097**	**218508475**	**252371593**	**310102618**	**22.9**
寿　险	Life Insurance	9970938	13103121	10178940	13379588	35738293	167.1
意外伤害险	Personal Accident Insurance	37446374	45892449	115246084	87008126	70337860	-19.2
健康险	Health Insurance	15975916	43649527	93083450	151983880	204026466	34.2
保费收入　(万元)	**Premium Income　(10 000 yuan)**	**450111**	**565796**	**742792**	**829657**	**949879**	**14.5**
寿　险	Life Insurance	380595	471204	613859	643378	720851	12.0
意外伤害险	Personal Accident Insurance	21421	25201	31518	34462	31282	-9.2
健康险	Health Insurance	48095	69391	97416	151818	197745	30.3
赔付支出　(万元)	**Payment　(10 000 yuan)**	**139425**	**152363**	**148022**	**188852**	**168552**	**-10.7**
寿　险	Life Insurance	119247	128165	113838	149497	119918	-19.8
意外伤害险	Personal Accident Insurance	4421	4715	7010	7441	5759	-22.6
健康险	Health Insurance	15757	19482	27174	31914	42875	34.3

13－4 财产保险
Property Insurance

指　　标	Item	2015	2016	2017	2018	2019	2019年比2018年增长(%) Growth Rate in 2019 over 2018(%)
承保件数　（万件）	**Insured Cases　(10 000 cases)**	**1040.35**	**1261.99**	**1592.16**	**1897.12**	**3123.12**	**64.6**
#企业财产险	Enterprise Property Insurance	1.06	0.82	0.96	0.96	1.12	16.7
家庭财产险	Family Property Insurance	3.61	11.94	13.42	17.27	42.66	147.0
机动车辆保险	Motor Vehicle Insurance	171.83	204.74	243.59	275.59	307.17	11.5
健康险	Health Insurance	19.26	31.74	53.54	122.60	365.56	198.2
保险金额　（万元）	**Insured Amount　(10 000 yuan)**	**220401951**	**328848069**	**537896337**	**798720008**	**1540484336**	**92.9**
#企业财产险	Enterprise Property Insurance	30033807	35309150	40632394	48653981	52395851	7.7
家庭财产险	Family Property Insurance	1160197	2365242	2664410	4359687	6794667	55.9
机动车辆保险	Motor Vehicle Insurance	56183704	74995662	100358072	124753929	147344308	18.1
健康险	Health Insurance	9550019	12049825	23612301	59688632	324458607	443.6
签单保费　（万元）	**Writter Premium　(10 000 yuan)**	**505967**	**577687**	**683071**	**785625**	**855899**	**8.9**
#企业财产险	Enterprise Property Insurance	28633	31151	35380	38458	41054	6.7
家庭财产险	Family Property Insurance	606	785	1664	1901	1174	-38
机动车辆保险	Motor Vehicle Insurance	374266	446670	512082	548384	579238	5.6
健康险	Health Insurance	5278	9576	11422	14089	29108	106.6
赔付件数　（万件）	**Number of Claims　(10 000 cases)**	**90.52**	**89.23**	**101.17**	**149.90**	**192.17**	**28.2**
#企业财产险	Enterprise Property Insurance	0.75	0.71	0.49	0.43	0.44	2.3
家庭财产险	Family Property Insurance	0.06	0.13	1.56	4.32	1.93	-55.3
机动车辆保险	Motor Vehicle Insurance	4.77	3.51	3.57	3.68	3.52	-4.3
健康险	Health Insurance	1.55	1.32	2.74	4.05	3.02	-25.4
已决赔款　（万元）	**Settled Compensation　(10 000 yuan)**	**257599**	**301510**	**347879**	**412604**	**463404**	**12.3**
#企业财产险	Enterprise Property Insurance	19091	17826	15543	15382	11692	-24.0
家庭财产险	Family Property Insurance	183	243	870	1826	1505	-17.6
机动车辆保险	Motor Vehicle Insurance	195757	226914	257697	296928	319691	7.7
健康险	Health Insurance	3546	3601	5968	9059	7949	-12.3
未决赔款　（万元）	**Outstanding Loss　(10 000 yuan)**	**127000**	**128710**	**143067**	**143791**	**146621**	**2.0**
#企业财产险	Enterprise Property Insurance	21417	15984	8847	4055	4792	18.2
家庭财产险	Family Property Insurance	146	140	142	184	161	-12.7
机动车辆保险	Motor Vehicle Insurance	72780	78473	88704	99144	102579	3.5
健康险	Health Insurance	1084	1222	1098	1068	3008	181.7

注：本表包括十六家财产保险分公司：中国人民财产保险股份有限公司贵州省分公司，中国人寿财产保险股份有限公司贵州省分公司，太平财产保险有限公司贵州分公司，中国大地财产保险股份有限公司贵州分公司，中国平安财产保险股份有限公司贵州分公司，中国太平洋财产保险股份有限公司贵州分公司，阳光财产保险股份有限公司贵州省分公司，华泰财产保险股份有限公司贵州省分公司，天安保险股份有限公司贵州省分公司，华安财产保险股份有限公司贵州分公司，安邦财产保险股份有限公司贵州分公司，都邦财产保险股份有限公司贵州分公司，安诚财产保险股份有限公司贵州分公司，鼎和财产保险股份有限公司贵州分公司，锦泰财产保险股份有限公司贵州分公司，众安财险保险贵州（虚拟）。其中"众安财险保险贵州（虚拟）"保费记入贵州省，但目前未设立"众安财险保险贵州"实体机构。

Data in this table include figures of 16 Guizhou branch property insurance companies: People's Insurance Company of China, Inc., China Life Insurance Property and Casualty Insurance Co., Ltd., Taiping General Casualty Insurance Co., Ltd., China Continent Property and Casualty Insurance Co., Ltd., Ping An Property and Casualty Insurance Company of China, Ltd., China Pacific Property Insurance Co., Ltd., Sunshine Property and Casualty Insurance Co., Ltd., Huatai Property and Casualty Insurance Co., Ltd., Tianan Property Insurance Company Limited of China, Sinosafe General Insurance Co., Ltd., Anbang Property and Casualty Insurance Co., Ltd., Du—bang Property and Casualty InsuranceCo., Ltd., Ancheng Property and Casualty Insurance Co., Ltd., Dinghe Property Insurance Co., Ltd., Jintai Property Insurance Co., Ltd., and Guizhou Zhong An Property Insurance Co., Ltd. (in virtual). Among those, Guizhou Zhong An Property Insurance Co., Ltd. (in virtual) hasn't established entities, thus its premiums are counted into Guizhou province.

13－5　上市公司情况
Listed Companies

指　　标	Item	2015	2016	2017	2018	2019	2019年比2018年增长(%) Growth Rate in 2019 over 2018(%)
上市公司数量　（个）	**Number of Listed Companies　(unit)**	**13**	**16**	**19**	**20**	**20**	**持平**
#上交所　（个）	Shanghai Stock Exchange　(unit)	4	7	9	9	9	持平
#深交所　（个）	Shenzhen Stock Exchange　(unit)	9	9	10	11	11	持平
上市公司总股本　（亿股）	**Total Capital of Listed Companies (100 million shares)**	**107.85**	**157.43**	**167.76**	**200.74**	**217.39**	**8.3**
上市公司总市值　（亿元）	**Total Market Capitalization of Listed Companies (100 million yuan)**	**1665.82**	**1935.48**	**1874.82**	**1545.68**	**1624.41**	**5.1**
募集资金　（亿元）	**Raised Capital　(100 million yuan)**	**3.33**	**116.08**	**16.53**	**151.51**	**321.93**	**112.5**

注：资料范围为总部设在贵阳市辖区内的上市公司。
Data in this table are listed companies with headquarters located in Guiyang.

13－6　证券期货交易情况
General Statistics on Securities and Futures Trading

指　　标	Item	2015	2016	2017	2018	2019	2019年比2018年增长(%) Growth Rate in 2019 over 2018(%)
证券公司　（家）	**Securities Company　(unit)**	**1**	**2**	**2**	**2**	**2**	**持平**
#客户交易结算资金　（亿元）	Customers' Transaction Settlement Funds (100 million yuan)	51.49	38.09	32.26	26.76	38.33	43.2
#指定与托管证券市值　（亿元）	Market Value of Designated and Deposited Securities (100 million yuan)	383.30	455.22	718.89	571.49	873.12	52.8
证券营业部　（家）	**Security Exchange　(unit)**	**43**	**50**	**76**	**79**	**80**	**1.3**
#资金账户数　（万户）	Number of Share Capital Accounts (household)	55.65	72.97	84.81	93.89	107.69	14.7
#客户交易结算资金　（亿元）	Customers' Transaction Settlement Funds (100 million yuan)	73.01	48.03	32.76	31.42	38.87	23.7
#指定与托管证券市值　（亿元）	Market Value of Designated and Deposited Securities (100 million yuan)	923.02	1114.76	1504.88	1128.04	2175.67	92.9
#成交金额　（亿元）	Turnover　(100 million yuan)	11182.37	6744.21	7041.37	7396.50	8189.4	10.7
期货营业部　（家）	**Futures Business Departments　(unit)**	**11**	**10**	**10**	**10**	**10**	**持平**
#成交金额　（亿元）	Turnover　(100 million yuan)	9635.99	3730.03	3275.55	3425.34	4373.67	27.7

注：资料范围包括贵阳市辖区内从事证券交易的所有证券机构；证券营业部2017年以前为证券分支机构。
Data in the table include figures of all securities institutions locaded in Guiyang and engaged in securities trading. The Security Exchange was one of the branches of securities institutions before 2017.

主要统计指标解释

信贷资金　指金融机构以信用方式积聚和分配的货币资金。金融机构信贷资金的来源有各项存款、对国际金融机构负债、流通中货币、银行自有资金及当年结益等;信贷资金的运用有各项贷款、黄金占款、外汇占款、财政借款及在国际金融机构中的资产等。

存　款　指企业、机关、团体或居民根据资金必须收回的原则,把货币资金存入银行或其他信用机构保管并取得一定利息的一种信用活动形式。根据存款对象的不同可划分为企业存款、财政存款、机关团体存款、基本建设存款、城镇储蓄存款、农村存款等科目。它是银行信贷资金的主要来源。

年末金融机构人民币各项存款余额　指企业、机关、团体和居民根据可以收回的原则,把货币存入银行或其他信用机构保管并取得一定利息的年末货币总量。

城乡居民储蓄存款余额　指某一时点城乡居民存入银行及农村信用社的储蓄金额,包括城镇居民储蓄存款和农民个人储蓄存款,不包括居民的手存现金和工矿企业、部队、机关、团体等单位存款。

贷　款　指银行或其他信用机构根据资金必须归还的原则,按一定利率,为企业、个人等提供资金的一种信用活动形式。我国银行贷款分为流动资金贷款、固定资产贷款、城乡个体工商户贷款以及农业贷款等科目。

年末金融机构人民币各项贷款余额　指年终时银行或其他信用机构根据必须归还的原则,按一定利率,为企业、个人等提供资金贷款的总额。不包括外币贷款。

保险金额　指保险人承担赔偿或者给付保险金责任的最高限额。

保费收入　指保险合同订后,被保险人必须向保险人付出一定的费用才能取得保险人根据合同内容承担赔偿责任。这种费用叫“保费”。

赔款、给付　指保险人在年内实际支付给被保险人遭到损失时的赔款。无论哪年承保业务和发生的损失,凡在本年内支付赔款、结案均计在本年内。

股票市价总值　指在交易所上市的证券在某一时点按市价与发行数量计算的总金额。计算公式为:

股票市价总值 = Σ(市价 × 发行数量)。

Explanatory Notes on Main Statistical Indicators

Credit Funds refers to the monetary funds accumulated and disturbed in the means of credit by the financial institutions. The sources of credit funds include various deposits, liabilities to international financial institutions, currency in circulation, bank itself owned funds, current retained profits and other items. The uses of credit funds include loans, securities and investment, position for bullion and silver purchase, position for foreign exchange purchase, advances to treasury, and assets with international financial institutions.

Deposit is a form of credit by which enterprises, institutions, organizations or households can put money into banks and other credit institutions for safekeeping and interest earning under the principle of free withdrawal. According to different depositors, deposits are divided into enterprise deposits, treasury deposits, deposits of government agencies and organizations, capital construction deposits, urban savings deposits, rural deposits and other deposits. Deposits are major sources of the credit funds of banks.

Savings Deposits in RMB in all Items of Financial Institutions refer to the total year-end monetary aggregates of enterprises, institutions, organizations and residents saving money into banks and other credit institutions and gaining some interests according to the recoverable principle.

Savings Deposit Balance of Urban and Rural Residents refers to the money put into banks and rural credit unions at certain time points, include the bank savings deposit of urban residents and the bank savings deposit of rural residents. The cash held by residents and the deposits of organizations such as industrial and mining enterprises, army units, institutions, etc, are not included.

Loan is a form of credit by which banks and other credit institutions provide funds at certain interest rate to enterprises and individuals in the light of the principle of unconditional repayment. Loans from Chinese banks include circulating capital loans, fixed assets loans, loans to urban and rural individuals engaged in industrial and commercial business and agricultural loans.

Loan Balances in RMB in all Items of Financial Institutions refer to the total volume of loans with some interest rate provided by banks and other credit institutions for enterprises and individuals at year – end according to principle of must-be-returned.

Amount Insured refers to the maximum that the insurant will get for the claim of the case insured.

Premium is the fee paid by the insurant to the insurer to obtain the obligation of compensation from the insurance within the agreed terms.

Settled Claim is the compensation paid by the insurer to the insurant in accordance with the insurance contract.

Total Market Capitalization refers to the total value of the issued shares calculated on the share price at a certain time and the number of issued shares. The formula is as follows:

Total Market Capitalization = $\sum$(Market Price × Issued Volume)

14

Fourteen

城乡调查

Urban and Rural Survey

2020 贵阳统计年鉴

GUIYANG STATISTICAL YEARBOOK

14－1 城市居民消费价格指数
Urban Consumer Price Indices

（以上年同期为100）（preceding year＝100）

指　　标	Item	2015	2016	2017	2018	2019
居民消费价格总指数	**Gereral Consumer Price Index**	**102.3**	**101.1**	**101.0**	**101.7**	**102.7**
#服务项目价格指数	**Services Price Index**	**104.7**	**101.6**	**100.6**	**101.9**	**100.9**
消费品价格指数	Consumer Goods Price Index	101.3	100.8	101.2	101.6	103.7
食品烟酒	**Food, Tobacco&Liquor**	**103.0**	**102.9**	**100.1**	**101.0**	**107.6**
食　品	Food	102.2	103.7	98.7	100.5	109.5
粮　食	Grain	102.2	100.6	100.2	102.7	100.5
薯　类	Tubers	95.9	113.3	95.2	102.7	104.2
豆　类	Beans	100.4	100.4	101.4	101.5	101.9
食用油	Oil	95.9	103.4	97.8	95.5	106.5
菜	Vegetables	100.1	105.6	96.2	101.4	103.7
鲜　菜	Fresh Vegetables	99.5	106.0	95.7	101.5	103.8
干菜及菜制品	Dried Vegetable and Processed Products	106.4	101.5	101.3	101.1	102.4
畜肉类	Livestock Meat	107.7	110.7	94.8	96.3	126.1
猪　肉	Pork	108.3	118.3	90.4	93.0	137.8
牛　肉	Beef	105.6	100.4	100.5	99.5	110.5
禽肉类	Poultry	103.2	104.0	101.6	101.5	106.8
水产品	Aquatic Products	102.4	104.9	103.1	101.0	102.0
蛋　类	Eggs	97.5	96.1	98.2	109.1	105.7
奶　类	Milk	101.5	99.0	96.3	105.8	99.2
干鲜瓜果类	Dried and Fresh Melons and Fruits	95.4	95.7	106.3	101.6	111.9
糖果糕点类	Sweets and Cakes	103.5	100.4	101.5	102.2	100.6
调味品	Flavoring	102.0	103.1	103.8	102.1	102.1
其他食品类	Others	101.7	99.1	103.4	102.0	101.8
茶及饮料	Tea&Beverages	103.3	99.9	100.3	101.7	103.1
烟　酒	Tobacco&Liquor	102.9	100.4	100.0	101.5	100.9
烟　草	Tobacco	102.3	100.5	100.0	100.0	100.0
酒　类	Liquor	104.0	100.2	100.1	105.3	103.0
在外餐饮	Dining Out	104.5	102.0	103.9	101.9	105.6

注：2016年起居民消费价格按新指标体系。
From 2016, the index system of household consumer price survey was changed, so in 2016, a new index system was put into use .

14－1 续表 (continued)

指标	Item	2015	2016	2017	2018	2019
衣着	**Clothing**	**100.3**	**100.2**	**102.3**	**101.6**	**101.1**
服装	Garments	100.2	99.7	101.7	103.2	101.0
男士服装	Men's Garments	101.7	102.1	100.6	104.8	101.4
女士服装	Women's Garments	99.3	99.1	101.7	102.5	100.6
儿童服装	Children's Garments	98.8	95.4	105.2	101.7	101.7
服装材料	Clothing Material	100.0	100.0	104.0	113.8	107.6
其他衣着及配件	Other Clothing and Accessories	99.2	99.8	100.7	101.9	101.1
衣着加工服务费	Fees for Clothing Processing	100.0	100.0	100.0	107.1	110.0
鞋类	Shoes	100.9	101.8	104.4	96.4	100.7
鞋	Shoes	100.9	101.8	104.4	96.3	100.6
鞋类加工服务	Fees for Shoe Processing	100.0	100.0	100.0	102.0	105.9
居住	**Residence**	**101.2**	**99.2**	**101.4**	**101.1**	**100.5**
租赁房房租	House Rent	101.3	99.3	99.5	100.6	101.2
房屋保养维修及管理	Maintenance and Management of the House	99.9	101.1	101.0	100.9	100.9
住房装潢材料	Decoration Material	99.7	99.6	102.2	101.2	100.6
物业管理费	Property Management Fee	100.0	104.8	99.5	100.0	100.0
住户装潢维修	Decoration&Maintenance	100.0	100.0	100.0	101.4	102.8
水电燃料	Water, Electricity& Fuel	100.3	99.1	102.0	100.7	99.5
水	Water	100.0	100.0	109.3	101.7	100.0
电	Electricity	100.0	100.0	100.0	100.0	100.0
燃气	Gas	100.0	96.3	100.0	100.9	97.9
取暖费	Heating Fee		100.0	100.0	100.0	100.0
其他燃料	Other Fuels	112.8	88.9	119.7	109.7	94.6
自有住房	Private Housing	102.9	98.5	101.7	101.5	100.8
生活用品及服务	**Articles of Daily Use and Service**	**101.8**	**99.6**	**102.0**	**101.2**	**100.0**
家具及室内装饰品	Furniture and Upholstery	100.9	100.5	102.5	101.1	100.1

注:2016年起居民消费价格按新指标体系。
From 2016, the index system of household consumer price survey was changed, so in 2016, a new index system was put into use.

14－1 续表2 （continued）

指　　标	Item	2015	2016	2017	2018	2019
家　具	Furniture	101.0	100.6	103.3	101.3	100.0
室内装饰品	Interior Upholstery	99.7	100.0	99.6	100.4	100.3
家用器具	Household Facilities	100.5	98.2	103.4	101.2	97.4
大型家用器具	Large Household Appliances	100.1	98.2	103.6	100.7	97.1
小家电	Small Household Appliances	106.9	98.3	102.3	103.2	98.8
家用纺织品	Household Textiles	100.0	100.6	100.3	99.8	99.3
床上用品	Bed Articles	100.0	100.9	100.2	99.8	99.3
窗帘门窗	Curtains	100.0	100.3	102.2	99.7	97.7
其他家用纺织品	Other Household Textiles	97.8	99.6	99.9	99.7	100.1
家庭日用杂品	Daily Use Household Articles	101.7	99.6	100.8	100.8	99.8
洗涤卫生用品	Detergent	100.9	99.3	100.2	101.2	100.1
厨具餐具茶具	Kitchen Utensils and Tableware	102.7	99.3	100.2	101.3	99.0
家用手工工具	Household Hand Tools	113.8	100.2	101.4	100.0	99.2
其他家庭日用杂品	Other Household Articles	100.6	100.4	102.6	99.5	99.4
个人护理用品	Personal Care Products	100.4	100.6	100.7	103.4	104.2
化妆品	Cosmetics	100.0	100.6	100.6	103.9	104.4
其他护理用品类	Others	100.7	100.5	100.8	102.3	103.9
家庭服务	Household Service	107.5	100.0	105.9	101.2	102.4
交通和通信	**Transportation and Communication**	**102.5**	**98.6**	**101.6**	**103.0**	**99.1**
交　通	Transportation	106.5	99.5	103.1	104.5	97.2
交通工具	Transportation Facilities	100.1	100.0	99.3	99.4	92.0
交通工具用燃料	Fuels for Transportation Facilities	81.1	95.3	111.2	113.0	94.2
交通工具使用和维护	Fees for Vehicles Use and Maintenance	104.8	99.3	102.1	100.7	99.8
交通费	Fees for Transportation	113.5	104.4	96.9	99.0	103.8
通　信	Communication	97.9	97.4	99.5	100.9	101.9
通讯工具	Communication Facility	78.8	87.1	95.6	103.8	107.1
通信服务	Communication Service	100.0	100.0	100.2	100.1	100.0
邮递服务	Postal Service	100.4	100.3	101.2	101.4	106.1
教育文化和娱乐	**Recreation, Education and Culture**	**104.7**	**101.4**	**100.5**	**103.9**	**100.9**
教　育	Education	105.5	101.7	103.5	100.8	104.5
教育用品	Education Articles	102.8	98.6	100.6	103.7	101.6
教育服务	Education Services	105.6	101.8	103.6	100.7	104.6

注：2016年起居民消费价格按新指标体系。
From 2016, the index system of household consumer price survey was changed, so in 2016, a new index system was put into use.

14－1 续表3 (continued)

指　　标	Item	2015	2016	2017	2018	2019
文化娱乐	Culture and Recreational Articles	104.1	101.1	97.7	106.8	97.6
文娱耐用消费品	Durable Consumer Goods for Cultural and Recreational Use	93.9	95.4	99.4	99.6	97.2
其他文娱用品	Others	99.7	101.1	100.1	101.2	104.2
文化娱乐服务	Cultural Service	100.7	100.0	100.0	100.7	100.4
旅　游	Touring	116.4	105.3	94.6	117.0	94.2
医疗保健	**Heath Care**	**100.2**	**105.2**	**100.9**	**101.4**	**103.3**
医药及医疗器具	Medicine and Medical Instrument	100.3	100.6	101.1	103.4	107.6
中　药	Traditional Chinese Medicine	100.3	100.2	100.7	104.4	108.4
西　药	Western Medicine	100.4	100.8	101.9	104.7	110.8
滋补保健品	Nourishing Health Care Products	100.0	100.0	100.2	100.5	101.4
医疗卫生器具	Medical Instrument and Articles	100.0	100.0	100.0	100.0	99.4
保健器具	Health Care Applicants	99.9	102.4	100.9	99.6	104.9
医疗服务	Health Care Services	100.0	109.0	100.8	99.9	99.8
综合医疗类	Synthetic Medical Treatment	100.0	114.0	101.1	100.1	100.3
诊断类	Diagnosis	100.0	99.5	100.0	100.0	100.0
治疗类	Treatment	100.0	118.2	101.4	99.1	97.4
康复类	Rehabilitation	100.0	100.0	100.0	100.0	100.0
中医医疗服务类	TCM Medical Service	100.0	113.8	101.1	100.0	100.0
其他医疗服务	Others	100.0	191.7	104.3	100.0	100.0
其他用品和服务	**Other Articles and Service**	**100.5**	**101.2**	**100.2**	**99.8**	**101.5**
其他用品类	Other Articles	94.3	103.8	99.9	97.9	104.3
首饰手表	Jewelry and Watch	91.0	107.3	101.5	96.8	105.4
其他杂项用品	Others	101.2	98.5	97.4	99.8	102.4
其他服务类	Other Services	101.8	99.3	100.5	101.3	99.5
旅游住宿	Hotel Charge	103.5	89.7	100.7	113.6	95.2
美容美发洗发浴	Cosmetic Fees	101.7	100.2	101.3	101.7	104.1
养老服务	Service for the Aged		100.0	100.0	100.0	106.0
金融保险	Finance and Insurance	100.0	101.2	100.6	100.0	100.0
其他服务类	Other Services	100.0	100.0	96.9	90.1	82.0

注:2016年起居民消费价格按新指标体系。

From 2016, the index system of household consumer price survey was changed, so in 2016, a new index system was put into use.

14－2 商品零售价格指数
Retail Price Index

（以上年同期为100）（preceding year＝100）

指 标	Item	2015	2016	2017	2018	2019
商品零售价格总指数	**General Retail Price Index**	**99.7**	**99.5**	**101.4**	**102.3**	**102.3**
食 品	**Food**	**102.5**	**103.4**	**99.7**	**100.8**	**108.6**
粮 食	Grain	102.0	100.6	100.2	102.6	100.5
薯 类	Tubers	95.9	113.3	95.2	102.7	104.2
豆 类	Beans	100.5	100.4	101.4	101.6	101.9
食用油	Oil	96.0	103.3	97.9	95.6	106.4
菜	Vegetables	100.3	105.6	96.2	101.4	103.7
鲜 菜	Fresh Vegetables	99.5	106.0	95.7	101.5	103.8
干菜及菜制品	Dried Vegetable and Processed Products	106.4	101.5	101.3	101.1	102.4
畜肉类	Livestock Meat	107.0	110.7	94.8	96.3	125.9
猪 肉	Pork	108.3	118.3	90.4	93.0	137.8
牛 肉	Beef	105.6	100.4	100.5	99.5	110.5
禽肉类	Poultry	103.1	104.0	101.5	101.5	106.8
水产品	Aquatic Products	101.6	105.0	103.1	101.2	102.1
蛋 类	Eggs	97.5	96.1	98.2	109.1	105.7
奶 类	Milk	101.5	98.9	96.2	105.8	99.3
干鲜瓜果类	Dried and Fresh Melons and Fruit	95.2	95.7	106.3	101.6	111.9
糖果糕点类	Sweets and Cakes	103.6	100.4	101.5	102.2	100.6
调味品	Flavoring	102.0	103.1	103.9	102.1	102.2
其他食品类	Others	101.7	99.1	103.4	102.0	101.9
在外餐饮	Dining Out	104.4	102.0	103.9	101.9	105.6
饮料、烟酒	Beverages, Tobacco & Liquor	102.4	100.3	100.1	101.7	101.4
茶及饮料	Tea&Beverages	100.9	99.9	100.3	102.3	103.5
烟 草	Tobacco	102.4	100.5	100.0	100.0	100.0
酒 类	Liquor	103.9	100.2	100.1	105.2	102.9
服装、鞋帽	**Garments, Shoes and Headgear**	**100.3**	**100.3**	**102.4**	**101.2**	**100.9**
服 装	Garments	100.2	99.7	101.7	103.2	100.9
男士服装	Men's Garments	101.6	102.1	100.6	104.8	101.3
女式服装	Women's Garments	99.3	99.1	101.7	102.5	100.6
儿童服装	Children's Garments	98.8	95.4	105.2	101.7	101.7
鞋帽袜	Shoes, Socks and Hats	100.8	101.6	104.1	96.3	100.7
鞋	Shoes	100.9	101.8	104.4	96.2	100.6
袜 子	Socks	100.0	100.0	99.8	98.4	102.6
帽 子	Hats	96.9	100.0	99.0	95.6	100.6
其他衣着配件	Other Accessories	100.1	99.5	102.0	107.3	99.6
纺织品	Textiles	100.0	100.8	100.5	101.0	100.2

注：2016年起居民消费价格调查按新指标体系。
From 2016, the index system of household consumer price survey was changed, so in 2016, a new index system was put into use.

14－2 续表

（以上年同期为100）（preceding year = 100）

指　　标	Item	2015	2016	2017	2018	2019
服装材料	Clothing Material	100.0	100.0	104.0	113.8	107.6
床上用品	Bed Articles	100.0	100.9	100.2	99.9	99.5
家用电器及音响材料	Household Appliances &Acoustic Materials	98.6	97.2	101.8	100.0	97.1
家庭设备	Household Facilities	100.3	98.2	103.4	101.2	97.4
文娱用耐用消费品	Durable Consumer Goods for Cultural and Recreational Use	95.7	94.8	99.2	98.4	95.8
专业音像材料	Professional Acoustic Materials	99.2	101.4	103.0	100.3	100.1
文化办公用品	**Culture and Official Articles**	**98.9**	**98.9**	**99.1**	**101.3**	**100.2**
日用品	Daily Necessities	101.5	99.2	99.8	100.7	100.2
日用百货	General Merchandise	104.0	100.8	100.1	100.1	98.1
厨具餐具茶具	Kitchen Utensils and Tableware	102.6	99.2	100.2	101.3	99
清洗用品	Detergent	100.6	98.3	100.0	101.6	102.2
其他日用品	Other Household Articles	99.6	98.9	99.2	99.5	100.4
体育娱乐用品	Sports and Recreational Equipment	99.9	101.4	100.4	100.1	101
体育户外用品	Sports Outdoor Articles	100.1	96.4	99.3	98.7	96.9
娱乐用品	Recreational Equipment	99.8	102.3	100.5	100.3	101.6
交通、通信用品	Transportation and Communication Articles	98.3	95.2	99.1	102.3	100.6
交通运输机械	Transportation Machinery	99.0	99.7	100.8	101.6	97.6
通信器材	Telecom Equipment	88.8	87.3	95.8	103.8	106.8
家具	Furniture	101.0	100.6	103.3	101.3	100.1
化妆品	Cosmetics	100.1	100.7	100.8	104.0	104.6
金银饰品	Gold and Silver Ornaments	87.5	108.2	101.6	96.5	106.4
中西药品及医疗保健用品	**Medicine and Health Care**	**100.4**	**100.7**	**101.2**	**103.5**	**108**
医疗卫生器具	Medical Instrument	100.0	100.0	100.0	100.0	99.4
中　药	Traditional Chinese Medicine	100.4	100.2	100.7	104.0	107.7
西　药	Western Medicine	100.4	101.1	101.9	104.7	110.7
保健器具及用品	Health Care Applicants and Articles	100.0	100.5	100.3	100.3	102.1
书报杂志及电子出版物	Books, Newspapers, Magazines&E－journals	100.6	98.6	99.8	103.1	107.4
教材及参考书	Text Books and Reference Books	102.0	96.7	99.6	103.4	102
书报杂志	Books, Newspapers and Magazines	100.0	100.0	100.0	103.5	113.6
计算机办公软件	Computer Office Software	100.0	100.0	100.0	100.0	100
燃　料	**Fuels**	**91.2**	**94.8**	**109.3**	**110.4**	**96**
煤炭及制品	Coal and Coal Products	114.6	88.5	118.5	114.7	98.7
石油及制品	Oil and Oil Products	89.0	95.8	107.9	109.7	95.5
建筑材料及五金电料	**Construction and Electrical Materials&Hardware**	**98.6**	**100.1**	**102.8**	**100.8**	**100.4**
建筑装潢材料	Decoration Materials	97.6	99.6	102.2	101.2	100.6
五金水暖	Hardware and Water Heating	101.8	102.2	105.4	99.6	99.7

14－3 城镇住户基本情况
Statistics on Urban Households

指 标	Item	2015	2016	2017	2018	2019
调查户数 (户)	**Number of Households Surveyed (household)**	**667**	**673**	**669**	**750**	**750**
家庭人口数 (人/户)	**Number of Persons per Household (household/person)**	**2.79**	**2.84**	**2.86**	**3.20**	**3.20**
离退休人数 (人/户)	Number of Retirees (household/person)	0.38	0.48	0.46	0.31	0.33
负担系数 (人/就业者)	**Dependency Ratio (person/employee)**	**1.42**	**1.89**	**1.88**	**1.90**	**1.80**
耐用消费品	**Durable Consumer Goods**					
家用汽车 (辆/百户)	Automobile (unit/100 households)	21.00	31.48	32.20	55.87	46.83
摩托车 (辆/百户)	Motorcycle (unit/100 households)	5.00	4.70	4.90	9.47	6.30
电冰箱(柜) (台/百户)	Refrigerator(Freezer) (set/100 households)	94.00	97.39	98.80	101.38	102.55
洗衣机 (台/百户)	Washing Machine (set/100 households)	97.00	99.40	100.00	101.95	102.86
热水器 (台/百户)	Water Heater (set/100 households)	82.93	85.01	86.90	99.90	101.31
太阳能热水器 (台/百户)	Solar Water Heater (set/100 households)		9.30	9.20	14.09	0.00
空 调 (台/百户)	Air Conditioner (set/100 households)	17.44	17.61	18.30	22.72	22.57
彩色电视机 (台/百户)	Color TV Set (set/100 households)	104.68	104.86	105.60	106.72	107.66
摄像机 (架/百户)	Video Camera (unit/100 households)	7.24	8.26			
照相机 (架/百户)	Camera (unit/100 households)	27.99	21.00	20.70	17.16	17.33
计算机 (台/百户)	Computer (set/100 households)		55.30	56.70	65.49	68.97
接入互联网的计算机 (台/百户)	Computer with Access to Internet (set/100 households)	49.14		38.10	48.58	48.90
中高档乐器 (架/百户)	Mid&High－grade instruments (unit/100 households)		3.38	4.10	9.18	10.02
固定电话 (部/百户)	Fixed Telephone (unit/100 households)	54.91	45.65	41.50	17.43	13.26
移动电话 (部/百户)	Mobile telephone (unit/100 households)	196.32	209.77	215.70	247.68	253.32
其中:接入互联网的移动电话 (部/百户)	Mobil Phones with Access to Internet (unit/100 households)	107.64	125.74	139.50	189.97	222.03

14－3 续表 (continued)

指　　标	Item	2015	2016	2017	2018	2019
现住房总建筑面积 (平方米/人)	**Total Floor Space of Houses (sq. m/person)**	**34.28**	**36.25**	**35.60**	**37.50**	**37.00**
现住房房屋来源	**Source of Current Housing**					
租赁公房 (%)	Leasing of State－owned Housing (%)	2.25	1.19	1.20	2.40	4.13
租赁私房 (%)	Leasing of Private Housing (%)	8.86	10.17	10.01	7.60	7.60
自建住房 (%)	Self－built Houses (%)				24.52	24.13
购买商品房 (%)	Purchase of Commercial House (%)	38.57	37.72	37.40	45.61	45.33
购买房改住房 (%)	Purchase the House Through Housing Reform (%)				7.07	6.40
购买保障性住房 (%)	Purchase of Indemnificatory Apartment (%)				4.53	3.73
拆迁安置房 (%)	Relocation House (%)				4.27	4.53
继承或获赠住房 (%)	House Inherited or Received from Others (%)				0.53	0.53
免费借用房 (%)	Free Housing Borrowed From Others (%)				1.87	2.80
雇主提供免费住房 (%)	Free Housing Provided by the Employers (%)					
其他来源 (%)	Others Sources (%)	8.00	10.73	12.25	1.60	0.80
住宅建筑式样	**Housing Styles**					
单栋楼房 (%)	Storied House (%)				20.92	22.80
单栋平房 (%)	Bungalow (%)				4.00	2.53
四居室 (%)	Four－bedroom House (%)	4.65	4.45	5.53	6.40	6.27
三居室 (%)	Three－bedroom House (%)	27.80	27.98	26.34	32.27	33.33
二居室 (%)	Two－bedroom House (%)	34.67	37.90	38.10	31.60	31.87
一居室 (%)	One－bedroom House (%)	2.70	3.12	3.29	2.53	2.27
筒子楼及连片平房 (%)	Tube－shaped Apartment and Bungalow (%)	0.75	21.22	0.75	2.27	0.93
其　它 (%)	Others (%)	0.31	21.93			
饮水情况	**Drinking Water**					
经过净化处理的自来水 (%)	Purified Tap Water (%)				84.26	88.00
受保护的井水和泉水 (%)	Protected Well and Springs Water (%)				0.67	0.67
不受保护的井水和泉水 (%)	Unprotected Well and Springs Water (%)					
江河湖泊水 (%)	River and Lake Water (%)				0.67	0.40
收集雨水 (%)	Rainwater Collection (%)					
桶装水 (%)	Barrelled Water (%)	10.96	24.06	6.57	14.27	10.80
其　它 (%)	Others (%)		25.49	0.30	0.13	0.13
取暖设备	**Heating Equipment**					
无取暖设备 (%)	Without Heating Installation (%)	10.84	26.91	8.52	0.53	0.00
自行供暖 (%)	Supply Heating by Oneself (%)	89.01	27.62	91.33	95.46	95.73
由市政或小区集中供暖 (%)	Central Heating (%)	0.15	28.33	0.15	4.00	4.27
主要炊用能源状况	**Fuels for Cooking**					
柴草 (%)	Firewood (%)				0.53	0.13
煤炭 (%)	Coal (%)	1.35	31.17	0.90	3.73	3.33
罐装液化石油气 (%)	Canned Liquefied Petroleum Gas (%)				3.33	1.60
管道液化石油气 (%)	Piped Liquefied Petroleum Gas (%)				0.13	0.13
管道煤气 (%)	Piped Coal Gas (%)	10.69	29.75	1.49	1.60	0.93
管道天然气 (%)	Piped Natural Gas (%)	23.41	31.88	32.77	42.67	44.40
电 (%)	Electricity (%)	57.19	32.59	59.31	47.99	49.47
燃料用油 (%)	The Fuel Oil (%)					
沼气 (%)	Marsh Gas (%)					
其他 (%)	Others (%)	0.31	33.30	0.15		
无炊用行为 (%)	No cooking (%)					

14－4　城镇住户收支情况
Income and Expenditure of Urban Households

单位:元/人　　　　(yuan/person)

指　　标	Item	2015	2016	2017	2018	2019
可支配收入	**Disposable Income**	**27241.01**	**29501.65**	**32186.32**	**35115.00**	**38240.00**
工资性收入	**Income from Wages and Salaries**	**16193.34**	**17696.42**	**19134.96**	**22055.92**	**24150.76**
工　资	Income from Laborage and Allowance	15599.76	17170.76	18520.82	21482.84	23319.33
实物福利	Material Benefits	64.53	42.95	29.74	24.59	38.53
其　他	Others	529.05	482.70	584.40	548.49	792.89
经营净收入	**Net Business Income**	**2354.27**	**2510.64**	**2885.87**	**4260.90**	**4762.38**
第一产业净收入	Frimary Industry			78.26	21.08	25.92
第二产业净收入	Secondary Industry			156.77	263.39	309.30
第三产业净收入	Tertiary Industry			2650.84	3976.42	4427.16
财产净收入	**Net Property Income**	**2559.33**	**2719.72**	**2951.10**	**3932.66**	**4312.41**
转移净收入	**Net Income from Transfer**	**6134.07**	**6574.87**	**7214.39**	**4865.51**	**5014.80**
转移性收入	**Income from Transfer**	**7717.21**	**8263.31**	**8576.21**	**6943.54**	**7168.20**
养老金或离退休金	Annuities or Pension	6835.00	7615.95	7877.58	5780.45	6203.75
社会救济和补助	Income from Social Relief and Aids	72.52	189.35	150.49	205.45	124.90
政策性生活补贴	Allowance from the Government	8.12	25.63	3.95	13.57	15.25
报销医疗费	Income from Medical Reimbursement	51.88	35.34	78.09	199.20	293.55
家庭外出从业人员寄回带回收入	Income from Family Members Working Outside	13.69	9.78	13.62	292.83	175.96
赡养收入	Income from Offsprings	366.56	319.64	370.10	296.00	259.88
其他经常转移性收入	Other Frequent Transfer Income	95.75	37.69	50.98	111.11	58.85

14－4 续表 (continued)

指　　标	Item	2015	2016	2017	2018	2019
从政府和组织得到的实物产品和服务折价	Discounted Products and Services from Government	5.18	29.34	28.03	37.92	34.03
现金政策性惠农补贴	Cash Aids under Benefting－Farmers Policy	268.52	0.58	3.37	7.00	2.02
转移性支出	**Transfer Expenditure**	**1583.14**	**1688.44**	**1361.82**	**2078.02**	**2153.40**
个人所得税	Individual Income Tax	108.11	64.45	58.04	109.34	114.01
社会保障支出	Social Security Expenditure	1282.76	1430.89	1145.22	1550.77	1572.14
外来从业人员寄给家人的支出	Expenditure on Family MembersWorking Outside	4.89	3.22	5.33	12.76	23.93
赡养支出	Expenditure on Supporting the Old	121.62	109.82	62.81	326.99	359.32
其他经常性转移支出	Expenditure on Transfer			90.42	78.16	80.53
消费支出	**Consumption Expenditure**	**22532.28**	**24334.86**	**26062.87**	**28250.28**	**29150.90**
#服务性消费支出	Expenditure on Service Consumption	3906.29	7197.22	8314.40	9531.04	10068.35
通过互联网购买商品或服务	Purchasing Goods or Services from the Internet	295.91	289.55	330.01	459.00	
食品烟酒	Food, Tobacco and Liquor	6935.01	7655.52	7987.16	7844.34	8980.73
衣　着	Clothing	1728.86	1763.17	1820.59	2112.64	2264.39
居　住	Residence	4388.24	4771.93	5089.02	5536.76	5472.49
生活用品及服务	Household Items and Services	1522.7	1739.43	1834.32	1846.02	1688.72
交通通信	Transport and Communication	3142.28	3048.16	3336.12	5091.18	4312.49
教育文化娱乐	Education, Culture and Recreation	3337.41	3619.97	3876.62	3346.72	3684.18
医疗保健	Health Care	1072.17	1270.75	1527.71	1787.47	1898.66
其他用品和服务	Miscellaneous Goods and Services	405.62	465.91	591.33	685.14	849.25

14－5　城镇住户消费支出情况
Consumption Expenditure of Urban Households

单位:元/人　　(yuan/person)

指　　标	Item	2015	2016	2017	2018	2019
消费支出	**Consumption Expenditure**	**22532.28**	**24334.86**	**26062.87**	**28250.28**	**29150.90**
#服务性消费支出	**Services**	**3906.29**	**7197.22**	**8314.4**	**9531.04**	**10068.35**
食品烟酒	**Food, Tobacco and Liquor**	**6935.01**	**7655.52**	**7987.16**	**7844.34**	**8980.73**
食　品	Food	4694.55	5252.92	5326.19	4560.70	5242.06
谷　物	Grain	511.54	556.66	543.00	449.55	468.89
薯　类	Tubers	29.05	47.46	50.31	44.06	56.21
豆　类	Beans	75.10	88.53	94.20	84.37	99.48
食用油	Oil	224.71	251.65	232.33	157.17	159.14
蔬菜和食用菌	Vegetables and Mushrooms	746.34	838.03	835.86	585.62	674.47
肉　类	Meat	1151.48	1326.90	1362.87	1130.58	1336.44
禽　类	Poultry	316.66	383.74	355.06	347.22	457.96
水产品	Aquatic Products	187.20	212.17	222.94	216.02	281.78
蛋　类	Eggs	113.68	122.61	117.81	96.79	109.33
奶　类	Milk	315.70	333.45	339.79	400.84	413.23
干鲜瓜果类	Dried and Fresh Melons and Fruits	596.83	652.86	729.82	648.33	756.81
糖果糕点类	Sweets and Cakes	202.01	201.42	214.92	212.08	231.71
其他食品	Others	224.27	237.42	227.28	188.07	196.60
烟　酒	Tobacco&Liquor	797.11	894.41	921.98	814.44	956.88
烟　草	Tobacco	565.65	613.14	642.52	605.82	729.03
酒　类	Liquor	231.46	281.28	279.46	208.62	227.85
饮　料	Beverages	455.72	176.79	185.72	157.11	191.56
饮食服务	Catering Services	1281.40	1331.41	1553.27	2312.09	2590.24
食堂用餐	Canteen Dining	104.03	34.65	41.96	63.25	104.16
其他在外饮食	Other Dining Out	1171.43	1293.58	1508.53	2245.91	2481.83
食品加工服务费	Food Processing Service	5.94	3.18	2.78	2.94	4.24

14－5 续表1 （continued）

单位：元/人 （yuan/person）

指 标	Item	2015	2016	2017	2018	2019
衣 着	**Clothing**	**1728.86**	**1763.17**	**1820.59**	**2112.64**	**2264.39**
衣 类	Clothes	1247.65	1297.76	1353.78	1719.85	1798.47
鞋 类	Shoes	481.21	465.41	466.81	392.79	465.91
居 住	**Residence**	**4388.24**	**4771.93**	**5089.02**	**5536.76**	**5472.49**
租赁房房租	House Rent	297.64	327.85	376.70	341.06	245.74
住房维修及管理	Housing Maintenance and Management	350.37	425.66	713.61	970.49	578.97
水电燃料及其他	Water,Electricity,Fuel and Others	1001.43	1042.22	1008.74	865.14	964.01
自有住房折算租金	Imputed Rent for Private Housing	2738.80	2976.20	2989.97	3360.07	3683.78
租赁房房租中租赁公房房租	Public House Rent			52.74	28.70	17.14
租赁房房租中租赁私房房租	Private House Rent			323.95	312.37	228.60
住房维修及管理中物业管理费	Property Management Fee			135.02	198.77	206.81
生活用品及服务	**Articles for Daily Use and Services**	**1522.70**	**1739.43**	**1834.32**	**1846.02**	**1688.72**
家具及室内装饰品	Furniture and Upholstery	183.41	227.98	324.82	311.75	180.73
家用器具	Household Appliance	371.45	426.04	392.21	340.15	294.42
家用纺织品	Household Textile	157.50	165.82	193.91	192.05	183.92
家庭日用杂品	Daily Household Articles	498.33	497.63	471.04	365.11	366.86
个人用品	Individual Articles	204.59	293.14	319.41	474.82	542.98
家庭服务	Family Services	107.42	128.82	132.93	162.15	119.80
其中：家政服务	Household Services	57.29	99.06	95.28	131.53	89.90
交通通信	**Transportation and Communication**	**3142.28**	**3048.16**	**3336.12**	**5091.18**	**4312.49**
交 通	Transport	1874.12	1690.35	1955.75	4097.55	3311.40
交通工具	Vehicles	761.14	339.24	456.47	1489.21	581.44
交通费	Expenditure on Vehicles	351.96	364.45	454.54	655.58	731.70
交通工具用燃料	Fuel of Vehicles	412.34	551.11	606.78	1035.42	1085.21
交通工具使用及维修	Expenditure on Vehicles Use and Maintenance	348.67	435.55	437.96	917.35	913.05
其中：车辆保险支出	Expenditure on Car Insurance	77.55	88.43	104.44	270.70	335.53

14－5 续表2 (continued)

单位:元/人 (yuan/person)

指 标	Item	2015	2016	2017	2018	2019
通 信	Communication	1268.16	1357.81	1380.37	993.63	1001.09
通信工具	Communication Tools	296.02	341.35	365.10	339.47	331.68
通信服务	Communication Services	972.14	1016.46	1015.27	654.16	669.41
教育文化娱乐	**Education, Culture and Recreation**	**3337.41**	**3619.97**	**3876.62**	**3346.72**	**3684.18**
教 育	Education	1009.09	1382.80	1529.33	1788.52	2207.85
学前教育	Preschool Education	128.62	171.31	214.25	372.18	377.00
小学教育	Elementary Education	161.90	199.37	175.51	239.33	296.83
初中教育	Junior Middle School Education	141.81	245.11	273.04	255.59	301.65
高中教育	Senior High School Education	205.53	264.35	301.29	306.82	396.07
中专职高教育	Secondary Vocational Education	21.57	16.35	27.64	37.27	39.64
大专及以上教育	College Diploma or Above	279.81	380.10	425.98	466.92	647.70
成人教育	Adult Education	69.86	106.22	111.62	110.41	148.95
文化娱乐	Culture and Recreation	2328.32	2237.17	2347.29	1558.20	1476.33
文娱耐用消费品	Durable Consumer Goods of Culture and Recreation	187.81	174.45	248.44	176.91	183.17
其他文娱用品	Other Cultural and Recreational Articles	204.09	224.64	238.42	263.31	288.29
文化娱乐服务	Cultural and Recreational Services	1936.42	1838.08	1860.43	1117.97	1004.86
医疗保健	**Medical Care**	**1072.17**	**1270.75**	**1527.71**	**1787.47**	**1898.66**
医疗器具及药品	Medical Apparatus and Medicine	431.61	605.79	802.92	569.93	543.35
医疗服务	Medical Services	640.56	664.97	724.79	1217.54	1355.31
门诊总费用	Total Outpatient Expenditure	254.61	329.96	404.41	627.86	646.01
住院总费用	Hospitalization Expenditure	385.95	335.01	320.38	589.68	709.30
其他用品和服务	**Other Articles and Services**	**405.62**	**465.91**	**591.33**	**685.14**	**849.25**
其他用品	Other Articles	222.03	238.52	379.48	330.50	374.45
其他服务	Other Services	183.59	227.39	211.85	354.64	474.80

14－6 城镇住户按相对收入五等分分组情况(2019 年)

指 标		Item	
家庭总收入	**(元/人)**	**Total Households Income**	**(yuan/person)**
#可支配收入	(元/人)	Disposable Income	(yuan/person)
工资性收入	**(元/人)**	**Income from Wages and Salaries**	**(yuan/person)**
工 资	(元/人)	Income from Laborage and Allowance	(yuan/person)
其他工资性收入	(元/人)	Other Income from Wages and Salaries	(yuan/person)
从单位得到的实物收入和服务	(元/人)	Products and Services from the Company	(yuan/person)
经营净收入	**(元/人)**	**Net Business Income**	**(yuan/person)**
财产净收入	**(元/人)**	**Income from Properties**	**(yuan/person)**
利息净收入	(元/人)	Interest Income	(yuan/person)
红利收入	(元/人)	Bonus Income	(yuan/person)
储蓄性保险净收益	(元/人)	Net Income from Endowment Insurance	(yuan/person)
转让承包土地经营权租金净收入	(元/人)	Net Rent Income from Contracted Land Transfer	(yuan/person)
出租房屋财产性收入	(元/人)	House Rent	(yuan/person)
出租机械专利版权等资产的收入	(元/人)	Income from Machinery and Copyright Rent	(yuan/person)
其他财产净收入	(元/人)	Other Net Income	(yuan/person)
房屋虚拟租金	(元/人)	Virtual House Rent	(yuan/person)
转移净收入	**(元/人)**	**Net Income from Transfer**	**(yuan/person)**
转移性收入	**(元/人)**	**Income from Transfer**	**(yuan/person)**
养老金或离退休金	(元/人)	Annuities or Pension	(yuan/person)
社会救济和补助	(元/人)	Income from Social Relief and Aids	(yuan/person)
政策性生活补贴	(元/人)	Allowance from the Government	(yuan/person)
报销医疗费	(元/人)	Reimbursement of Medical Expenses	(yuan/person)
家庭外出从业人员寄回带回收入	(元/人)	Income from Family Members Working Outside	(yuan/person)
赡养收入	(元/人)	Income from Offsprings	(yuan/person)
其他经常转移收入	(元/人)	Other Frequent Transfer Income	(yuan/person)
从政府得到的实物产品和服务	(元/人)	Products and Services from Government	(yuan/person)
现金政策性惠农补贴	(元/人)	Cash Aids under Benefting – Farmers Policy	(yuan/person)

Relative Income of Urban Households by Five – equal Partition(2019)

合 计 Total	低 20% Low Income Households20%	较低 20% Lower Middle Income Households20%	中间 20% Middle Income Households20%	较高 20% Upper Middle Income Households20%	高 20% High Income Households20%
43356	**16368**	**26921**	**36868**	**50540**	**101974**
38240	13942	23587	34061	46678	87005
24150.8	**9243.8**	**15934.9**	**18976.3**	**29723.4**	**48003.9**
23319.3	9075.9	15621.7	18362.8	28588.4	45652.7
792.9	143.1	272.1	577.4	1098.1	2292.6
38.5	24.8	41.2	36.1	37.0	58.6
4762.4	**1737.7**	**3081.0**	**5667.2**	**5322.2**	**22377.9**
4312.4	**1819.2**	**2614.0**	**2745.6**	**4139.7**	**11349.2**
-36.3	-74.4	-22.5	-21.4	-71.1	54.7
413.7	70.6	49.0	22.1	35.6	1784.1
14.1	11.8	30.0	12.5		
2049.9	705.5	1297.8	1163.8	2033.6	5870.7
193.5	0.1	6.1		83.5	872.6
-15.8	13.8	2.9	0.9	-38.7	-58.2
1693.3	1091.8	1250.7	1567.6	2096.8	2825.3
5014.8	**1141.1**	**1956.8**	**6671.7**	**7493.1**	**5273.6**
7168.2	**2200.4**	**3391.4**	**8372.1**	**9875.2**	**10139.3**
6203.8	1413.5	2552.5	7296.6	9161.1	8624.3
124.9	333.1	124.1	76.7	9.1	4.2
15.3	6.5	16.0	22.4	16.8	17.3
293.5	65.3	209.5	303.3	441.7	559.0
176.0	97.1	132.4	97.6		609.2
259.9	206.2	272.4	446.3	134.7	248.6
58.9	47.5	44.2	94.0	77.3	36.7
34.0	26.1	37.9	35.3	34.5	38.4
2.0	5.2	2.2			1.6

14－6 续表1

指　　标		Item	
转移性支出	**（元/人）**	**Transfer Expenditure**	**(yuan/person)**
个人所得税	（元/人）	Individual Income Tax	(yuan/person)
社会保障支出	（元/人）	Social Security Expenditure	(yuan/person)
个人缴纳的养老保险	（元/人）	Endowment Insurance by Individual	(yuan/person)
个人缴纳的医疗保险	（元/人）	Medicare Paid by Individual	(yuan/person)
个人缴纳的失业保险	（元/人）	Unemployment Insurance Paid by Individual	(yuan/person)
其他社会保障支出	（元/人）	Others	(yuan/person)
外来从业人员寄给家人的支出	（元/人）	Expenditure on Lottery	(yuan/person)
赡养支出	（元/人）	Expenditure on Supporting the Old	(yuan/person)
其他转移性支出	（元/人）	Expenditure on Transfer	(yuan/person)
经常性捐赠支出	（元/人）	Expenditure on Frequent Donations	(yuan/person)
经常性赔偿支出	（元/人）	Expenditure on Frequent Compensation	(yuan/person)
其他经常转移支出	（元/人）	Others	(yuan/person)
家庭总支出	**（元/人）**	**Total Households Expenditure**	**(yuan/person)**
消费支出	**（元/人）**	**Consumption Expenditure**	**(yuan/person)**
食品烟酒	**（元/人）**	**Food and Liquor**	**(yuan/person)**
食　品	（元/人）	Food	(yuan/person)
谷　物	（元/人）	Grain	(yuan/person)
薯　类	（元/人）	Tubers	(yuan/person)
豆　类	（元/人）	Beans	(yuan/person)
食用油	（元/人）	Oil	(yuan/person)
蔬菜和食用菌	（元/人）	Vegetables and Mushrooms	(yuan/person)
肉　类	（元/人）	Meat	(yuan/person)
禽　类	（元/人）	Poultry	(yuan/person)
水产品	（元/人）	Aquatic Products	(yuan/person)
蛋　类	（元/人）	Eggs	(yuan/person)
奶　类	（元/人）	Milk	(yuan/person)
干鲜瓜果类	（元/人）	Dried and Fresh elons and Fruits	(yuan/person)
糖果糕点类	（元/人）	Sweet and Sugar	(yuan/person)
其他食品	（元/人）	Others	(yuan/person)
烟 酒	（元/人）	Tobacco and Liquor	(yuan/person)
烟　草	（元/人）	Tobacco	(yuan/person)
酒　类	（元/人）	Liquor	(yuan/person)

(continued)

合 计 Total	低 20% Low Income Households20%	较低 20% Lower Middle Income Households20%	中间 20% Middle Income Households20%	较高 20% Upper Middle Income Households20%	高 20% High Income Households20%
2153.40	**1059.27**	**1434.64**	**1700.40**	**2382.16**	**4865.70**
114.01	21.25	14.61	12.81	44.40	552.79
1572.14	862.41	1213.26	1360.88	1909.75	2909.53
1102.99	624.80	819.85	876.21	1342.20	2135.64
398.24	220.51	356.26	402.08	492.20	601.09
30.52	7.17	23.37	37.83	36.03	59.04
40.38	9.94	13.79	44.76	39.32	113.75
23.93		1.06	53.38		80.06
359.32	146.49	185.54	174.09	318.78	1122.77
83.99	29.12	20.17	99.25	109.23	200.56
3.47	0.29	0.45	0.39	0.45	18.22
80.53	28.83	19.71	98.86	108.78	182.34
43414.03	**21146.50**	**32962.60**	**37806.00**	**52983.40**	**84300.10**
29150.90	**15166.17**	**23038.87**	**28250.97**	**36353.53**	**50198.68**
8980.73	**4925.70**	**7557.88**	**9082.49**	**11124.22**	**14189.55**
5242.06	3505.43	4963.75	5688.08	6097.75	6680.70
468.89	406.28	435.04	499.62	487.78	547.93
56.21	47.62	61.48	60.72	59.12	53.71
99.48	81.24	108.12	106.43	104.54	101.39
159.14	133.86	187.98	154.68	147.31	174.87
674.47	543.75	690.70	739.06	726.97	714.11
1336.44	959.13	1283.27	1438.43	1541.92	1613.95
457.96	267.57	446.50	524.24	533.63	591.36
281.78	141.05	240.51	290.14	382.16	420.10
109.33	85.12	92.44	114.40	137.70	130.31
413.23	219.16	382.96	425.31	527.11	594.63
756.81	360.96	646.66	863.61	965.61	1124.81
231.71	131.65	197.89	258.04	264.92	353.38
196.60	128.05	190.20	213.41	218.99	260.16
956.88	438.50	750.36	807.18	1404.18	1649.87
729.03	354.31	587.21	586.46	1127.05	1180.06
227.85	84.20	163.15	220.72	277.13	469.81

14－6 续表2

指标		Item	
饮　料	（元/人）	Beverage	(yuan/person)
饮食服务	（元/人）	Catering Service	(yuan/person)
衣　着	**（元/人）**	**Clothing**	**(yuan/person)**
衣　类	（元/人）	Clothes	(yuan/person)
鞋　类	（元/人）	Shoes	(yuan/person)
居　住	**（元/人）**	**Residence**	**(yuan/person)**
租赁房房租	（元/人）	House Rent	(yuan/person)
住房维修及管理	（元/人）	Housing Maintenance and Management	(yuan/person)
水电燃料及其他	（元/人）	Water, Electricity, Fuel and Others	(yuan/person)
自有住房折算租金	（元/人）	Imputed Rent for Private Housing	(yuan/person)
生活用品及服务	**（元/人）**	**Articles for Daily Use and Services**	**(yuan/person)**
家具及室内装饰品	（元/人）	Furniture and Upholstery	(yuan/person)
家用器具	（元/人）	Household Appliance	(yuan/person)
家用纺织品	（元/人）	HouseholdTextile	(yuan/person)
家庭日用杂品	（元/人）	Daily Household Articles	(yuan/person)
个人用品	（元/人）	Individual Articles	(yuan/person)
家庭服务	（元/人）	Family Services	(yuan/person)
#家政服务	（元/人）	Household Services	(yuan/person)
交通通信	**（元/人）**	**Transportation and Communication**	**(yuan/person)**
交　通	（元/人）	Transportation	(yuan/person)
通　信	（元/人）	Communication	(yuan/person)
教育文化娱乐	**（元/人）**	**Education, Culture and Recreation**	**(yuan/person)**
教　育	（元/人）	Education	(yuan/person)
文化娱乐	（元/人）	Culture and Recreation	(yuan/person)
医疗保健	**（元/人）**	**Medical Care**	**(yuan/person)**
医疗器具及药品	（元/人）	Medical Apparatus and Medicine	(yuan/person)
医疗服务	（元/人）	Medical Services	(yuan/person)
其他用品和服务	**（元/人）**	**Other Articles and Services**	**(yuan/person)**
其他用品	（元/人）	Other Articles	(yuan/person)
其他服务	（元/人）	Other Services	(yuan/person)
消费支出中服务消费支出	（元/人）	Consumption Expenditures on Services	(yuan/person)

(continued)

合计 Total	低 20% Low Income Households20%	较低 20% Lower Middle Income Households20%	中间 20% Middle Income Households20%	较高 20% Upper Middle Income Households20%	高 20% High Income Households20%
191.56	99.24	157.97	172.74	225.99	349.24
2590.24	882.52	1685.80	2414.48	3396.30	5509.73
2264.39	**877.27**	**1612.63**	**2082.43**	**2844.53**	**4648.88**
1798.47	663.46	1226.80	1656.42	2247.36	3818.12
465.91	213.81	385.84	426.01	597.17	830.76
5472.49	**3290.20**	**4429.58**	**4877.23**	**6855.83**	**9091.57**
245.74	216.33	307.07	235.17	233.70	232.40
578.97	152.14	428.83	340.29	772.79	1428.55
964.01	716.07	882.77	924.97	1087.51	1331.59
3683.78	2205.66	2810.91	3376.79	4761.81	6099.03
1688.72	**715.08**	**1111.71**	**1643.20**	**2152.98**	**3368.21**
180.73	51.99	110.76	161.93	363.94	282.43
294.42	138.81	163.64	346.22	357.82	559.94
183.92	64.02	119.23	177.87	199.12	426.51
366.86	212.74	285.96	410.28	442.40	562.82
542.98	230.30	411.67	509.33	659.37	1067.45
119.80	17.21	20.46	37.58	130.34	469.05
89.90	2.54	7.56	10.89	78.62	415.01
4312.49	2061.72	3734.93	4207.03	4979.50	7646.55
3311.40	**1495.64**	**2934.96**	**3213.53**	**3753.16**	**5999.84**
1001.09	566.07	799.98	993.50	1226.35	1646.71
3684.18	1985.05	2747.23	3257.66	4683.72	6702.50
2207.85	**1490.62**	**1981.02**	**1791.89**	**2668.51**	**3479.27**
1476.33	494.43	766.21	1465.78	2015.21	3223.23
1898.66	1062.87	1296.30	2101.44	2607.13	2897.04
543.35	**311.48**	**436.47**	**582.25**	**701.20**	**801.85**
1355.31	751.38	859.83	1519.19	1905.93	2095.19
849.25	248.29	548.60	999.49	1105.61	1654.40
374.45	**111.27**	**192.56**	**418.01**	**583.83**	**714.83**
474.80	137.02	356.04	581.48	521.78	939.57
10068.35	4722.76	7158.02	9500.67	12907.68	19000.41

14－7 农村住户基本情况
Basic Conditions of Rural Households

指　标	Item	2015	2016	2017	2018	2019
调查户数 (户)	**Households Surveyed (household)**	**471**	**474**	**474**	**480**	**480**
调查户常住人口 (人)	**Permanent Residents per Surveyed Households (person)**	**1645**	**1663**	**1646**	**1782**	**1765**
平均每户常住人口 (人)	Average Number of Permanent Residents per Household (person)	3.5	3.5	3.5	3.7	3.7
每户整、半劳动力 (人)	Number of Full/Semi Labor Force Per Household (person)	2.52	2.54	2.51	2.47	2.46
整、半劳动力占常住人口比重 (%)	The Proportion of Full Semi Labor Force (%)	72.00	72.30	72.42	66.61	67.02
6周岁及以上住户成员受教育程度 (人)	**Education Level of Households at or Above 6 Years Old (person)**			**1557**	**1597**	**1575**
未上过学 (人)	Never Been to School (person)			48	95	91
小　学 (人)	Elementary School (person)			544	640	636
初　中 (人)	Junior High School (person)			731	678	638
高　中 (人)	Senior High School (person)			146	104	111
大学专科 (人)	Junior College (person)			57	59	66
大学本科 (人)	Undergraduate College (person)			31	21	33
研究生 (人)	Postgraduate School (person)					
年末住房面积 (平方米/人)	**Living Space at Year－end (sq. m/person)**	**49.87**	**50.63**	**55.30**	**55.70**	**54.56**
年末住房价值 (元/平方米)	**Houses Value at Year－end (yuan/sq. m)**	**1362.60**	**1684.32**	**1692.33**	**1633.51**	**1583.77**

注：样本轮换后，部分指标与之前年份的口径不一致。
After sample rotation, some indexes are inconsistent with the caliber of previous years.

14－8 农村住户家庭经营情况
Basic Conditions of Household Business in Rural Households

指　标	Item	2015	2016	2017	2018	2019
经营耕地面积 （亩/人）	**Area of Cultivated Land (mu/person)**	**1.17**	**1.30**	**1.48**	**1.20**	**1.21**
#有效灌溉面积 （亩/人）	Area of Effective Irrigation (mu/person)	0.34	0.29	0.24	0.14	0.16
经营林地面积 （亩/人）	**Areas of Forests Managed (mu/person)**	**0.54**	**0.27**	**0.34**	**0.43**	**0.37**
经营园地面积 （亩/人）	**Areas of Gardens Managed (mu/person)**	**0.05**	**0.08**	**0.10**	**0.11**	**0.12**
经营养殖水面面积 （亩/人）	**Areas of Meadow Managed (mu/person)**	**0.01**	**0.07**	**0.01**	**0.00**	**0.14**
年内出售猪头数 （头/户）	**Number of Selling Fattened Hogs in the Year (head/household)**	**1.24**	**0.91**	**0.73**	**0.72**	**0.35**
出售、自宰肥猪肉产量 （公斤/户）	Output of Pork Slaughtered by Peasants Themselves and Sold (kg/household)	145.94	117.75	9.40	5.85	2.02
每头猪肉产量 （公斤/头）	Output of Per Slaughtered Hog (kg/head)	114.73	129.20	141.18	116.09	
年内出售菜羊只数 （只/百户）	**Number of Sold Mutton Sheep and Goat in the Year (head/100 households)**	**5.52**	**10.76**	**2.53**	**0.83**	
出售、自宰羊的肉产量 （公斤/户）	Output of Mutton Slaughtered by Peasants Themselves and Sold (kg/household)	2.36	2.92	0.97	0.25	
年内出售肉牛数 （头/百户）	**Number of Sold Fattened Cattle in the Year (head/100 households)**	**12.74**	**8.86**	**14.35**	**9.38**	**0.03**

注：2017 年数据作修订，以此为准。
The data have been revised in 2017, taking this as the criterion.

14－9 农村家庭人均总收入
Per Capita Annual Income of Rural Households

单位：元 （yuan）

指 标	Item	2015	2016	2017	2018	2019
全年总收入	**Total Revenue of the Year**	**15013**	**15709**	**16317**	**19677**	**21587**
工资性收入	Income from Wages and Salaries	6831	7617	8531	8180	9870
经营性收入	Net Business Income	6617	6711	6412	9243	5856
财产性收入	Property Income	494	368	416	428	377
转移性收入	Income from Transfer	1070	1013	958	1827	1172
非收入所得	Other Income	1785	1788	1446	2833	2893
借贷性所得	Income from Debit and Credit	1539	1637	713	3398	3742
家庭经营收入	Income from Household Operation	6617	6711	6412	9243	8982
第一产业（不含惠农补贴）	Primary Industry（Not Including Income from Benefting－Farmers Policy）	4625	4706	3543	3482	3482
农业收入	Farming	1981	2303	2103	2017	1971
林业收入	Forestry	55	49	48	50	58
牧业收入	Animal Husbandry	2320	2004	1195	1412	1632
渔业收入	Fishery	270	350	197	3	2
第二产业	Secondary Industry	133	228	515	1644	1593
采矿业收入	Mining Industry	12			1	
制造业收入	Manufacturing Industry	49	38	24	114	264
建筑业收入	Construction	72	190	491	1529	1328
第三产业	Tertiary Industry	1859	1777	2354	4117	3727
批发和零售业	Wholesale and Retail Trade	383	504	546	1718	1617
交通运输仓储和邮政业	Transportation，Warehousing and Postal Services	924	564	732	1070	903
住宿和餐饮业	Accommodation and Catering Industry	153	201	694	751	695
房地产业	Real Estate					
租赁和商务服务业	Leasing and Business Services	78	40	41	396	333
居民服务修理和其他服务业	Resident Maintenance Services and Others	300	308	228	133	170
其 他	Others	18	90	53	4	
农林牧渔服务业	Services of Farming，Forestry，Animal，Husbandry and Fishery	4	70	62	44	8
转移性收入	**Income from Transfer**	**1070**	**1013**	**958**	**1827**	**2417**
养老金或离退休金	Annuities or Pension	241	329	367	650	816
社会救济和补助	Income from Social Relief and Aids	30	25	27	170	124
政策性生活补贴	Allowance from the Government	40	107	48	27	87
家庭外出从业人员寄回带回收入	Income from Family Members Working Outside	96	139	120	516	755
赡养收入	Income from Offsprings	168	182	173	170	257
报销医疗费	Income from Medical Reimbursement	60	36	39	110	221
从政府和组织得到的实物产品和服务折价	Discounted Products and Services from Government	11	16	36	26	35
现金政策性惠农补贴	Cash Aids under Benefting－Farmers Policy	82	106	46	65	93
其他转移性收入	Others	343	73	103	92	28
财产性收入	**Property Income**	**494**	**368**	**416**	**428**	**374**
利息收入	Interest Income	15	37	30	5	34
红利收入	Income from Collective Dividend and Bonus	29	21	30	20	18
储蓄性保险净收益	Net Income from Endowment Insurance of Savings	1			1	
转让承包土地经营权租金净收入	Net Income from Management Transfer of the Contracted Land	125	55	19	97	127
出租房屋财产性净收入	Net Income from House Rent	286	239	314	224	161
出租机械专利版权等资产的净收入	Income from Machinery and Copyright Rent	8	12	22	3	0
其他财产净收入	Other Net Income	30	4	1	78	35

14－10　农村家庭人均可支配收入
Per Capita Disposable Income of Rural Households

单位:元　　(yuan)

指　　标	Item	2015	2016	2017	2018	2019
全年可支配收入	**Annual Disposable Income**	**11917.80**	**12967.50**	**14264.34**	**15648.08**	**17274.96**
工资性收入	**Income from Wages and Salaries**	**6831.45**	**7616.66**	**8381.29**	**8978.32**	**9869.73**
经营性净收入	**Net Income from Household Operation**	**3841.81**	**4196.16**	**4649.58**	**5276.50**	**5856.20**
第一产业	Primary Industry	2515.40	2816.98	2573.42	1562.54	2182.78
农业收入	Farming	1306.20	1564.71	1598.21	1097.18	1279.58
林业收入	Forestry	38.43	30.50	21.16	-257.53	39.25
牧业收入	Animal Husbandry	1118.28	1020.06	821.53	724.09	868.03
渔业收入	Fishery	52.49	201.71	132.52	-1.20	-4.09
第二产业	Secondary Industry	95.55	167.62	473.99	1453.46	1224.53
采矿业	Industry	10.26			0.51	-0.54
制造业	Manufacturing	26.27	26.50	10.12	84.54	106.17
电力热力燃气及水生产和供应业	Electricity, Heat, Gas and Water Production and Supply Industries		-0.32			
建筑业	Construction Industry	59.02	141.44	463.87	1368.41	1118.91
第三产业	Tertiary Industry	1230.86	1211.55	1602.17	2260.50	2448.89
批发和零售业	Wholesale and Retail Trade	274.55	329.54	441.00	925.85	1127.82
交通运输仓储和邮政业	Transportation, Warehousing and Postal Service	660.22	455.52	615.09	654.34	662.26
住宿和餐饮业	Accomodation and Catering Industries	74.01	22.80	206.53	398.68	435.19
房地产业	Real Estate Industries	-0.20			-1.04	-2.14
租赁和商务服务业	Leasing and Commerical Services	25.45	18.19	28.19	230.25	100.30
居民服务修理和其他服务业	Resident Maintenance Services and Others	183.67	242.88	206.79	104.08	127.43
其　他	Others	14.51	85.62	47.57	-3.41	-2.17
农林牧渔服务业	Services of Farming, Forestry, Animal, Husbandry and Fishery	-1.35	57.00	58.00	-48.25	0.20
财产净收入	**Property Net Income**	**458.03**	**344.22**	**377.83**	**409.41**	**376.60**
转移性净收入	**Net Income from Transfer**	**786.49**	**810.46**	**855.64**	**983.85**	**1172.43**

14-11 农村家庭人均经营费用和生产性固定资产购置
Per Capita Expenditure for Households Business Operations and Purchase of Productive Fixed Assets of Rural Households

单位：元 (yuan)

指 标	Item	2015	2016	2017	2018	2019
生产经营费用支出	**Expenditure on Production and Operation**	**2334.4**	**2108.5**	**2179.0**	**3282.5**	**3619.3**
第一产业经营费用支出	Primary Industry	1854.3	1653.7	1246.1	1872.5	1786.1
农 业	Farming	524.6	582.7	548.9	862.7	853.7
林 业	Forestry	16.3	18.3	36.6	314.4	27.8
牧 业	Animal Husbandry	1125.7	906.3	584.3	691.0	898.5
渔 业	Fishery	187.7	146.4	76.3	4.3	6.1
第二产业经营费用支出	Secondary Industry	24.1	26.1	29.4	66.4	481.1
采矿业	Mining and Quarrying				0.7	0.1
制造业	Manufacturing	16.5	7.3	13.4	24.8	100.1
电力热力燃气及水生产和供应业	Electricity, Heating, Gas and Water Production and Supply		0.3			
建筑业	Construction	7.6	18.5	16.1	41.0	380.9
第三产业经营费用支出	Tertiary Industry	456.0	428.7	903.5	1343.6	1352.1
批发和零售业	Wholesale and Retail Trade	96.1	139.8	118.7	562.6	696.1
交通运输仓储和邮政业	Transport, Storage and Post	167.1	46.2	82.7	329.7	244.1
住宿和餐饮业	Hotel and Catering Services	51.6	162.1	664.1	247.0	167.0
房地产业	Real Estates	0.2		1.4	1.0	2.5
租赁和商务服务业	Leasing and Business Services	40.1	20.0	16.7	82.7	186.9
居民服务修理和其他服务业	Resident Maintenance Services and Others	100.1	46.4	12.8	23.2	46.0
其 他	Others		1.0	1.6	0.4	0.4
农林牧渔服务业	Farming, Forestry, Animal Husbandry, Fishery	0.7	13.3	5.4	96.9	9.0
购置资产支出	Expenditure on Assets Purchase	417.2	842.9	481.2	1076.3	959.4
建造住房支出	Expenditure on House - building	293.0	407.6	197.7	55.7	278.2
购买住房支出	Expenditure on House Purchase	3.4	361.5	69.0	632.6	405.5
购建第一产业生产性固定资产	Creating Fixed Assets of Primary Industry	66.8	59.7	108.9	200.0	57.5
购买或建造农业生产性用房	Purchase of Agricultural Production House	33.3	5.0	19.6	79.8	22.9
购买役畜	Purchase of Draught Animal	12.9	16.2	21.4	22.7	11.7
购买产品畜	Purchase of Commodity Animals	1.0	23.9	48.5	47.8	
购买或建造农业设施	Purchase of Agricultural Facilities	3.0		1.6	31.4	1.4
购建第二产业生产性固定资产支出	Creating Fixed Assets of Secondary Industry				51.1	12.6
采矿业	Mining and Quarrying					
制造业	Manufacturing				1.3	2.7
电力热力燃气及水生产和供应业	Electricity, Heating, Gas and Water Production and Supply					
建筑业	Construction				49.8	9.9
购建第三产业生产性固定资产支出	Creating Fixed Assets of Tertiary Industry	51.4	14.0	93.6	136.9	184.3
批发和零售业	Wholesale and Retail Trade	19.6	1.6	8.3	12.8	0.4
交通运输仓储和邮政业	Transport, Storage and Post	28.3	7.4	85.2	105.4	132.5
住宿和餐饮业	Hotel and Catering Services					38.0
房地产业	Real Estate					
租赁和商务服务业	Leasing and Business Services				2.3	
居民服务修理和其他服务业	Resident Maintenance Services and Others	3.5	4.9	0.1	13.9	13.4
其 他	Others	0.0			2.5	
购建其他资产支出	Expenditure on Other Purchase	2.5		12.0		21.3

14－12　农村居民人均现金收入
Per Capita Annual Cash Income of Farmers

单位:元　　(yuan)

指　　标	Item	2015	2016	2017	2018	2019
现金收入(未扣除生产费用)	**Cash Income(Including Expenditure on Production)**	**14078.47**	**14738.06**	**21992.27**	**20665.88**	**24096.70**
现金工资性收入	Cash Income from Wages and Salaries	6829.88	7608.86	12111.40	8936.28	11410.41
工　资	Wages and Salaries	6691.32	7540.58	12025.15	8872.96	11304.42
其他工资性收入	Other Income from Wages and Salaries	138.56	68.28	86.25	63.32	105.99
现金经营性收入	Cash Business Income	5755.45	5799.80	8034.82	9412.34	9723.22
第一产业现金收入	Cash Income from Primary Industry	3763.27	3793.98	3958.29	3110.99	3503.91
第二产业现金经营收入	Cash Income from Secondary Industry	132.91	228.47	732.12	1798.37	1862.05
第三产业现金经营收入	Cash Income from Tertiary Industry	1859.27	1777.35	3344.40	4502.97	4357.26
现金财产性收入	Cash Property Income	494.00	368.17	590.81	467.93	436.72
利息收入	Interest Income	15.49	37.01	43.14	5.62	39.48
红利收入	Income from Collective Dividend and Bonus	28.82	21.26	42.78	21.59	20.97
储蓄性保险收益	Income from Endowment Insurance of Savings	0.77	0.31	0.25	1.62	
转让承包土地经营权租金收入	Income from Management Transfer of the Contracted Land	125.33	54.56	27.05	106.05	148.12
出租房屋财产性净收入	House Rent	286.48	238.88	445.55	245.16	187.72
出租机械专利版权等资产的净收入	Income from Machinery and Copyright Rent	7.51	12.37	31.09	2.76	0.04
其他财产性收入	Other Property Income	29.60	3.78	0.96	85.13	40.41
现金转移性收入	Cash Income from Transfer	999.14	961.23	1255.24	1849.34	2526.34
养老金或离退休金	Annuities or Pension	241.19	329.03	521.15	711.38	954.14
社会救济和补助	Income from Social Relief and Aids	29.60	24.56	38.73	185.47	145.06
政策性生活补贴	Allowance from the Government	39.74	107.49	68.06	30.04	102.12
家庭外出从业人员寄回带回收入	Income from Family Members Working Outside	95.62	138.83	170.55	564.43	883.14
赡养收入	Income from Offsprings	167.56	181.61	246.15	185.78	300.44
其他转移性收入	Other Income from Transfer	342.94	73.38	145.68	100.74	32.86
现金政策性惠农补贴	Cash Aids under Benefting－Farmers Policy	82.48	106.33	64.93	71.49	108.57
非收入所得	**Other Income**	**1785.34**	**1788.42**	**2054.24**	**3098.55**	**3382.46**
出售资产所得	Income from Selling Properties	496.31	583.54	716.78	712.42	501.92
非经常性转移所得	Income from Irregular Transfer	1280.86	1788.42	1315.39	2368.10	2849.12
其他非收入所得	Others	8.17	583.54	22.06	18.02	41.10
借贷性所得	**Income from Debit and Credit**	**1539.14**	**1636.65**	**1013.09**	**3716.92**	**31.42**
提取储蓄存款	Drawing Money from Banks	839.57	594.38	364.64	1651.29	4375.33
借入款	Loan Payable	563.58	449.16	403.34	1596.25	2951.95
收回借出款	Loans Received	46.71	111.03	64.87	131.71	1157.72
收回储蓄性保险本金	Insurance Savings Capital Received					91.34
住房贷款	Housing Loan	2.76		2.02	1.10	0.51
汽车贷款	Car Loan	43.71	6.59	113.92	90.31	51.00
教育贷款	Education Loans	0.48			17.82	5.32
其他贷款	Other Loans	42.33	466.07	30.45	150.69	10.19
其他借贷所得	Others		9.41	33.84	77.76	107.29

14－13　农村家庭人均生活消费支出
Per Capita Annual Living Expenditures of Rural Households

单位:元　　(yuan)

指　　标	Item	2015	2016	2017	2018	2019
平均每人生活消费支出	**Per Capita Consumption Expenditure**	**9875**	**11044**	**12369**	**13164**	**14357**
食品烟酒	Food	2851	3105	3361	3120	3466
衣　着	Clothing	687	741	855	830	899
居　住	Residence	2451	2990	3161	3443	3599
生活用品及服务	Household Facilities, Articles and Related Services	612	703	796	779	845
交通和通讯	Transport and Communications	1547	1607	2119	2775	3097
教育文化娱乐	Education, Culture, Recreation, and Related Services	1056	1194	1206	1110	1206
医疗保健	Health Care and Medical Services	526	543	666	919	1032
其他用品和服务	Miscellaneous Goods and Services	145	161	204	188	212

14－14　农村家庭人均主要消费品消费量
Per Capita Consumption on Major Consumer Goods of Rural Households

单位:元　　(yuan)

指　　标	Item	2015	2016	2017	2018	2019
粮食消费量	Grain	117.00	138.37	121.19	104.03	124.55
油脂类消费量	Oil and Fats	15.17	10.72	10.41	8.40	7.70
蔬菜及菜制品消费量	Vegetables and Its Products	72.36	70.18	78.93	61.14	82.80
肉　类	Meat	23.91	25.65	27.28	27.99	34.24
禽　类	Poultry	4.24	5.05	5.63	4.33	6.28
水产品	Aquatic Products	1.41	1.64	1.75	1.85	2.44
蛋类及蛋制	Eggs and Processed Products	4.05	4.07	4.18	3.00	4.01
奶和奶制品	Milk and Processed Products	3.90	4.20	4.64	3.62	4.23
干鲜瓜果类	Dried and Fresh Melons and Fruit	26.11	28.08	30.27	29.28	34.90
糖果糕点类	Sweet and Sugar	3.04	3.53	3.23	3.53	4.07
饮　料	Beverage	0.23	0.24	0.30	0.12	0.15
烟叶消费量	Tobacco Consumption	39.78	41.73	43.23	40.16	48.23
酒	Liquor	7.58	7.72	7.84	7.40	7.74

14－15 农村家庭每百户耐用消费品拥有量
Ownership of Durable Consumer Goods Per 100 Rural Households

指 标		Item		2015	2016	2017	2018	2019
洗衣机	（台）	Washing Machine	（set）	101.8	99.9	99.5	100.3	101.1
电冰箱	（台）	Refrigerator	（set）	86.2	92.1	93.3	97.1	99.5
空调机	（台）	Air Conditioner	（set）	1.5	0.7	1.2	1.3	1.9
热水器	（台）	Water Heater	（set）	52.5	58.8	62.9	65.5	73.6
摩托车	（辆）	Motorcycle	（unit）	56.8	58.0	51.7	53.8	54.1
生活用汽车	（辆）	Automobile	（unit）	21.9	28.0	30.3	46.0	46.8
电话机	（部）	Telephone	（set）	14.5	9.8	12.8	7.2	3.2
移动电话	（部）	Mobile Telephone	（set）	244.7	260.3	262.8	293.2	297.8
彩色电视机	（台）	Color TV Set	（set）	108.5	106.5	106.7	106.7	111.9
摄像机	（台）	Radio Camera	（set）	0.4	0.1			
照相机	（台）	Camera	（set）	5.5	3.6	2.9	1.8	2.6

14－16 农村居民人均出售产品现金收入
Per Capita Annual Cash Income of Rural Households from Selling Products

单位：元 （yuan）

指 标	Item	2015	2016	2017	2018	2019
出售农林牧渔业产品	**Products on Sale**	**3763**	**3794**	**3958**	**3111**	**3504**
农业产品	Farming Products	1341.46	1663.70	2146.43	1694.22	1798.53
林业产品	Forestry Products	46.95	32.45	57.45	50.36	39.09
牧业产品	Animal Husbandry Products	2106.20	1753.04	1478.12	1363.91	1665.12
渔业产品	Fishery Products	268.65	344.79	276.29	2.50	1.17

14－17　农村住户按相对收入五等分分组情况(2019 年)

指　　标		Item	
家庭总收入	**(元/人)**	**Total Households Income**	**(yuan/person)**
#可支配收入	**(元/人)**	**Disposable Income**	**(yuan/person)**
工资性收入	**(元/人)**	**Income from Wages and Salaries**	**(yuan/person)**
#工资及补贴收入	(元/人)	Income from Laborage and Allowance	(yuan/person)
#实物福利	(元/人)	Material Welfare	(yuan/person)
#其　他	(元/人)	Others	(yuan/person)
经营净收入	**(元/人)**	**Net Business Income**	**(yuan/person)**
#第一产业经营净收入	(元/人)	Net Business Income of Primary Industry	(yuan/person)
#第二产业经营净收入	(元/人)	Net Business Income of Secondary Industry	(yuan/person)
#第三产业经营净收入	(元/人)	Net Business Income of Tertiary Industry	(yuan/person)
财产净收入	**(元/人)**	**Income from Properties**	**(yuan/person)**
#利息净收入	(元/人)	Interest Income	(yuan/person)
#红利收入	(元/人)	Bonus Income	(yuan/person)
#储蓄性保险净收益	(元/人)	Net Income from Endowment Insurance	(yuan/person)
#转让承包土地经营权租金净收入	(元/人)	Net Rent Income from Contracted Land Transfer	(yuan/person)
#出租房屋财产性收入	(元/人)	House Rent	(yuan/person)
#出租机械专利版权等资产的收入	(元/人)	Income from Machinery and Copyright Rent	(yuan/person)
#其他财产净收入	(元/人)	Other Net Income	(yuan/person)
转移净收入	**(元)**	**Income from Transfer**	**(yuan)**
#养老金或离退休金	(元)	Annuities or Pension	(yuan)
社会救济和补助	(元)	Income from Social Relief	(yuan)
#最低生活保障收入	(元)	Basic Living Allowances	(yuan)
赡养收入	(元)	Income of Supporting the Old	(yuan)
现金政策性惠农补贴	(元)	Cash Aids under Benefting－Farmers Policy	(yuan)
家庭总支出	**(元/人)**	**Total Households Expenditure**	**(yuan/person)**
消费支出	**(元/人)**	**Consumption Expenditure**	**(yuan/person)**
食品烟酒	(元/人)	Food	(yuan/person)
衣　着	(元/人)	Clothing	(yuan/person)
居　住	(元/人)	Residence	(yuan/person)
生活用品及服务	(元/人)	Household Articles and Services	(yuan/person)
交通通信	(元/人)	Transportation and Communication	(yuan/person)
教育文化娱乐	(元/人)	Education, Culture and Recreation Services	(yuan/person)
医疗保健	(元/人)	Health Care	(yuan/person)
其他用品和服务	(元/人)	Others	(yuan/person)
社会保障支出	(元/人)	Social Security Expenditure	(yuan/person)
食　品	**(元/人)**	**Food**	**(yuan/person)**
谷　物	(元/人)	Grain	(yuan/person)
薯　类	(元/人)	Tubers	(yuan/person)
豆　类	(元/人)	Beans	(yuan/person)
食用油	(元/人)	Oil	(yuan/person)
蔬菜和食用菌	(元/人)	Vegetables and Mushrooms	(yuan/person)
肉　类	(元/人)	Meat	(yuan/person)
禽　类	(元/人)	Poultry	(yuan/person)
水产品	(元/人)	Aquatic Products	(yuan/person)
蛋　类	(元/人)	Eggs	(yuan/person)
奶　类	(元/人)	Milk	(yuan/person)
干鲜瓜果类	(元/人)	Dried and Fresh Melons and Fruit	(yuan/person)
糖果糕点类	(元/人)	Sweet and Sugar	(yuan/person)
其他食品	(元/人)	Others	(yuan/person)

Relative Income of Rural Households by Five – equal Partition(2019)

合 计 Total	低 20% Low Income Households20%	较低 20% Lower Middle Income Households20%	中间 20% Middle Income Households20%	较高 20% Upper Middle Income Households20%	高 20% High Income Households20%
21586.54	**9647.09**	**14804.60**	**17284.92**	**24942.21**	**48536.88**
17274.96	**6081.56**	**11641.26**	**15470.12**	**20383.41**	**38448.37**
9869.73	**4229.15**	**7817.23**	**10823.56**	**13051.65**	**14338.61**
9724.04	4211.82	7769.61	10735.40	12822.41	13913.12
55.04	17.12	40.89	72.38	84.05	62.92
90.65	0.22	6.73	15.78	145.19	362.57
5856.20	255.42	2212.40	3087.84	5571.16	19260.35
2182.78	766.31	1409.77	1568.81	1993.01	4769.97
1224.53	-49.74	34.65	34.40	502.85	6547.07
2448.89	-461.15	767.97	1484.63	3075.30	7943.30
376.60	86.68	264.46	291.26	315.22	764.11
-5.01	-17.77	-19.22	-63.04	32.52	68.77
20.97	30.06	12.10	31.41	4.03	10.11
148.12	39.50	211.57	150.06	91.30	130.67
187.72	60.32	60.02	172.64	151.38	432.03
0.04			0.11	0.04	
24.77	-25.43	-0.01	0.08	35.97	122.53
1172.43	1510.31	1347.17	1267.46	1445.38	4085.31
596.02	326.55	332.89	360.54	714.38	2918.72
67.06	255.97	34.68	14.36	240.79	81.75
15.85	192.23		0.62	26.98	9.46
206.95	195.98	704.08	51.67	114.29	158.63
89.24	159.43	102.74	68.22	43.83	90.18
26567.92	16175.92	19363.54	22272.04	28277.10	54264.62
14357.41	10095.58	12158.11	15560.61	17346.01	28887.55
3466.46	2842.28	3092.61	3593.74	4686.91	6619.75
900.46	400.40	662.78	973.88	1097.82	2109.63
3600.43	2787.83	3051.16	3575.30	3696.61	5357.22
844.54	490.48	709.01	899.72	1139.82	1587.00
3097.30	1517.95	2325.44	4052.44	3747.14	7900.78
1204.68	984.13	1336.07	1504.91	1212.91	1918.10
1031.88	833.45	835.89	755.88	1504.43	2744.73
211.65	239.06	145.15	204.75	260.37	650.34
332.94	785.13	886.88	308.03	394.82	690.04
2411.97	2164.54	2203.33	2455.24	2888.48	4048.97
379.98	440.79	345.09	439.91	412.56	483.70
33.67	98.19	45.33	48.34	33.21	87.20
49.99	65.26	54.56	65.18	70.81	84.80
135.00	127.75	106.45	130.91	154.99	165.42
238.81	187.55	182.57	240.51	248.48	372.11
775.79	688.52	712.88	744.07	892.54	1258.72
111.66	81.45	97.79	135.52	164.81	261.87
49.44	26.61	40.27	57.63	77.22	128.55
46.64	37.35	40.29	45.06	51.27	64.08
140.32	96.09	185.54	92.20	190.23	262.61
255.88	185.10	222.89	278.92	348.92	538.76
85.28	53.91	76.61	84.56	116.18	163.73
109.51	75.97	93.08	92.43	127.27	177.41

14－17 续表

指　　标		Item	
烟　酒	(元/人)	Tobacco and Liquor	(yuan/person)
烟　草	(元/人)	Tobacco	(yuan/person)
酒　类	(元/人)	Liquor	(yuan/person)
饮　料	(元/人)	Beverage	(yuan/person)
饮食服务	(元/人)	Catering Service	(yuan/person)
食堂用餐	(元/人)	Dining in Canteen	(yuan/person)
其他在外饮食	(元/人)	Dining Outside	(yuan/person)
食品加工服务费	(元/人)	Food Processing Service Fee	(yuan/person)
衣　着	**(元/人)**	**Clothing**	**(yuan/person)**
衣　类	(元/人)	Garments	(yuan/person)
鞋　类	(元/人)	Shoes	(yuan/person)
居　住	**(元/人)**	**Residence**	**(yuan/person)**
租赁房房租	(元/人)	House Rent	(yuan/person)
住房维修及管理	(元/人)	Housing Maintenance and Management	(yuan/person)
水电燃料及其他	(元/人)	Water, Electricity, Fuel and Others	(yuan/person)
自有住房折算租金	(元/人)	Imputed Rent for Private Housing	(yuan/person)
生活用品及服务	**(元/人)**	**Articles for Daily Use and Services**	**(yuan/person)**
家具及室内装饰品	(元/人)	Furniture and Upholstery	(yuan/person)
家用器具	(元/人)	Household Appliance	(yuan/person)
家用纺织品	(元/人)	Household Textile	(yuan/person)
家庭日用杂品	(元/人)	Daily Household Articles	(yuan/person)
个人用品	(元/人)	Individual Articles	(yuan/person)
家庭服务	(元/人)	Family Services	(yuan/person)
#家政服务	(元/人)	Household Services	(yuan/person)
交通和通讯	**(元/人)**	**Transportation and Communications**	**(yuan/person)**
交　通	(元/人)	Transportation	(yuan/person)
通　信	(元/人)	Communication	(yuan/person)
教育文化娱乐	**(元/人)**	**Education, Culture and Recreational Services**	**(yuan/person)**
教　育	(元/人)	Culture and Recreational Articles	(yuan/person)
文化娱乐	(元/人)	Education	(yuan/person)
医疗保健	**(元/人)**	**MedicalCare**	**(yuan/person)**
医疗器具及药品	(元/人)	Medical Apparatus and Medicine	(yuan/person)
医疗服务	(元/人)	Medical Services	(yuan/person)
其他商品和服务	**(元/人)**	**Other Goods and Services**	**(yuan/person)**
其他用品	(元/人)	Other Goods	(yuan/person)
其他服务	(元/人)	Other Services	(yuan/person)

(continued)

合 计 Total	低 20% Low Income Households20%	较低 20% Lower Middle Income Households20%	中间 20% Middle Income Households20%	较高 20% Upper Middle Income Households20%	高 20% High Income Households20%
586.68	**428.97**	**466.71**	**624.60**	**921.61**	**1119.97**
470.66	357.26	397.98	514.08	772.36	913.48
116.02	71.71	68.73	110.52	149.25	206.49
89.34	45.18	62.76	86.18	125.07	143.02
378.46	203.58	359.82	427.73	751.74	1307.79
18.39	36.46	52.35	106.14	88.48	54.58
353.63	156.99	303.49	316.54	656.24	1246.85
6.43	10.12	3.98	5.04	7.01	6.37
900.46	400.40	662.78	973.88	1097.82	2109.63
666.20	253.34	452.62	675.60	808.26	1636.69
234.26	147.07	210.16	298.28	289.56	472.94
3600.43	2787.83	3051.16	3575.30	3696.61	5357.22
102.36	123.74	26.08	65.19	111.49	218.45
296.53	130.19	306.63	332.00	341.20	390.57
703.44	524.25	576.36	650.71	851.72	1000.11
2498.11	2009.65	2142.09	2527.40	2392.20	3748.09
844.54	490.48	709.01	899.72	1139.82	1587.00
133.26	58.58	82.05	212.13	328.46	197.90
177.34	79.63	168.15	186.28	226.69	240.81
80.82	76.09	34.63	70.86	90.70	154.91
258.94	187.90	249.08	247.57	267.03	390.20
169.28	73.59	164.49	163.41	208.52	528.32
24.89	14.68	10.60	19.48	18.43	74.87
9.88	0.26	0.18	9.42	2.28	47.06
3097.30	1517.95	2325.44	4052.44	3747.14	7900.78
2458.49	1104.97	1771.23	3459.83	2991.29	6934.49
638.81	412.98	554.21	592.62	755.85	966.29
1204.68	984.13	1336.07	1504.91	1212.91	1918.10
866.27	848.82	1067.70	1165.21	863.29	1230.28
338.42	135.30	268.38	339.70	349.62	687.82
1031.88	833.45	835.89	755.88	1504.43	2744.73
237.45	297.86	226.09	247.35	265.72	369.67
794.43	535.59	609.80	508.53	1238.71	2375.06
211.65	239.06	145.15	204.75	260.37	650.34
132.96	180.40	91.36	101.99	175.88	421.50
78.69	58.66	53.78	102.76	84.49	228.84

14－18 农村住户人均主要产品产量及商品率(2019年)
Per Capita Output and Commodity Rate of Major Agricultural Products of Rural Households(2019)

指 标	Item	产品产量(公斤) Output(kg)	出售量(公斤) Sale(kg)	商品率(%) Commodity Rate(%)
主要产品	Main Products			
谷 物	Grain	273.57	46.21	0.17
#小 麦	Wheat			
稻 谷	Rice	82.29	12.31	0.15
玉 米	Corn	191.28	33.36	0.17
高 粱	Sorghum			
薯 类	Tubers	6.13		
红薯产量	Output of Sweet Potatoes	4.14		
马铃薯产量	Output of Potatoes	1.99		
其他薯类产量	Output of Others			
豆类产量	Output of Beans	3.12	1.59	0.51
大豆产量	Output of Soybean	3.11	1.17	0.37
其他豆类产量	Output of Other Beans			
棉花产量	Cotton			
油料产量	Oilseed Yield	6.33	2.12	0.33

14－19　各区(市、县)城镇常住居民人均可支配收入
Per Capita Annual Disposal Income of Permanent Rural Residents by District (City, County)

单位:元　(yuan)

区(市、县)名　称	District (City, County)	城镇常住居民人均可支配收入 Per Capita Annual Net Income of Permanent Urban Residents			
		2019	2018	2019 年比 2018 年增长(%) Growth Rate in 2019 over 2018 (%)	扣价增速(%) Growth Rate of Discount (%)
南 明 区	Nanming	38921	35740	8.9	6.0
云 岩 区	Yunyan	38996	35809	8.9	6.0
花 溪 区	Huaxi	37564	34462	9.0	6.1
乌 当 区	Wudang	37302	34285	8.8	5.9
白 云 区	Baiyun	37313	34358	8.6	5.7
观山湖区	Guanshanhu	37750	34601	9.1	6.2
开 阳 县	Kaiyang	37558	34457	9.0	6.1
息 烽 县	Xifeng	36109	33067	9.2	6.3
修 文 县	Xiuwen	37275	34197	9.0	6.1
清 镇 市	Qingzhen	37258	34276	8.7	5.8

14－20　各区(市、县)农村常住居民人均可支配收入
Per Capita Annual Disposal Income of Permanent Rural Residents by District (City, County)

单位:元　(yuan)

区(市、县)名　称	District (City, County)	农村常住居民人均可支配收入 Per Capita Annual Net Income of Permanent Rural Residents			
		2019	2018	2019 年比 2018 年增长(%) Growth Rate in 2019 over 2018 (%)	扣价增速(%) Growth Rate of Discount (%)
南 明 区	Nanming	-	-	-	-
云 岩 区	Yunyan	-	-	-	-
花 溪 区	Huaxi	17897	16211	10.4	7.5
乌 当 区	Wudang	18802	17062	10.2	7.3
白 云 区	Baiyun	19896	18071	10.1	7.2
观山湖区	Guanshanhu	18851	17091	10.3	7.4
开 阳 县	Kaiyang	16595	15032	10.4	7.5
息 烽 县	Xifeng	15904	14393	10.5	7.6
修 文 县	Xiuwen	15986	14441	10.7	7.8
清 镇 市	Qingzhen	16901	15281	10.6	7.7

注:新样本轮换周期,南明区和云岩区已没有农村调查点。
There is no rural survey site in Nanming and Yunyan districts as a result of the new sample rotation.

14－21 全市居民收支情况
Income and Expenditure of Urban and Rural Households

单位:元 (yuan)

年 份 Year	居民消费价格指数(%) Consumer Price Index (%)	城镇常住居民人均可支配收入 Per Capita Annual Disposable Income of Permanent Urban Households	城市居民人均消费性支出 Per Capita Annual Consumption Expenditure of Urban Residents	#食品烟酒 Food	教育文化娱乐服务 Education, Culture, Recreation and Services	农村常住居民人均可支配收入 Per Capita Disposable Income of Permanent Rural Residents	农民人均生活消费支出 Per Capita Consumption Expenditure of Rural Residents	#食品烟酒 Food
1979		343	313					
1980		413	385					
1981		453	418			266		
1982		477	431			290		
1983		501	447	277	16	288		
1984		593	527	306	29	342		
1985		805	740	365	95	377		
1986		969	873	438	77	411		
1987		1103	1010	513	70	479		
1988		1276	1228	635	73	593		
1989		1421	1277	734	79	644		
1990		1558	1361	781	84	680		
1991		1691	1514	879	71	672		
1992		2154	1869	1048	170	739		
1993		2581	2205	1221	179	901		
1994		3700	3087	1704	226	1039		
1995		4550	3964	2187	288	1343		
1996	111.7	4866	4526	2335	450	1650	1282	890
1997	102.5	5343	4808	2274	569	1834	1279	835
1998	100.5	5369	5036	2180	624	1940	1410	918
1999	97.6	6082	5327	2214	476	2010	1418	883
2000	98.7	6453	5550	2208	648	2104	1453	852
2001	103.2	6909	5780	2170	822	2229	1532	854
2002	98.4	7306	5801	2210	1017	2352	1552	793
2003	100.8	7985	6324	2447	1034	2510	1704	805
2004	102.1	8989	6912	2750	1156	2809	1967	866
2005	100.7	9928	7693	2946	1113	3135	2296	980
2006	101.1	11222	8808	3334	1351	3442	2454	1314
2007	105.1	12781	10183	3897	1355	4088	3036	1271
2008	107.0	13817	10507	4383	1206	4818	3463	1435
2009	97.7	15041	11519	4718	1685	5316	3928	1605
2010	102.9	16597	12940	4905	1744	5976	4384	1736
2011	105.5	19420	14300	5528	1764	7381	5494	2241
2012	102.6	21796	15718	6011	1924	8488	6161	2380
2013	103.2	22816	17995	6265	3044	9606	6527	1927
2014	102.7	24961	19501	6176	2874	10827	8724	2609
2015	102.3	27241	22532	6935	3337	11918	9875	2851
2016	101.1	29502	24335	7656	3620	12967	11044	3105
2017	101.0	32186	26063	7987	3877	14264	12369	3361
2018	101.7	35115	28250	7844	3347	15648	13164	3120
2019	102.7	38240	29151	8981	3684	17275	14357	3466

注:1、1991 年(包括 1991 年)以前,教育文化娱乐服务指标的名称为文娱用品。

2、国家统计局城乡一体化住户调查改革方案,城镇居民人均可支配收入和农民人均纯收入从 2014 年起改为城镇常住居民人均可支配收入、农村常住居民人均可支配收入,2013 年数据作同口径调整,2013 年及以后数据与往年不可比。

a) Before 1991 (includes 1991), education, culture, recreation and services indices are called cultural and recreational articles.

b) Since 2014, rural per capita net income has been replaced by per capita net income of rural residents, and urban per capita net income has been replaced by per capita net income of urban residents, due to the promotion of the reform program of "the unity of city and countryside" in 2014. The data in 2013 has been adjusted accordingly, so the data in and after 2013 has no comparability with the data in the previous years.

主要统计指标解释

商品零售价格指数 是反映城乡商品零售价格变动趋势的一种经济指数。零售物价的变动直接反映城乡居民的生活支出和国家的财政收入,反映居民购买力和市场供需平衡,反映消费与积累的比例。

居民消费价格指数 是反映一定时期内城乡居民所购买的生活消费品价格和服务项目价格变动趋势和程度的相对数,是对城市居民消费价格指数和农村居民消费价格指数进行综合汇总计算的结果。

可支配收入 指调查户在调查期内获得的、可用于最终消费支出和储蓄的总和,即调查户可以用来自由支配的收入。可支配收入既包括现金,也包括实物收入。按照收入的来源,可支配收入包含四项,分别为:工资性收入、经营净收入、财产净收入和转移净收入。计算公式为:

可支配收入 = 工资性收入 + 经营净收入 + 财产净收入 + 转移净收入

其中:经营净收入 = 经营收入 - 经营费用 - 生产性固定资产折旧 - 生产税

财产净收入 = 财产性收入 - 财产性支出

转移净收入 = 转移性收入 - 转移性支出

工资性收入 指就业人员通过各种途径得到的全部劳动报酬和各种福利,包括受雇于单位或个人、从事各种自由职业、兼职和零星劳动得到的全部劳动报酬和福利。

工资 指就业人员通过劳动从单位或雇主获取的各种现金报酬,包括按周、按月或按其他间隔定期发放的计时计件劳动报酬;按月、按季度或按年度发放的奖金;按月或其他间隔发放的住房补贴、交通补贴、车改补贴、通讯补贴、冬季取暖费和防暑降温费等;定期或不定期发放的过节费、相当于现金的通用购物卡等;因加班、夜班、在周末或其他私人时间工作而获得的加班工资或专门津贴;因到外地工作、或在不满意的或危险的环境下工作而获得的津贴;在国外工作的出国津贴等;根据国家法律、法规和政策规定,因病、工伤、产假、计划生育假、婚丧假、事假、探亲假、定期休假、停工学习、执行国家或社会义务等原因按计时或计件工资标准的一定比例支付的工资;根据激励制度,与企业整体业绩挂钩而给付的专项奖金或现金奖励;在工作岗位上获得的佣金、赏金或小费。

工资应包括各种扣款,如工作单位代扣的应由个人承担的养老保险、医疗保险、失业保险和住房公积金;以及单位在工资中代扣的房租、水费、电费、托儿费、医疗费、借款等,同时把所扣除的各项费用分别计入相应的消费支出或转移性支出中。工资按照收付实现制计算,只要是在调查期内实际得到的工资,无论该工资是补发还是预发,都应归为本期得到的工资收入。本调查期内应得但因拖欠等原因未得到的工资不应计入。

工资不包括因员工或员工家属大病、意外伤害、意外死亡等原因支付给员工或其遗属的抚恤金和困难补助金,应该将其列入转移性收入中的社会救济和补助收入。

实物福利 指单位或雇主免费或低价提供给员工的各种实物产品和服务折价。实物福利既包括单位或雇主免费或低价提供的各种实物产品,如米面、植物油、牛奶、水果、糕点、床上用品、日用杂品、手机、自行车、家用电器及配件等;也包括单位或雇主免费或低价提供的各种服务,如免费或低价提供的工作餐(不包括公务招待或出差中的餐饮消费)、住宿、上下班交通工具、停车场、幼儿园、娱乐、健身、旅游和医疗保健服务,以及单位缴纳的水电费、取暖费、物业费、职工子女入学的教育赞助费等。由个人先行付款消费,后由单位或雇主给予报销的款额也视为实物福利。实物福利还包括单位或雇主自身生产过程所生产的货物与服务,如铁路或航空公司提供给员工的免费旅程,采矿企业提供给员工的免费煤炭等。

实物福利的估价遵循以下原则:如果产品或服务是单位或雇主购买的,则采用购买者价格对其进行估价;如果产品或服务是单位或雇主自己生产的,则采用生产者价格对其进行估价。如果产品或服务是免费提供给职工的,则实物福利的价值就是所提供产品或服务的全部价值;如果产品或服务是以低于市场价格的价格提供给职工的,则实物福利的价值就是所提供的产品或服务的市场价值与实际支付额之间的差值。

实物福利不包括单位或雇主为雇员能够完成工作所给予的实物产品或服务。如雇员为接手新的工作岗位或应雇主的要求,把家搬到本国其他地区或国外所支付的旅费、搬迁费或其他相关费用的报销;如发给雇员的用于工作的服装、工具、设备或其他产品。

其他 指就业人员获取的、除工资以外的其他现金劳动报酬以及单位缴纳的各种社会保障费。包括因裁员得到的一次性辞退金;股份制企业派发或奖励给员工的股票和期权;调动工作的安家费;根据国务院发布的有关规定颁发的创造发明奖、自然科学奖和科学技术进步奖以及支付给运动员、教练员的奖金;个人从事自由职业如写作、翻译、设计等(含兼职或零星劳动)得到的稿费、翻译费、设计费、讲课费、咨询费等劳动报酬。

经营净收入 指住户或住户成员从事生产经营活动所获得的净收入,是全部经营收入中扣除经营费用、生产性固定资产折旧和生产税之后得到的净收入。计算公式具体为:

经营净收入 = 经营收入 - 经营费用 - 生产性固定资产折旧 - 生产税

第一产业净收入 指住户或住户成员从事第一产业生产经营活动所获得的净收入,是全部经营收入中扣除经营费用、生产性固定资产折旧和生产税之后得到的净收入。

第一产业是指农业、林业、牧业和渔业(不含农林牧渔服务业)。

第二产业净收入 指住户或住户成员从事第二产业的生产经营活动所获得的净收入,是全部经营收入中扣除经营费用、生产性固定资产折旧和生产税之后得到的净收入。

第二产业是指采矿业(不含开采辅助活动),制造业(不含金属制品、机械和设备修理业),电力、热力、燃气及水生产和供应业,建筑业。

第三产业净收入 指住户或住户成员从事第三产业生产经营活动所获得的净收入,是全部经营收入中扣除经营费用、生产性固定资产折旧和生产税之后得到的净收入。

第三产业即服务业,是指除第一产业、第二产业以外的其他行业。第三产业包括:批发和零售业,交通运输、仓储和邮政业,住宿和餐饮业,信息传输、软件和信息技术服务业,金融业,房地产业,租赁和商务服务业,科学研究和技术服务业,水利、环境和公共设施管理业,居民服务、修理和其他服务业,教育,卫生和社会工作,文化、体育和娱乐业,公共管理、社会保障和社会组织,国际组织,以及农、林、牧、渔业中的农、林、牧、渔服务业,采矿业中的开采辅助活动,制造业中的金属制品、机械和设备修理业。

财产净收入 指住户或住户成员将其所拥有的金融资产、住房等非金融资产和自然资源交由其他机构单位、住户或个人支配而获得的回报并扣除相关的费用之后得到的净收入。财产净收入包括利息净收入、红利收入、储蓄性保险净收益、转让承包土地经营权租金净收入、出租房屋净收入、出租其他资产净收入和自有住房折算净租金等。

财产净收入不包括转让资产所有权的溢价所得,这应该计入"非收入所得"。

利息净收入 指利息收入扣除该住户或个人付给债权方的生活性借贷款利息支出后得到的净值。

利息收入是指按照双方事先约定的金融契约条件,借出金融资产(存款、债券、贷款和其他应收账款)的住户或个人从债务方得到的本金之外的附加额。利息收入是应得收入,包括各类定期和活期存款利息、债券利息、个人借款利息等,银行代扣的利息所得税也包括在内。利息与红利的差异:利息一般是预先约定的,与企业的经营状况无关,而红利的多少与企业的经营效益直接有关,一般不预先约定。

红利收入 指住户或个人作为股东将其资金交由公司支配或处置而有权获得的收益。包括股票发行公司按入股数量定期分配的股息、年终分红以及从集体财产入股或其他投资分配得到的股息和红利。股票买卖结算后获得的收益(含亏损)不包含在内,应计入"非收入所得"。

储蓄性保险净收益 指住户或个人参加储蓄性保险,扣除缴纳的保险本金及相关费用后,所获得的保险净收益。不包括保险责任人对保险人给予的保险理赔收入。

转让承包土地经营权租金净收入 指住户将拥有经营权或使用权的土地转让给其他机构单位或个人获得的补偿性收入扣除相关成本支出后得到的净收入。也包括从其他机构单位或个人获得的实物形式的收入。

出租房屋净收入 指住户将自有住房出租给其他机构单位或个人得到的租金回报再扣除相关的维护成本之后得到的净收入。

出租其他资产净收入 指住户将除住房之外的其他资产,包括各种有形资产和无形资产(如生产经营用房、机械设备、专利、专有技术、商标商誉等),交由其他机构单位或个人使用而获得的回报再扣除相关成本支出后得到的净收入。

自有住房折算净租金 指现住房产权为自有住房(含自建住房、自购商品房、自购房改住房、自购保障性住房、拆迁安置房、继承或获赠住房)的住户为自身消费提供住房服务的折算价值扣除折旧后得到的净租金。自有住房折算净租金的计算方法为:

自有住房年度折算净租金 = 自有住房年度折算租金 - 购建房年度分摊成本

自有住房年度折算租金主要是依据自有住房的市场估值和使用年限进行折算,而购建房年度分摊成本是按照购建房的价格和相应的年折旧率进行计算。由于大多数的农村区域并不存在住房交易市场,难以对其进行估值,一般就认为农村居民的房屋市场价值等同于当年的建房价格,折算后的净租金为零。因此,在实际操作中仅针对城镇居民计算自有住房折算净租金。需要注意,自有住房折算净租金是一种实物收入。

其他财产净收入 指住户所得的除上述以外的其他财产性收入扣除相关的维护成本之后得到的净收入。如通过在国外购买的土地、矿产等自然资源获得的财产净收入等。

转移净收入 计算公式为:转移净收入 = 转移性收入 - 转移性支出

转移性收入 指国家、单位、社会团体对住户的各种经常性转移支付和住户之间的经常性收入转移。包括养老金或退休金、社会救济和补助、政策性生产补贴、政策性生活补贴、经常性捐赠和赔偿、报销医疗费、住户之间的赡养收入,以及本住户非常住成员寄回带回的收入等。

转移性收入不包括住户之间的实物馈赠。

养老金或离退休金 指根据国家有关文件规定或合同约定,在劳动者年老或丧失劳动能力后,根据他们对社会、单位所作的贡献和所具备的享受养老保险资格或退休条件,按月以货币形式或实物产品及服务给予的待遇,主要用于保障因年老或疾病丧失劳动能力的劳动者的基本生活需要。包括离退休人员的养老金或离退休金、生活补贴,农民享有的新型农村养老保险金,城镇居民享有的社会养老保险金,国家或地方政府给予城镇无保障老人的养老金,因工致伤离退休人员的护理费,退休人员异地安家补助费、取暖补贴、医疗费、旅游补贴、书报费、困难补助以及在原工作单位所得的各种其他收入,相当于现金的购物卡券也包含在内。也包括发给的实物和购买指定物品的票证、购物卡券,应同时计入相应的实物产品和服务项目中。

社会救济和补助 指国家、机关企事业单位、社会团体和个人对各类特殊家庭、人员提供的特别津贴。包括国家对享受城镇居民最低生活保障待遇的家庭发放的最低生活保障金、对农村五保户发放的五保救助金、国家和社会及机构单位对特殊困难家庭给予的困难补助、扶贫款、救灾款、国家或机构单位向由于失去工作能力或意外死亡等原因而失去工作的职工或其遗属定期发放的抚恤金等。也包括发给的实物和购买指定物品的票证、购物卡券,应同时计入相应的实物产品和服务项目中。

政策性生产补贴 指国家为扶持农业等行业进行的相关生产补贴,如农业支持保护补贴、购置和更新大型农机具补贴、退耕还林还草补贴、畜牧业补贴、非农生产经营补贴等。

政策性生活补贴 指根据国家的有关规定,中央财政、各级地方财政给予家庭的相关政策性生活补贴。包括家电下乡和以旧换新等家电补贴、能源补贴、给农村寄宿制中小学生的生活补贴等;也包括其他低价或免费提供的实物产品和服务,如廉租房等。

报销医疗费 指参加新型农村合作医疗、城镇职工基本医疗保险、(城镇)居民基本医疗保险、城乡居民大病保险的居民在购买药品、进行门诊治疗或住院治疗之后,从社保基金或单位报销的医疗费。报销医疗费属于一种实物收入。报销医疗费包括使用社保卡进行医疗服务付费时直接扣减的、由社保基金支付的部分。从商业医疗保险获得报销的医疗费不包括在内。

外出从业人员寄回带回收入 指在外(含国外)工作的本住户非常住成员寄回、带回的收入。无论是以现金、汇款、转账、银行卡共享等任何形式寄回、带回的收入,都应计入。

赡养收入 指亲友因赡养和抚养义务经常性给予住户及其成员的现金和实物收入。

其他经常转移收入 指住户从除上述各项转移性收入以外得到的其他经常性转移收入。如经常性捐赠收入、经常性赔偿收入、失业保险金、亲友搭伙费等。

经常性捐赠收入指住户从他人、组织、社会团体处得到的经常性捐献或赠送收入。这种捐赠收入带有义务性和经常性，不包括遗产及一次性馈赠收入、婚丧嫁娶礼金所得、压岁钱等。捐赠收入与赡养收入的区别：赠送是对本住户的成员无赡养义务的其他住户或个人给本住户及其成员的现金。本住户成员内部间的捐赠收入和捐赠支出均不必记账。

经常性赔偿收入指住户及其成员因受到财产损失、人身伤害、精神损失得到的国家、单位、个人定期支付的经常性赔偿，不包括一次性赔偿所得。

转移性支出 指调查户对国家、单位、住户或个人的经常性或义务性转移支付。包括缴纳的税款、各项社会保障支出、赡养支出、经常性捐赠和赔偿支出以及其他经常转移支出等。

个人所得税 指调查对象被扣缴的工资薪金所得、对企事业单位的承包经营承租经营所得、个体工商户的生产经营所得、劳务报酬所得、稿酬所得、特许权使用费所得、利息股息红利所得、财产租赁所得、财产转让所得、偶然所得、经国务院财政部门确定征税的其他所得等个人所得的税款。生产税、消费税不在其内。

社会保障支出 指调查户家庭成员参加国家法律、法规规定的社会保障项目中由单位和个人共同缴纳的保障支出。包括养老保险、医疗保险、失业保险、工伤保险、生育保险以及其他社会保障支出。

外来从业人员寄给家人的支出 指从业人员寄回带回其户口登记地家庭的支出。

赡养支出 指调查户因赡养和抚养义务而付给亲友的经常性现金和定期的实物支出。现金赡养支出应按实际发生的金额计算，不论是从报告期收入中开支的，还是从银行存款、手存现金以及其他所得中开支的，均应包含在内。

其他经常转移支出 指除缴纳的税款、社会保障支出、赡养支出以外的其他经常性转移支出。如经常性捐赠支出；经常性赔偿支出；各种罚款，如交通罚款；政府部门向居民提供服务收取的服务费，如迁户口的办理费、办理身份证费；缴纳工会费、党费、团费以及学会团体组织费等。

经常性捐赠支出指调查户赠予他人的经常性和带有义务性的现金支出，包括向寺庙的经常性捐款、定期资助贫困学生或贫困地区的款项、个人对公共设施建设的各类捐款，如解困基金、水利基金、防洪基金等。但不包括以商品或服务方式给予他人的价值额。婚丧嫁娶礼金支出及一次性馈赠支出如压岁钱、探望病人给予的礼金等不含在内。经常性捐赠支出应按实际发生的金额计算，不论是从报告期收入中开支的，还是从银行存款、手存现金以及其他所得中开支的，均应包括在内。

经常性赔偿支出指调查户向因受到财产损失、人身伤害、精神损失的国家、单位、个人定期支付的赔偿支出，不包括一次性赔偿支出。

中位数 指将所有调查户按人均收入水平从低到高顺序排列，处于最中间位置的调查户的人均收入。

基尼系数 指在全部居民收入中，用于进行不平均分配的那部分收入占总收入的比例。基尼系数最大为“1”，最小为“0”。前者表示居民之间的收入分配绝对不平均，即100%的收入被一个单位的人全部占有；而后者则表示居民之间的收入分配绝对平均，即人与人之间收入完全平等，没有任何差异。通常这两种情况在实际生活中不会出现。因此，基尼系数的实际数值只能介于0~1之间。本方案中，基尼系数使用住户收支与生活状况调查的全部样本可支配收入的分户数据计算。

Explanatory Notes on Main Statistical Indicators

Retail Price Index reflects the trend of changes in retail prices of urban and rural commodities. The change and the adjustment in retail prices directly reflect the living expenditure of urban and rural residents and government revenue, purchasing power of residents and the equilibrium of market supply and demand, and the ratio of consumption.

Consumer Price Index reflects the trend and degree of changes in prices of consumer goods and services items purchased by urban and rural households during a given period. They are obtained by combining Consumer Price Indices of Urban Household and Consumer Price Indices of Rural Household.

Disposable Income refers to the sum of the final consumption expenditure and savings that the surveyed households obtain during the surveyed period, that is, the income that the surveyed households can use for their free disposal. Disposable income includes both cash and income in kind. According to the source of income, disposable income includes income from wages and salaries, net business income, net income from properties and net income from transfer.

Disposable income = income from wages and salaries + net business income + net income from properties + net income from transfer

Of which, net business income = total business income – expenditure of operation – depreciation of productive fixed assets – net tax on production (product tax – production subsidy)

net income from properties = total income from properties – expenses on properties

net income from transfer = total income from transfer – expenses on transfers

Income from Wages and Salaries refers to the total remuneration and welfare of employee obtained through various channels, including employed by units or individuals and engaged in various freelance, part – time and sporadic labor job.

Wages and salaries refer to various cash remunerations obtained by employees from units or employers, including hourly piecework remuneration paid on a weekly, monthly or other intervals; bonuses paid on a monthly, quarterly or annual basis; according to use or other housing subsidies, transportation subsidies, car reform subsidies, communication subsidies, winter heating fees and anti – cooling fees issued at intervals; regular or irregular holiday fees (equivalent to cash universal shopping cards, etc. ;Overtime wages or special allowances for working overtime and night shifts, working on weekends or in other private hours; allowances for working in other places or working in unsatisfactory or dangerous environments; allowances for working abroad, etc. National laws, regulations and policies stipulates that due to illness, work injury, maternity leave, family planning leave, marriage and funeral leave, personal leave, family visit leave, regular leave, suspension of work to learn to implement national or social obligations and other reasons, wages are paid according to the hourly or piece rate wage standard; special bonuses or cash rewards are paid in conjunction with the incentive system and the overall performance of the enterprise; commissions, bounties or tips are obtained in the workplace.

Wages should include various deductions, such as old – age pension insurance, medical insurance, unemployment insurance, and housing provident funds, as well as rent, water, electricity, childcare, medical treatment expenses, loans and etc. that should be borne by the individuals withheld by the work units, while deducted expenses are included in the corresponding consumption expenditure or transfer expenditure. Wages are calculated in accordance with the system of receipt and payment. The wages actually received during the investigation time should be the wage income received in the current period, whether the wages are reissued or advanced. During the investigation time, wages and salaries that should be paid, but not done due to arrears and other reasons shall not be included.

Wages do not include pensions and hardship subsidies paid to employees or their survivors due to serious illnesses, accidental injuries, accidental deaths of employees or their family members. They should be included in thesocial aid and subsidy income from transfer.

Welfare in kind refers to various products in kind and services discounts provided to employees by units or employers for free or at low prices. In – kind benefits include various physical products provided by units or employers for free or at low prices, such as rice noodles, vegetable oil, milk, fruits, pastries, bedding, daily sundries, mobile phones, bicycles, household appliances and accessories, etc.; it also includes various services provided by units or employers for free or at a low price, such as free or low – cost working meals (excluding official entertainment or catering consumption during business trips), accommodation, commuting transportation, parking, kindergarten, entertainment, fitness, tourism and medical and health services, as well as utilities, heating fees, property fees paid by the units, education sponsorship fees for the children of employees, etc. The payment taken on by the individual first, and then reimbursed by the units or employers is also regarded as benefits in kind. In – kind benefits also include the goods and services produced by the units or employer's own production process, such as free journeys provided to employees by railways or airlines, and free coal provided to employees by mining companies.

The valuation of benefits in kind follows the principles: if the product or service is bought by the units or employers, the buyer's price is used to value it; if the product or service is produced by the units or the employers themselves, the producer price is used to value it. If the product or service is provided to employees free of charge, the value of the in – kind welfare is the total value of the product or service provided; if the product or service is provided to the employees at a price lower than the market price, the value of the in – kind welfare is the value of the difference between the market value of the product or service provided and the actual payment.

In – kind benefits do not include in – kind products or services provided by units or employers for employees to be able to complete their work, such as the reimbursement of travel expenses, relocation expenses, or other related expenses paid by employees to take over a new job or at the request of the employers to move the family to another part of the country or abroad and clothing, tools, and other equipment or other products for employees.

Others refer tothe cash remuneration other than wages, obtained by employees, and various social security fees paid by the units, which includes one – time dismissal payments because of the layoffs; stocks and options distributed or rewarded to employees by joint – stock enterprises; resettlement fees for the transfer of work; creation and invention awards, natural science awards, and scientific and technological progress awards issued in accordance with relevant regulations issued by the State Council and payment, bonuses for athletes and coaches; remuneration such as manuscript fees, translation fees, design fees, lecture fees, consulting fees, etc. for individuals' engaging in freelance work such as writing, translation, design, etc. (including part – time or sporadic working).

Net Business Income refers to net income of household or household members acquired through engaging in production and business activities. It equals to total operating income deducts operating expenses, depreciation fixed assets for production and net taxes on production (taxes on production minus subsidies on production). The formula for calculation is as follows:

Net business income = total business income – expenditure of operation – depreciation of productive fixed assets – net tax on production (product tax – production subsidy)

The Primary Industry Net Income refers to the net income earned by households or household members that engaged in production and operation activities of the primary industry, which is the net income obtained after deducting operating expenses, depreciation of fixed productive assets and production taxes from all operating income.

The primary industry refers to agriculture, forestry, animal husbandry and fishery (excluding agriculture, forestry, animal husbandry and fishery services).

The Secondary Industry Net Income refers to the net income earned by households or household members that engaged in production and operation activities of the secondary industry, which is the net income obtained after deducting operating expenses, depreciation of fixed productive assets and production taxes from all operating income.

The secondary industry refers to mining industry (excluding mining auxiliary activities), manufacturing industry (excluding metal products, machinery and equipment repair industry), electricity, heat, gas and water production and supply industry, and construction industry.

The Tertiary Industry Net Income refers to the net income earned by households or household members that engaged in production and operation activities of the tertiary industry, which is the net income obtained after deducting operating expenses, depreciation of fixed productive assets and production taxes from all operating income.

The tertiary industry is the services sector, which refers to industries other than the primary industry and the secondary industry. The tertiary industry includes: wholesale and retail, transportation, warehousing and postal services, accommodation and catering, information transmission, software and information technology services, finance, real estate, leasing and business services, scientific research and technical services, water conservancy, environment and public facilities management, residential services, repairs and other services, education, health and social work, culture, sports and entertainment, public management, social security, social organizations and international organizations, as well as agricultural services, forestry services, animal husbandry services and fishery services in agriculture, forestry, animal husbandry and fishery, mining auxiliary activities in mining, and metal products, machinery and equipment repair in manufacturing.

Net Income from Properties refers to the rewards of households or household members gained by authorizing their financial assets and natural resources to other institutional units, households or individuals after deducting related expenses. Net income from properties includes net interest income, dividend income, savings insurance and net rental income through transferring management rights of contracted land, net rental income, net income from leasing other assets, net rental income from self – owned properties, etc.

Net income from properties does not include the premium income from the transfer of asset ownership, which should be included in "non – income income."

Net Interest Income refers to the net value of interest income after deducting the interest expenses of the household or individual's life loan interest paid to the creditor.

Interest income refers to the additional amount in addition to the principal received from the debtor by households or individuals who lend financial assets (deposits, bonds, loans and other accounts receivable) according to the financial contract conditions agreed by both parties in advance. Interest income is earnings that is due, including various fixed and current deposit interest, bond interest, personal loan interest, etc., and interest income tax withheld by banks is also included. The difference between interests and dividends: interests are generally agreed in advance and has nothing to do with the business status of the enterprises, and dividends are directly related to the operating efficiency of the enterprise and is generally not agreed in advance.

Dividend Income refers to the income that households or individuals are entitled to gain when their funds are handed over to the company for disposal or disposal as shareholders, and it includes the regular distribution of dividends by stock issuing companies, year – end dividends, and dividends and bonuses obtained from collective property shares or other investment distributions according to the number of shares. The gains (including losses) obtained after the settlement of stock transactions are not included and should be included in "non – income income".

Net Income from Saving Insurance refers to the net insurance income obtained by households or individuals participating in savings insurance after deducting the paid insurance principal and related expenses, and it does not include insurance claim income granted by the insurer to the insurer.

Net Rental Income from the Transfer of Contracted Land Management Rights refers to the net income from the compensatory income received by households for the transfer of the land with the management or use rights to other institutions or individuals after deducting the relevant costs and expenses. It also includes in – kind income from other institutions or individuals.

Net income from rental housing refers to the net income obtained by households after renting out their own housing to other institutions or individuals with deducting related maintenance costs.

Net Income from Renting Other Assets refers to the fact that households transfer other assets other than housing, including various tangible and intangible assets (such as production and business houses, machinery and equipment, patents, know – how, trademark goodwill, etc.) to other institutions. The net income was from the return obtained by the unit or individual after deducting the relevant costs and expenses.

Net Rental Income of Self – owned Housing refers to net rental income that households whose current housing property rights are self – owned housing (including self – built housing, self – purchased commercial housing, self – purchased housing to change housing, self – purchased affordable housing, demolition and resettlement housing, inherited or received housing) gained after deducting depreciation for their own consumption from the converted value of housing services. The calculation method of converting the net rent of own house is:

Annual net rental income from self – owned house = annual rental income from self – owned house – annual cost of purchasing and building houses

The annual rental income from self – owned houses is mainly based on the market valuation and service life period of the self – owned houses, and the annual cost of the purchase and construction of the house according to the price of the house and the corresponding annual depreciation rate. Since most of the rural areas do not have a housing transaction market, it is difficult to evaluate it. It is generally believed that the market value of rural residents' houses is equal to the house construction price of the year, and the net rent after conversion is zero. Therefore, in actual operation, only the net rent of self – owned housing is calculated for urban residents. It should be noted that net rental income from self – owned houses is a kind of income in kind.

Net Income from Other Properties refers to the net income obtained by households from property income other than the above after deducting related maintenance costs. For example, we gain the net property income by purchasing natural resources such as land, minerals, etc. abroad.

Net Income from Transfer the formula for calculation is as follows: transfer net income = transfer income – transfer expenditure

Transfer Income refers to the various current transfer payments of the state, units, and social organizations to households and the transfer of current income between households. It includes old – age pensions or retirement pensions, social relief and subsidies, policy – based production subsidies, policy – based living subsidies, recurring donations and compensation, reimbursement of medical expenses, maintenance income between households, return of non – resident members of this household and etc.

Transfer income does not include gifts in kind between households.

Old – age Pensions or Retirement Pensions refer to the treatment given monthly in the form of currency or in – kind products and services to protect the basic living needs of workers who lose the ability to work due to the age and illness, referring to the provisions of relevant state documents or contractual agreements after workers are old or lose their ability to work, and their contributions to society and units and their qualifications for pension insurance or retirement conditions. They include pensions or retired pensions, and living allowances for retired people, new rural pension insurance for farmers, social pension insurance for urban residents, and pensions granted by the state or local government to urban unsecured elderly people who are injured at work, nursing expenses for retirees, retired people's living allowances, heating subsidies, medical expenses, travel subsidies, book and newspaper fees, hardship subsidies, and various other income earned in the original work unit. The cash equivalent of shopping card coupons is also included. Besides, it also includes the physical objects issued and the tickets and shopping cards for the purchase of designated items, which should be included in the corresponding physical products and services at the same time.

Social Relief and Subsidies refer to special allowances provided by the state, government agencies, enterprises and institutions, non – governmental organizations and individuals to various special families and persons. They also include the minimum living security fund granted by the state to families enjoying the minimum living security treatment for urban residents, the five guarantees relief fund issued to rural households with the five guarantees, and the hardship subsidies granted by the state, society and institutions to families with special difficulties, poverty alleviation funds, and disaster relief fund, regular pensions issued by the state or institutional units to employees or their survivors who lose their jobs due to incapacity or accidental death. They also include the physical objects issued and the tickets and shopping cards for the purchase of designated items, which should be included in the corresponding physical products and services at the same time.

Policy – based Production Subsidies refer to related production subsidies provided by the state to support agriculture and other industries, such as agricultural support and protection subsidies, subsidies for purchasing and updating large agricultural machinery, subsidies for returning farmland to forests and grasslands, subsidies for animal husbandry, and subsidies for non – agricultural production operations.

Policy – related Living Subsidies refer to the relevant policy – related living subsidies given to families by the central government and local governments at all levels in accordance with relevant national regulations. They include home appliance subsidies such as going to the countryside and trade – in for new ones, energy subsidies, living allowances for rural boarding school students, etc. ; they also include other low – priced or free physical products and services, such as low – rent housing.

Reimbursement of Medical Expenses refers to medical reimbursement from social security funds or units after residents that participating in the new rural cooperative medical care, basic medical insurance for urban employees, basic medical insurance for (urban) residents, and disease insurance for urban and rural residents, purchase drugs, and getting outpatient treatment or hospitalization. Reimbursement of medical expenses is an income in kind. Reimbursement of medical expenses includes the part that is directly deducted when paid for medical services by using a social security card and paid by the social security fund. Medical expenses reimbursed from commercial medical insurance are not included.

Income Sent Back and Brought Back by Employees Who Work Outside refers to the income sent back and brought back by non – resident members of the household who work abroad (including abroad). Income sent back or brought back in any form such as cash, remittance, transfer, bank card sharing, etc. , should be included.

Maintenance Income refers to the cash and in – kind income that relatives and friends regularly give to households and their members due to maintenance and support obligations.

Other Current Transfer Income refers to the other current transfer income received by households in addition to the above – mentioned transfer income, such as income from recurring donations, income from recurring compensation, unemployment insurance payments, and partnership fees for relatives and friends.

The income from regular donations refers to the income from regular donations or gifts that households receive from others, organizations, and social groups. This kind of donation income is obligatory and recurring, and it does not include inheritance and one – time gift income, weddings and funerals, wedding gifts, New Year money. The difference between donation income and support income: donation is cash given to the household and its members by other households or individuals who have no obligation to support the members of this household. Donation income and donation expenditures between members of this household do not need to be recorded.

Recurring compensation income refers to the recurring compensation paid by the state, units, and individuals to households and their members due to the property loss, personal injury, and mental loss. It does not include one – time compensation income.

Transfer Expenses refers to the current or compulsory transfer payments paid by survey households to the state, units, households, or individuals. They include taxes, various social security expenditures, supporting expenditures, current donations and compensation expenditures, and other current transfer expenditures.

Personal Income Tax refers to the income tax from wages and salaries deducted by surveyed respondents, income tax from contracting and leasing operations to enterprises and institutions, income tax from production and operation of individual industrial and commercial households, income tax from labor services, income tax from author's remuneration, income tax from royalties, income tax from interest dividends, property lease income tax, property transfer income tax, incidental income tax, and other income tax determined by the financial department of the State Council for taxation. Production taxes and consumption taxes are not included.

Social Security Expenditures refer to the security expenditures jointly paid by units and individuals when family members of the surveyed households participate in social security projects stipulated by national laws and regulations. They include pension insurance, medical insurance, unemployment insurance, work injury insurance, maternity insurance and other social security expenditures.

Expenditures Sent by Migrant Workers to Their Families refer to the expenditures sent back by the practitioners to the families where they are registered.

Support Expenses refer to the regular cash and regular in – kind expenditures paid to relatives and friends by the surveyed households for support and maintenance obligations. Cash support expenditures should be calculated based on the actual amount incurred, and whether they are expenditures from income or expenditures from bank deposits cash in hand, and other income during the reporting period, they all should be included.

Other Current Transfer Expenditures refer to other current transfer expenditures other than taxes paid, social security expenditures, and support expenditures, such as recurring donation expenses and recurring compensation expenses; various fines, like traffic fines; service fees charged by government departments for services to residents, like fees for relocation of household registration, ID card fees; payment of union fees, party fees, and group fees and the organization fee of the society.

Regular donation expenditures refer to the regular and obligatory cash expenditures given to others by surveyed households, including regular donations to temples, regular funding for poor students or poor areas, and various personal donations for the construction of public facilities, such as poverty relief fund, water conservancy fund, flood prevention fund. But they do not include the amount of value given to others in the form of goods or services. Expenses for weddings and funerals and one – off gifts such as New Year's Eve; gifts for visiting patients are not included. Recurrent donation expenditures should be calculated based on the actual amount incurred, whether it is expenditures or expenditures from bank deposits, cash in hand, and other income from the income of the reporting period, and they all should be included.

Regular compensation expenditures refer to the regular compensation expenditures paid by surveyed households to countries, units, and individuals that have suffered property losses, personal injuries, or mental losses, excluding one – time compensation expenditures.

The Median Income refers to the per capita income of the surveyed households in the most middle position, ranking all survey households in descending order of per capita income.

Gini Coefficient refers to the proportion of the total income that is used for uneven distribution of the income of all residents. The maximum of Gini coefficient is "1" and the minimum of it is "0". The former means that the income distribution between residents is absolutely uneven, that is, 100% of the income is occupied by all people in a unit; the latter means that the income distribution between residents is absolutely even, that is, the income between people is completely equal, and there is no difference. Generally, these two do not appear in reality. Therefore, the actual value of the Gini coefficient can only be between 0 and 1. In this plan, the Gini coefficient is calculated by using the household income and expenditure and living conditions survey of all sample disposable income data.

15

Fifteen

科技、教育、文化、广播

Science and Technology, Education, Culture and Radio

2020 贵阳统计年鉴

GUIYANG STATISTICAL YEARBOOK

15－1　各级各类学校数
Number of School by Type and Level

单位:个　　　　(unit)

类　别	Item	2015	2016	2017	2018	2019	2019 年比 2018 年增长(%) Growth Rate in 2019 over 2018(%)
各类学校总计	**Total**	**2192**	**2339**	**2277**	**2223**	**2412**	**8.5**
研究生培养机构	Institutions Providing Postgraduate Programs	6	6	7	7	8	14.3
#高等学校	Institutions of Higher Education	6	6	6	6	7	16.7
普通高等学校	Regular Institutions of Higher Education	29	32	34	34	34	持平
中等职业教育(学校)	Secondary Vocational Education	62	60	56	56	57	1.8
#普通中专	Regular Secondary Specialized Schools	26	26	26	26	26	持平
职业高中	Vocational Senior Secondary Schools	27	26	24	25	26	4.0
成人中专学校	Adult Specialized Secondary Schools	9	8	6	5	5	持平
普通中学	Regular Secondary Schools	306	316	315	322	330	2.5
#初　中	Junior Secondary Schools	239	246	245	249	255	2.4
#职业中学(初中)	Vocational Junior Secondary Schools	3	2	1			
#高　中	Senior Secondary Schools	67	70	70	73	75	2.7
小　学	Primary Schools	546	550	542	538	534	-0.7
特殊教育学校	Special Education	10	10	10	10	10	持平
工读学校	Schools for Juvenile Delinquents	3	3	3	2	2	持平
技工学校	Technical Schools	12	12	13		11	
成人高等学校	Institutions of Higher Education for Adult	2	2	2	2	2	持平
职业技术培训机构	Vocational and Technical Training Institutions	550	523	385	279	404	44.8
成人基础教育	Adult Basic Education	25					
成人小学	Adult Primary Schools	25					
幼儿园	Kindergarten	647	825	910	973	1020	4.8

注:1)技工学校为市本级数;
　2)2019 年中等职业教育还包括附设中职班及其他中职机构数,故与细项不相等。

a) Technical Schools belong to city－level.

b) Since some secondary vocational classes and other secondary vocational institutions were attached to the secondary vocational education in 2019, the data is not consistent with the details.

15－2　各级各类学校毕业生数
Number of Graduates of Formal Education by Type and Level

单位：人　　　　(person)

类　　别	Item	2015	2016	2017	2018	2019	2019 年比 2018 年增长(%) Growth Rate in 2019 over 2018(%)
各类学校总计	**Total**	**429238**	**467656**	**438081**	**404860**	**411686**	**1.7**
研究生培养机构	Institutions Providing Postgraduate Programs	4027	4177	4347	4764	4943	3.8
#高等学校	Institutions of Higher Education	4027	4177	4342	4758	4937	3.8
普通高等学校	Regular Institutions of Higher Education	82828	91643	113998	115114	113266	-1.6
普通高等教育	Regular Higher Education	65010	69106	85438	86083	89837	4.4
成人高等教育	Adult Higher Education	17818	22537	28560	29031	23429	-19.3
中等职业教育(学校)	Secondary Vocational Education	40692	43965	39804	38701	35787	-7.5
#普通中专	Regular Secondary Specialized Schools	29982	33776	31191	31206	26070	-16.5
职业高中	Vocational Senior Secondary Schools	8301	5601	4405	6759	5116	-24.3
成人中专学校	Adult Specialized Secondary Schools	2409	4588	4208	736	1318	79.1
普通中学	Regular Secondary Schools	86808	84270	81303	78373	76589	-2.3
#初　中	Junior Secondary Schools	58417	55681	52035	48634	47265	-2.8
#职业中学(初中)	Vocational Junior Secondary Schools	320	128	90			
#高　中	Senior Secondary Schools	28391	28589	29268	29739	29324	-1.4
小　学	Primary Schools	51155	49682	50852	53786	51623	-4.0
特殊教育学校	Special Education	181	151	266	289	250	-13.5
工读学校	Schools for Juvenile Delinquents	96	88	331	260	343	31.9
技工学校	Technical Schools	1027	2750	3494		3509	
成人高等学校	Institutions of Higher Education for Adult	3307	2794	1808	1184	608	-48.6
普通高等教育	Regular Higher Education						
成人高等教育	Adult Higher Education	3307	2794	1808	1184	608	-48.6
职业技术培训机构	Vocational and Technical Training Institutions	157922	135413	84500	47532	59261	24.7
成人基础教育	Adult Basic Education	1195					
成人小学	Adult Primary Schools	1195					
幼儿园	Kindergarten		52723	57378	64857	65507	1.0

注：1)技工学校为市本级数；
2)2019 年中等职业教育还包括附设中职班及其他中职机构数，故与细项不相等。

a) Technical Schools belong to city-level.

b) Since some secondary vocational classes and other secondary vocational institutions were attached to the secondary vocational education in 2019, the data is not consistent with the details.

15－3 各级各类学校招生数
Number of Entrants of Formal Education by Type and Level

单位:人 (person)

类 别	Item	2015	2016	2017	2018	2019	2019 年比 2018 年增长(%) Growth Rate in 2019 over 2018(%)
各类学校总计	**Total**	**389940**	**403917**	**417360**	**431456**	**439000**	**1.7**
研究生培养机构	Institutions Providing Postgraduate Programs	4778	5107	6481	7132	7707	8.1
#高等学校	Institutions of Higher Education	4778	5107	6473	7124	7699	8.1
普通高等学校	Regular Institutions of Higher Education	112384	125354	133194	140003	149582	6.8
普通高等教育	Regular Higher Education	86939	104966	113261	120948	130352	7.8
成人高等教育	Adult Higher Education	23383	20388	19933	19055	19230	0.9
中等职业教育(学校)	Secondary Vocational Education	53451	49435	48754	47879	39970	－16.5
#普通中专	Regular Secondary Specialized Schools	41141	40360	38860	38201	24314	－36.4
职业高中	Vocational Senior Secondary Schools	9803	8401	9088	9296	9661	3.9
成人中专学校	Adult Specialized Secondary Schools	2507	511	806	382	1523	298.7
普通中学	Regular Secondary Schools	79278	78100	78750	81987	80641	－1.6
#初 中	Junior Secondary Schools	48616	48800	49720	52677	51146	－2.9
#职业中学(初中)	Vocational Junior Secondary Schools	223	67	65			
#高 中	Senior Secondary Schools	30662	29300	29030	29310	29495	0.6
小 学	Primary Schools	64317	68280	73702	81928	81631	－0.4
特殊教育学校	Special Education	387	302	373	455	261	－42.6
工读学校	Schools for Juvenile Delinquents	90	62	260	327	485	48.3
技工学校	Technical Schools	5127	4832	4192		3763	
成人高等学校	Institutions of Higher Education for Adult	1680	711	351	434	916	111.1
普通高等教育	Regular Higher Education						
成人高等教育	Adult Higher Education	1680	711	351	434	916	111.1
职业技术培训机构	Vocational and Technical Training Institutions						
成人基础教育	Adult Basic Education						
成人小学	Adult Primary Schools						
幼儿园	Kindergarten	68448	71734	71303	71311	74044	3.8

注:1)技工学校为市本级数;
2)2019 年中等职业教育还包括附设中职班及其他中职机构数,故与细项不相等。

a) Technical Schools belong to city－level.

b) Since some secondary vocational classes and other secondary vocational institutions were attached to the secondary vocational education in 2019, the data is not consistent with the details.

15－4 各级各类学校在校生数
Number of Enrolments of Formal Education by Type and Level

单位：人 （person）

类 别	Item	2015	2016	2017	2018	2019	2019年比2018年增长(%) Growth Rate in 2019 over 2018(%)
各类学校总计	**Total**	**1439263**	**1460825**	**1464171**	**1468234**	**1540983**	**5.0**
研究生培养机构	Institutions Providing Postgraduate Programs	13760	14650	16744	19014	21599	13.6
#高等学校	Institutions of Higher Education	13760	14650	16724	18992	21575	13.6
普通高等学校	Regular Institutions of Higher Education	368536	404401	419461	437600	468011	6.9
普通高等教育	Regular Higher Education	289404	326034	349952	378986	411134	8.5
成人高等教育	Adult Higher Education	79132	78367	69509	58614	56877	-3.0
中等职业教育(学校)	Secondary Vocational Education	152876	137953	129482	126589	116718	-7.8
#普通中专	Regular Secondary Specialized Schools	115245	109785	105120	102145	80375	-21.3
职业高中	Vocational Senior Secondary Schools	21712	20721	22010	22774	22963	0.8
成人中专学校	Adult Specialized Secondary Schools	15919	7284	2352	1670	5576	233.9
普通中学	Regular Secondary Schools	245740	238072	234509	237185	239783	1.1
#初 中	Junior Secondary Schools	156874	149297	146603	149480	152385	1.9
#职业中学(初中)	Vocational Junior Secondary Schools	670	326	195			
#高 中	Senior Secondary Schools	88866	88775	87906	87705	87398	-0.4
小 学	Primary Schools	330091	348251	370347	398899	427408	7.1
特殊教育学校	Special Education	1459	1115	1832	2122	1358	-36.0
工读学校	Schools for Juvenile Delinquents	94	62	260	327	485	48.3
技工学校	Technical Schools	10541	12706	14525		8937	
成人高等学校	Institutions of Higher Education for Adult	7736	5439	5398	4394	4694	6.8
普通高等教育	Regular Higher Education						
成人高等教育	Adult Higher Education	7736	5439	5398	4394	4694	6.8
职业技术培训机构	Vocational and Technical Training Institutions	163173	139343	100932	66543	71842	8.0
成人基础教育	Adult Basic Education	1722					
成人小学	Adult Primary Schools	1722					
幼儿园	Kindergarten	143535	158833	170681	175561	180148	2.6

注：1)技工学校为市本级数；
2)2019年中等职业教育还包括附设中职班及其他中职机构数，故与细项不相等。

a) Technical Schools belong to city－level.

b) Since some secondary vocational classes and other secondary vocational institutions were attached to the secondary vocational education in 2019, the data is not consistent with the details.

15－5 各级各类学校毕业班学生数
Number of Graduates for Next Year of Formal Education by Type and Level

单位:人 (person)

类 别	Item	2015	2016	2017	2018	2019	2019 年比 2018 年增长(%) Growth Rate in 2019 over 2018(%)
各类学校总计	**Total**	**340425**	**353036**	**380981**	**367187**	**392745**	**7.0**
研究生培养机构	Institutions Providing Postgraduate Programs	4726	4990	5469	5786	7273	25.7
#高等学校	Institutions of Higher Education	4726	4990	5463	5780	7265	25.7
普通高等学校	Regular Institutions of Higher Education	94493	118016	123501	125746	138653	10.3
普通高等教育	Regular Higher Education	70589	88349	91018	96406	107089	11.1
成人高等教育	Adult Higher Education	23904	29667	32483	29340	31564	7.6
中等职业教育(学校)	Secondary Vocational Education	51476	45023	41829	37879	36770	-2.9
#普通中专	Regular Secondary Specialized Schools	38273	35559	34051	31738	26649	-16.0
职业高中	Vocational Senior Secondary Schools	6250	4422	6650	5674	6067	6.9
成人中专学校	Adult Specialized Secondary Schools	6953	5042	1128	467	1944	316.3
普通中学	Regular Secondary Schools	84631	81727	78555	76829	77642	1.1
#初 中	Junior Secondary Schools	55992	52299	48731	47436	48800	2.9
#职业中学(初中)	Vocational Junior Secondary Schools	214	136	65			
#高 中	Senior Secondary Schools	28639	29428	29824	29393	28842	-1.9
小 学	Primary Schools	49860	51093	53863	51670	58874	13.9
特殊教育学校	Special Education		308	356	519	537	3.5
工读学校	Schools for Juvenile Delinquents						
技工学校	Technical Schools	2606	2805	4262		3931	
成人高等学校	Institutions of Higher Education for Adult	5105	4152	4677	3901	3718	-4.7
普通高等教育	Regular Higher Education						
成人高等教育	Adult Higher Education	5207	4152	4677	3901	3718	-4.7
职业技术培训机构	Vocational and Technical Training Institutions						
成人基础教育	Adult Basic Education						
成人小学	Adult Primary Schools						
幼儿园	indergarten	47528	44922	68469	64857	65347	0.8

注:1)技工学校为市本级数;

2)2019 年中等职业教育还包括附设中职班及其他中职机构数,故与细项不相等。

a) Technical Schools belong to city－level.

b) Since some secondary vocational classes and other secondary vocational institutions were attached to the secondary vocational education in 2019, the data is not consistent with the details.

15－6 各级各类学校专任教师数
Number of Full－time Teachers of Schools by Type and Level

单位：人 (person)

类别	Item	2015	2016	2017	2018	2019	2019年比2018年增长(%) Growth Rate in 2019 over 2018(%)^
各类学校总计	**Total**	**70075**	**74473**	**79086**	**79865**	**84565**	**5.9**
研究生培养机构	Institutions Providing Postgraduate Programs						
#高等学校	Institutions of Higher Education						
普通高等学校	Regular Institutions of Higher Education	17127	19156	20289	20492	20748	1.2
中等职业教育(学校)	Secondary Vocational Education	5478	5463	5565	5199	5185	-0.3
#普通中专	Regular Secondary Specialized Schools	3192	3201	3279	2621	2604	-0.6
职业高中	Vocational Senior Secondary Schools	1161	1084	1170	1472	1467	-0.3
成人中专学校	Adult Specialized Secondary Schools	1089	1142	1080	1067	1076	0.8
普通中学	Regular Secondary Schools	20581	18204	18492	18890	19313	2.2
#初　中	Junior Secondary Schools		11525	11611	11721	11937	1.8
#职业中学(初中)	Vocational Junior Secondary Schools		46	23			
#高　中	Senior Secondary Schools		6679	6881	7169	7376	2.9
小　学	Primary Schools	15292	18590	19747	21016	22274	6.0
特殊教育学校	Special Education	211	208	217	228	235	3.1
工读学校	Schools for Juvenile Delinquents	23	12	14	20	19	-5.0
技工学校	Technical Schools	535	647	1334		1039	
成人高等学校	Institutions of Higher Education for Adult	332	334	326	353	342	-3.1
职业技术培训机构	Vocational and Technical Training Institutions	1910	1689	1931	1814	3054	68.4
成人基础教育	Adult Basic Education	35					
成人小学	Adult Primary Schools	35					
幼儿园	Kindergarten	8551	10170	11171	11853	12356	4.2

注：1）技工学校为市本级数；
2）2019年中等职业教育还包括附设中职班及其他中职机构数，故与细项不相等。

a) Technical Schools belong to city－level.

b) Since some secondary vocational classes and other secondary vocational institutions were attached to the secondary vocational education in 2019, the data is not consistent with the details.

15－7 普通高等教育(学校)基本情况(2019 年)

单位:人

类 别	Item	学校数(所) Number of Schools (unit)
总 计	**Total**	**34**
本科大学	**Universities with Full Undergraduate Courses**	**6**
贵州大学	Guizhou University	1
贵州医科大学	Guizhou Medcial University	1
贵州中医药大学	Guizhou University of Traditional Chinese Medicine	1
贵州师范大学	Guizhou Normal University	1
贵州财经大学	Guizhou University of Finance and Economics	1
贵州民族大学	Guizhou Minzu University	1
本科学院	**Institutions with Full Undergraduate Courses**	**5**
贵州师范学院	Guizhou Normal College	1
贵州理工学院	Guizhou Institute of Technology	1
贵阳学院	Guiyang University	1
贵州商学院	Guizhou Commercial College	1
贵州警察学院	Guizhou Police College	1
本科独立学院	**Undergraduate Independent Institutions**	**6**
贵州大学科技学院	The College of Science and Technology of Guizhou University	1
贵州大学明德学院	Mingde College of Guizhou University	1
贵州师范大学求是学院	Qiushi College of Guizhou Normal College	1
贵州民族大学人文科技学院	The College of Humanities Sciences of Guizhou Minzu University	1
贵州医科大学神奇民族医药学院	ShenQi Ethnic Medicine College of Guizhou Medical University	1
贵阳中医学院时珍学院	Shizhen Institute of Guiyang College of Traditional Chinese Medicine	1
专科院校(高等专科学校)	**Non－university Tertiary(Junior College)**	**1**
贵阳幼儿师范高等专科学校	Guiyang Preschool Education College	1
专科院校(高等职业学校)	**Non－university Tertiary(Advanced Vocational School)**	**16**
贵州交通职业技术学院	Guizhou Polytechnic College of Communications	1
贵州城市职业学院	Guizhou City Vocational College	1
贵州工业职业技术学院	Guizhou Industry Polytechnic College	1
贵州电力职业技术学院	Guizhou Power Vocational and Technical College	1
贵州轻工职业技术学院	Guizhou Light Industry Technical College	1
贵阳护理职业学院	Guiyang Nursing Vocational College	1
贵阳职业技术学院	Guiyang Vocational and Technology College	1
贵州职业技术学院	Guizhou Vocational and Technology Institute	1
贵州工商职业学院	Guizhou Technology and Business Institute	1
贵州建设职业技术学院	Guizhou Polytechnic of Construction	1
贵州农业职业学院	Guizhou Vocational College of Agriculture	1
贵州水利水电职业技术学院	Guizhou School of Water Conservancy and Electric Power	1
贵州电子商务职业技术学院	Guizhou Electronic Commerce Vocational College	1
贵州装备制造职业学院	Guizhou Equipment Manufacturing Vocational College	1
贵州食品工程职业学院	Guizhou Vocational College of Foodstuff Engineering	1
贵州航空职业技术学院	Guizhou Aerospace Vocational and Technical College	1

Basic Statistics on Regular Higher Education(Schools)(2019)

(person)

毕业生 Graduates	普通高等教育 Regular Higher Education	成人高等教育 Adult Higher Education	招 生 New Enrollment	普通高等教育 Regular Higher Education	成人高等教育 Adult Higher Education
113266	**89837**	**23429**	**149582**	**130352**	**19230**
40460	**27403**	**13057**	**46732**	**31476**	**15256**
9913	7236	2677	15491	8957	6534
5266	3729	1537	9964	5149	4815
2718	2472	246	3005	2821	184
10608	5375	5233	6913	6913	
6220	4799	1421	8148	4425	3723
5735	3792	1943	3211	3211	
19635	**12236**	**7399**	**16491**	**13241**	**3250**
4580	2797	1783	3886	3129	757
2898	2711	187	3289	3046	243
8000	2698	5302	4896	2691	2205
2650	2523	127	2787	2742	45
1507	1507		1633	1633	
9474	**9474**		**18491**	**18491**	
1558	1558		2452	2452	
1562	1562		3832	3832	
2278	2278		3463	3463	
1743	1743		4162	4162	
1230	1230		1856	1856	
1103	1103		2726	2726	
3247	**2768**	**479**	**2630**	**2630**	
3247	2768	479	2630	2630	
40450	**37956**	**2494**	**65238**	**64514**	**724**
5426	5426		6320	6320	
4935	4935		3220	3220	
3577	3570	7	5897	5892	
736	640	96			
3533	3533		5908	5908	
2665	2665		3227	3227	
4203	3808	395	5376	4703	673
3211	3211		5272	5272	
4678	4678		7085	7085	
3896	3896		5019	5019	
330	330		3544	3544	
546	546		4256	4256	
470	470		3967	3967	
			2121	2121	
			1025	1025	
2244	248	1996	3001	2955	46

15－7 续表

单位:人

类　　别	Item	在校生 Total Enrollment
总　　计	**Total**	**468011**
本科大学	**Universities with Full Undergraduate Courses**	**177808**
贵州大学	Guizhou University	47297
贵州医科大学	Guizhou Medcial University	30406
贵州中医药大学	Guizhou University of Traditional Chinese Medicine	15000
贵州师范大学	Guizhou Normal University	35862
贵州财经大学	Guizhou University of Finance and Economics	30628
贵州民族大学	Guizhou Minzu University	18615
本科学院	**Institutions with Full Undergraduate Courses**	**60061**
贵州师范学院	Guizhou Normal College	15645
贵州理工学院	Guizhou Institute of Technology	12300
贵阳学院	Guiyang University	15737
贵州商学院	Guizhou Commercial College	11788
贵州警察学院	Guizhou Police College	4591
本科独立学院	**Undergraduate Independent Institutions**	**62102**
贵州大学科技学院	The College of Science and Technology of Guizhou University	9854
贵州大学明德学院	Mingde College of Guizhou University	12027
贵州师范大学求是学院	Qiushi College of Guizhou Normal College	12803
贵州民族大学人文科技学院	The College of Humanities Sciences of Guizhou Minzu University	16171
贵州医科大学神奇民族医药学院	ShenQi Ethnic Medicine College of Guizhou Medical University	6996
贵阳中医学院时珍学院	Shizhen Institute of Guiyang College of Traditional Chinese Medicine	4251
专科院校(高等专科学校)	**Non－university Tertiary(Junior College)**	**6459**
贵阳幼儿师范高等专科学校	Guiyang Preschool Education College	6459
专科院校(高等职业学校)	**Non－university Tertiary(Advanced Vocational School)**	**161581**
贵州交通职业技术学院	Guizhou Polytechnic College of Communications	15911
贵州城市职业学院	Guizhou City Vocational College	13177
贵州工业职业技术学院	Guizhou Industry Polytechnic College	14400
贵州电力职业技术学院	Guizhou Power Vocational and Technical College	553
贵州轻工职业技术学院	Guizhou Light Industry Technical College	12924
贵阳护理职业学院	Guiyang Nursing Vocational College	7943
贵阳职业技术学院	Guiyang Vocational and Technology College	13448
贵州职业技术学院	Guizhou Vocational and Technology Institute	12906
贵州工商职业学院	Guizhou Technology and Business Institute	18414
贵州建设职业技术学院	Guizhou Polytechnic of Construction	11241
贵州农业职业学院	Guizhou Vocational College of Agriculture	7884
贵州水利水电职业技术学院	Guizhou School of Water Conservancy and Electric Power	10327
贵州电子商务职业技术学院	Guizhou Electronic Commerce Vocational College	8492
贵州装备制造职业学院	Guizhou Equipment Manufacturing Vocational College	4575
贵州食品工程职业学院	Guizhou Vocational College of Foodstuff Engineering	2532
贵州航空职业技术学院	Guizhou Aerospace Vocational and Technical College	6854

(continued)

(person)

		毕业班学生 Current Graduates			教职工 Teachers and Staff	
普通高等教育 Regular Higher Education	成人高等教育 Adult Higher Education		普通高等教育 Regular Higher Education	成人高等教育 Adult Higher Education		#专任教师 Full - time Teachers
411134	**56877**	**138653**	**107089**	**31564**	**29242**	**20748**
131439	**46369**	**58163**	**32527**	**25636**	**13451**	**8921**
33357	13940	14913	7891	7022	3900	2405
20733	9673	9049	4191	4858	1691	1251
14463	537	3221	2868	353	1426	1070
25200	10662	16329	6227	10102	2515	1749
20134	10494	8789	6346	2443	2170	1250
17552	1063	5862	5004	858	1749	1196
52860	**7201**	**17568**	**13705**	**3863**	**4038**	**2830**
13558	2087	4714	3424	1290	1115	803
11583	717	3276	2851	425	888	598
11668	4069	5246	3382	1864	952	696
11460	328	3234	2950	284	690	445
4591		1098	1098		393	288
62102		**13466**	**13466**		**2898**	**2137**
9854		2262	2262		185	91
12027		2580	2580		355	278
12803		2935	2935		757	598
16171		3222	3222		766	580
6996		1412	1412		502	311
4251		1055	1055		333	279
5935	**524**	**1979**	**1934**	**45**	**378**	**257**
5935	524	1979	1934	45	378	257
158798	**2783**	**47477**	**45457**	**2020**	**8477**	**6603**
15911		4868	4868		798	627
13177		4657	4657		743	658
14391	9	4461	4457	4	774	688
524	29	531	524	7	155	55
12924		3259	3259		630	571
7926	17	2280	2280		413	342
11596	1852	5405	4226	1179	658	496
12906		3803	3803		532	459
18414		5270	5270		916	648
11241		3884	3884		553	453
7884		2032	2032		477	344
10327		2240	2240		399	292
8492		1834	1834		456	293
4575		578	578		288	233
2532		525	525		241	160
5978	876	1850	1020	830	444	284

15－8 高等教育研究生及本科分科学生数(2019 年)
Number of Undergraduate and Postgraduate Students in Institutions of Higher Education by Field of Study(2019)

单位:人 (person)

指 标	Item	毕业生 Graduates		招 生 New Enrollment		在校生 Total Enrollment		毕业班学生 Current Graduates	
		研究生以上学历 Master's Degree above	本 科 Undergraduate Students	研究生以上学历 Master's Degree above	本 科 Undergraduate Students	研究生以上学历 Master's Degree above	本 科 Undergraduate Students	研究生以上学历 Master's Degree above	本 科 Undergraduate Students
总 计	**Total**	**4943**	**55041**	**7707**	**74045**	**21599**	**273134**	**7273**	**74692**
哲 学	Philosophy	40	45	65	49	154	179	49	38
经济学	Economics	205	2374	271	3166	729	12095	228	3303
法 学	Law	583	3036	908	4685	2553	15584	809	3944
教育学	Education	480	4306	812	3658	1905	15658	807	5451
文 学	Literature	225	5431	276	5656	802	25108	273	7459
历史学	History	42	319	64	457	147	1673	43	405
理 学	Science	468	4268	689	4542	2040	18281	689	4940
工 学	Engineering	925	11150	1384	16807	3868	60561	1217	15281
农 学	Agriculture	259	949	614	1267	1657	4752	559	1192
医 学	Medicine	870	8782	1164	13515	3236	44569	1001	13131
管理学	Management	648	10358	1167	15574	3675	56081	1361	14656
艺术学	Arts	198	4023	293	4669	833	18593	237	4892

15－9 高等教育专科分科学生数(2019 年)
Number of Students in Junior College by Field of Study(2019)

单位:人 (person)

指 标	Item	毕业生 Graduates	招 生 New Enrollment	在校生 Total Enrollment	毕业班学生 Current Graduates
总 计	**Total**	**58833**	**76453**	**199571**	**67679**
农林牧渔	Agriculture, Forestry, Animal Husbandry and Fishery	404	1558	4382	1473
交通运输	Communication and Transportation	1037	1356	4363	1469
生化与药品	Biochemistry and Drugs	692	729	2653	1020
资源开发与测绘	Exploiture of Resources & Surveying and Mapping	8648	12126	29600	9589
材料与能源	Materials and Sources of Energy	382	873	2172	598
土 建	Civil Construction	3993	6996	16812	4769
水 利	Water Conservancy	259	643	1209	316
制 造	Manufacturing	31	23	97	37
电子信息	Electronic Information	934	2069	5219	1348
环保、气象与安全	Environmental Protection, Meteorology and Security	5448	6637	17492	6165
轻纺食品	Textile and Food	4019	8448	18720	5332
财 经	Finance and Economics	6174	6470	16873	5512
医药卫生	Medicine and Health	11486	14139	40670	13427
旅 游	Tourism	2126	3200	7481	2204
公共事业	Public Service	1997	3827	8571	2223
文化教育	Culture and Education	110	162	406	141
艺术设计传媒	Art Design and Media	7744	3435	14413	8776
公 安	Public Security	1567	842	2856	1417
法 律	Law	1782	2920	5582	1863

15－10　研究生基本情况(2019年)
Statistics on Postgraduates(2019)

单位:人　　　　(person)

类别	Item	学校数(所) Number of Schools (unit)	毕业生 Grad－uates	博士 Doctor	硕士 Master	招生 New Enroll－ment	博士 Doctor	硕士 Master	在校生 Total Enroll－ment	博士 Doctor	硕士 Master	毕业班学生 Current Graduates	博士 Doctor	硕士 Master
高等院校小计	**Institutions of Higher Education**	**8**	**4943**	**112**	**4831**	**7707**	**365**	**7342**	**21599**	**1146**	**20453**	**7273**	**447**	**6826**
贵州大学	Guizhou University	1	2463	82	2381	3791	196	3595	11034	688	10346	3743	334	3409
贵州医科大学	Guiyang Medical University	1	605	21	584	807	76	731	2227	175	2052	701	48	653
贵州中医药大学	Guizhou University of Traditional Chinese Medicine	1	297		297	454		454	1211		1211	346		346
贵州师范大学	Guizhou Normal University	1	851	9	842	1383	56	1327	3592	194	3398	1338	48	1290
贵州财经大学	Guizhou University of Finance and Economics	1	414		414	694	14	680	2067	14	2053	734		734
贵州民族大学	Guizhou Minzu University	1	307		307	540	23	517	1414	75	1339	403	17	386
贵阳学院	Guiyang University	1				30		30	30		30			
中国航天科工集团第十研究院	The 10th Academy of China Aerospace Science&Industry Corportation	1	6		6	8		8	24		24	8		8

15－11　中等职业教育(学校)基本情况(2019年)

单位:人

类　别	Item	毕业生 Graduates	#普通中专 Regular Secondary Specialized Schools
总　计	**Total**	**35787**	**30562**
#女	Female Students	18263	16038
按类别划分	**By Field of Study**		
农林牧渔	Agriculture, Forestry, Animal Husbandry and Fishery	633	493
资源环境	Resources and Environment	7	7
能源与新能源	Energy and New Energy	217	217
土木水利	Civil and Hydraulic Engineering	3503	3187
加工制造	Manufacturing	2193	1819
石油化工	Petroleum and Chemical	32	32
轻纺食品	Textile and Food	80	80
交通运输	Transport	4669	3938
信息技术	Information Technology	3117	1977
医药卫生	Medicine and Health	4944	4313
休闲保健	Leisure and Health	408	339
财经商贸	Finance and Trade	4295	3439
旅游服务	Tourism Services	2725	2122
文化艺术	Culture and Arts	321	264
体育与健身	Sports and Fitness	146	146
教　育	Education	6097	5833
司法服务	Justice Services	64	64
公共管理与服务	Public Management and Services	569	525
其　他	Others	1767	1767

注:中等职业教育学校共57所,其中普通中专26所,职业高中26所,成人中专5所。

Basic Statistics on Secondary Vocational Education(Schools)(2019)

(person)

职业高中 Vocational Senior Secondary Schools	成人中专 Adult Specialized Secondary Schools	招　生 New Enrollment	#普通中专 Regular Specialized Secondary Schools	职业高中 Vocational Senior Secondary Schools	成人中专 Adult Specialized Secondary Schools
4971	**254**	**39970**	**29859**	**9771**	**340**
2110	115	16781	12962	3696	123
	140	552	212		340
		150	150		
316		3964	3448	516	
374		1815	1260	555	
		22	22		
		66	51	15	
731		11655	7969	3686	
1140		5343	3746	1597	
631		3502	2092	1410	
69		564	535	29	
742	114	4633	3843	790	
603		2588	2230	358	
57		589	589		
		309	309		
264		4025	3210	815	
44		59	59		
		134	134		

There are 57 secondary vocational schools including 26 regular specialized secondary schools, 26 vocationgal senior secondary schools, and 5 adult specialized secondary schools.

15－11 续表

单位:人

类　别	Item	在校生 Total Enrollment	#普通中专 Regular Secondary Specialized Schools	职业高中 Vocational Senior Secondary Schools	成人中专 Adult Specialized Secondary Schools
总　计	**Total**	**116718**	**92354**	**22821**	**1543**
#女	Female Students	54408	44917	8939	552
#文化基础课	Cultural Basic Courses				
#实习指导课	Internship Tutorials				
按类别划分	**By Field of Study**				
农林牧渔	Agriculture, Forestry, Animal Husbandry and Fishery	2535	1278		1257
资源环境	Resources and Environment	295	295		
能源与新能源	Energy and New Energy	340	340		
土木水利	Civil and Hydraulic Engineering	11914	10278	1636	
加工制造	Manufacturing	5553	4693	860	
石油化工	Petroleum and Chemical	80	80		
轻纺食品	Textile and Food	267	212	55	
交通运输	Transport	26447	19383	7064	
信息技术	Information Technology	13343	9077	4266	
医药卫生	Medicine and Health	16383	12520	3863	
休闲保健	Leisure and Health	1501	1309	192	
财经商贸	Finance and Trade	12341	10090	1965	286
旅游服务	Tourism Services	7001	5858	1143	
文化艺术	Culture and Art	1746	1700	46	
体育与健身	Sports and Fitness	729	729		
教　育	Education	15387	13751	1636	
司法服务	Justice Services	22		22	
公共管理与服务	Public Management and Services	132	59	73	
其　他	Others	702	702		

(continued)

(person)

毕业班学生 Current-year Graduates	#普通中专 Regular Specialized Secondary Schools	职业高中 Vocational Senior Secondary Schools	成人中专 Adult Specialized Secondary Schools	专任教师 Full-time Teachers	#普通中专 Regular Specialized Secondary Schools	职业高中 Vocational Senior Secondary Schools	成人中专 Adult Specialized Secondary Schools	其他机构 Others
36770	**29974**	**5975**	**821**	**5185**	**2604**	**1467**	**1076**	**38**
17646	15212	2142	292	2825	1612	769	420	24
				1663	712	499	425	27
				203	32	39	132	
1272	608		664	212	74		138	
34	34			26	2		24	
95	95			24	1		23	
3711	3210	501		296	210	47	39	
1947	1806	141		146	92	38	16	
26	26			15	13	2		
106	86	20		19	16	3		
5170	4375	795		414	126	254	34	
3546	2053	1493		391	212	132	47	
7479	6022	1457		518	364	150	4	
439	365	74		31	28	3		
3584	2736	691	157	285	226	33	26	
2514	2090	424		200	85	106	9	
426	416	10		169	112	39	18	
204	204			132	65	55	1	11
5727	5453	274		240	167	28	45	
22		22		23	2	15	6	
73		73		64	33	10	21	
395	395			114	32	14	68	

15－12　普通中学基本情况(2019 年)

单位:人　　(person)

类　　别	Item	学校数(所) Number of Schools (unit)	初　中 Junior Secondary Schools
总　　计	**Total**	**330**	**119**
#女	Female Students		
教育部门和集体办	Run by Education Departments and Collectives	179	104
民　办	Run by Private Institutions	149	15
其他部门办	Run by Other Departments	2	
城区合计	**Cities**	**234**	**67**
教育部门和集体办	Run by Education Departments and Collectives	101	53
民　办	Run by Private Institutions	132	14
其他部门办	Run by Other Departments	1	
镇区合计	**Counties and Towns**	**65**	**37**
教育部门和集体办	Run by Education Departments and Collectives	53	37
民　办	Run by Private Institutions	11	
其他部门办	Other Departments in Running Schools	1	
乡村合计	**Rural**	**31**	**15**
教育部门和集体办	Run by Education Departments and Collectives	25	14
民　办	Run by Private Institutions	6	1
其他部门办	Run by Other Departments		

注:学生数不含十二年一贯制学校的小学生人数。

15－12　续表

单位:人　　(person)

类　　别	Item	招　生 New Enrollment: 初　中 Junior Secondary Schools	招　生 New Enrollment: 高　中 Senior Secondary Schools
总　　计	**Total**	**51146**	**29495**
#女	Female Students	23753	15033
教育部门和集体办	Run by Education Departments and Collectives	38696	20517
民　办	Run by Private Institutions	12370	8637
其他部门办	Run by Other Departments	80	341
城区合计	**Cities**	**35111**	**21617**
教育部门和集体办	Run by Education Departments and Collectives	24504	15827
民　办	Run by Private Institutions	10596	5790
其他部门办	Run by Other Departments	11	
镇区合计	**Counties and Towns**	**12749**	**7123**
教育部门和集体办	Run by Education Departments and Collectives	11581	4690
民　办	Run by Private Institutions	1099	2092
其他部门办	Run by Other Departments	69	341
乡村合计	**Rural**	**3286**	**755**
教育部门和集体办	Run by Education Departments and Collectives	2611	
民　办	Run by Private Institutions	675	755
其他部门办	Run by Other Departments		

Basic Statistics on Regular Secondary Schools(2019)

(person)

高　中 Senior Secondary Schools	完全中学 Six - grades Secondary Schools	职业初中 Vocational Junior Secondary Schools	九年一贯制学校 9 - Year Schools	十二年一贯制学校 12 - Year Schools	毕业生 Graduates 初　中 Junior Secondary Schools	毕业生 Graduates 高　中 Senior Secondary Schools
28	**29**		**136**	**18**	**47265**	**29178**
					22369	15560
22	15		34	4	36436	22752
6	13		102	13	10605	6323
	1			1	224	103
24	**20**		**110**	**13**	**33124**	**21366**
18	11		16	3	23448	17168
6	8		94	10	9638	4198
	1				38	
4	**9**		**12**	**3**	**11577**	**7493**
4	4		7	1	10653	5584
	5		5	1	738	1806
				1	186	103
			14	**2**	**2564**	**319**
			11		2335	
			3	2	229	319

Number of students exclude pupils in Twelve - year Education Schools.

(continued)

(person)

在校生 Total Enrollment 初　中 Junior Secondary Schools	在校生 Total Enrollment 高　中 Senior Secondary Schools	毕业班学生 Current Graduates 初　中 Junior Secondary Schools	毕业班学生 Current Graduates 高　中 Senior Secondary Schools	教职工 Teachers and Staff	#专任教师 Full - time Teachers
152385	**87398**	**48800**	**28842**	**25959**	**22831**
71172	45453	22766	15350	16146	14407
116162	62482	37597	21659	16816	15669
35736	24110	10946	7031	9014	7046
487	806	257	152	129	116
104834	**64776**	**34111**	**21775**	**18764**	**16652**
73667	48408	24332	16950	11186	10796
30950	16368	9742	4825	7542	5826
217		137		36	30
38315	**20754**	**12011**	**6630**	**5610**	**4830**
35048	14074	11068	4709	4552	3983
2997	5874	823	1769	965	761
270	806	120	152	93	86
9236	**1868**	**2678**	**437**	**1585**	**1349**
7447		2197		1078	890
1789	1868	481	437	507	459

15 - 13 小学基本情况(2019 年)
Basic Statistics on Primary Schools(2019)

单位:人 (person)

类别	Item	学校数(所) Number of Schools (unit)	#独立设置少数民族学校 Independent Primary Schools for Minorities	其他机构(教学点) Others Insitutions	毕业生 Graduates	招生 New Enrollment	在校生 Total Enrollment	毕业班学生 Current Graduates	教职工 Teachers and Staff	#专任教师 Full - time Teachers
总计	**Total**	**534**	**16**	**79**	**51623**	**81631**	**427408**	**58874**	**20038**	**18756**
#女	Female Students				23968	37998	199955	27623	15002	14220
教育部门和集体办	Run by Education Departments and Collectives	452	15	79	43016	68546	360505	49614	17961	17191
民办	Run by Private Institutions	82	1		8552	13037	66505	9185	2077	1565
其他部门办	Run by Other Departments				55	48	398	75		
城区合计	**Cities**	**276**	**4**	**1**	**35819**	**54658**	**284244**	**39795**	**12662**	**12025**
教育部门和集体办	Run by Education Departments and Collectives	197	3	1	27709	42724	222599	31161	10758	10570
民办	Run by Private Institutions	79	1		8110	11934	61645	8634	1904	1455
其他部门办	Run by Other Departments									
镇区合计	**Counties and Towns**	**78**		**1**	**10051**	**15947**	**87155**	**11888**	**4189**	**3790**
教育部门和集体办	Run by Education Departments and Collectives	76		1	9680	15239	83712	11469	4038	3694
民办	Run by Private Institutions	2			316	660	3045	344	151	96
其他部门办	Run by Other Departments				55	48	398	75		
乡村合计	**Rural**	**180**	**12**	**77**	**5753**	**11026**	**56009**	**7191**	**3187**	**2941**
教育部门和集体办	Run by Education Departments and Collectives	179	12	77	5627	10583	54194	6984	3165	2927
民办	Run by Private Institutions	1			126	443	1815	207	22	14
其他部门办	Run by Other Departments									

15－14　特殊教育基本情况(2019 年)
Statistics on Special Education Schools(2019)

单位:人　(person)

类　别	Item	班　数(个) Number of Classes (unit)	毕业生 Graduates	招　生 New Enrollment	在校生 Total Enrollment	教职工 Teachers and Staff	#专任教师 Full－time Teachers
总　计	**Total**	**161**	**379**	**480**	**2484**	**282**	**235**
#女	Female		136	176	971	210	187
按特殊教育分	**Disability Classification**						
视力残疾	Visual Deficiency	16	34	59	211		
听力残疾	Hearing Disability	32	106	85	395		
智力残疾	Mental Dificiency	81	122	173	1113		
其他残疾	Other Disability	32	117	163	765		
按地域分	**Classification by Region**						
城　市	Cities	111	203	221	1064	203	170
镇　区	Towns	50	47	40	294	79	65
农　村	Rural						

注:1)特殊学校数全市合计10所,其中培智学校4所,其他学校6所。2)按地域划分的学生数不含普通教育随班就读学生数。
a)There are 10 special education schools altogether including 4 mental deficiency schools and 6 others.
b)The number of students classified by region does not include the number of students enrolled in general education classes.

15－15　成人高等学校基本情况(2019 年)
Statistics on Institutions of Adult Higher Education(2019)

单位:人　(person)

类　别	Item	学校数(所) Number of Schools (unit)	毕业生 Graduates	普通高等教育 Regular Higher Education	成人高等教育 Adult Higher Education	招　生 New Enrollment	普通高等教育 Regular Higher Education	成人高等教育 Adult Higher Education
总　计	**Total**	**2**	**608**		**608**	**916**		**916**
贵州广播电视大学	Guizhou Radio&TV University	1	608		608	899		899
贵州铝厂职工大学	Guizhou Aluminum Plant University for Employees	1				17		17

15－15　续表 (continued)

单位:人　(person)

类　别	Item	在校生 Total Enrollment	普通高等教育 Regular Higher Education	成人高等教育 Adult Higher Education	毕业班学生 Current－year Graduates	普通高等教育 Regular Higher Education	成人高等教育 Adult Higher Education	教职工 Teachers and Staff	#专任教师 Full－time Teachers
总　计	**Total**	**4694**		**4694**	**3718**		**3718**	**537**	**342**
贵州广播电视大学	Guizhou Radio&TV University	4667		4667	3713		3713	484	302
贵州铝厂职工大学	Guizhou Aluminum Plant University for Employees	27		27	5		5	53	40

15－16 广播电视宣传基本情况(2019 年)
Basic Statistics on Radio and TV(2019)

单位:小时 (hour)

指　　标	Item	全年广播电视节目播出时间 Length of Radio and Television Programs	按节目类型分 Grouped by Program Type	
			新闻资讯 News	专题服务 Special Subject
无线广播合计	**All Radio Broadcasting Stations**	**32337**	**6216**	**5587**
地(市)级广播电台	Prefectural Level	32337	6216	5587
电视播映合计(含有线电视)	**All Television Stations (including cable TV)**	**55663**	**10740**	**5114**
地(市)级电视台	Prefectural Level	31916	6724	2432
县电视台	County Level	23747	4016	2682

15－16 续表 (continued)

单位:小时 (hour)

指　　标	Item	按节目类型分 Grouped by Program Type			
		综艺益智 General Entertainment	广播影视剧 Radio Play	广　告 Advertising	其　他 Others
无线广播合计	**All Radio Broadcasting Stations**	**5646**	**4715**	**3911**	**6262**
地(市)级广播电台	Prefectural Level	5646	4715	3911	6262
电视播映合计(含有线电视)	**All Television Stations (including cable TV)**	**2530**	**17361**	**8638**	**11281**
地(市)级电视台	Prefectural Level	1670	4948	5780	10363
县电视台	County Level	860	12413	2858	918

15－17 广播电视节目制作
Production of Radio and Television Programs Produced

单位：小时 (hour)

类 别	Item	2015	2016	2017	2018	2019	2019 年比 2018 年增长(%) Growth Rate in 2019 over 2018 (%)
广播节目制作	**Production of Radio Programs**	**66774**	**19210**	**21945**	**22531**	**25905**	**15.0**
#新闻资讯	News Programs	6245	1638	2162	2572	2690	4.6
专题服务	Special Subject Programs	19167	5357	5211	4314	5315	23.2
综 艺	Variety Shows	16883	5244	2705	4960	5347	7.8
广播剧	Radio Plays	1135	182	902	1119	3782	238.0
广 告	Advertisements	10685	3254	3774	3688	2507	-32.0
其 他	Others	12659	3535	7191	5878	6264	6.6
电视节目制作(含有线电视)	**Production of TV Programs (including cable TV)**	**24261**	**8257**	**8407**	**8381**	**5530**	**-34.0**
#新闻资讯	News Programs	6037	2609	2778	2725	2934	7.7
专题服务	Special Subject Programs	7491	1763	1763	1909	899	-52.9
综 艺	Variety Shows	589	450	458	548	182	-66.8
广 告	Advertisements	1703	2493	2495	2313	245	-89.4
其 他	Others	5503	942	914	886	1271	43.5

注：1)2016 年后为市级及市级以下数据；2)数据不做机械处理。
a) The data are from in city－level units or below since 2016. b) The data is not mechanically processed.

15－18 广播电视事业发展情况
Basic Statistics on Radio and Television Industry

指 标	Item	2015	2016	2017	2018	2019
调频电视转播发射台 (座)	**Relaying Stations of Frequency Modulation Broadcasting (unit)**	**10**	**9**	**7**	**3**	**5**
调频发射机功率 (千瓦)	Modulation Transmitter Power (kilowatt)	155	21	20	20	20
电视发射机功率 (千瓦)	Television Transmitter Power (kilowatt)	146.35	1.35	1.35	3.25	9.00
广播人口覆盖率 (%)	Radio Coverage Rate of Population (%)	100	100	100	100	100
农村广播综合人口覆盖率 (%)	Radio Coverage Rate of Population in Rural Areas (%)	100	100	100	100	
电视人口覆盖率 (%)	TV Coverage Rate of Population (%)	99.71	98.08	98.13	99.72	99.63
农村电视综合人口覆盖率 (%)	TV Coverage Rate of Population in Rural Areas (%)	99.50	99.48	99.48	99.50	

注：1)2016 年后为市级及市级以下数据；2)数据不做机械处理。
a) The data are from in city－level units or below since 2016. b) The data is not mechanically processed.

15－19　文化事业机构及人员(2019年)
Number of Institutions and Personnel in Cultural Industry(2019)

指　　标	Item	机　　构(个) Number of Institutions (unit)	人　员(人) Numbers of Employed Persons(person)
总　　计	**Total**	**3298**	**29711**
文化合计	Total Item of Culture	3272	29458
#艺术表演团体	Art Performance Troupes	42	1855
艺术表演场馆	Artistic Performance Stadium	8	166
公共图书馆	Public Libraries	14	277
文化馆	Cultural Center	13	184
文化站	Cultural Stations	175	797
艺术展览创作机构	Art Exhibition and Creation Agencies	2	51
文化科研机构	Cultural Study Institutions	1	20
文化市场经营机构	Cultural Market Management Institutions	2991	25322
文化行政主管部门	Executive Departments of Culture	12	606
其他文化机构	Other Cultural Institutions	14	180
文物合计	Total Item of Cultural Relics	26	253
#博物馆	Museums	11	172
文化保护管理机构	Cultural Protection and Management Institutions	8	27
文物科研机构	Cultural Relic Study Institutions	2	17
文物商店	Antique Store	1	9
其他文物机构	Other Cultural Relic Institutions	4	28

15－20 专利申请及授权
Patent Applications Accepted and Granted

单位:件 (piece)

类 别	Item	2015	2016	2017	2018	2019	2019年比2018年增长(%) Growth Rate in 2019 over 2018 (%)
专利申请受理量	**Number of Patent Aplications Accepted**	**7194**	**9956**	**14118**	**17850**	**20931**	**17.3**
发明专利	Inventions	3083	3952	4747	5749	6514	13.3
实用新型专利	Utility Models	3603	5247	8086	11032	12765	15.7
外观设计专利	Designs	508	757	1285	1069	1652	54.5
专利授权量	**Number of Patent Aplications Granted**	**8002**	**4754**	**5641**	**9113**	**10770**	**18.2**
发明专利	Inventions	940	1236	1072	1160	972	－16.2
实用新型专利	Utility Models	3573	2983	3772	6871	8633	25.6
外观设计专利	Designs	3489	535	797	1082	1165	7.7

15－21 公共图书馆
Public Libraries

指 标	Item	2015	2016	2017	2018	2019
公共图书馆个数 (个)	Number of Public Libraries (unit)	12	14	14	14	14
总藏书 (万册、件)	Total Collections (10 000 copies)	868.53	999.57	1106.28	1112.34	1159.64
#图 书 (万册、件)	Books (10 000 copies)	340.57	353.82	388.92	445.65	487.49
电子图书 (万册、件)	Electronic books (10 000 copies)	441.48	555.49	620.49	569.12	585.05
电子阅览室终端数 (个)	Terminals in Electronic Media Reading Rooms (set)	535	576	553	580	461
书刊文献外借人次 (万人次)	Borrowing from Libraries (10 000 person－times)	65.51	60.97	61.92	57.63	69.70
书刊文献外借册次 (万册次)	Number of Books and Periodicals Lent to Readers (10 000 copies－times)	104.85	116.48	109.37	115.88	120.42
累计发放有效借书证 (万张)	Accumulative Number of Library Cards Distributed (10 000 units)	14.85	16.21	19.34	21.48	13.53

15－22 规模以上工业企业 R&D 人员和经费情况(2019 年)

指　　标	Item	R&D 人员合计（人）Total Number of R&D Personnel (person)
总　　计	**Total**	**11990**
按隶属关系分	**By Subordination**	
按住宿业行业小类分	**By Classification of Lodging Industry**	
中 央	Subordinated to Central Level	5557
地 方	Subordinated to Local Level	6433
按登记注册类型分	By Status of Registration	
内资企业	Domestic－funded Enterprises	11680
外商投资	Foreign－funded Enterprises	310
按工业行业大类分	By Sector	
非金属矿采选业	Non－metal Minerals Mining and Dressing	28
农副食品加工业	Farm and Sideline Products Processing	208
食品制造业	Manufacture of Food	379
酒、饮料和精制茶制造业	Manufacture of Liquor, Beverages and Refined Tea	28
烟草制品业	Manufacture of Tobacco	199
皮革、毛皮、羽毛及其制品和制鞋业	Manufacture of Leather, Fur, Feather and Related Products and Footware	26
家具制造业	Manufacture of Furniture	22
印刷和记录媒介复制业	Printing and Reproduction of Recording Media	60
化学原料和化学制品制造业	Manufacture of Raw Chemical Materials and Chemical Products	667
医药制造业	Manufacture of Medicines	1493
橡胶和塑料制品业	Manufacture of Rubber and Plastics Products	959
非金属矿物制品业	Manufacture of Non－ferrous Metals	337
黑色金属冶炼和压延加工业	Smelting and Pressing of Ferrous Metals	141
有色金属冶炼和压延加工业	Smelting and Pressing of Non－ferrous Metals	373
金属制品业	Manufacture of Metal Products	330
通用设备制造业	Manufacture of General Purpose Machinery	370
专用设备制造业	Manufacture of Special Purpose Machinery	389
汽车制造业	Manufacture of Automobile	561
铁路、船舶、航空航天和其他运输设备制造业	Manufacture of Railway, Ship, Aerospace and Other Transport Equipment	1997
电气机械和器材制造业	Manufacture of Electrical Machinery and Apparatus	325
计算机、通信和其他电子设备制造业	Manufacture of Computers, Communication and Other Electronic Equipment	925
仪器仪表制造业	Manufacture of Instruments and Meters	181
其他制造业	Other Manufacturing	440
电力、热力生产和供应业	Production and Supply of Electricity and Heat	1543
水的生产和供应业	Production and Supply of Water	9

R&D Personnel and Expenditures of Industrial Enterprises above Designed Size(2019)

R&D 人员折合全时当量（人·年）Full - time Equivalent of R&D Personnel (person - year)	R&D 经费内部支出（万元）Internal Expenditure on R&D (10 000 yuan)			
		政府资金 Government Funds	企业资金 Self - raised Funds by Enterprises	其他资金 Other Funds
8035	**324287**	**62984**	**261304**	
3560	143343	54945	88398	
4475	180944	8038	172905	
7775	310724	62692	248032	
260	13563	291	13272	
23	668		668	
187	9762	56	9706	
307	14010	40	13970	
7	536	50	486	
46	4825	4825		
4	211	4	207	
19	612		612	
52	2934		2934	
406	30696	56	30640	
1230	41231	1799	39432	
746	18897	310	18587	
255	10090	106	9984	
63	5303	6	5297	
134	8074	159	7915	
242	5292	1378	3914	
273	4463	89	4375	
291	7282	80	7202	
212	14680	4022	10658	
1442	80261	42268	37993	
220	8425		8425	
488	29447	3827	25620	
144	3483	146	3337	
299	9626	3760	5866	
937	13210		13210	
8	273	5	268	

15－23 规模以上工业企业科技机构情况(2019年)
Scientific and Technological Institutions of Industrial Enterprises above Designated Size(2019)

指　　标	Item	机构数(个) Number of R&D Institutions (unit)	机构科技活动人员(人) Persons Engaged in Scientific and Technological Activities (person)	仪器设备原价(万元) Prime Cost of Equipment (10 000 yuan)
总　　计	**Total**	**126**	**5735**	**201241**
按隶属关系分	**By Subordination**			
中央	Subordinated to Central Level	41	3606	148601
地方	Subordinated to Local Level	85	2129	52640
按登记注册类型分	By Status of Registration			
内资企业	Domestic－funded Enterprises	116	5558	194962
外商投资	Foreign－funded Enterprises	10	177	6279
按工业行业大类分	By Sector			
农副食品加工业	Farm and Sideline Products Processing	4	33	297
食品制造业	Manufacture of Food			
酒、饮料和精制茶制造业	Manufacture of Liquor, Beverages and Refined Tea	7	51	319
烟草制品业	Manufacture of Tobacco	3	162	14186
皮革、毛皮、羽毛及其制品和制鞋业	Manufacture of Leather, Fur, Feather and Related Products and Footware			
家具制造业	Manufacture of Furniture	1	55	1076
印刷和记录媒介复制业	Printing and Reproduction of Recording Media	5	88	2266
化学原料和化学制品制造业	Manufacture of Raw Chemical Materials and Chemical Products	15	491	6235
医药制造业	Manufacture of Medicines	16	617	5716
橡胶和塑料制品业	Manufacture of Rubber and Plastics Products	3	82	3831
非金属矿物制品业	Manufacture of Non－ferrous Metals	8	104	3535
黑色金属冶炼和压延加工业	Smelting and Pressing of Ferrous Metals	1	40	881
有色金属冶炼和压延加工业	Smelting and Pressing of Non－ferrous Metals	2	194	2573
金属制品业	Manufacture of Metal Products	8	131	34549
通用设备制造业	Manufacture of General Purpose Machinery	5	298	7111
专用设备制造业	Manufacture of Special Purpose Machinery	3	31	852
汽车制造业	Manufacture of Automobile	16	580	3845
铁路、船舶、航空、航天和其他运输设备制造业	Manufacture of Railway, Ship, Aerospace and Other Transport Equipment	10	1426	48496
电气机械和器材制造业	Manufacture of Electrical Machinery and Apparatus	4	37	872
计算机、通信和其他电子设备制造业	Manufacture of Computers, Communication and Other Electronic Equipment	11	910	62274
仪器仪表制造业	Manufacture of Instruments and Meters	2	102	1365
其他制造业	Other Manufacturing	2	303	966
电力、热力的生产和供应业	Production and Supply of Electricity and Heat			

主要统计指标解释

企业办科技机构数 企业办科技机构指企业自办(或与外单位合办),管理上同生产系统相对独立(或者单独核算)的专门科技活动机构,如企业办的技术中心、研究院所、开发中心、开发部、实验室、中试车间、试验基地等。企业办科技活动机构经过资源整合,被国家或省级有关部门认定为国家级或省级技术中心的,应按一个机构填报。与外单位合办的科技活动机构若主要由本企业出资兴办,则由本企业统计,否则应由合办方统计。企业科技管理职能处(科)室(如科研处、技术科等)一般不统计在内;若科研处、技术科等同时挂有科技活动机构的牌子,视其报告年度内主要工作任务而定,主要任务是从事科技活动的可以统计,否则不予统计。本指标不含企业在中国境外设立的科技活动机构数。

机构人员合计 指报告期末企业办科技活动机构中从业人员合计。

仪器和设备原价 指企业办科技机构报告期末固定资产中仪器和设备的原价(不包括长期闲置不用的仪器和设备)。

R&D(科学研究与试验发展,简称“研发”) 是指在科学技术领域,为增加知识总量、以及运用这些知识去创造新的应用进行的系统的创造性的活动,包括基础研究、应用研究、试验发展三类活动。

R&D 人员 指单位内部从事基础研究、应用研究和试验发展三类活动的人员。包括直接参加上述三类项目活动的人员以及这三类项目的管理人员和直接服务人员。为研究活动提供直接服务的人员包括直接为研究活动提供资料文献、材料供应、设备维护等服务的人员。

R&D 人员折合全时当量 由参加 R&D 项目人员的全时当量及应分摊在 R&D 项目的管理和直接服务人员的全时当量两部分相加计算。一个折合全时当量是一人年。例如,一个人在 R&D 活动上花费了 30% 的正常工作时间而 70% 的时间用于其他工作,则其折合全时当量为 0.3。

R&D 经费内部支出合计 指调查单位在报告年度用于内部开展 R&D 活动(基础研究、应用研究和试验发展)的实际支出。包括用于 R&D 项目(课题)活动的直接支出,以及间接用于 R&D 活动的管理费、服务费、与 R&D 有关的基本建设支出以及外协加工费等。不包括生产性活动支出、归还贷款支出以及与外单位合作或委托外单位进行 R&D 活动而转拨给对方的经费支出。

R&D 经费内部支出中政府资金 指调查单位 R&D 经费内部支出中来自各级政府部门的各类资金,包括财政科学技术拨款、科学基金、教育等部门事业费以及政府部门预算外资金的实际支出。

R&D 经费内部支出中企业资金 指调查单位 R&D 经费内部支出中来自本企业的自有资金和接受其他企业委托而获得的经费,以及科研院所、高校等事业单位从企业获得的资金的实际支出。

R&D 经费内部支出中其他资金 指从上述渠道以外获得的计划用于 R&D 活动的经费,如企业从金融机构贷款得到的用于内部开展 R&D 活动的资金,从独立科研院所和高等学校等事业单位获得的用于 R&D 活动的经费,来自民间非盈利机构的资助和个人捐赠等。

普通高等学校 指按照国家规定的设置标准和审批程序批准举办,通过国家统一招生考试,招收高中毕业生为主要培养对象,实施高等教育的全日制大学、独立设置的学院和高等专科学校、短期职业大学。

成人高等学校 指按照国家有关规定审批,招收通过全国成人高教统一招生考试的具有高中毕业或同等学历的在职从业人员,利用脱产、半脱产、业余或函授等多种形式对其实施高等学历教育,培养高等教育专科或本科毕业水平的专门人才,修业年限、课程设置和总学时数均按高等学历教育要求付诸实施的学校。包括广播电视大学、职工高等学校、农民高等学校、管理干部学院、教育学院、独立设置的函授学院等。

中等职业教育学校 指按规定的设置标准和审批程序批准建立的,招收初中(或部分高中)毕业生或同等学历者,实施中等职业技术教育,培养中等职业技术人才的学校。招收初中毕业生的,修业年限一般为三至四年;招收高中毕业生的,修业年限一般为二年至三年。包括中等专业学校、技工学校、职业中学(高中)等。

统计中等职业学校时应注意,已承担培养学生任务的中等职业技术学校和独立设置的高等学校中专部或中专学校计算校数。正在筹建、尚未招生的中等职业学校和高等学校附设的中专班不计校数。

普通中学 指按规定的审批程序批准设立的,招收小学、初中(或部分高中)毕业生或同等学历者,实施普通中学教育的学校。

专任教师 指主要从事教学工作的人员。包括临时(一年以内)调去帮助做其他工作的教学人员。高等学校函授部、夜大学的专任教师和承担科研任务,未担任教学工作仍属教师编制的人员,应计入专任教师中。不包括调离教学岗位,担任行政领导工作或其他工作的原教学人员。

文化事业机构 指从事专业文化工作和为专业文化工作服务的独立建制的单位。不包括这些单位另外举办独立核算的其他机构和各部门的业余文化组织。

Explanatory Notes on Main Statistical Indicators

Number of S&T Institutions Run by Enterprises refers to specialized technology institutions run by enterprises (or jointly with other units) and their activities in the production system is relatively independent (or accounted separately) on the management, such as technology center office, research institutes, development centers, development department, laboratory, pilot plant and test base. Through resource integration, institutions identified as national or provincial technology center by national or provincial departments should be reported as one institution. A S&T institution organized with other units should implement the statistics by enterprise itself if the institution is funded mainly by the enterprise, otherwise co – sponsor. Enterprise Technology Management Office (Branch) / Room (such as research department, technology department, etc.) are generally not included in the statistics; If some scientific research offices, technology sections all share the brand of S&T activity institution, the decisions were made according to main task of the reported year. If the main task was to be engaged in S&T activity, they were counted in our data, otherwise were not counted.

Total Personnel of Institutions refers to institutions reported total number of employees engaged in the S&T activities in the year – end.

Original Cost of Instruments and Equipment refers to institutions reported the original cost of instruments and equipment (excluding long – term idle equipment and facilities) in the fixed assets in the year end.

R&D(Research and Development, hereinafter R&D) refers to systematic and creative activities in the field of science and technology aiming at increasing the knowledge and using the knowledge for new application. R&D includes 3categories of activities: basic research, applied research and experimentation for development.

R&D Personnel refers to personnel engaged in basic research, applied research and experimental development within the unit. These include personnel directly involved in the activities of the three categories of projects, as well as managers and direct service personnel of the three categories of projects.

Full – time Equivalent of R&D Personnel refers to the sum of the full – time equivalent of the project personnel and the full – time equivalent of the personnel who should be assigned to the project management and direct service. A full – time equivalent is a person – years. For example, a person spends 30% of working hours on the R & D activities while 70% of the time for other work, the full – time equivalent is 0.3.

Total Expenditure of Funds on R&D refers to the real expenditure of surveyed units on their own R&D activities (basic research, application study, test and development) including direct expenditure on R&D activities, indrect expenditure of management and services on R&D activities, expenditure on capital construction and material processing by others. Excluding the expenditure on production activities, return of loan, fees transferred to cooperated and entrusted agencies on R&D activities.

Expenditure of Government Funds on R&D refers to the expenditure of funds on R&D activities from government agencies at different levels including appropriate funds on science and technology from financial departments, scientific funds, operating expenses from education departments and the real expenditure of extra budgetary funds from government agencies.

Expenditure of Funds of enterprises on R&D refers to the expenditure of funds on R&D activities from self – raised funds of enterprises and funds from other enterprises through entrustment, and the expenditure of funds of institutions such as institution of scientific research and universities, from enterprises.

Expenditure of other Funds on R&D refers to funds from other sources other than those mentioned above for R & D activities such as corporate loans from financial institutions, funds from public institutions like independent research institutes and universities, financial support from civil non – profit organizations and individual donations.

Regular Institutions of Higher Learning refer to educational establishments set up according to the government evaluation and approval procedures, enrolling graduates from senior secondary schools and providing higher education courses and training for senior professionals. They include full – time universities, colleges, and institutions of higher professional education, institutions of higher vocational education and others.

Institutions of Higher Learning for Adults refer to educational establishments approved according to relevant government rules, enrolling staff and workers with senior secondary or equivalent education through uniform national matriculation examinations, and providing them with regular higher education in various forms such as full – time, part – time, spare – time and correspondence courses in accordance with requirements of regular higher education in years of education, curricula, and total learning hours, so that they meet the standards for graduation of universities or junior colleges. Institutions of higher learning for adults include radio and TV universities, colleges for staff and workers, colleges for farmers, colleges for management cadres, teachers´colleges, and independent correspondence colleges.

Second Vocational Schools refer to those recruiting junior high school (or partly senior high school) graduates or people having the same educational level implement medium vocational education based on regulated setting standards and examination and approval procedure. The lengthy of secondary schools which receive junior high school graduates is usually three to four years; the lengthy of those which receive senior high school graduates is usually two to three years. The secondary vocational schools include medium professional schools, technical schools, vocational middle schools (senior high schools) and etc. Note that medium vocational technical schools taking the mission of developing students and independently established secondary specialized schools of higher education or medium professional schools are counted. The medium vocational technical schools are preparing and are not recruiting students and medium professional classes attaching to higher education are not accounted.

Regular High Schools refer to those recruiting primary schools, junior high schools (senior high schools) graduates or people having the same educational level implement regular high education based on regulated setting standards and examination and approval procedure.

Full – time Teachers refer to those engaging in teaching activities, include the teaching staff dispatched to do other jobs temporarily (within one year). Correspondence departments of higher schools, full – time teachers of evening universities, people with authorized qualifications who taking the mission of doing research but do not teaching students should be regarded as full – time teachers. Former teaching staff who are dispatched off teaching post or bear administrative leadership or other jobs are not regarded as full – time teachers.

Cultural Institutions refers to institutions engaged in professional culture work and independent institutions providing services to cultural work. Institutions with independent accounting departments and amateur cultural organizations are not included.

16

Sixteen

民政、卫生、体育及其他

Social Welfare, Public Health, Sports and Others

2020 贵阳统计年鉴

GUIYANG STATISTICAL YEARBOOK

16－1 民政事业基本情况（2019 年）
Statistics on Civil Administration Departments（2019）

指　　标	Item	单位数（个）Number of Institutions（unit）	职工人数（人）Number of Staff（person）	固定资产原价（万　元）Original Cost of Fixed Assets（10 000 yuan）	收入合计（万元）Total Revenue（10 000 yuan）	支出合计（万元）Total Expenditure（10 000 yuan）
优抚安置单位	**Institutions for Veteran Benefit and Placement**	**6**	**70**	**1987**	**14973**	**12484**
军休所（含管理中心）	Military Rest Home for cadres（including Administration Center）	3	32	1450	13642	10991
军供站	Supply Depot for Troops	1	32	225	1321	1484
烈士纪念建筑物管理单位	Martyr Memorial Building Management Units	2	6	312	10	10
收养类单位	**Adoptive Institutions**	**98**	**1888**	**53452**	**55067**	**19581**
社会福利院	Social Welfare Homes	2	101	9454	19773	3179
儿童福利院	Social Welfare Homes for Children	1	73	4680	3511	2663
精神疾病服务机构	Psychiatric Service Agencies	1	53	2365	4782	2260
养老机构	Pension Agencies	94	1661	36953	27001	11479
救助类单位	**Institutions for Relief**	**1**	**45**	**714**	**1548**	**1742**
救助管理站	Relief Stations	1	45	714	1548	1742
殡仪服务单位	**Funeral and Interment Institutions**	**17**	**1182**	**33675**	**47706**	**18582**
殡仪馆	Funeral Home	5	382	23698	16363	7543
公　墓	Cemetery	9	778	9834	30904	10597
殡葬管理	Funeral and Interment Management Institutions	3	22	143	439	441
福利彩票发行单位	**Welfare Lottery Issuing Institutions**	**1**	**87**	**536**	**2065**	**2353**
其他事业单位	**Other Institutions**	**6**	**106**	**5073**	**5562**	**5517**
行政机关	**Administrative Institutions**	**11**	**300**	**14926**	**92476**	**97379**

注：由于机构改革，优抚、优待情况自 2018 年起由市退役军人事务局提供，与往年数据口径不一致。
Due to the institutional restructuring, data of household receiving preferential treatment are offered by the Municipal Bureau of Veterans Affairs, so the data is different from the previous years.

16 -2　城乡各种福利院机构和人员情况
Statistics on Welfare Institutions and Personnel in Rural and Urban Area

指　　标	Item	2015	2016	2017	2018	2019	2019 年比 2018 年增长(%) Growth Rate in 2019 over 2018(%)
机构数(个)	**Number of Institutions(unit)**	**78**	**81**	**91**	**96**	**98**	**2.1**
社会福利院	Social Welfare Homes	2	2	2	2	2	持平
儿童福利院	Social Welfare Homes for Children	1	1	1	1	1	持平
精神病福利院	Welfare Homes for Psychiatric Patients	1	1	1	1	1	持平
养老机构	Pension Agencies	74	77	87	92	94	2.2
职工人数(人)	**Number of Staff (person)**	**853**	**1024**	**1606**	**1846**	**1888**	**2.3**
社会福利院	Social Welfare Homes	118	117	114	111	101	-9.0
儿童福利院	Social Welfare Homes for Children	74	76	75	75	73	-2.7
精神病福利院	Welfare Homes for Psychiatric Patients	51	51	51	54	53	-1.9
养老机构	Pension Agencies	610	780	1366	1606	1661	3.4
床位数(张)	**Number of Beds (bed)**	**9053**	**10177**	**11818**	**11920**	**11160**	**-6.4**
社会福利院	Social Welfare Homes	950	800	800	800	800	持平
儿童福利院	Social Welfare Homes for Children	500	500	500	500	500	持平
精神病福利院	Welfare Homes for Psychiatric Patients	100	100	100	100	130	30.0
养老机构	Pension Agencies	7503	8777	10418	10520	9730	-7.5
在院人数(人)	**Inpatients(person)**	**3359**	**3920**	**4749**	**4775**	**4738**	**-0.8**
社会福利院	Social Welfare Homes	414	410	359	368	368	持平
儿童福利院	Social Welfare Homes for Children	397	380	355	355	320	-9.9
精神病福利院	Welfare Homes for Psychiatric Patients	84	97	92	95	117	23.2
养老机构	Pension Agencies	2464	3033	3943	3957	3933	-0.6

16－3 民政事业发展情况
Basic Statistics on Civil Affairs

指　　标	Item	2015	2016	2017	2018	2019	2019 年比 2018 年增长(%) Growth Rate in 2019 over 2018(%)
抚恤、补助对象情况	**Pension and Subsidy**						
抚恤、补助优抚对象总数 (人)	Total Quantity (person)	16743	17215	17704	17669	17456	－1.2
定期抚恤 (人)	People Receiving Regular Pensions (person)	270	275	269	269	226	－16.0
定期补助 (人)	People Receiving Regular Subsidies (person)	14424	14855	15272	15203	14944	－1.7
伤残人员 (人)	Injured and Disabled Persons (person)	2049	2085	2163	2197	2246	2.2
优待、烈士褒扬情况	**Preferential Treatment and Resettlement**						
优待优抚对象 (人)	Number of Household Receiving Preferential Treatment (person)	6809	5837	17704	17669	17456	－1.2
安置退役士兵、复员干部 (人)	Number of Ex－servicemen Receiving Resettlement (person)	1560	1402	1580	1604	1482	－7.6
低保、救济和医疗救助情况	**Minimum Living Allowance, Relief and Medical Assistance**						
城市居民最低生活保障家庭数 (户)	Number of Households Receiving Minimum Living Allowance in Urban Areas (household)	33030	32361	29795	28485	31031	8.9
城市居民最低生活保障人数 (人)	Number of Persons Receiving Minimum Living Allowance in Urban Areas (person)	61381	58391	50990	47434	51042	7.6
#女　性 (人)	Female (person)	27572	26569	22456	21726	22831	5.1
农村居民最低生活保障家庭数 (户)	Number of Households Receiving Minimum Living Allowance in Rural Areas (household)	26351	24375	19474	16120	12632	－21.6
农村居民最低生活保障人数 (人)	Number of Persons Receiving Minimum LivingAllowance in Rural Areas (person)	48279	44349	36556	30113	23610	－21.6
#女　性 (人)	Female (person)			15436	12455	9747	－21.7
农村五保户供养人数 (人)	Number of Persons Receiving Livelihood Guarantees in Five Aspects in Rural Areas (person)	2663	2751	2881	3139	3312	－5.5
#女　性 (人)	Female (person)	233	244	239	243	217	－10.7
特困人员救助供养 (人)	Relief and Support to People with Extreme Poverty (person)			3044	3416	3634	6.4
#城市特困人员救助供养 (人)	Relief and Support to People with Extreme Poverty in Urban Areas (person)			233	277	322	16.2
农村特困人员救助供养 (人)	Relief and Support to People with Extreme Poverty in Rural Areas (person)			2811	3139	3312	5.5

注：由于机构改革，优抚、优待情况自2018年起由市退役军人事务局提供，与往年数据口径不一致。

Due to the institutional restructuring, data of household receiving preferential treatment are offered by the Municipal Bureau of Veterans Affairs, so the data is different from the previous years.

16－4 卫生机构、床位和人员（2019 年）

单位：人

指　　标	Item	机构数（个）Number of Institutions (unit)	床位数（张）Number of Bed (bed)
总　　计	**Total**	**3386**	**40723**
医　院	**Hospitals**	**189**	**34624**
综合医院	General Hospitals	114	21676
中医医院	Hospitals of Traditional Chinese Medicine	17	2999
中西医结合医院	Hospitals of Traditional Integrated Chinese and Western Medicine	6	1728
专科医院	Specialized Hospitals	51	8171
口腔医院	Stomatological Hospitals	4	150
眼科医院	Ophthalmic Hospitals	3	205
耳鼻喉科医院	Otorhinolaryngology Hospital	2	100
肿瘤医院	Cancer Hospitals	1	1349
妇产（科）医院	Obstetrics and Gynecology Hospitals	8	458
儿童医院	Children's Hospitals	1	20
精神病医院	Psychiatric Hospitals	7	1544
传染病医院	Infectious Disease Hospitals	1	1028
皮肤病医院	Dermatological Hospitals	3	120
职业病医院	Occupational Disease Hospitals	1	300
骨科医院	Orthopaedic Hospitals	5	1848
康复医院	Convalescent Hospitals	4	446
整形外科医院	Plastic Surgery Hospitals	1	120
美容医院	Beauty Hospitals	4	77
其他专科医院	Other Specialized Hospitals	6	406
护理院	Nursing Hospitals	1	50
基层医疗卫生机构	**Primary－level Medical and Sanitary Institutions**	**3140**	**4113**
社区卫生服务中心（站）	Health Service Centers (stations) for Community	150	1612
社区卫生服务中心	Community Health Service Centers	79	1500
社区卫生服务站	Community Health Service Stations	71	112
卫生院	Health Centers	78	2501
乡镇卫生院	Township Health Centers	78	2501
中心卫生院	Central Health Centers	33	1723
乡卫生院	Countryside Health Centers	45	778
村卫生室	Village Clinics	1342	
门诊部	Outpatient Departments	91	
综合门诊部	Comprehensive Outpatient Departments	29	
中医门诊部	Chinese medicine clinic	4	
专科门诊部	Specialist Outpatient Departments	58	
诊所、卫生所、医务室	Clinics, Health Centers and Infirmaries	1479	
诊　所	Clinics	1394	
卫生所、医务室	Health Centers and Infirmaries	85	

Basic Statistics on Health Care Institutions(2019)

(person)

卫生技术人员 Medical Technical Personnel	#医生 Doctor	#执业医师 Licensed Doctor	注册护士 Registered Nurse	药师(士) Pharmacist	技师(士) Technician	#检验师 Inspector	其他 Others
54548	**19781**	**18319**	**26210**	**2135**	**2903**	**2048**	**3519**
37746	**13211**	**12752**	**19064**	**1552**	**1974**	**1330**	**1945**
24970	8810	8488	12486	965	1322	894	1387
3033	1068	1023	1490	147	147	103	181
1665	590	582	829	118	76	55	52
8024	2735	2652	4217	320	427	277	325
625	283	276	291	13	27	13	11
361	129	124	195	11	8	8	18
57	25	24	26	3	3	2	
1396	426	424	736	75	91	52	68
520	174	160	275	22	41	28	8
8	2	2	4		2	1	
844	264	262	506	30	28	19	16
978	319	317	526	44	68	53	21
120	24	23	80	7	8	7	1
318	127	127	136	19	21	12	15
1635	621	608	794	57	88	53	75
248	60	51	117	9	9	6	53
156	62	59	86	4	4	3	
353	104	91	228	6	8	7	7
405	115	104	217	20	21	13	32
54	8	7	42	2	2	1	
12188	**5037**	**4100**	**5323**	**462**	**405**	**264**	**961**
3244	977	835	1604	165	171	109	327
2560	738	624	1238	138	152	96	294
684	239	211	366	27	19	13	33
2672	979	604	909	131	172	111	481
2672	979	604	909	131	172	111	481
1653	574	370	607	86	113	73	273
1019	405	234	302	45	59	38	208
418	285	55	133				
1263	496	455	644	36	48	38	39
371	151	144	179	16	19	13	6
32	14	11	9	6	2	2	1
860	331	300	456	14	27	23	32
4591	2300	2151	2033	130	14	6	114
4327	2157	2020	1923	128	12	4	107
264	143	131	110	2	2	2	7

16－4 续表

单位:人

指　　标	Item	机构数（个）Number of Institutions (unit)	床位数（张）Number of Bed (bed)
专业公共卫生机构	**Professional Public Health Institutions**	**41**	**1921**
疾病预防控制中心	Disease Prevention & Treatment Centers	13	
省　属	Provincial Centers	1	
省辖市(地区)属	Centers of Provincially Administered Cities	1	
地辖市属	Municipal Centers	7	
县　属	County Centers	3	
其　他	Others	1	
妇幼保健院(所、站)	Maternal and Child Health Care Institutions(Centers or Stations)	11	1921
按隶属分	**By Administration**		
省　属	Provincial Centers		
省辖市(地区)属	Centers of Provincially Administered Cities	1	1229
地辖市属	Municipal Centers	7	423
县　属	County Centers	3	269
其　他	Others		
按类型分	**By Types**		
妇幼保健院	Maternal and Child Health Hospitals	10	1921
妇幼保健站	Maternal and Child Health Stations	1	
急救中心(站)	First Aid Centers (Stations)	2	
采供血机构	Blood Banks	2	
卫生监督所(中心)	Health Supervision Institutions(Centers)	12	
省　属	Provincial Centers	1	
省辖市(地区)属	Centers of Provincially Administered Cities	1	
地辖市属	Municipal Centers	7	
县　属	County Centers	3	
其　他	Others		
计划生育技术服务机构	Family Planning Technical Service Organization	1	
其他卫生机构	**Other Institutions**	**16**	**65**
疗养院	Sanatoriums	1	65
医学科学研究机构	Institutions of Medical Scientific Research	1	
医学在职培训机构	Institutions of Medical In－service Training	3	
临床检验中心(所、站)	Clinical Laboratory Center (station)	4	
其　他	Others	7	

（continued）

（person）

卫生技术人员 Medical Technical Personnel	#医生 Doctor	#执业医师 Licensed Doctor	注册护士 Registered Nurse	药师（士） Pharmacist	技师（士） Technician	#检验师 Inspector	其他 Others
4187	**1415**	**1354**	**1642**	**119**	**432**	**389**	**579**
859	447	421	65	17	202	196	128
392	206	204	14	5	118	115	49
139	62	62	6		35	35	36
205	116	101	32	5	32	30	20
93	48	39	13	7	13	12	12
30	15	15			4	4	11
2741	879	844	1440	97	176	140	149
1765	574	574	999	56	92	78	44
674	211	191	306	30	54	40	73
302	94	79	135	11	30	22	32
2716	863	828	1437	95	172	138	149
25	16	16	3	2	4	2	
63	27	27	36				
168	35	35	87	2	38	38	6
296							296
97							97
49							49
110							110
40							40
60	27	27	14	3	16	15	
427	**118**	**113**	**181**	**2**	**92**	**65**	**34**
36	12	11	22	1	1		
12	2	2	4		1	1	5
65	5	5	4		42	42	14
314	99	95	151	1	48	22	15

16－5 县(区)诊所、卫生室、医务室基本情况(2019 年)

指　　标	Item	机构数（个）Number of Institutions (unit)	总人员数（人）Medical Personnel (person)	卫生技术人员（人）Medical Technical Personnel(person)
合　计	**Total**	**1479**	**4751**	**4591**
按管理类别分	**By Management**			
非营利性	Non－profit	88	277	272
营利性	Profit	1391	4474	4319
按经济类型分	**By Ownership**			
国　有	State－owned	66	221	218
集体办	Collective－owned	4	19	19
联　营	Jointly Operated			
私　营	Privately Operated	1298	4069	3949
其　他	Others	111	442	405
按设置、主办单位分	**By Sponsor**			
政府办	Run by Government	10	31	31
社会办	Run by Society	100	359	322
私人办	Run by Private	1369	4361	4238
按诊所类别分	**By Types**			
普　通	General	830	2592	2553
中　医	Traditional Chinese Medicine	251	616	595
中西医结合	Traditional Chinese Medicine and Western Medicine	130	423	415
口　腔	Stomatological	138	638	603
其　他	Others	130	482	425

16－6 县(区)村卫生室基本情况(2019 年)

指　　标	Item	合　计 Total	村　办 Run by Villages
机构数　（个）	**Number of Institutions　(unit)**	**1342**	**415**
执业(助理)医师　（人）	Licensed(Assistant) Doctor　(person)	285	103
注册护士　（人）	Registered Nurse　(person)	133	46
乡村医生和卫生员　（人）	Village Doctors and Health Workers　(person)	1484	498
乡村医生　（人）	Village Doctors　(person)	1421	476
#以中医、中西医结合或民族医为主的人数　（人）	Personnel with Integrated Knowledge of Traditional Chinese and Western Medicine or of Minority Groups´Arts of Healing　(person)	234	36
当年考核合格的乡村医生数　（人）	Qualified Village Doctors of the Current Year　(person)	1369	459
卫生员　（人）	Health Workers　(person)	63	22
诊疗人次数　（万人次）	Visits　(10 000 times)	1885101	497027
#出诊人次数　（万人次）	Patients　(10 000 times)	116234	3917

Basic Statistics on Clinics and Health Centers at County(District) Level(2019)

执业医师 Licensed Doctors	执业助理医师 Licensed Assistant Doctors	注册护士 Registered Nurses	药剂师(士) Pharmacist	技　师(士) Technician	#检验师(士) Inspector	其　他 Others	诊疗人次数(万人次) Visits (10 000 person - time)
2151	**149**	**2033**	**130**	**14**	**6**	**114**	**452.76**
135	14	111	2	2	2	8	19.36
2016	135	1922	128	12	4	106	433.40
109	11	87	2	2	2	7	14.19
6	3	6	2	1	1	1	3.64
1869	113	1738	117	10	2	102	416.22
167	22	202	9	1	1	4	18.71
15	2	11	1			2	1.49
153	12	145	3	3	3	6	22.74
1983	135	1877	126	11	3	106	428.53
1213	52	1213	34	1	1	40	291.60
323	15	159	84	1		13	62.61
190	7	199	8			11	38.94
230	60	273		7		33	31.97
195	15	189	4	5	5	17	27.64

Basic Statistics on Village Clinics at County(District) Level(2019)

按主办单位分 By Sponsor				按行医方式分 By Medicine		
乡镇卫生院设点 Township Hospitals	联合办 Jointly Run	私人办 Run by Private	其　他 Others	中　医 Chinese Traditional Medicine	西　医 Western Medicine	中西医结合 Integration of Traditional Chinese and Western Medicine
70	13	540	304	18	1123	201
	4	104	74	4	213	68
		36	51	4	99	30
71	15	511	389	17	1230	237
66	15	501	363	16	1174	231
12		65	121	7	132	95
66	15	475	354	15	1131	223
5		10	26	1	56	6
56914	17099	762169	551892	13164	1512113	359824
1832	10	3069	107406	47	16907	99280

16－7　体育事业基本情况(2019年)
Basic Statistics on Sports(2019)

指　　标		Item		合计 Total	省级 Provincial Level	市级 Municipal Level
运动员		**Number of Athletes**		**1503**	**211**	**1292**
国际级运动员(国际级运动健将)				2		2
国家级运动员(运动健将)	(人)	National Athletes(master of sports)		218		218
省级运动员	(人)	Provincial Athletes		243	211	32
一线在队人员	(人)	First－team Player	(person)	182		182
二线在队人员	(人)	Second－team Player	(person)	307		307
三线在队人员	(人)	Third－team Player	(person)	551		551
体育设施个数		**Sports Facilities**		**1016**		**1016**
市级生态体育公园	(个)	The Municipal Sport&Eco Park	(unit)	1		1
全民健身路径设施	(个)	Facilities on Fitness Paths	(unit)	1013		1013
市属全民健身中心	(个)	Municipal Fitness Centers	(unit)	1		1
市属健身房	(个)	Municipal Fitness Rooms	(unit)	1		1
体育设施占地面积		**Area of Sports Facilities**		**6114438**		**6114438**
市级生态体育公园	(平方米)	The Municipal Sport&Eco Park	(s. k. m.)	3663000		3663000
全民健身路径设施	(平方米)	Facilities on Fitness Paths	(s. k. m.)	2431200		2431200
市属全民健身中心	(平方米)	Municipal Fitness Centers	(s. k. m.)	18500		18500
市属健身房	(平方米)	Municipal Fitness Rooms	(s. k. m.)	1738		1738

16－8　体育系统机构和从业人员(2019年)
Number of Institutions and Engaged Persons in Sports(2019)

指　　标		Item		合计 Total	省属 Provincial Level	市属 Municipal Level
机构数	**(个)**	**Number of Institution**	**(unit)**	**30**	**21**	**9**
行政机关	(个)	Administrative Organizations	(unit)	2	1	1
体育运动学校	(个)	Sports Schools	(unit)	2	1	1
业余体校	(个)	Spare－time Sports Schools	(unit)			
体育场馆	(个)	Stadium and Gymnasium	(unit)	4	1	3
其他事业单位	(个)	Other Public Institutions	(unit)	22	18	4
从业人员	**(人)**	**Number of Engaged Persons**	**(person)**	**1077**	**929**	**148**
行政机关	(人)	Administrative Organizations	(person)	56	44	12
体育运动学校	(人)	Sports Schools	(person)	169	101	68
业余体校	(人)	Spare－time Sports Schools	(person)			
体育场馆	(人)	Stadiums and Gymnasiums	(person)	109	65	44
其他事业单位	(人)	Other Public Institutions	(person)	743	719	24

注:省属为在贵阳市地域上,但隶属于省的机构和人员;市属为在贵阳市地域上,同时也隶属于市的机构和人员。
Provincial－level institutions and engaged persons refer to those administrated by Guizhou provincial government in Guiyang City; Municipal－level ones refer to those administrated by Guiyang municipal government.

16－9 举办体育业务情况(2019 年)
Basic Statistics on Sports Activities(2019)

指 标		Item		合 计 Total	省 属 Provincial Level	市 属 Municipal Level
运动会或比赛		**Sports Games**				
举办综合运动会	(次)	Number of Comprehensive Games	(time)	1		1
举办专项体育赛事活动	(次)	Specialized Sports Events Held	(time)	8		8
全民健身活动		National Fitness Activities				
举办全民健身活动次数	(次)	Activities of Full Fitness	(time)	340		340
#1000 人以上	(次)	Over 1 000 Participators	(time)	55		55
参加活动人数	(人)	Number of Participators	(person)	280000		280000
举办培训班情况		Training Classes				
举办培训班次数	(次)	Times of Training Classes	(time)	6	2	4
参加培训班人数	(人)	Number of Participators	(person)	290	110	180
竞技体育情况		Training Classes				
体育比赛获得奖牌数	(块)	Medals Won in Sports Activities	(unit)	317		317
其中:金牌	(块)	Gold Medals	(unit)	101		101
银牌	(块)	Silver Medals	(unit)	105		105
铜牌	(块)	Bronze Medals	(unit)	111		111

16－10 婚姻情况
Statistics on Marriages

指 0标	Item	2015	2016	2017	2018	2019	2019 年比 2018 年增长(%) Growth Rate in 2019 over 2018 (%)
国内婚姻	**Marriages with Citizens of Mainland China**						
登记结婚对数(对)	Number of Registered Marriages (pair)	50918	45161	42550	42333	39219	-7.4
初 婚 (人)	First Marriages (person)	93673	84634	78944	63018	50532	-19.8
再 婚 (人)	Marriages After Divorces (person)	8163	5688	6156	21648	27906	28.9
登记离婚对数(对)	Number of Registered Divorces (pair)	21167	20681	22093	24150	25344	4.9
涉外婚姻	**Marriages with Citizens out of Mainland China**						
登记结婚对数(对)	Number of Registered Marriages (pair)	393	385	423	450	508	12.9
内地公民 (人)	Citizen of Mainland China (person)	393	385	423	450	508	12.9
香港、澳门、台湾居民 (人)	Citizen of Hong Kong, Macao and Taiwan (person)	205	172	174	159	144	-9.4
华 侨 (人)	Overseas Chinese (person)	16	11	10	10	14	40.0
外国人 (人)	Foreigners (person)	172	202	239	281	350	24.6
登记离婚对数(对)	Number of Registered Divorces (pair)	64	60	75	71	81	14.1

16-11 社会保险及就业情况
Social Insurance and Employment

指标	Item	2015	2016	2017	2018	2019	2019年比2018年增长(%) Growth Rate in 2019 over 2018 (%)
城镇就业和失业	**Rural Employment and Unemployment**						
城乡统筹就业人数 (人)	Number of Engaged Person in Urban and Rural Areas (person)	257374	265383	270086	271349	223107	-17.8
城镇失业人员就业人数 (人)	Number of Re-employed Person in Urban Areas (person)	48816	48729	48637	48455	48097	-0.7
农村富余劳动力转移人数 (人)	Number of Surplus Rural laborer Transferring to Urban Areas (person)	37136	38378	38156	38246	38054	-0.5
就业困难对象(人)	Number of People Having Difficulties Getting Employed (person)	10132	11593	11589	11602	11602	0.0
城镇新增就业人数 (人)	Number of New Jobs in Urban Areas (person)	220238	227005	231930	233103	185053	-20.6
城镇登记失业人员期末实有人数 (人)	Actual Number of Registered Unemployment in Urban Areas at the Year-end (person)	35281	35103	34971	34951	34914	-0.1
#女性 (人)	Female (person)	17737	17570	17619	16941	16844	-0.6
城镇登记失业率(%)	Registered Unemployment Rate in Urban Areas (%)	3.12	3.09	3.13	3.11	2.96	-0.15个百分点
社会保险	**Social Insurance**						
城镇职工基本养老保险 (人)	Basic Pension Insurance for Urban Employees (person)	1559556	1700106	1864859	2238658	2400129	7.2
在职职工养老保险 (人)	Endowment Insurance for On-the-job Staff (person)	1306187	1427615	1575898	1871787	2013102	7.5
离退休退职人员养老保险 (人)	Endowment Insurance for Retirees (person)	253369	272491	288961	366871	387027	5.5
失业保险 (人)	Unemployment Insurance (person)	645794	667312	745727	808085	858490	6.2
城镇职工基本医疗保险 (人)	Basic Medical Insurance for Urban Employees (person)	1264322	1320378	1384451	1466481	1522170	3.8
#退休人员 (人)	Retirees (person)	340796	351088	367246	383248	391133	2.1
生育保险 (人)	Maternity Insurance (person)	1077452	1207282	1301986	1385748	1445776	4.3
工伤保险 (人)	Work-related Injury Insurance (person)	827746	891942	975294	1069438	1360091	27.2
城乡居民养老保险参保人数 (人)	Number of Insured Urban and Rural Residents of Endowment Insure (person)	836022	835705	830416	797478	780663	-2.1
城镇居民医疗保险参保人数 (人)	Number of Insured Urban Residents of Medical Insurance (person)	651971	701849	741729	741760	621480	-16.2

16-12 社会治安
Basic Statistics on Social Securities

指标	Item	2015	2016	2017	2018	2019	2019年比2018年增长(%) Growth Rate in 2019 over 2018 (%)
火灾事故 (起)	Number of Fire Accidents (case)	220	249	234	1096	164	-85.0
死亡人数 (人)	Number of Deaths (person)	1		3	7	1	-85.7
受伤人数 (人)	Number of Injuries (person)				7		
直接损失额 (万元)	Direct Property Losses (10 000 yuan)	413.11	1551.65	536.32	780.53	298.87	-61.7
刑事案件立案数 (件)	Number of Criminal Cases Registered (case)	7791	7689	7639	6788	6090	-10.3
犯罪人数 (人)	Number of Offenders (person)	8499	6757	10724	9638	7150	-25.8

注:1)火灾为消防部门提供的生产经营性火灾。2)刑事案件立案数和犯罪人数均为贵阳市中级人民法院数据。
a) Data of fire accident are operation fire accidents provided by the fire authorities.
b) The data of criminal cases registered and offenders are provided by Guiyang Intermediate People's Court.

16－13 私营企业和个体工商户基本情况(2019 年)
Number of Private Enterprises and Self－employed Individuals(2019)

指 标	Item	私营企业户数(户)	个体工商户户数(户)
总 计	**Total**	**222007**	**310018**
按国民经济行业分组	**By Sector**		
农、林、牧、渔业	Agriculture, Forestry, Animal Husbandry and Fishery	9030	10427
采矿业	Mining	345	156
制造业	Manufacturing	7314	6528
电力、热力、燃气及水的生产和供应业	Production and Supply of Electricity, Gas and Water	389	34
建筑业	Construction	18377	960
交通运输、仓储和邮政业	Transport, Storage and Post	3997	5358
信息传输、软件和信息技术服务业	Information Transmission, Information Technology Services and Software Industry	17257	1059
批发和零售业	Wholesale and Retail Trades	79160	181991
住宿和餐饮业	Hotels and Catering Services	5397	60691
金融业	Financial Industry	2210	35
房地产业	Real Estate	6732	210
租赁和商务服务业	Leasing and Business Services	40771	6801
科学研究、技术服务业	Scientific Research and Technical Services	13893	337
水利、环境和公共设施管理业	Management of Water Conservancy, Environment and Public Facilities	1792	156
居民服务、修理和其他服务业	Services to Household and Others	8680	32160
教 育	Education	1290	176
卫生和社会工作	Health and Social Welfare	466	1086
文化、体育和娱乐业	Culture, Sports and Entertainment	4443	1104
其他行业	Others	464	749

注:本表资料来源于市市场监督管理局。
Data in this table come from Market Supervision Administration of Guiyang Municipality.

主要统计指标解释

卫生机构 包括医疗机构、疾病预防控制中心(防疫站)、采供血机构、卫生监督及监测(检验)机构、医学科研和在职培训机构、健康教育所等。

医疗机构 包括医院、社区卫生服务中心(站)、疗养院、卫生院、门诊部、诊所(卫生所、医务室)、妇幼保健院(所、站)、专科疾病防治院(所、站)、急救中心(站)和临床检验中心。医疗机构分为非赢利性医疗机构和赢利性医疗机构。

医　院 指设有固定床位,能收容病人住院并能为病人提供医疗、护理服务的医疗机构,包括县及县以上医院、农村乡卫生院和其他医院三部分。县及县以上医院按业务性质不同分为综合医院和专科医院。

卫生技术人员 指卫生事业机构支付工资的全部职工中现任职务为卫生技术工作的专业人员,包括执业医师、执业助理医师、注册护士、药剂人员、检验员和其他初级卫生技术人员。

医　生 指在医疗、预防保健机构工作且取得《执业医师证书》的执业医师和执业助理医师。

体育场 指有400米跑道(中心含足球场),有固定道牙,跑道6条以上,并有固定看台的室外田径场地。体育场按看台容纳观众人数分为:甲级25000人以上,乙级15000—25000人,丙级5000—15000人,丁级5000人以下。

体育馆 指有固定看台,可供篮球、排球、羽毛球、乒乓球、体操等项目训练比赛活动用的室内运动场地。体育馆按看台容纳观众人数分为:甲级6000人以上,乙级4000—6000人,丙级2000—4000人,丁级2000人以下。

城镇登记失业人员 指有非农业户口,在一定的劳动年龄内(16周岁至退休年龄),有劳动能力,无业而要求就业,并在当地就业服务机构进行求职登记的人员。

城镇登记失业率 城镇登记失业人员与城镇单位就业人员(扣除使用的农村劳动力、聘用的离退休人员、港澳台及外方人员)、城镇单位中的不在岗职工、城镇私营业主、个体户主、城镇私营企业和个体就业人员、城镇登记失业人员之和的比。计算公式为:

城镇登记失业率 = 城镇登记失业人数/(城镇单位就业人员 - 使用的农村劳动力 - 聘用的离退休人员 - 聘用的港澳台及外方人员) + 不在岗职工 + 城镇私营业主 + 城镇个体户主 + 城镇私营企业及个体就业人员 + 城镇登记失业人数 × 100%

城镇职工基本养老保险参保人数 指报告期末按照法律、法规和有关政策规定参加城镇基本养老保险并在社保经办机构已建立缴费记录档案的职工人数(包括中断缴费但未终止养老保险关系的职工人数,不包括只登记未建立缴费记录档案的人数)和离休、退休和退职人员的人数。取自人力资源和社会保障部统计年报。

城镇基本医疗保险参保人数 指报告期末按有关规定参加城镇职工基本医疗保险和城镇居民基本医疗保险的人数。取自人力资源和社会保障部统计年报。

失业保险参保人数 指报告期末按照法律、法规和有关政策规定参加了失业保险的城镇企业、事业单位的职工及地方政府规定参加失业保险的其他人员的人数。取自人力资源和社会保障部统计年报。

工伤保险参保人数 指报告期末依据有关规定参加工伤保险的职工人数和有雇工的个体工商户的雇工数。取自人力资源和社会保障部统计年报。

生育保险参保人数 指报告期末依据有关规定参加生育保险的人数。取自人力资源和社会保障部统计年报。

社会福利院数 指年末在所辖区内由民政部门主办的社会福利院、儿童福利院、精神病人福利院、其他收养性单位,以及民政部指导的城乡社会办的各类敬老院、养老院等。

社会福利院床位数　指福利院报告期末床位的实际收养能力。

社区服务设施数　指报告期末城镇（街道办事处、居委会）设立以非盈利为目的，为本社区居民服务，特别是为老年人、残疾人、儿童服务的社区服务中心、活动站、服务站、养老院、老年公寓、残疾人工疗站、残疾儿童日托所家务服务站、婚姻介绍所等福利性设施以及职工社会保险管理服务的机构数。几种不同类型的社区服务单位，共用一个场所的，只能统计为一个社区服务设施。条件是：(1)独立核算单位；(2)有固定的从业人员；(3)有一定的服务项目；(4)有一定的场所。

城市居民最低生活保障人数　指在报告期末，家庭平均收入在当地规定的最低生活保障线以下的城市居民数。包括"三无对象"，失业人员和在职、下岗、退休人员等。

交通事故死亡人数　指实际因交通事故死亡的人数。

交通事故损失额　指道路交通事故造成的车辆、财产直接损失折款，不含现场抢救（险）、人身伤亡善后处理的费用，也不含停工、停产、停业等所造成的财产间接损失。

火灾事故损失额　指火灾事故所造成的直接财产损失折款。火灾直接财产损失是指被烧毁、烧损、烟熏和灭火中破拆、水渍以及因火灾引起的污染等所造成的损失。

Explanatory Notes on Main Statistical Indicators

Health Care Institutions refer to medical institutions, disease prevention and control centers (epidemic prevention stations), blood gathering and supplying institutions, health supervision and inspection (check – up) institutions, medical scientific research and on – job training institutions, health education centers and so on.

Medical Organizations refer to hospitals, health service centers (stations) in communities, sanatoria, health centers, out – patient clinics, clinics (health stations and infirmaries), maternity and child care agencies (centers and stations), special disease prevention and curing agencies (centers and stations), first aid centers (stations) and clinical inspection centers. Medical organizations are grouped by two types: profit – making and non – profit – making medical organizations.

Hospitals refer to medical institutions with permanent hospital beds, including hospitals at county and higher levels, township health certers and other hospitals, which are able to take in patients and provide them with medical and nursing services. Hospitals at county and higher levels can be divided into general hospitals and specialized hospitals according to their business scope.

Medical Technical Personnel refer to the professional staff engaged in, getting payment from health care institutions and working in medical technical position, such as licensed doctors, licensed assistant doctors, registered nurses, pharmacists, laboratory technicians and others.

Doctors refer to the medical workers who have obtained the licenses of qualified doctors or qualified assistant doctors and are employed in medical treatment, disease provension or health care institutions.

Stadiums refer to stadiums for track and field events with six lane 400 – meter tracks around soccer fields, permanent track marks and permanent bleachers. Stadiums are classified according to seating capacity. They include: Class A stadiums have the capacity of seating 25000 people each. Class B stadiums have the capacity of seating 15000 to 25000 people each. Class C stadiums have the capacity of seating 5000 to 15000 people each, and Class D stadiums have the capacity of seating fewer than 5000 people. This indicator reflects numbers of large and medium – sized stadiums.

Gymnasiums refer to indoor sports grounds with permanent seats in which basketball, volleyball, badminton, table tennis and gymnastics competitions can be held. Gymnasiums are classified according to seating capacity. They include Class A gymnasiums with the capacity of seating over 6000 people, Class B gymnasiums seating 4000 to 6000 people, Class C gymnasiums seating 2000 to 4000 people, and Class D gymnasiums seating fewer than 2000 people.

Urban Registered Unemployed Persons refer to the persons with non – agricultural household registration at certain working ages (from 16 years old to retirement age), who are capable of working, unemployed and willing to work, and have been registered at the local employment services agencies to apply for a job.

Urban Registered Unemployment Rate refers to the ratio of the number of the registered unemployed persons to the total number of persons employed in various units (minus the employed rural labour force, re – employed retirees and Hong Kong, Macao, Taiwan or foreign employees), laid – off staff and workers in urban units, owners of private enterprises in urban areas, owners of self – employed individuals in urban areas, employees of private enterprises in urban areas, employees of self – employed individuals in urban areas and the registered umemployed persons in urban aresa. It is calculated as follows:

Urban registered unemployment rate = urban registered unemployed persons/[(persons employed in various units — employed rural labour force — re – employed retirees — Hong Kong, Macao, Taiwan or foreign employees) + laid – off staff and workers + employment in urban private sectors and individuals + urban registered unemployed person] × 100%

Number of Basic Endowment Insurance for Urban Employees refers to number of employees who join the urban basic endowment insurance and has payment records in social security administration department in accordance with relevant laws and regulations at the end of reference period (including those not stop the basic endowment insurance relation but stop capturing spends; excluding those who has registered but without payment records) and retirees and registered persons. The information comes from statistic report of Ministry of Labor and Social Security.

Number of Basic Medical Care Insurance for Cities and Towns refers to the number of people participating in theprograms of basic medical care insurance for urban employees and basic medical insurance system for urban residents. The data come from theannual report ofMinistry of Human Resources and Social Security..

Number of Unemployment Insurance refers to number of staffs from town enterprises and institutions joining unemployment insurance and other personnel joining unemployment insurance stipulated by local government in accordance with relevant laws and regulationsat the end of reference period. The information comes from statistic report of Ministry of Labor and Social Security.

Number of Work - related Injury Insurance refers to number of staffs joining work - related injure insurance and employees from individual businesses in accordance with relevant regulations at the end of reference period. The information comes from statistic report of Ministry of Labor and Social Security.

Number of Maternity Insurance refers to number of those who join maternityinsurance in accordance with relevant regulations at the end of reference period. The information comes from statistic report of Ministry of Labor and Social Security.

Number of Social Welfare Homes refers to social welfare homes, social welfare homes for children, welfare homes for psychiatric patients and other adoptive institutions sponsored by civil administration department under the local jurisdiction and various old people' s home etc. covering urban and rural areas instructed by ministry of civil affairs at year - end.

Number of Social Welfares' Beds refers to actual adoptive capacity of social welfares' beds in the reference period.

Number of Community Service Facilities refers to number of nonprofit institutions set up by towns and cities (subdistrict office, neighborhood office) to serve the local community residents at the end of reference period. It included welfare facilities such as community service center for the old, the disable and children, activity stations, service stations, old people' s home, elderly apartment, work therapy station for the disabled, day nursery and housework service station for disabled children, matchmaking service center, and social insurance management services for employees. Various different types of community services units sharing one place are calculated as one community service facility. The following are some requirements: 1 independent accounting units; 2 fixed facility; 3 offer certain service items; 4 certain places.

Number of Residents Receiving Minimum Living Allowance in Urban Area refers to number of cities residents whose average household income is below the local minimum subsistence level. It includes "three non - personnel", unemployment person, in - service staff, lay - off workers and retirees etc..

Number of Deaths in Traffic Accidents refers to actual number of person caused to death due to traffic accidents.

Amount of Loss in Traffic Accidents refers to direct losses converted into cash of cars and property caused by road accidents. It excludes onsite care (insurance), treatment fees for personal injuries and deaths and indirect property loss caused by shut down, production halts and closure etc..

Amount of Loss in Fire Accidents refers to direct property loss converted into cash caused by fire accidents. Direct property loss caused by fire accidents refers to losses caused by burnout, sparkwear and smudging as well as forcible entry, waterlogging during firefighting and pollution caused by fire accidents.

17

Seventeen

全国、全省及省会城市和副省级城市主要经济指标

Major Economic Indicators of China, Guizhou, Provincial Capitals and Deputy Provincial Cities in China

17－1 全国、全省及省会城市和副省级城市主要经济指标
Major Economic Indicators of China, Guizhou Province, Provincial Capitals and Deputy Provincial Cities in China

单位：亿元 (100 million yuan)

城市名称	City	生产总值 GDP	位次 Ranking	2019年比2018年增长(%) Growth Rate in 2019 over 2018 (%)	位次 Ranking	第一产业增加值 Added Value of Primary Industry	位次 Ranking	2019年比2018年增长(%) Growth Rate in 2019 over 2018 (%)	位次 Ranking	第二产业增加值 Added Value of Secondary Industry	位次 Ranking
全　国	**National Total**	**990865.10**		**6.1**		**70466.70**		**3.1**		**386165.30**	
贵州省	**Guizhou Province**	**16769.34**		**8.3**		**2280.56**		**5.7**		**6058.45**	
西　部省会城市	**Provincial Capital Cities of Western China**										
贵　阳	Guiyang	4039.60	19	7.4	7	161.34	18	5.6	1	1495.41	18
*成　都	Chengdu	17012.65	2	7.8	4	612.18	1	2.5	12	5244.62	3
昆　明	Kunming	6475.88	12	6.5	12	270.29	15	5.5	2	2078.75	15
*西　安	Xi'an	9321.19	11	7.0	8	279.13	14	4.3	4	3167.44	11
兰　州	Lanzhou	2837.36	22	6.0	14	51.68	22	5.5	2	945.38	21
西　宁	Xining			7.5	6			4.2	5		
银　川	Yinchuan			6.3	13			2.0	14		
乌鲁木齐	Urumqi	3413.26	21	6.5	12	27.69	24	2.1	13	906.14	22
南　宁	Nanning	4506.56	18	5.0	16	507.27	4	5.3	3	1044.97	20
呼和浩特	Hohhot	2791.46	23	5.5	15	114.21	20	1.2	19	823.84	23
其　它省会城市	**Other Provincial Cities**										
石家庄	Shijiazhuang	5809.90	15	6.7	10	449.50	5	1.6	17	1831.70	16
太　原	Taiyuan	4028.51	20	6.6	11	42.48	23	2.1	13	1518.64	17
*沈　阳	Shenyang	6470.30	13	4.2	18	284.00	13	3.8	7	2178.60	14
*长　春	Changchun	5904.10	14	3.0	19	348.10	8	2.1	13	2495.40	13
合　肥	Hefei	9409.40	9	7.6	5	291.90	11	1.7	16	3415.30	9
福　州	Fuzhou	9392.30	10	7.9	3	526.47	3	3.8	7	3830.99	8
南　昌	Nanchang	5596.20	16	8.0	2	212.89	17	2.9	10	2653.80	12
*济　南	Jinan	9443.40	8	7.0	8	343.10	9	1.3	18	3265.20	10
郑　州	Zhengzhou	11589.70	6	6.5	12	140.90	19	-4.9	22	4617.00	6
长　沙	Changsha	11574.22	7	8.1	1	359.69	7	3.2	8	4439.32	7
*武　汉	Wuhan	16223.21	3	7.4	7	378.99	6	3.0	9	5988.88	2
海　口	Haikou	1671.93	24	7.5	6	71.18	21	-1.4	21	276.00	24
*杭　州	Hangzhou	15373.00	4	6.8	9	326.00	10	1.9	15	4875.00	5
*南　京	Nanjing	14030.15	5	7.8	4	289.82	12	0.7	20	5040.86	4
*哈尔滨	Harbin	5249.40	17	4.4	17	569.50	2	2.6	11	1127.30	19
*广　州	Guangzhou	23628.60	1	6.8	9	251.37	16	3.9	6	6454.00	1
其他副省级城市	**Other Deputy Provincial Cities**										
*大　连	Dalian	7001.70		6.5		458.50		3.0		2799.80	
*宁　波	Ningbo	11985.10		6.8		322.30		2.3		5782.90	
*厦　门	Xiamen	5995.04		7.9		26.49		0.7		2493.99	
*青　岛	Qingdao	11741.31		6.5		409.98		1.6		4182.76	
*深　圳	Shenzhen	26927.09		6.7		25.20		5.2		10495.84	

注：加*号为副省级城市。
The cities marked with" * "are deputy provincial cities.

17－1　续表 1　(continued)

单位:亿元　　　　(100 million yuan)

城市名称	City	2019 年比 2018 年增长(%) Growth Rate in 2019 over 2018 (%)	位 次 Ranking	#工 业增加值 Added Value of Industry	位 次 Ranking	2019 年比 2018 年增长(%) Growth Rate in 2019 over 2018 (%)	位 次 Ranking	第三产业增加值 Added Value of Tertiary Industry	位 次 Ranking	2019 年比 2018 年增长(%) Growth Rate in 2019 over 2018 (%)	位 次 Ranking
全　国	**National Total**	**5.7**		**317109.70**		**5.7**		**534233.00**		**6.9**	
贵州省	**Guizhou Province**	**9.8**		**4545.97**		**9.5**		**8430.33**		**7.8**	
西　部省会城市	**Provincial Capital Cities of Western China**										
贵　阳	Guiyang	8.2	1	869.00	9	6.5	5	2382.85	21	7.0	14
*成　都	Chengdu	7.0	6	4118.40	4	7.8	2	11155.86	2	8.6	4
昆　明	Kunming	4.6	16					4126.84	12	7.7	10
*西　安	Xi'an	7.6	5	1868.86	8	6.6	4	5874.62	8	6.8	15
兰　州	Lanzhou	1.9	23			2.0	14	1840.30	23	8.4	5
西　宁	Xining	6.1	11							9.3	2
银　川	Yinchuan	6.4	9			6.0	8			6.5	16
乌鲁木齐	Urumqi	1.1	24	731.78	11	1.7	15	2479.43	19	8.4	5
南　宁	Nanning	4.4	17			1.0	16	2954.32	17	5.2	17
呼和浩特	Hohhot	2.2	21	613.34	12	2.7	13	1853.41	22	7.3	12
其　它省会城市	**Other Provincial Cities**										
石家庄	Shijiazhuang	2.1	22					3528.70	15	9.8	1
太　原	Taiyuan	5.9	12					2467.39	20	7.1	13
*沈　阳	Shenyang	2.4	20					4007.60	13	5.2	17
*长　春	Changchun	5.3	14	2126.80	7	6.1	7	3060.60	16	1.0	18
合　肥	Hefei	7.7	4					5702.20	10	7.8	9
福　州	Fuzhou	7.8	3	2610.31	6	8.6	1	5034.84	11	8.3	6
南　昌	Nanchang	8.0	2					2729.50	18	8.4	5
*济　南	Jinan	7.8	3			4.1	11	5835.10	9	7.0	14
郑　州	Zhengzhou	6.2	10	3029.50	5	6.3	6	6831.80	6	7.1	13
长　沙	Changsha	8.0	2					6775.21	7	8.4	5
*武　汉	Wuhan	6.5	8					9855.34	4	8.2	7
海　口	Haikou	3.6	18	162.59	13	3.0	12	1324.75	24	8.8	3
*杭　州	Hangzhou	5.0	15	4288.00	2	5.3	9	10172.00	3	8.0	8
*南　京	Nanjing	6.7	7	4215.77	3	6.9	3	8699.47	5	8.6	4
*哈尔滨	Harbin	3.1	19	861.30	10	3.0	12	3552.60	14	5.2	17
*广　州	Guangzhou	5.5	13	5722.94	1	4.8	10	16923.23	1	7.5	11
其他副省级城市	**Other Deputy Provincial Cities**										
*大　连	Dalian	11.9		2386.70		14.3		3743.30		2.9	
*宁　波	Ningbo	6.2		5164.60		7.0		5879.90		7.9	
*厦　门	Xiamen	9.7		1908.94		8.4		3474.56		6.6	
*青　岛	Qingdao	4.7		3159.86		2.8		7148.57		8.0	
*深　圳	Shenzhen	4.9		9587.94		4.4		16406.06		8.1	

注:加*号为副省级城市。
The cities marked with"*"are deputy provincial cities.

17－1　续表2　(continued)

单位:%　　　　(%)

城市名称	City	规模以上工业增加值增速 Growth Rate of Added Value of Industry above Designated Size	位次 Ranking	固定资产投资增速 Growth Rate of Total Investment in Fixed Assets	位次 Ranking	房地产投资增速 Growth Rate of Real Estate Investment	位次 Ranking	工业投资增速 Growth Rate of Industrial Investment	位次 Ranking
全国	**National Total**	**5.7**		**5.4**		**9.9**		**4.3**	
贵州省	**Guizhou Province**	**9.6**		**10.0**		**27.3**		**32.6**	
西部省会城市	**Provincial Capital Cities of Western China**								
贵阳	Guiyang	6.3	9	1.5	18	19.3	5	2.0	14
*成都	Chengdu	7.8	5	10.0	7	14.9	7	1.2	16
昆明	Kunming	4.8	14	2.8	15	13.9	8	2.8	13
*西安	Xi'an	6.9	7	1.1	19	-2.1	19	2.0	14
兰州	Lanzhou	2.0	22	-4.7	20				
西宁	Xining	6.5	8	2.6	16				
银川	Yinchuan	6.0	12	-6.2	21	-6.7	20		
乌鲁木齐	Urumqi	1.7	23	2.0	17	-16.8	22	-13.6	18
南宁	Nanning	1.0	25	9.9	8	32.1	1	4.1	12
呼和浩特	Hohhot	2.3	21	5.2	14	0.6	18	11.3	8
其它省会城市	**Other Provincial Cities**								
石家庄	Shijiazhuang	1.3	24	6.2	13	-14.2	21	-5.9	17
太原	Taiyuan	4.5	15	10.2	5	31.3	2	19.4	3
*沈阳	Shenyang	2.8	19	13.2	2	17.9	6	16.6	4
*长春	Changchun	6.2	10	-19.0	23	12.6	9	-36.6	19
合肥	Hefei	8.6	3	9.0	10	1.9	17	10.2	10
福州	Fuzhou	8.7	2	9.0	10	25.9	4	16.4	5
南昌	Nanchang	8.5	4	10.2	5	2.5	16	15.7	7
*济南	Jinan	4.2	17	12.6	3	9.7	12	19.6	2
郑州	Zhengzhou	6.1	11	2.8	15	2.8	15	1.6	15
长沙	Changsha	9.1	1	10.1	6	11.2	10	10.9	9
*武汉	Wuhan	4.4	16	9.8	9	6.7	13	16.3	6
海口	Haikou	3.2	18	-15.4	22	-21.1	23		
*杭州	Hangzhou	5.1	13	11.6	4	10.7	11	5.6	11
*南京	Nanjing	7.0	6	8.0	11	6.2	14	10.2	10
*哈尔滨	Harbin	2.5	20	7.3	12	6.1	14	24.2	1
*广州	Guangzhou	5.1	13	16.5	1	14.8	7	9.1	10
其他副省级城市	**Other Deputy Provincial Cities**								
*大连	Dalian	16.1		-19.8		3.3		-34.8	
*宁波	Ningbo	6.4		8.1		7.3		10.5	
*厦门	Xiamen	8.6		9.0		1.7		5.2	
*青岛	Qingdao	0.6		21.6		21.5		20.2	
*深圳	Shenzhen	4.7		18.8		15.9		11.5	

注:加*号为副省级城市。
The cities marked with"*"are deputy provincial cities.

17－1 续表3 (continued)

单位:亿元 (100 million yuan)

城市名称	City	社会消费品零售总额 Total Retail Sales of Consumer Goods	位次 Ranking	2019年比2018年增长(%) Growth Rate in 2019over 2018 (%)	位次 Ranking	实际利用外资(亿美元) Foreign Investment Utilized	位次 Ranking	2019年比2018年增长(%) Growth Rate in 2019 over 2018 (%)	位次 Ranking
全 国	**National Total**	**411649.00**		**8.0**		**9415.00**		**5.8**	
贵州省	**Guizhou Province**			**5.1**		**11.79**			
西部省会城市	**Provincial Capital Cities of Western China**								
贵 阳	Guiyang	1380.41	19	6.2	15	17.80	11	13.0	7
*成 都	Chengdu	7478.40	1	9.9	4	80.40	2	11.8	9
昆 明	Kunming	3056.57	12	9.7	5	6.49	16	23.3	5
*西 安	Xi'an			6.0	16				
兰 州	Lanzhou	1454.94	17	7.6	14				
西 宁	Xining	592.60	21	5.0	19				
银 川	Yinchuan			6.2	15	2.00	20	177.3	1
乌鲁木齐	Urumqi	1389.19	18	2.6	24	0.07	22		
南 宁	Nanning	2307.41	14	4.2	21	3.10	19	120.4	3
呼和浩特	Hohhot	1646.53	16	2.7	23				
其它省会城市	**Other Provincial Cities**								
石家庄	Shijiazhuang	3545.40	10	8.3	11	16.20	13	8.8	11
太 原	Taiyuan	1952.81	15	7.8	13	0.97	21		
*沈 阳	Shenyang	4479.60	9	10.6	2	16.50	12	15.3	6
*长 春	Changchun			3.9	22	3.30	18		
合 肥	Hefei	3234.51	11	8.7	10	33.92	9	5.0	14
福 州	Fuzhou	5120.30	7	9.6	6	9.40	14		
南 昌	Nanchang	2369.30	13	11.2	1	37.72	8	8.1	12
*济 南	Jinan	5162.20	6	8.1	12	22.40	10	23.8	4
郑 州	Zhengzhou	4671.52	8	9.5	7	44.05	6	4.6	1
长 沙	Changsha	5247.03	5	10.1	3	63.74	4	10.3	10
*武 汉	Wuhan	7449.64	2	8.9	8	123.09	1	12.6	8
海 口	Haikou	785.58	20	4.7	20	6.72	15	164.0	2
*杭 州	Hangzhou	6215.00	3	8.8	9	61.30	5	1.7	15
*南 京	Nanjing	6135.74	4	5.2	18	40.01	7	6.4	13
*哈尔滨	Harbin			5.6	17	3.40	17	8.8	11
*广 州	Guangzhou			7.8	13	71.43	3	8.1	12
其他副省级城市	**Other Deputy Provincial Cities**								
*大 连	Dalian			1.8		8.70		-67.5	
*宁 波	Ningbo	4473.70		7.7		23.60		19.7	
*厦 门	Xiamen	1731.85		12.2		134.16		25.0	
*青 岛	Qingdao	5234.20		8.1		58.40		0.7	
*深 圳	Shenzhen	6582.85		6.7		78.09		0.2	

注:加*号为副省级城市。
The cities marked with" * "are deputy provincial cities.

17－1 续表4 （continued）

单位:亿元 （100 million yuan）

城市名称	City	进出口总额 Total Value of Imports and Exports	位次 Ranking	2019年比2018年增长（%） Growth Rate in 2019over 2018（%）	位次 Ranking	#出口总额 Total Value of Exports	位次 Ranking	2019年比2018年增长（%） Growth Rate in 2019 over 2018（%）	位次 Ranking
全　国	**National Total**	**315446.00**		**3.4**		**172298.00**		**5.0**	
贵州省	**Guizhou Province**	**453.57**		**－9.5**		**327.14**		**－3.1**	
西　部 省会城市	**Provincial Capital Cities of Western China**								
贵　阳	Guiyang	286.69	20	24.5	4	210.19	18	26.7	4
*成　都	Chengdu	5882.70	2	16.9	7	3309.80	3	20.6	5
昆　明	Kunming								
*西　安	Xi'an	3243.06	6	－1.8	21	1730.20	7	－11.6	22
兰　州	Lanzhou	119.41	24	10.4	10	71.83	23	4.6	14
西　宁	Xining	26.38	25	－15.6	25	14.61	25	－28.1	24
银　川	Yinchuan	157.60	22	－6.4	24	104.40	21	－18.1	23
乌鲁木齐	Urumqi	512.60	18	－0.1	20	334.46	16	－7.5	20
南　宁	Nanning	747.8	17	1.0	18	363.91	15	2.5	16
呼和浩特	Hohhot	124.30	23	6.5	14	63.50	24	13.6	9
其　它 省会城市	**Other Provincial Cities**								
石家庄	Shijiazhuang	1178.80	11	28.4	3	655.10	11	14.6	8
太　原	Taiyuan	1119.56	12	3.1	16	651.70	12	－1.7	17
*沈　阳	Shenyang	1072.80	14	9.0	12	315.90	17	－7.7	21
*长　春	Changchun	995.80	16	－5.6	23	147.60	19	－2.6	18
合　肥	Hefei	2221.20	9	9.5	11	1392.50	9	15.7	7
福　州	Fuzhou	2525.8	7	3.2	15	1802	6	9.0	10
南　昌	Nanchang	1061.77	15	34.8	2	645.78	13	43.0	2
*济　南	Jinan	1103.30	13	17.9	6	622.50	14	5.2	13
郑　州	Zhengzhou	4129.90	5	0.6	19	2678.25	5	3.9	15
长　沙	Changsha	2002.00	10	56.4	1	1396.4	8	69.9	1
*武　汉	Wuhan	2440.20	8	13.7	8	1362.30	10	7.1	11
海　口	Haikou	331.38	19	－2.9	22	86.33	22	28.4	3
*杭　州	Hangzhou	5597.00	3	6.7	13	3613.00	2	5.7	12
*南　京	Nanjing	4828.20	4	11.8	9	3006.85	4	20.2	6
*哈尔滨	Harbin	251.50	21	19.9	5	119.80	20	15.7	7
*广　州	Guangzhou	9995.80	1	1.9	17	5257.98	1	－6.2	19
其他副 省级城市	**Other Deputy Provincial Cities**								
*大　连	Dalian	4325.80		－7.5		1914.80		1.2	
*宁　波	Ningbo	9170.30		6.9		5969.60		7.6	
*厦　门	Xiamen	6412.89		6.9		3528.71		5.7	
*青　岛	Qingdao	5925.60		11.2		3411.90		7.4	
*深　圳	Shenzhen	29773.86		0.6		16708.95		2.7	

注:加＊号为副省级城市。
The cities marked with"＊"are deputy provincial cities.

17－1 续表 5 （continued）

单位:亿元 (100 million yuan)

城市名称	City	一般公共预算收入 Public Budgetary Revenue	位次 Ranking	2019年比2018年增长(%) Growth Rate in 2019over 2018(%)	位次 Ranking	一般公共预算支出 Public Budgetary Expenditure	位次 Ranking	2019年比2018年增长(%) Growth Rate in 2019 over 2018(%)	位次 Ranking
全　国	**National Total**	**190382.00**		**3.8**		**238874.00**		**8.1**	
贵州省	**Guizhou Province**	**1767.36**		**2.3**		**5921.40**		**17.7**	
西部省会城市	**Provincial Capital Cities of Western China**								
贵　阳	Guiyang	417.26	18	1.4	18	718.82	19	15.2	3
*成　都	Chengdu	1483.00	5	7.9	4	2006.80	3	9.2	14
昆　明	Kunming	630.03	13	5.8	9	820.86	17	8.5	16
*西　安	Xi'an	702.55	11	2.6	16	1250.44	8	8.6	15
兰　州	Lanzhou	233.23	22	-0.1	20	460.40	22	-1.1	23
西　宁	Xining	101.79	26	9.5	1	328.04	25	10.3	13
银　川	Yinchuan	154.70	25	-10.7	23	346.60	24	-4.6	24
乌鲁木齐	Urumqi	472.46	16	3.1	15	620.28	20	-6.0	25
南　宁	Nanning	370.93	20	3.3	14	787.71	18	12.9	7
呼和浩特	Hohhot	203.12	23	-0.8	21	421.66	23	18.2	1
其它省会城市	**Other Provincial Cities**								
石家庄	Shijiazhuang	569.10	14	9.5	1	1053.40	12	5.9	20
太　原	Taiyuan	386.62	19	3.6	12	610.62	21	12.6	8
*沈　阳	Shenyang	730.30	10	1.3	19	1048.20	13	8.6	15
*长　春	Changchun	420.00	17	-12.1	24	896.00	15	0.2	22
合　肥	Hefei	745.99	9	4.7	10	1122.67	10	11.7	10
福　州	Fuzhou	668.08	12	-1.8	22	952.17	14	3.0	21
南　昌	Nanchang	476.08	15	3.1	15	834.10	16	10.9	12
*济　南	Jinan	874.20	8	7.2	7	1197.30	9	7.0	19
郑　州	Zhengzhou	1222.50	6	6.1	8	1910.56	5	8.3	17
长　沙	Changsha	950.23	7	8.0	3	1456.52	7	12.0	9
*武　汉	Wuhan	1564.12	4	2.3	17	2237.10	2	15.9	2
海　口	Haikou	185.34	24	9.1	2	265.18	26	11.3	11
*杭　州	Hangzhou	1966.00	1	7.7	5	1953.00	4	13.7	6
*南　京	Nanjing	1580.03	3	7.5	6	1658.60	6	8.2	18
*哈尔滨	Harbin	370.90	21	3.5	13	1101.10	11	14.4	4
*广　州	Guangzhou	1697.21	2	4.0	11	2865.12	1	14.3	5
其他副省级城市	**Other Deputy Provincial Cities**								
*大　连	Dalian	692.80		-1.6		1016.30		1.5	
*宁　波	Ningbo	1468.50		6.4		1767.90		10.9	
*厦　门	Xiamen	768.32		1.8		914.65		2.5	
*青　岛	Qingdao	1241.70		0.8		1576.60		1.1	
*深　圳	Shenzhen	3773.21		6.5		4551.03		6.2	

注:加*号为副省级城市。
The cities marked with"*"are deputy provincial cities.

17－1　续表6　(continued)

单位:亿元　　(100 million yuan)

城市名称	City	全部金融机构人民币存款余额 Balance of Deposits in All Financial Institutions	位次 Ranking	比年初增长 Growth Rate over the Beginning of the Year	位次 Ranking	住户存款 Balance of Savings Deposits in Urban and Rural Areas	位次 Ranking	比年初增长 Growth Rate over the Beginning of the Year	位次 Ranking
全　国	**National Total**	**1928785.00**		**8.7**					
贵州省	**Guizhou Province**	**27170.60**		**2.6**		**11527.25**		**8.9**	
西部省会城市	**Provincial Capital Cities of Western China**								
贵　阳	Guiyang	11936.17	15	5.1	12	3164.12	14	11.5	9
*成　都	Chengdu	38593.00	2			14901.00	2		
昆　明	Kunming	14909.26	10	9.5	4	5355.45	10	9.7	14
*西　安	Xi'an	23066.85	6			9553.29	3		
兰　州	Lanzhou								
西　宁	Xining								
银　川	Yinchuan	4013.77	20	8.3	5	1867.01	16	12.1	6
乌鲁木齐	Urumqi	8862.68	17	5.2	11	3171.71	13	10.5	11
南　宁	Nanning	10718.32	16	6.2	9	3960.31	12	11.8	8
呼和浩特	Hohhot	5876.37	18	1.8	15	2391.64	15	10.0	13
其它省会城市	**Other Provincial Cities**								
石家庄	Shijiazhuang	14956.80	9			7630.00	7		
太　原	Taiyuan	12663.72	11	5.3	10	5252.08	11	10.1	12
*沈　阳	Shenyang	18691.30	7	6.5	8	8337.60	4	14.4	5
*长　春	Changchun	12597.70	12	9.7	3	5889.10	9	17.8	2
合　肥	Hefei								
福　州	Fuzhou	1534.97	21	11.1	2	969.13	18	19.2	1
南　昌	Nanchang	11980.04	14	13.0	1				
*济　南	Jinan	18303.20	8	4.0	13				
郑　州	Zhengzhou	23356.13	5	7.3	7	7957.04	6	11.1	10
长　沙	Changsha								
*武　汉	Wuhan	27980.43	4						
海　口	Haikou	4866.22	19	0.4	16	1839.69	17	7.6	15
*杭　州	Hangzhou								
*南　京	Nanjing	34671.17	3	2.7	14	8105.88	5	17.2	3
*哈尔滨	Harbin	12250.50	13	6.5	8	6291.80	8	16.6	4
*广　州	Guangzhou	56701.75	1	7.7	6	17980.56	1	12.0	7
其他副省级城市	**Other Deputy Provincial Cities**								
*大　连	Dalian								
*宁　波	Ningbo	20290.86		9.5		7475.47		13.9	
*厦　门	Xiamen	11095.90		6.2		2325.25		8.1	
*青　岛	Qingdao	17283.00				6755.00			
*深　圳	Shenzhen	79552.35		15.8		16010.77		19.0	

注:加*号为副省级城市;金融机构数据全国和贵州省为比上年同期增长。
The cities marked with" * "are deputy provincial cities. Data of Financial institutions of the national total and Guizhou province are year－on－year growth.

17－1 续表7 (continued)

单位:元 (yuan)

城市名称	City	全部金融机构人民币贷款余额 Balance of Loans in All Financial Institutions	位次 Ranking	比年初增长 Growth Rate over the Beginning of the Year	位次 Ranking	居民消费价格指数(%) CPI (%)	位次 Ranking	2019年比2018年增长(%) Growth Rate in 2019 over 2018 (%)	位次 Ranking
全　国	**National Total**	**1531123.00**		**12.3**		**102.9**		**2.9**	
贵州省	**Guizhou Province**	**28448.73**		**15.1**		**102.4**		**2.4**	
西　部省会城市	**Provincial Capital Cities of Western China**								
贵　阳	Guiyang	14057.59	10	12.1	8	102.7	8	2.7	8
*成　都	Chengdu	35131.00	2			102.8	7	2.8	7
昆　明	Kunming	17854.43	7	9.8	11	102.3	11	2.3	11
*西　安	Xi'an	22264.12	6			102.7	8	2.7	8
兰　州	Lanzhou					102.2	12	2.2	12
西　宁	Xining					102.5	10	2.5	10
银　川	Yinchuan	5150.67	18	6.9	14	102.2	12	2.2	12
乌鲁木齐	Urumqi	7795.39	16	11.6	9	102.2	12	2.2	12
南　宁	Nanning	13918.31	11	15.8	2	103.4	1	3.4	1
呼和浩特	Hohhot	8513.82	15	6.6	15	102.6	9	2.6	9
其　它省会城市	**Other Provincial Cities**								
石家庄	Shijiazhuang					102.7	8	2.7	8
太　原	Taiyuan	13707.47	12	9.5	12	102.7	8	2.7	8
*沈　阳	Shenyang	16619.20	9	12.6	7	103.0	5	3.0	5
*长　春	Changchun	13076.90	13	13.3	6	102.9	6	2.9	6
合　肥	Hefei					102.9	6	2.9	6
福　州	Fuzhou	2141.30	19	14.3	4	102.5	10	2.5	10
南　昌	Nanchang					102.8	7	2.8	7
*济　南	Jinan	17624.20	8	13.6	5	103.3	2	3.3	2
郑　州	Zhengzhou	25364.33	5	19.0	1	103.1	4	3.1	4
长　沙	Changsha					102.9	6	2.9	6
*武　汉	Wuhan	30569.52	4			103.2	3	3.2	3
海　口	Haikou	5330.02	17	8.2	13	103.3	2	3.3	2
*杭　州	Hangzhou					103.1	4	3.1	4
*南　京	Nanjing	32991.93	3	15.8	2	103.1	4	3.1	4
*哈尔滨	Harbin	12053.00	14	10.4	10	102.6	9	2.6	9
*广　州	Guangzhou	46155.78	1	15.5	3	103.3	2	3.3	2
其他副省级城市	**Other Deputy Provincial Cities**								
*大　连	Dalian					102.4		2.4	
*宁　波	Ningbo	21774.23		12.6		103.0		3.0	
*厦　门	Xiamen	11041.60		13.1		103.0		3.0	
*青　岛	Qingdao	17332.00				103.3		3.3	
*深　圳	Shenzhen	55998.20		15.5		103.4		3.4	

注:加*号为副省级城市。
The cities marked with"*"are deputy provincial cities.

17－1 续表8 （continued）

单位:元 (yuan)

城市名称	City	城镇常住居民人均可支配收入 Per Capita Annual Disposable Income of Urban Households	位次 Ranking	2019年比2018年增长(%) Growth Rate in 2019 over 2018 (%)	位次 Ranking	农村常住居民人均可支配收入 Per Capita Annual Disposable Income of Rural Residents	位次 Ranking	2019年比2018年增长(%) Growth Rate in 2019 over 2018 (%)	位次 Ranking
全国	**National Total**	**42359**		**7.9**		**16021**		**9.6**	
贵州省	**Guizhou Province**	**34404**		**8.9**		**10756**		**10.7**	
西部省会城市	**Provincial Capital Cities of Western China**								
贵阳	Guiyang	38240	20	8.9	3	17275	17	10.4	2
*成都	Chengdu	45878	11	8.9	3	24357	6	10.0	4
昆明	Kunming	46289	10	7.7	12	16356	18	9.8	5
*西安	Xián	41850	16	8.1	8	14588	24	9.8	5
兰州	Lanzhou	38095	22	8.8	4	13605	25	10.0	4
西宁	Xining	34846	26	7.4	13	12577	26	9.4	7
银川	Yinchuan	38217	21	7.4	13	15282	22	7.9	16
乌鲁木齐	Urumqi	42667	14	6.4	17	21448	9	9.3	8
南宁	Nanning	37675	24	6.8	16	15047	23	10.2	3
呼和浩特	Hohhot	49397	7	6.1	19	18974	13	10.4	2
其它省会城市	**Other Provincial Cities**								
石家庄	Shijiazhuang	38550	19	8.4	7	15853	20	9.2	9
太原	Taiyuan	36362	25	8.0	9	18377	14	9.0	11
*沈阳	Shenyang	46786	9	6.2	18	18124	16	9.6	6
*长春	Changchun	37844	23	7.0	15	15455	21	8.6	14
合肥	Hefei	45404	12	9.5	1	22462	8	10.2	3
福州	Fuzhou	47920	8	7.8	11	21320	10	9.8	5
南昌	Nanchang	44136	13	8.1	8	19498	11	9.1	10
*济南	Jinan	51913	5	7.3	14	19454	12	9.1	10
郑州	Zhengzhou	42087	15	7.8	11	23536	7	8.7	13
长沙	Changsha	55211	4	8.7	5	32329	2	8.8	12
*武汉	Wuhan	51706	6	9.2	2	24776	5	9.4	7
海口	Haikou	38977	18	7.9	10	16116	19	8.3	15
*杭州	Hangzhou	66068	1	8.0	9	36255	1	9.2	9
*南京	Nanjing	64372	3	8.5	6	27636	4	9.4	7
*哈尔滨	Harbin	40007	17	5.8	20	18238	15	7.7	17
*广州	Guangzhou	65052	2	8.5	6	28868	3	10.9	1
其他副省级城市	**Other Deputy Provincial Cities**								
*大连	Dalian	46468		6.7		19974		10.3	
*宁波	Ningbo	64886		7.9		36632		8.9	
*厦门	Xiamen	59018		8.5		24802		10.7	
*青岛	Qingdao	54484		7.2		22573		8.4	
*深圳	Shenzhen	62522		8.7		43113		6.4	

注:加*号为副省级城市。
The cities marked with“ * ”are deputy provincial cities.

附　录

Appendix

2019
贵阳统计年鉴
GUIYANG STATISTICAL YEARBOOK

2019 年贵阳市国民经济和社会发展统计公报[1]

贵阳市统计局　国家统计局贵阳调查队

2020 年 4 月 24 日

2019 年,面对国内外风险挑战上升、经济下行压力加大的复杂局面,全市上下在市委、市政府的坚强领导下,以习近平新时代中国特色社会主义思想为指导,深入贯彻党的十九大精神和习近平总书记对贵州工作重要指示精神,坚持高标准要求、加快高水平开放、推动高质量发展,全市经济社会发展总体平稳、稳中提质。

一、综　合

初步核算,2019 年全市实现地区生产总值[2]4039.60 亿元,同比增长 7.4%。其中,第一产业增加值 161.34 亿元,增长 5.6%;第二产业增加值 1496.67 亿元,增长 8.2%;第三产业增加值 2381.59 亿元,增长 7.0%。人均生产总值 81995 元,同比增长 5.6%。

图 1:2018 –2019 年地区生产总值及增长速度

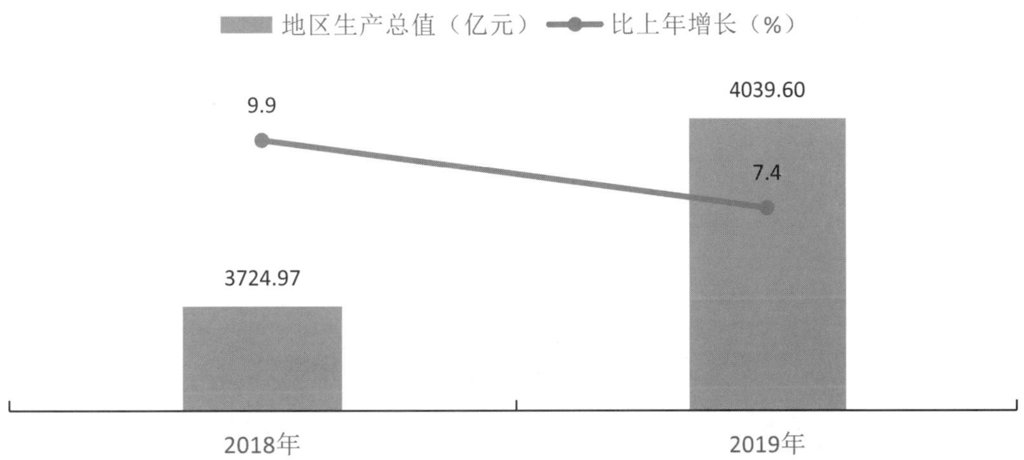

三次产业结构比为 4.0:37.0:59.0,“三二一”结构继续呈现。与上年比,第一产业比重下降 0.1,第二产业比重提高 0.1 个百分点,第三产业比重持平。

表1:2018－2019年地区生产总值

指标名称	2018年	2019年	2019年比2018年增长(%)
地区生产总值(亿元)	3724.97	4039.60	7.4
第一产业	153.10	161.34	5.6
第二产业	1375.91	1496.67	8.2
第三产业	2195.96	2381.59	7.0
人均地区生产总值(元)	76931	81995	5.6

全年居民消费价格指数比上年上涨2.7%，食品烟酒类涨幅最高，上涨7.6%，其中，猪肉价格上涨37.8%。全年工业生产者出厂价格指数上涨0.3%，工业生产者购进价格指数下降0.8%。

表2:2019年居民消费价格比上年涨跌幅度

指标名称	涨跌幅度(%)
居民消费价格	**2.7**
非食品和能源价格	**1.5**
服务项目价格	**0.9**
消费品价格	**3.7**
1. 食品烟酒类	7.6
2. 衣着类	1.1
3. 居住类	0.5
4. 生活用品及服务类	0.0
5. 交通和通讯类	-0.9
6. 教育文化和娱乐类	0.9
7. 医疗保健类	3.3
8. 其他用品和服务类	1.5
商品零售价格	**2.3**

图2:2019年月度居民消费价格指数

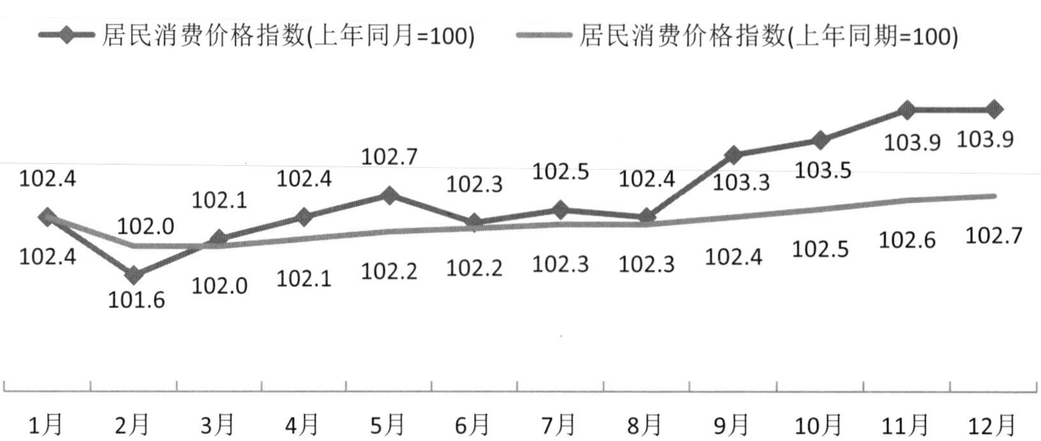

提质增效成果显著。高技术产业加快发展,2019 年,全市规模以上高技术制造业增加值比上年增长 8.3%,增速高于规模以上工业增加值 2.0 个百分点;占规模以上工业增加值比重为 19.5%,比上年提高 0.4 个百分点,对规模以上工业增加值贡献率为 25.4%,拉动规模以上工业增加值增长 1.6 个百分点。其中,铁路、船舶、航空航天和其他运输设备制造业增长 12.1%,计算机、通信和其他电子设备制造业增长 69.9%。绿色经济增长迅速,“十三五”期间,全市淘汰落后产能和化解过剩产能企业 5 家,淘汰落后和过剩产能 196 万吨。规模以上工业企业风力发电量 1.95 亿千瓦时,比上年增长 1.1%;水力发电量 74.42 亿千瓦时,增长 3.3%;垃圾焚烧发电量 1.61 亿千瓦时,增长 24.8%。环境空气质量优良率 98.1%,比上年提高 0.3 个百分点。工业固体废物处置利用率达到 98.0%,垃圾无害化处理率达到 98.0%以上。创业创新活力迸发,全市市场主体总量 568299 户,比上年增长 15.0%;注册资本 31553.79 亿元,增长 22.3%。全年日均新登记市场主体 393 户,相当于比去年每天新增加 67 户,大众创业、万众创新热火朝天。

二、农　业

全年粮食播种面积 121.83 万亩,比上年下降 8.7%;油菜籽播种面积 34.67 万亩,比上年下降 21.6%;烤烟播种面积 4.33 万亩,比上年下降 15.7%;蔬菜及食用菌播种面积 177.58 万亩,比上年增长 2.2%。

全年粮食产量 37.55 万吨,比上年下降 1.6%。其中,夏粮产量 0.54 万吨,下降 85.3%;秋粮产量 37.01 万吨,增长 7.3%。

表 3:2019 年主要农产品产量

指　　标	绝对数(万吨)	比上年增长(%)
粮食作物产量	**37.55**	**-1.6**
按夏秋粮分		
夏　粮	0.54	-85.3
秋　粮	37.01	7.3
按类别分		
#稻　谷	17.55	3.9
小　麦	0.54	-6.4
玉　米	13.90	-9.1
大　豆	0.31	-9.2
薯　类	5.15	3.6
油料作物	4.40	-17.3
#油菜籽	3.97	-20.3
花　生	0.12	-22.2
烤　烟	0.50	-35.8
蔬菜及食用菌	250.32	5.5
茶　叶	0.55	13.0
园林水果	32.83	3.3
#梨	3.20	0.2
桃	3.64	-5.6
柑　橘	1.57	-18.1
杨　梅	1.07	27.6
猕猴桃	9.70	5.9
葡　萄	3.11	6.2

全年肉类总产量12.64万吨，比上年下降2.7%；禽蛋产量3.72万吨，比上年增长6.7%；奶类产量4.65万吨，比上年增长22.4%；水产品产量0.34万吨，比上年增长46.9%。

表4:2019年主要畜产品产量

指　　标	单　位	绝对数	比上年增长(%)
当年肉猪出栏头数	万　头	99.99	-10.9
当年肉用牛出栏头数	万　头	4.23	2.4
当年羊出栏头数	万　只	3.67	-1.7
当年家禽出栏头数	万　只	1944.30	31.1
大牲畜年末存栏头数	万　头	13.83	5.2
#牛	万　头	12.93	6.0
肉　牛	万　头	11.66	8.0
奶　牛	万　头	1.28	-9.5
马	万　匹	0.89	-4.9
猪年末存栏数	万　头	66.94	-11.8
羊年末存栏数	万　只	3.70	-5.5
家禽年末存栏数	万　只	1302.42	10.2
当年肉类总产量	万　吨	12.64	2.7
#猪　肉	万　吨	8.75	-11.3
牛　肉	万　吨	0.54	2.3
羊　肉	万　吨	0.07	-1.7
禽　肉	万　吨	3.26	30.5
其他畜产品产量			
#生牛奶	吨	46528	22.4
蜂　蜜	吨	128	35.9
禽　蛋	吨	37205	6.6

全市完成农产品加工总产值690亿元，农产品加工转化率51.0%。投入各类农业机械9万台(套)，农业机械总动力达201.41万千瓦，比上年增长1.0%；实现机耕面积300万亩、机播面积14万亩、机收面积42万亩，主要农作物综合机械化率达46.5%。累计完成“三品一标”认证2034个(其中无公害农产品769个、无公害产地证1183个、绿色食品产品23个、有机产品54个、地理标志5个)，产地认定面积328.55万亩实现监管监测“三个100%”。

三、工业和建筑业

全年规模以上工业[(3)]增加值比上年增长6.3%。重点产业(行业)规模以上工业增加值比上年增长7.2%，占规模以上工业增加值的83.3%；其中，装备制造业增加值增长31.6%、铝及铝加工工业增加值增长12.1%、电力生产及供应业增加值增长10.0%、烟草制造业增加值增长9.8%、橡胶及塑料制品业增长7.5%。工业园区规模以上工业企业增加值比上年增长6.3%，占规模以上工业增加值的85.5%。

35个行业**“23升12降”**。全市35个工业行业中，23个行业呈增长趋势，其中废弃资源综合利用业增长226.3%、汽车制造业增长103.6%、计算机、通信和其他电子设备制造业增长

69.9%、黑色金属冶炼和压延加工业增长 38.2%,这四个行业增加值占全市规模以上工业增加值的 8.2%。

表 5:2019 年工业园区生产情况

工业园区	比上年增长(%)
全市规模以上工业增加值	6.3
#园区工业增加值	6.3
南明临空经济产业园	9.8
云岩产业园	28.0
花溪产业园	-1.6
小河—孟关装备制造业生态工业园区	9.7
乌当医药食品工业园区	9.4
白云铝及铝加工基地	4.2
麦架—沙文生态科技产业园	25.0
贵阳综合保税区	-19.1
观山湖电子商务和现代制造业产业园	159.7
开阳磷煤化工基地	-25.0
息烽县磷煤化工生态工业基地	-16.7
修文工业园区	13.3
清镇铝煤生态工业基地	2.7

表 6:2019 年规模以上重点产业(行业)生产情况

行业分类	比上年增长(%)
重点产业(行业)	7.2
磷煤化工	-27.0
铝及铝加工	12.1
特色食品业	1.8
烟草制造业	9.8
医药制造业	1.4
装备制造业	31.6
#汽车制造业	103.6
#电子信息产业制造业	2.3
电力生产及供应业	10.0
橡胶及塑料制品业	7.5

表 7:2019 年规模以上工业主要行业生产情况

行业分类	比上年增长(%)
酒、饮料和精制茶制造业	-10.5
石油、煤炭及其他燃料加工业	26.2
化学原料和化学制品制造业	-22.9
橡胶和塑料制品业	7.5
非金属矿物制品业	-0.8
金属制品业	-4.0
通用设备制造业	33.9
铁路、船舶、航空航天和其他运输设备制造业	12.1
电气机械和器材制造业	-22.9
计算机、通信和其他电子设备制造业	69.9

在规模以上工业企业中,轻工业增加值比上年增长 4.6%,重工业增加值比上年增长 7.9%;国有企业增加值比上年增长 9.5%;国有控股企业增加值比上年增长 7.1%;非公有制工业增加值比上年增长 5.1%;外商及港澳台投资企业比上年增长 9.7%;大中型工业企业比上年增长 7.4%;小微型工业企业比上年增长 3.2%。

表 8:2019 年主要工业产品产量

指　标	单　位	绝对数	比上年增长(%)
磷矿石	万　吨	1120.07	-18.7
中成药	万　吨	2.87	11.6
卷　烟	亿　支	481.60	1.1
农用氮磷钾化肥(折纯)	万　吨	260.10	-30.9
轮胎外胎	万　条	606.82	6.8
水　泥	万　吨	1113.84	-4.0
钢　材	万　吨	128.30	52.4
彩色电视机	万　台	123.56	0.0
原　铝	万　吨	47.95	37.0
白　酒	万　升	659.70	35.3
啤　酒	万　升	6539.50	-60.1
电子元件	亿　只	17.58	307.9

全年规模以上工业企业 796 个,比上年增加 24 个。主营业务收入 2105.06 亿元,比上年下降 4.6%;资产负债率 63.0%,比上年下降 1.5 个百分点;营业收入利润率 8.0%,比上年下降 1.3 个百分点;百元收入成本 72.7 元,比上年减少 0.4 元。12 月末,规模以上工业产成品下降 7.4%,降幅同比扩大 2.9 个百分点;规模以上工业企业负债增速放缓,负债合计增长 1.0%,比上年下降 2.4 个百分点;工业产成品存货周转天数同比缩短 0.5 天。

全市建筑业增加值 627.67 亿元,比上年增长 11.0%。具有资质等级的总承包和专业承包建筑企业369个,资质以上建筑企业房屋建筑施工面积8598.24万平方米,比上年增长2.9%;房屋建筑竣工面积2215.40万平方米,比上年下降9.7%。

图3:2018－2019年建筑业增加值及增长速度

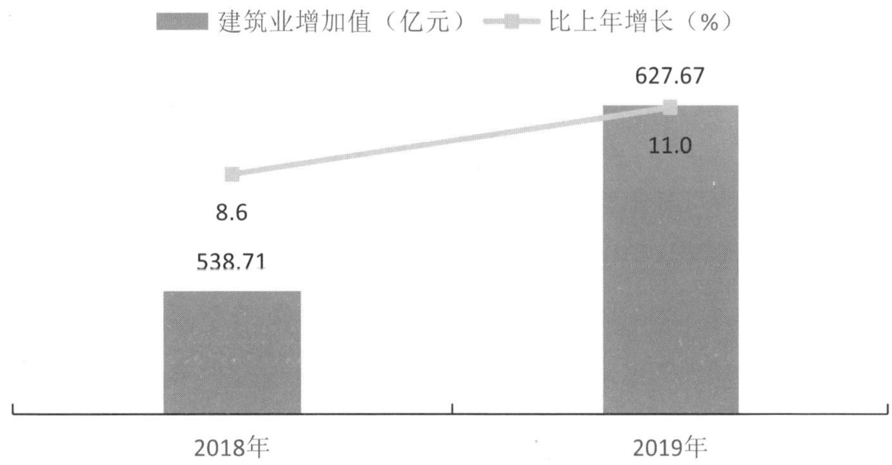

四、固定资产投资

全年固定资产投资[4]比上年增长1.5%。分产业看,第一产业投资下降5.8%;第二产业投资增长2.0%;第三产业投资增长1.7%。

表9:2019年分行业固定资产投资增长速度

指　　标	比上年增长(%)
固定资产投资	1.5
第一产业	-5.8
第二产业	2.0
#工　业(不含工业园区基础设施)	2.0
#化学原料及化学制品制造业	-51.2
医药制造业	-19.9
非金属矿制品业	57.7
黑色金属冶炼及压延加工业	-71.7
有色金属冶炼及压延加工业	68.7
电气机械及器材制造业	-13.2
第三产业	1.7
#交通运输、仓储和邮政业	52.4
#道路运输业	89.5
信息传输、计算机服务和软件业	-23.0
批发和零售业	-69.0
住宿和餐饮业	-6.1
水利、环境和公共设施管理业	-17.6
#公共设施管理业	-14.8
教育	-35.3
卫生和社会工作	-39.8
文化、体育和娱乐业	22.2

全年固定资产投资到位资金比上年下降12.8%。其中,国家预算内资金增长1.1倍;国内贷款下降41.0%;自筹资金增长2.2%;其他资金增长1.9倍。

全年房地产开发企业投资比上年增长19.3%。其中,住宅投资增长15.7%;办公楼投资增长16.1%;商业营业用房投资增长12.2%;其他投资增长46.1%。商品房待售面积106.68万平方米,比上年末减少40.88万平方米,下降27.7%。

表10:2019年房地产主要指标完成情况

指　标	绝对数	比上年增长(%)
本年施工面积(万平方米)	8042.14	31.4
#住　　宅	5217.68	37.4
本年新开工面积(万平方米)	1988.19	45.5
#住　　宅	1373.65	44.3
本年竣工房屋面积(万平方米)	308.59	42.7
#住　　宅	185.60	45.7
本年销售商品房面积(万平方米)	1099.95	-1.7
现房销售面积	124.18	1.3倍
#住　　宅	30.52	-14.9
期房销售面积	975.77	-8.3
#住　　宅	838.26	-8.0
本年商品房销售额(亿元)	1152.75	10.3
现房销售额	165.78	2.2倍
#住　　宅	18.73	-2.9
期房销售额	986.97	-0.7
#住　　宅	835.04	2.3

五、国内贸易

全年实现社会消费品零售总额1380.41亿元,比上年增长6.2%。按经营地统计,城镇消费品零售额1237.25亿元,增长7.8%,其中城区消费品零售额1176.11亿元,增长9.3%;乡村消费品零售额143.16亿元,下降5.8%。按消费形态分,商品零售1261.50亿元,增长5.6%;餐饮收入118.90亿元,增长13.4%。

表11:2019年社会消费品零售总额完成情况

行业分类	绝对数(亿元)	比上年增长(%)
社会消费品零售总额	1380.41	6.2
#限额以上	864.44	3.0
按销售单位所在地分		
城　镇	1237.25	7.8
#城　区	1176.11	9.3
乡　村	143.16	-5.8
按消费形态分		
餐饮收入	118.90	13.4
商品零售	1261.50	5.6
#限额以上企业(单位)商品零售	835.13	3.1
#粮油、食品类	71.97	20.6
饮料类	10.09	15.5
烟酒类	53.16	-4.8
服装鞋帽、针纺织品类	56.70	3.2
化妆品类	15.31	12.8
金银珠宝类	6.09	18.2
日用品类	30.92	-15.5
体育、娱乐用品类	0.90	-51.7
书报杂志类	6.03	18.6
家用电器和音响器材类	39.24	1.0
中西药品类	30.36	13.6
文化办公用品类	11.04	12.2
家具类	0.83	4.1
通讯器材类	18.48	43.3
石油及制品类	141.72	3.7
建筑及装潢材料类	0.66	106.3
汽车类	311.13	-2.7

六、对外经济

全年外贸进出口总额41.51亿美元,比上年增长[5]18.8%。其中出口30.45亿美元,增长21.0%;进口11.06亿美元,增长13.1%。

全年批准外商投资项目43项,比上年下降17.3%。实际直接利用外资17.80亿美元,比上年增长13.0%。

图 4:2015 -2019 年外贸进出口总额

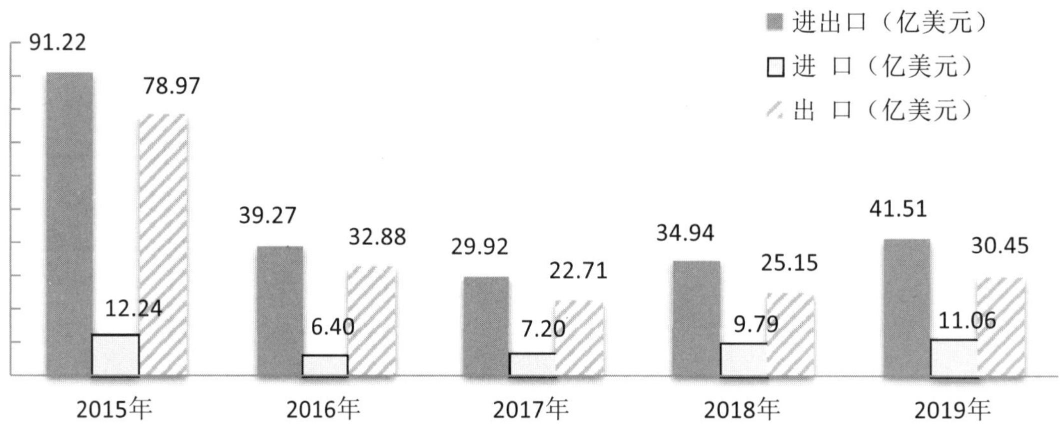

表 12:2019 年外贸进出口情况

指　　标	绝对数(亿美元)	比上年增长(%)
海关进出口总额	286.69	24.5
按企业性质分		
国有企业	149.98	0.4
外商投资企业	11.96	39.2
民营企业	123.72	71.3
其他企业	1.04	7371.9
按贸易方式分		
一般贸易	214.75	26.3
加工贸易	38.99	-5.9
其他贸易	32.95	
出口总额	210.19	26.7
按企业性质分		
国有企业	129.61	3.2
外商投资企业	7.64	40.9
民营企业	72.83	108.5
其他企业	0.10	--
按贸易方式分		
一般贸易	175.84	35.2
加工贸易	24.69	-11.6
其他贸易	9.67	
进口总额	76.50	18.9
按企业性质分		
国有企业	20.36	-14.6
外商投资企业	4.32	36.1
民营企业	50.88	36.4
其他企业	0.93	6623.0
按贸易方式分		
一般贸易	38.92	-2.4
加工贸易	14.30	5.8
其他贸易	23.28	

表 13:2019 年分国别(地区)外贸进出口情况

单位:亿元

国家或地区	外贸进出口总额	出口	进口
总计	286.69	210.19	76.50
亚洲	181.78	126.36	55.42
#香港	54.71	54.67	0.04
印度	2.88	2.85	0.03
日本	15.23	8.37	6.86
韩国	9.24	6.17	3.06
台湾省	23.05	1.01	22.03
东盟	45.25	35.20	10.05
非洲	12.61	8.11	4.50
欧洲	38.60	33.31	5.29
#欧盟 28 国(含英国)	27.40	22.61	4.80
#欧盟 27 国(不含英国)	24.86	20.74	4.12
拉丁美洲	13.98	13.25	0.73
北美洲	17.62	12.37	5.25
#美国	14.81	10.51	4.30
大洋洲	22.10	16.78	5.31
#澳大利亚	14.99	9.71	5.28

七、交通、邮电和旅游

贵阳机场共有航线 253 条,比上年增加 13 条;通航城市达到 132 个,比上年增加 15 个。其中国际地区航线 25 条,比上年增加 5 条;国际地区通航城市 24 个,比上年增加 5 个。全年各种运输方式完成旅客发送量 89665 万人,比上年增长 8.6%;完成货物运输量 61372 万吨,比上年增长 10.7%。

表 14:2019 年运输完成情况

指标	绝对数	比上年增长(%)
旅客发送量(万人)	89665	8.6
铁路	3352	8.1
公路	83823	9.6
航空	2191	9.0
水运	299	102.0
货物运输量(万吨)	61372	10.7
铁路	1264	-14.0
公路	60082	14.5
航空	12	6.9
水运	14	7.7

全市年末民用车辆拥有量168.71万辆,比上年末增长13.0%,其中汽车拥有量134.15万辆,比上年末增长15.9%。私人汽车拥有量119.70万辆,比上年末增长16.5%。

全市邮电业务总量721.28亿元,比上年增长50.6%,其中邮政业务总量28.96亿元,比上年增长33.3%;电信业务总量692.32亿元,比上年增长51.4%。邮政业务收入27.95亿元,比上年增长17.8%。快递业务量1.32亿件,比上年增长29.0%。电信业务收入67.70亿元,比上年增长1.9%。移动电话年末用户819.25万户,比上年增长1.8%,其中,4G用户数646.00万户。固定互联网宽带接入用户数193.78万户,比上年增长1.7%;移动互联网用户数676.42万户,比上年增长8.1%。

全市全年旅游总人数22901.20万人次,比上年增长21.5%,其中接待国内游客22830.21万人次,接待外国(海外)游客70.99万人次。旅游总收入3098.79亿元,比上年增长26.1%,其中旅游外汇收入达35569.55万美元,增长52.3%。

表15:2019年旅游情况

指　标	单　位	绝对数	比上年增长(%)
接待海外旅游人数	人　次	709921	31.3
外国人	人　次	402263	37.6
港澳同胞	人　次	186938	25.8
台湾同胞	人　次	120720	21.3
接待海外旅游人天数	人　天	1599328	38.5
外国人	人　天	925205	43.8
港澳同胞	人　天	420611	34.7
台湾同胞	人　天	253512	27.3
旅游外汇收入	万美元	35569.55	52.3
国内旅游			
接待国内游客	万人次	22830.21	21.5
旅游收入	亿　元	3074.31	26.0
旅游总收入	亿　元	3098.79	26.1

八、财政、金融、证券和保险

全年完成财政总收入901.35亿元,比上年下降0.2%;一般公共预算收入417.26亿元,比上年增长1.4%;一般公共预算支出718.72亿元,比上年增长15.1%。

表16:2019年财政收支完成情况

指　　标	绝对数(亿元)	比上年增长(%)
财政总收入	901.35	-0.2
#一般公共预算收入	417.26	1.4
税收收入	317.38	-0.8
#增值税	120.34	0.1
企业所得税	46.43	0.3
个人所得税	14.11	-49.1
非税收入	99.88	9.2
一般公共预算支出	718.72	15.1
#一般公共服务	111.72	20.9
公共安全	58.41	4.8
教　育	126.81	4.7
科学技术	28.45	14.8
社会保障和就业	54.19	1.3
卫生健康	49.74	10.2
节能环保	18.89	15.6
城乡社区	131.67	62.7

全市年末金融机构本外币各项存款余额11979.46亿元,比年初增加557.63亿元,其中,住户存款余额3181.47亿元,增加324.32亿元;金融机构本外币各项贷款余额14141.31亿元,增加1502.84亿元。全市年末金融机构人民币各项存款余额11936.17亿元,比年初增加575.49亿元,其中,住户存款余额3164.12亿元,增加325.27亿元;非金融企业存款余额4079.12亿元,比年初减少228.06亿元。金融机构人民币各项贷款余额14057.59亿元,比年初增加1515.27亿元,其中,短期住户贷款余额474.29亿元,增加42.94亿元;中长期住户贷款余额2672.82亿元,增加434.85亿元。

全年保险保费收入178.14亿元,比上年增长12.2%。保险赔付支出62.54亿元,比上年增长2.1%。

表 17:2019 年保险业情况

指　　标	绝对数(亿元)	比上年增长(%)
保费收入	178.14	12.2
财产险	75.39	8.6
#机动车辆保险	55.97	5.8
人身险	102.75	15.1
人寿险	72.09	12.0
健康险	22.58	36.7
意外伤害险	8.09	-4.1
赔付支出	62.54	2.1
财产险	42.73	7.6
#机动车辆保险	32.99	3.8
人身险	19.81	-8.1
人寿险	11.99	-19.8
健康险	5.09	23.3
意外伤害险	2.73	9.9

全市年末共有上市公司 20 家,其中上交所 9 家,深交所 11 家。上市公司总市值 1624.41 亿元,比上年增加 5.1%。证券公司 2 家,证券营业部 80 家,资金账户数 107.69 万户,成交金额达到 8189.40 亿元。期货营业部 10 家,成交金额 4373.67 亿元。

九、科学技术和教育

全年专利申请受理量为 20931 件,比上年增长 17.3%。专利授权量 10770 件,比上年增长 18.2%,其中发明专利 972 件,比上年下降 16.2%;实用新型专利 8633 件,增长 25.6%;外观设计专利 1165 件,增长 7.7%。新增省级备案科技型企业 434 家、新入库国家科技型中小企业 211 家;新增高新技术企业 371 家,全市高新技术企业总数达 1005 家;新认定市级创新型企业 12 家。新增省级重点实验室 4 个、省级工程技术研究中心 5 个;新增国家级科技企业孵化器 1 个、省级科技企业孵化器(众创空间)3 个,新认定市级科技企业孵化器(众创空间)10 个;引进科技创新人才团队 36 支。

2019 年,全市研究生教育招生 7707 人,在校生 21599 人,毕业生 4943 人;普通高等教育招生 13.04 万人,在校生 41.11 万人,毕业生 8.98 万人;成人高等教育招生 2.01 万人,在校生 6.16 万人,毕业生 2.40 万人;中等职业教育招生 4.00 万人,在校生 11.67 万人,毕业生 3.58 万人;普通高中招生 2.95 万人,在校生 8.74 万人,毕业生 2.93 万人;普通初中招生 5.11 万人,在校生 15.24 万人,毕业生 4.73 万人;普通小学招生 8.16 万人,在校生 42.74 万人,毕业生 5.16 万人;特殊教育招生 261 人,在校生 1358 人,毕业生 250 人;幼儿园入园 7.40 万人,在园 18.01 万人,离园 6.55 万人。

全市(不含省属中职、高校)各级各类学校共有 1935 所(民办学校 987 所),在校学生 95.54

万人。其中,幼儿园有 1020 所(民办 736 所),在园幼儿 18.02 万人;小学 534 所(民办 82 所),在校学生 42.74 万人;初中 255 所(民办 117 所),在校学生 15.24 万人;高中 75 所(民办 32 所),在校学生 8.74 万人,中等职业学校 33 所(民办 19 所),在校学生 4.22 万人;特殊教育学校 10 所,在校学生 1358 人;工读学校 2 所,在校学生 485 人;市属高等教育学校 6 所,在校学生 6.41 万人。

全市有教职员工 7.61 万人,其中专任教师 5.91 万人。全市中小学学校占地面积 1260.38 万平方米(小学生均占地面积 11.47 ㎡,初中生均占地面积 26.15 ㎡;校舍建筑面积 706.08 万平方米(小学生均建筑面积 5.89 ㎡,初中生均建筑面积 14.38 ㎡)。全市学校图书藏量 2430.55 万册。

学前教育公办率达到 38.76%,学前三年毛入园率为 94.2%,义务教育九年巩固率为 88.88%,高中阶段毛入学率为 94.53%,高等教育的毛入学率为 66.25%。全市随迁子女数为 157238 人(小学 114918 人,初中 42320 人),其中进城务工人员随迁子女数为 114122 人(小学 84356 人,初中 29766 人),义务教育阶段进城务工子女就读公办学校(含政府购买民办学位 28373 个)占比为 84.27%,其中小学 70497 人(含政府购买民办学位 21550 个)占比为 83.57%,初中 25677 人(含政府购买民办学位 6823 个)占比为 86.26%。

图 5:2015 -2019 年高中、初中和小学招生人数

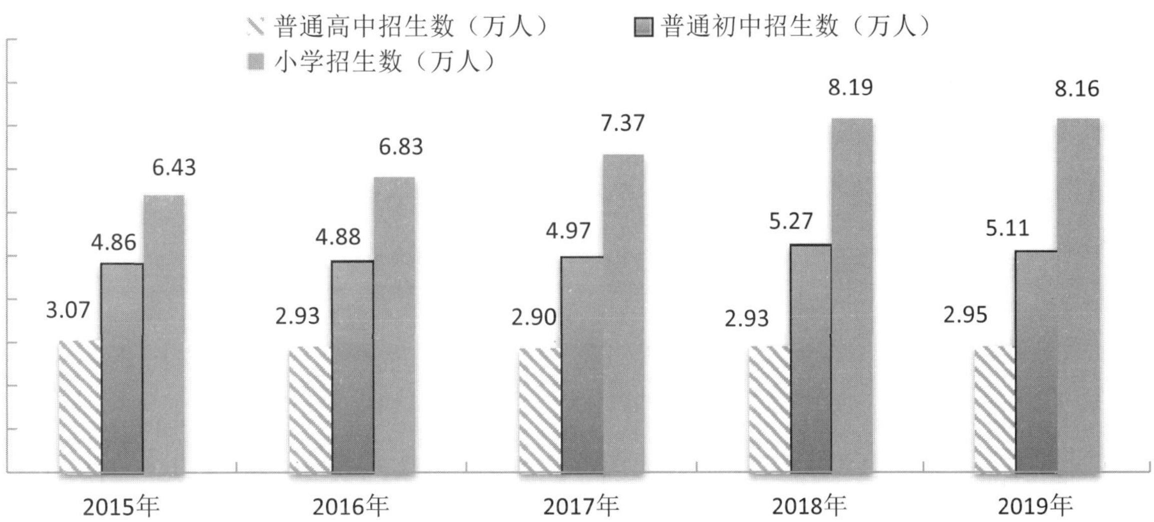

十、文化、卫生和体育

全市共有艺术表演团体 5 个,文化馆(群众艺术馆)11 个,文化站(文化中心)1085 个,公共图书馆 12 个,图书馆藏书量 670 万册(包含电子图书);广播电视台 5 座,广播人口综合覆盖率 100%,电视人口综合覆盖率 99.63%。

全市年末拥有卫生机构 3370 个,其中医院 189 个,乡镇卫生院 76 个,社区卫生服务中心 80 个,村卫生室 1342 个,社区卫生服务站 70 个,急救中心(站)2 个;床位总计 34624 张,其中公立医院床位 23483 张,社会办医院 9170 张,中医类医院 4727 张,公立专科医院 3882 张,基层医疗卫生机构 4145 张;卫生技术人员 54547 人,其中执业(助理)医师 19781 人,注册护士 26210 人;公共卫生人员 5102 人,乡村医生 1421 人;医护比 1:1.33,床护比 1:0.64;健康档案建档率 85.1%。

全市拥有1所体育运动学校，1292名运动员。全年共举办全民健身活动340次，其中，1000人以上的全民健身活动55次。全年参加国内体育比赛，贵阳代表队获奖牌317枚。其中，金牌101枚，银牌105枚，铜牌111枚。我市运动员还参加2019年全国体操锦标赛暨世锦赛选拔赛、2019年全国U18青少年跆拳道锦标赛系列赛、2019年全国男子举重锦标赛全国举重积分赛等国内比赛有7人次，并夺得冠军2人次、亚军2人次。截至目前共组织363名运动员参加全省青少年锦标赛，共获得80金64银77铜。全市体育健身设施共计1016个；其中全民健身路径设施1013个，市级生态体育公园1个，市属全民健身中心1个，市属健身房1个；共计拥有器材数12156件，占地611.44万平方米，体育设施投资金额8319万元。

全民健身服务取得新突破。全年共投入290万元实施43个全民健身工程，实施“共享新时代全民健身贵阳行”五大系列72项全民健身活动，累计组织各类赛事（活动）近300场（次），参与人数超过160万人次，全市经常性参加体育锻炼的人口比例达37.5%。成功举办2019贵阳国际马拉松赛、2019ITF国际女子网球巡回赛·贵阳站、2019年NEST全国电子竞技大赛（英雄联盟）夏季总决赛、2019戴维斯杯亚大区Ⅰ组中国vs韩国赛事、中天城投杯第三十四届全国中老年羽毛球邀请赛、2019贵阳·清镇半程马拉松、2019洲际俱乐部四国篮球挑战赛贵阳站、息烽县西望山第四届国际越野跑挑战赛、南江大峡谷漂流暨攀岩赛、2019观山湖区城市乐跑嘉年华、甲秀电子竞技联赛等一系列赛事活动。

十一、城市建设和生态环境

全市年末市区道路总长度达到1514.49公里，道路面积3040.95万平方米。公共汽车运用车辆2864辆[(6)]，公交专用车道长度57.3公里，轨道交通车站数25个，综合客运枢纽3个。城市出租汽车13052辆，全部安装卫星定位车载终端系统，全年载客车次总数21296.3万车次，客运量52148.9万人次，运营里程12.33亿公里。

全市自来水厂22个，自来水综合生产能力193.45万立方米/日，供水管道长度达到6020.64公里。全年供水总量45656.54万立方米，售水总量34601.15万立方米，其中公共服务用水4158.19万立方米，居民家庭用水21997.03万立方米。

全市天然气供气总量56932万立方米，比上年增长24.3%。其中家庭用量20450万立方米，增长35.2%。用天然气户数126.11万户，其中家庭用户125.30万户，比上年增长6.9%。天然气人口346.16万人，比上年增长3.0%。燃气普及率94.0%。

全市35个污水处理厂，处理能力150.21万立方米/日，其中市区污水处理厂23座，市区污水处理能力133.5万立方米/日；“三县一市”污水处理厂12座，污水处理能力16.71万立方米/日。市区排水管道长度3846.63公里。

全市16个县级以上和36个建制乡镇集中式饮用水源地均达到Ⅲ类水质标准，水质达标率100%。全市区域噪声为56.1分贝，交通噪声为69.8分贝，控制在国家标准范围内。新增城市绿地面积103.01公顷，建成区绿地面积14095.99公顷，建成区绿化覆盖面积14904.62公顷，建成区公园绿地面积4424.65公顷，城市公园绿地服务半径覆盖的居住用地面积10424.86公顷，绿道长度1032.58公里，森林覆盖率52.16%。

全市环境空气质量综合指数[7]3.13,比上年下降 10.8 个百分点。全年空气质量优良天数占全年天数的 98.1%,比上年提高 0.3 个百分点。市区大气可吸入颗粒物年平均浓度为 0.047 毫克/立方米,比上年下降 17.5%;二氧化硫年平均浓度为 0.010 毫克/立方米,与上年下降 9.1%;二氧化氮年平均浓度为 0.021 毫克/立方米,比上年下降 16.0%;细颗粒物年平均浓度为 0.027 毫克/立方米,与上年下降 15.6%。

全年平均气温 14.8℃,较常年平均偏高 0.4℃,极端最高气温 33.8℃,极端最低气温零下 4.3℃。全年平均相对湿度 82.0%;总降水量 1243.7 毫米,较常年平均偏多 12.0%;日照时数 1058.7 小时,较常年平均偏少 7.0%。

十二、人民生活和劳动就业

全年贵阳市城镇居民人均可支配收入 38240 元,比上年增长 8.9%;扣除价格因素,实际增长 6.0 %。每百户居民拥有的家用汽车和移动电话机数量分别为 46.8 辆和 222 部。

表 18:2019 年末每百户城镇居民家庭耐用消费品拥有量情况

指　标	单　位	绝对数
家用汽车	辆	46.8
摩托车	辆	6.3
摩托车	辆	
电冰箱(柜)	台	102.5
洗衣机	台	102.9
热水器	台	101.3
空调	台	22.6
彩色电视机	台	107.7
照相机	台	17.3
计算机	台	69
中高档乐器	架	10
固定电话	部	13.3
移动电话	部	222

农村居民人均可支配收入 17275 元,比上年增长 10.4%;扣除价格因素,实际增长 7.6 %。每百户居民拥有的家用汽车和移动电话机数量分别为 46.8 辆和 246 部。

图 6:2015－2019 年城乡居民人均可支配收入

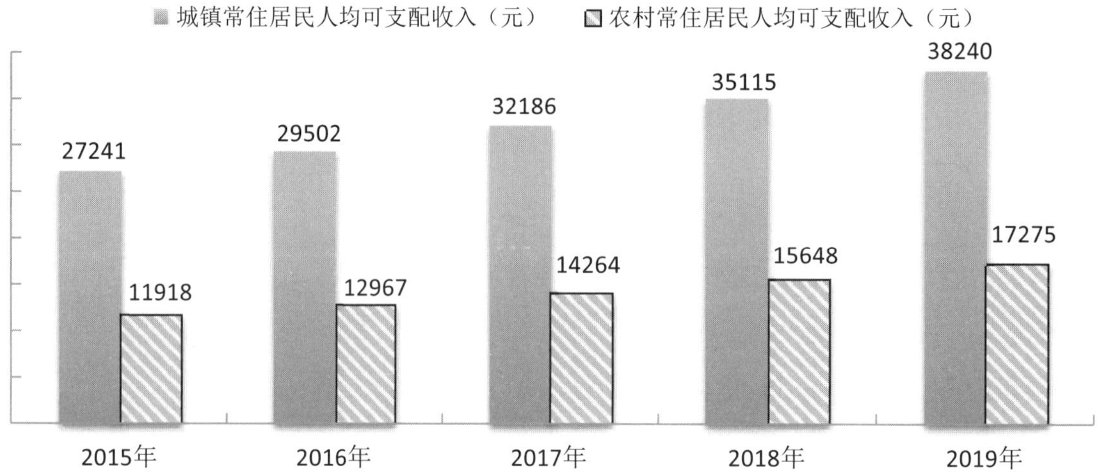

表 19:2019 年末每百户农村居民家庭耐用消费品拥有量情况

指　标	单　位	绝对数
家用汽车	辆	46.8
摩托车	辆	54.1
电冰箱	台	99.5
洗衣机	台	101.1
热水器	台	73.6
空调	台	1.9
彩色电视机	台	111.9
照相机	台	2.6
计算机	台	12.4
中高档乐器	架	0.9
固定电话	部	3.2
移动电话	部	246

全年城乡统筹就业人数达 22.31 万人,比上年下降 17.8%。就业困难对象实现再就业 11602 人;农村富余劳动力转移人数 38054 人;城镇失业人员就业人数 48097 人;城镇新增就业人数 18.51 万人,比上年下降 20.6%。年末城镇登记失业率为 2.96%。

图7:2015－2019年新增就业人数(万人)

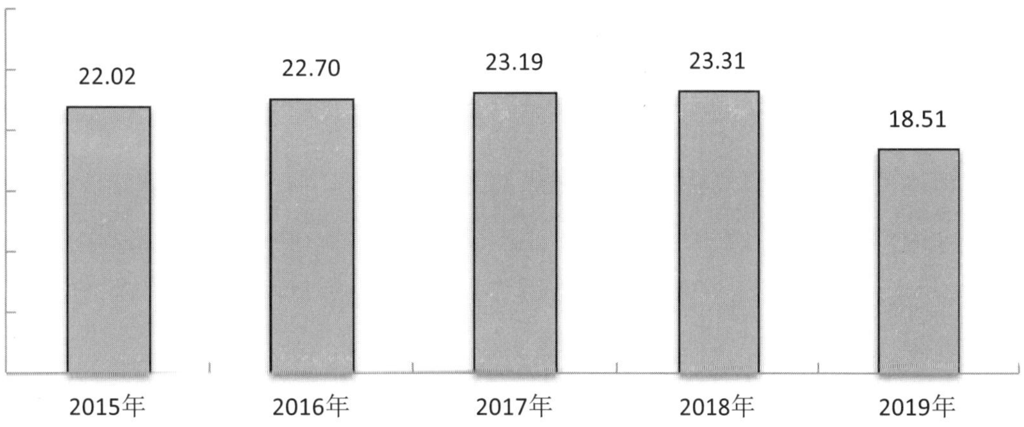

十三、人口、社会保障和服务

全市年末常住人口497.14万人,年平均人口492.67万人。年出生率13.44‰,死亡率5.15‰,自然增长率8.29‰,城镇化率达76.13%。

表20:2019年末人口数及其构成

指　　标	单　位	绝对数	比上年增长(%)
年平均人口	万　人	492.67	1.7
年末总人口	万　人	497.14	1.8
按市镇、乡村分			
市　镇	万　人	378.47	2.8
乡　村	万　人	118.67	－1.1
按性别分			
男	万　人	255.88	2.3
女	万　人	241.26	1.3
人口出生率	‰	13.44	0.37千分点
人口死亡率	‰	5.15	0.62千分点
自然增长率	‰	8.29	－0.25千分点

全市年末参加城镇职工基本养老保险人数240.01万人,比上年增长7.2%,其中离退休职工基本养老保险38.70万人,比上年增长5.5%;城乡居民基本养老保险人数78.07万人,比上年下降2.1%;失业保险参保人数85.85万人,比上年增长6.2%;城镇职工基本医疗保险参保人数152.22万人,比上年增长3.8%;城镇居民基本医疗保险参保人数62.15万人,比上年下降16.2%;参加生育保险人数144.58万人,比上年增长4.3%。

全市年末养老服务机构94个,床位数9730张,在院人数3933人;社区服务中心150个,其中农村 57 个;社区服务站 1513 个,其中农村 931 个;城乡居民享受最低生活保障的人数 7.46 万人,其中城市最低生活保障人数为 5.10 万人,农村最低生活保障人数为 2.36 万人;全年民政部门直接接受社会捐赠款 13826.88 万元。

十四、安全生产

全年各类生产安全事故[8]228 起,比上年下降 5.0%,死亡 165 人,下降 7.8%。其中,道路交通发生安全事故 192 起,下降 9.4%,死亡 115 人,下降 19.6%;工矿商贸发生安全事故 27 起,增长 50.0%,死亡 40 人,增长 42.9%;铁路交通发生安全事故 9 起,下降 10.0%,死亡 10 人,增长 25.0%;职工工伤死亡 40 人,增长 42.9%;煤矿安全事故死亡 4 人。

注 释:

(1)公报中所列数据为初步统计数。

(2)生产总值和各产业增加值绝对数为当年价格,增长速度按可比价格计算。

(3)规模以上工业指年主营业务收入为 2000 及 2000 万元以上工业企业。

(4)固定资产投资统计口径为计划总投资 500 万元及以上固定资产项目投资和全部房地产开发项目投资。

(5)进出口增速按扣除政策性增量后的可比口径计算。

(6)公交运营车辆数包含三县一市数据。

(7)环境空气质量指数(AQI)技术规定(试行)(HJ633 -2012)与《环境空气质量标准》(GB 3095—2012)同步实施,标准内容可在环境保护部网站(bz. mep. gov. cn)查询。

(8)生产安全事故不含消防火灾事故。

(9)资料来源:本公报中电信数据来自贵州省通信管理局;民航运输数据来自贵州省机场集团;上市公司数据来自证监会贵州监管局;保险业数据来自银保监会贵州监管局;教育数据来自贵州省教育厅、市教育局;艺术表演团体、公共图书馆、文化馆数据来自贵州省文化和旅游厅、市文化和旅游局;广播、电视数据、旅游数据来自市文化和旅游局;体育数据来自省体育局和市体育局;城镇新增就业、登记失业率、社会保障数据来自市人力资源和社会保障局;财政数据来自市财政局;农业机械总动力和机耕面积数据来自市农业农村局;铁路运输数据、公路运输数据、水运数据来自市交通委员会;燃气供应数据来自市住房城乡建设局、市燃气集团;外商投资数据来自市商务局;外贸进出口数据来自贵阳海关;民用车辆数据来自市公安交通管理局;邮政业务数据来自市邮政管理局;金融数据来自人民银行贵阳中心支行;科技、专利数据来自市科技局、市市场监管局;平均气温及湿度数据来自市气象局;卫生、新农合数据来自市卫健局;社会福利、低保、社会捐赠数据来自市民政局;环境监测自市生态环境局;城市建设、建成区绿化数据来自市综合执法局;自来水及污水处理等数据来自市水务局;公交运营数据来自市公交公司、市道路运输管理局;安全生产数据来自市应急管理局;物价和城乡居民收支数据来自国家统计局贵阳调查队;其他数据均来自市统计局。

The Statistical Communiqué of Guiyang on the 2019 National Economic and Social Development(1)

Guiyang Statistical Bureau NBS Survey Office in Guiyang

April 24th, 2020

In the face of rising challenges at home and abroad, the pressure of economic downturn is increasing, and the situation is getting more and more complex in 2019. With the guidance of the socialist ideas with Chinese characteristics in the new era, our city had been implementing the spirit of the 19th CPC National Congress and General Secretary Xi Jinping's important instructions for the work of Guizhou under the leadership of the Guiyang Municipal Committee and the Guiyang Municipal People's Government. We had been adhering to high standards, accelerating opening – up with a high level, and promoting high – quality development. Thanks to unremitting efforts, the municipal economic development had maintained smooth and steady progress.

I. General

According to the preliminary accounting, its annual GDP(2) has achieved 403.96 billion yuan, an increase of 7.4% over the previous year. From the perspective of industry, the added value of the primary industry was 16.134 billion yuan with an increase of 5.6% over the previous year; the second industry was 149.667 billion yuan with an increase of 8.2%; and the tertiary industry was 238.159 billion yuan with an increase of 7.0%. The average GDP per capita was 81,995 yuan, with an increase of 5.6% over the previous year.

Figure 1: Regional GDP and Growth Rate 2018 – 2019

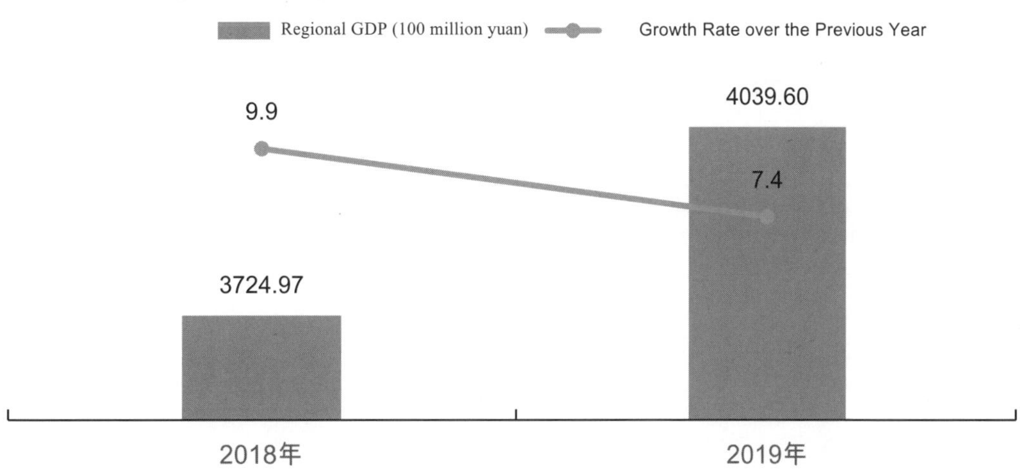

The structure ratio of primary, secondary, tertiary industry was 4.0:37.0:59.0, continuously presented a steady structure of "tertiary, secondary and primary industry". Comparing to the previous year, the proportion of the primary industry decreased by 0.1% and the tertiary secondary increased by 0.1%, while the proportion of the tertiary industry is basically flat.

Table 1: GDP by region 2018 – 2019

Item	2018	2019	Growth Rate in 2019 over 2018(%)
GDP(100 million yuan)	3,724.97	4,039.60	7.4
Primary Industry	153.10	161.34	5.6
Secondary Industry	1,375.91	1,496.67	8.2
Tertiary Industry	2,195.96	2,381.59	7.0
Per Capital Gross Domestic Product (yuan)	76,931	81,995	5.6

The consumer prices in 2019 rose 2.7% over the previous year. The category of food, beverage, tobacco and liquor increased 7.6%, the most of any area, of which pork price rose 37.8%. The industrial producer prices increased by 0.3% and the purchasing prices of the industrial producer declined 0.8%.

Table 2: Fluctuation Range of Consumer Prices in 2019

Item	Balance Number(%)
Consumer price	2.7
Non – food and energy	1.5
Service price	0.9
Consumer goods price	3.7
1. Food, tobacco and liquor	7.6
2. Clothing	1.1
3. Housing	0.5
4. Living goods and services	0.0
5. Transportation and communications	–0.9
6. Education, culture and recreation	0.9
7. Medical and health care	3.3
8. Other articles and services	1.5
Retail price	2.3

Figure 2: Monthly Changes of Consumer Price Index in 2019

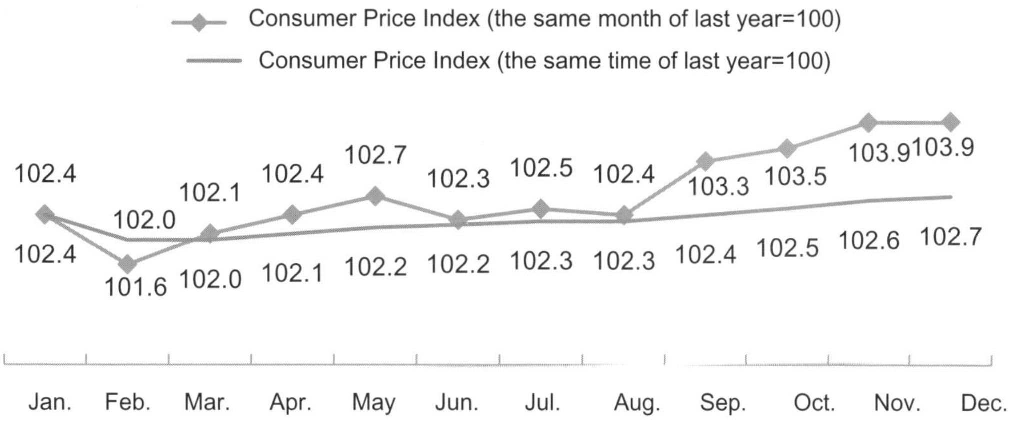

Improving quality and efficiency had received a remarkable result. There is a rapid growth on high – tech enterprises development. The industrial added value of the high – tech enterprises (manufacture industry) increased by 8.3% over the previous year with a growth rate 2.0% higher than the average level of Guiyang. The total number accounted for 19.5% of the enterprises above designated size in Guiyang increased by 0.4% over the previous year. The contribution ratio of added value of industries above designated size is 25.4%. It boosted the added value of industries above designated size to increase by 1.6%, in which manufacture of railway, watercraft, aviation, aerospace and other transport equipment has increased by 12.1%, and manufacture of computers, communication equipment and other electronic equipment has increased by 69.9%.

Green economic growth is fast. During the 13th Five – Year, 5 enterprises of outdated production capacity and overcapacity were obsoleted in the city, and 1.96 million tons of outdated production capacity was eliminated. The industrial enterprises above designated size generates electric energy production 195 million kilowatt, with 1.1% increase over last year. The output of hydroelectricity is 7.442 billion kilowatts, with 3.3% increase over last year. Waste burning generating capacity is 161 million kilowatts, with 24.8% increase over last year. The excellent and good rate of atmospheric environment quality is 98.1% with 0.3% increase over last year. The utilization of Industrial solid wastes is 98.0%, and the decontamination rate of refuse is more than 98.0%.

Entrepreneurship and innovation had enormous vitality in the last year. The total households of market entity is 568,299, an increase of 15.0% compared with the previous year. The registered capital is 3,155.379 billion, with an increase of 22.3%. there were 393 households newly registered market entity per day at average for the whole year, which means there were 67 households increase per day over last year's figure. Mass entrepreneurship and innovation was done in full swing.

II. Agriculture

In 2019 the total sown area of grain was 1.2183 million mu, a decrease of 8.7% over the previous year; the sown area of rapeseed was 346,700 mu, an decrease of 21.6%; the sown area of flue – cured tobacco was 43,300 mu, a decrease of 15.7% compared with the precious year; the sown area of vegetables and edible mushroom was 1.7758 million mu, an increase of 2.2%.

The total output of grain in 2019 was 375,500 tons decreased by 1.6%, of which the summer grain was 5,400 tons, decrease by 85.3%, while the autumn grain was 370,100 tons increased by 7.3%.

Table 3: Output of Major Agricultural Products in 2019

指　　标	Absolute Number (10,000 tons)	Growth Rate over 2018(%)
Total grain output	37.55	-1.6
By season		
Summer grain	0.54	-85.3
Autumn grain	37.01	7.3
By species		
#Rice	17.55	3.9
Wheat	0.54	-6.4
Corn	13.90	-9.1
Beans	0.31	-9.2
Tubers	5.15	3.6
Oil – bearing crops	4.40	-17.3
#Rapeseed	3.97	-20.3
Peanut	0.12	-22.2
Flue – cured tobacco	0.50	-35.8
Vegetables and edible mushrooms	250.32	5.5
Tea	0.55	13.0
Garden Fruits	32.83	3.3
#Pear	3.20	0.2
Peach	3.64	-5.6
Tangerine	1.57	-18.1
Waxberry	1.07	27.6
Chinese gooseberry	9.70	5.9
Grape	3.11	6.2

The total output of meat was 126,400 tons down by 2.7%; the output of poultry and eggs was 37,200 tons up by 6.7%; the output of milk was 46,500 tons down by 22.4%; the output of aquatic products was 3,400 tons up by 46.9%.

Table 4: Output of Major Livestock Products in 2019

Item	unit	Absolute number	Growth Rate over 2018 (%)
Annual slaughtered fattened hogs	10,000 heads	99.99	-10.9
Annual slaughtered beef cattle	10,000 heads	4.23	2.4
Annual slaughtered sheep and goats	10,000 heads	3.67	-1.7
Annual slaughtered poultry	10,000 heads	1,944.30	31.1
Large animal at Year - end	10,000 heads	13.83	5.2
#Cattle	10,000 heads	12.93	6.0
Beef cattle	10,000 heads	11.66	8.0
Cow	10,000 heads	1.28	-9.5
Horse	10,000 heads	0.89	-4.9
Hogs at year - end	10,000 heads	66.94	-11.8
Sheep and goats at year - end	10,000 heads	3.70	-5.5
Poultry at year - end	10,000 heads	1,302.42	10.2
Total output of meat	10,000 tons	12.64	2.7
#Pork	10,000 tons	8.75	-11.3
Beef	10,000 tons	0.54	2.3
Mutton	10,000 tons	0.07	-1.7
Poultry meat	10,000 tons	3.26	30.5
Other livestock products			
#Milk	tons	46,528	22.4
Honey	tons	128	35.9
Poultry eggs	tons	37,205	6.6

In the last year, the total output value of agricultural products processing were 69 billion yuan, and the conversion rate of agricultural products processing is 51.0%. 90,000 sets of agricultural machinery went into service. The total power of agricultural machinery in Guiyang was 2.0141 million kilowatts at the end of 2019, increased by 1.0% over the previous year. the area of tractor - ploughed farmland reached 3 million mu. The area of mechanical sowing farmland reached 140,000 mu, and the area of machine harvested farmland was 420,000 mu. The ratio of comprehensive mechanization of the staple crop was 46.5%. 2034 "san pin yi biao" authentications were approved, including 769 pollution - free agricultural products, 1183 nuisanceless certificates of origin, 23 kinds of green food product, 54 kinds of organic product, and 5 geographical indications. The certified area of origin of 3.2885 million mu has achieved "three 100%" of supervision and monitoring.

III. Industry and Construction

In 2019, the added value of industries(3) above the designated size was up by 6.3%. The added value of key industries above the designated size was up by 7.2% accounted for 83.3% over the added value of industries above the designated size, of which, the added value of equipment manufacturing industry was up by 31.6%, aluminum and its processing industry was up by 12.1%, production and supply of electric power 10.0%, tobacco manufacturing industry 9.8%, and manufacture of chemical fibers and plastics 7.5%. The industrial parks above the designated size increased by 6.3%, accounted for 85.5% of the industries above the designated size.

There are 35 industries in Guiyang among them 23 remained increasing while 12 decreased, of which the growth rate of utilization of waste resource reached an increase over 226.3%, manufacture of automobiles increased by 103.6%, manufacture of computers communication equipment and other electronic equipment increased 69.9%, smelting and pressing of ferrous metals was up by 38.2%. The added value of these four industries accounted for 8.2% of the industries above designated size in Guiyang.

Table 5: Output of Guiyang Industrial Park

Industrial Park	Growth Rate over 2018(%)
Added Value of Industries Above Designated Size	6.3
# Added Value of Industrial Park	6.3
Nanming Airport Economic Zone	9.8
Yunyan Industrial Park	-28.0
Huaxi Industrial Park	-1.6
Xiaohe - Mengguan Equipment Manufacturing Eco - industry Park	9.7
Wudang Food and Drug Industrial Park	9.4
Baiyun Aluminum and Aluminum Industrial Park	4.2
Maijia - Shawen Eco - tech Industrial Park	25.0
Guiyang Comprehensive Bonded Area	-19.1
Guanshanhu E - commerce and Modem Manufacturing Industrial Park	159.7
Kaiyang Phosphorus and Coal Industrial Park	-25.0
Xifeng Phosphorus and Coal Industrial Park	-16.7
Xiuwen Industrial Park	13.3
Qingzhen Aluminous & Coal Ecological Industrial Park	2.7

Table 6: The Production Status of Key Industries above Designated Size

Industry Classification	Growth Rate Over 2018 (%)
Key Industries	7.2
Phosphor and Coal Chemical Industry	-27.0
Aluminum and Aluminum Processing	12.1
Special Food Industry	1.8
Tobacco Manufacturing Industry	9.8
Pharmaceutical Industry	1.4
Equipment Manufacturing Industry	31.6
#Automobile Industry	103.6
#Electronic Information Industry	2.3
Electric Power Production and Supply Industry	10.0
Rubber and Plastic Manufacturing Industry	7.5

Table 7: The Production Status of Main Industries above Designated Size

Industry Classification	Growth Rate Over 2018 (%)
Manufacture of Liquor Beverages and Refined Tea	-10.5
Manufacture of Oil Coal and Other Fuel Processing	26.2
Manufacture of Raw Chemical Materials and Chemical Products	-22.9
Manufacture of Chemical Fibers and Plastics	7.5
Manufacture and Processing of Non - ferrous Metals	-0.8
Manufacture of Metal Products	-4.0
Manufacture of General Purpose Machinery	33.9
Manufacture of Railway Watercraft Aviation Aerospace and Other Transport Equipment	12.1
Manufacture of Electrical Machinery and Equipment	-22.9
Manufacture of Computers Communication Equipment and Other Electronic Equipment	69.9

For the added value of the industrial enterprises above the designated size the light industry increased by 4.6%, the heavy industry increased by 7.9%, the added value of the state - owned enterprises increased by 9.5% over the previous year. The added value of the state - holding enterprises increased by 7.1%. The added value of non - public industries increased by 5.1%. The added value of enterprises by foreign investors and investors from Hong Kong Macao and Taiwan increased by 9.7% over the previous year. The added value of large and medium - sized industrial enterprises increased by 7.4% over the previous year, small and micro industrial enterprises increased by 3.2%.

Table 8: Output of Major Industrial Products in 2019

Item	Unit	Absolute Number	Growth Rate Over 2018 (%)
Phosphorus ore	10,000 tons	1,120.07	-18.7
Traditional Chinese medicine	10,000 tons	2.87	11.6
Cigarettes	100 million pieces	481.60	1.1
Chemical fertilizers (farm - oriented NPK fertilizer purification)	10,000 tons	260.10	-30.9
Tires	10,000 tires	606.82	6.8
Cement	10,000 tons	1,113.84	-4.0
Steel	10,000 tons	128.30	52.4
Color TV set	10,000 sets	123.56	0.0
Primary Aluminium	10,000 tons	47.95	37.0
Liquor	10,000 liters	659.70	35.3
Beer	10,000 liters	6,539.50	-60.1
Electronic component	100 million pieces	17.58	307.9

There were 796 industrial enterprises above the designated size in 2019, 24 increased over the previous year. The revenue made by the industrial enterprises above the designated size was 210.506 billion yuan down by 4.6%. Ratio of liabilities to assets was 63.0% with a decrease of 1.5% compared with last year. Ratio of profits to business revenue is 8.0%, 1.3% lower than that of the previous year. The revenue cost of 100 yuan was 72.7 yuan, 0.4 yuan less than that of the previous year. In late December, industrial products above the designated size had dropped by 7.4%, an increase of 2.9% compared with the same period last year. The growth rate of liabilities of industrial enterprises above designated size slowed down, with total liabilities increasing by 1.0%, down by 2.4% over the previous year. Days sales of inventory for manufactured products were 0.5 days shorter than that of the previous year.

The total added value of construction in Guiyang was 62.767 billion yuan increased by 11.0%. There were 369 qualified general and professional contracting construction enterprises. The area constructed by qualified enterprises was 85.9824 million square meters increased by 2.9%. The floor space of building completed was 22.154 million square meters decreased by 9.7%.

Figure 3: Added Value of Construction and Growth Rate(2018 - 2019)

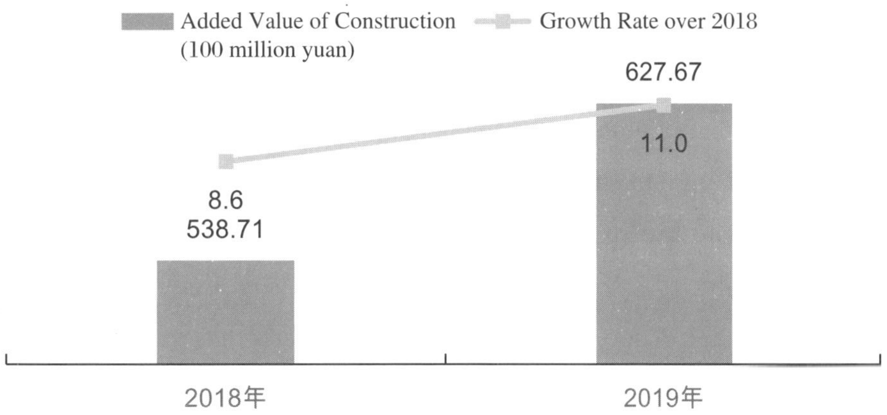

IV. Investment in Fixed Assets

The total investment in fixed assets[4] of Guiyang in 2019 increased by 1.5% over the previous year. From the perspective of sector, the investment in primary industry was down by 5.8%, the secondary industry was up by 2.0% and the tertiary industry was up by 1.7%.

Table 9: Investment in Fixed Assets by Sector and Growth Rate in 2018

Items	Growth Rate over 2018 (%)
Total investment in fixed assets	1.5
Primary industry	-5.8
Secondary industry	2.0
# Industry (Exclude the facilities in Industrial Parks)	2.0
# Manufacture of raw chemical materials and chemical products	-51.2
Manufacture of medicines	-19.9
Manufacture of non-metallic mineral products	57.7
Smelting and calendering of ferrous metals	-71.7
Smelting and calendering of non-ferrous metals	68.7
Manufacture of electrical machinery and apparatus	-13.2
Tertiary industry	1.7
# Transport, storage and post	52.4
# Road Transport	89.5
Information transmission, software and information technology	-23.0
Wholesale and Retail Trades	-69.0
Hotel and Catering Services	-6.1
Management of water conservancy, environment and public facilities	-17.6
# Management of public facilities	-14.8
Education	-35.3
Health and Social Work	-39.8
Culture, Sports and Recreation	22.2

The funded investment of fixed assets decreased by 12.8% over the previous year. Of which, the state budgetary appropriation increased by 1.1 times; the domestic loan was decreased by 41.0%; the self-raised fund increased by 2.2%; other fund increased by 1.9 times over the previous year.

In 2019, the investment in real estate development projects was up by 19.3% over the previous year. Of which, the housing investment was up by 15.7% over 2018; the investment in office buildings was down by 16.1%; the investment in houses for commercial business increased by 12.2%; Other investment was up by 46.1%. Floor Space of Commercialized Buildings Sold is 1.0668 million square meters, 408,800 square meters less than that at the end of last year, a decrease of 27.7%.

Table 10: Achievement of the Major Indicators of Real Estate in 2018

Items	Absolute Number	Growth Rate over 2018(%)
Floor Space of Construction (10,000 sq. m)	8,042.14	31.4
#Households	5,217.68	37.4
Floor Space of New Construction (10,000 sq. m)	1,988.19	45.5
#Households	1,373.65	44.3
Floor Space of Completed Buildings (10,000 sq. m)	308.59	42.7
#Households	185.60	45.7
Floor Space of Sold Commercial Buildings (10,000 sq. m)	1,099.95	-1.7
Floor Space of Sold Complete Department	124.18	1.3 times
#Household	30.52	-14.9
Floor Space of Forward Delivery Housing	975.77	-8.3
#Household	838.26	-8.0
Sales Volume of Commercial Buildings (100 million yuan)	1,152.75	10.3
Sales Volume of Complete Department	165.78	2.2 times
#Household	18.73	-2.9
Sales Volume of Forward Delivery Housing	986.97	-0.7
#Household	835.04	2.3

Ⅴ. Domestic Trade

In 2019, the total retail sales of consumer goods reached 138.041 billion yuan, up by 6.2% over the previous year. By location, the retail sales of consumer goods in cities and towns was 123.725 billion yuan, up by 7.8%, of which the city was 117.611 billion yuan, increased by 9.3%, the rural was 14.316 billion yuan, decreased by 5.8%. Of patterns of consumption, the commodity retailing was 126.150 billion yuan, up by 5.6% over the previous year. The revenue of catering was 11.89 billion yuan, up by 13.4%.

Table 11: Total Retail Sales of Consumer Goods in 2019

By Industries	Absolute Number (100 million yuan)	Growth Rate over 2018(%)
Total Retail Sales of Consumer Goods	1,380.41	6.2
#Above Designed Size	864.44	3.0
By Region		
Town	1,237.25	7.8
#Urban	1,176.11	9.3
Rural	143.16	-5.8
By Consumption Pattern		
Revenue of Catering	118.90	13.4
Commodity Retailing	1,261.50	5.6
# Retail Sales of Enterprises(Units) Above Designed Size	835.13	3.1
# Food and oil	71.97	20.6
Beverages	10.09	15.5
Tobacco and Liquor	53.16	-4.8
Garments, Shoes, Caps and Textiles	56.70	3.2
Cosmetics	15.31	12.8
Gold and silver jewelry	6.09	18.2
Daily Necessities	30.92	-15.5
Sports and Recreation Appliances and Equipment	0.90	-51.7
Books, Newspapers and Magazines	6.03	18.6
Household Appliances and Stereo Equipment	39.24	1.0
Chinese and Western Medicines	30.36	13.6
Culture and Official Articles	11.04	12.2
Furniture	0.83	4.1
Communication Equipment	18.48	43.3
Oil and Oil Products	141.72	3.7
Construction and Decoration Materials	0.66	106.3
Cars	311.13	-2.7

Ⅵ. Foreign Trade and Economic Cooperation

The total volume of imports and exports in 2019 was 4.151 billion US dollars, increased[(5)] by 18.8% over the previous year. Of which the export was 3.045 billion US dollars, increased by 21.0% and the import was 1.106 billion US dollars, increased by 13.1%.

There were 43 projects approving foreign investment in 2019 decreased by 17.3% over the previous year. Total volume of foreign investment actually utilized was 1.78 billion US dollars, increased by 13.0%.

Figure 4: Total Volume of Imports and Export and the Growth Rate(2015 -2019)

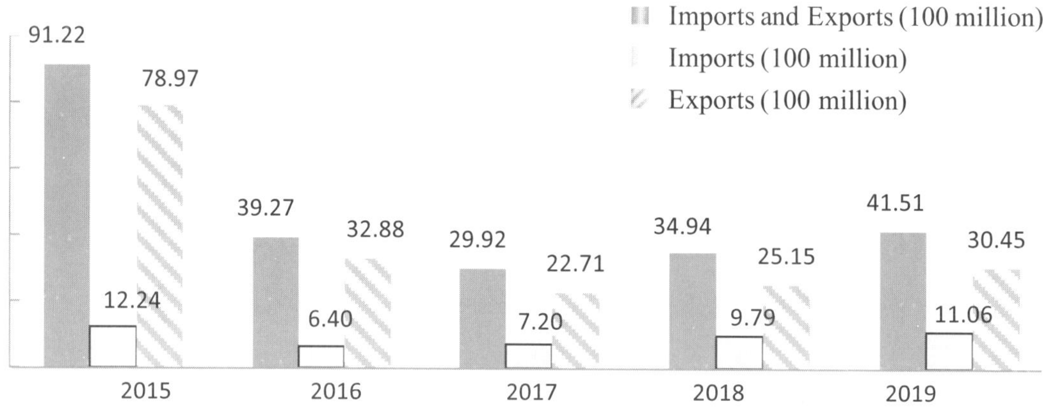

Table 12: Imports and Exports in 2019

Item	Absolute Number (100 million yuan)	Growth Rate over 2018(%)
Total volume of imports and exports	286.69	24.5
By enterprises property		
State - owned enterprises	149.98	0.4
Foreign - invested enterprises	11.96	39.2
Private enterprises	123.72	71.3
Others	1.04	7371.9
By trade mode		
General trade	214.75	26.3
Processing trade	38.99	-5.9
Others	32.95	
Total volume of exports	210.19	26.7
By enterprises property		
State - owned enterprises	129.61	3.2
Foreign - invested enterprises	7.64	40.9
Private enterprises	72.83	108.5
Others	0.10	-
By trade mode		
General trade	175.84	35.2
Processing trade	24.69	-11.6
Others	9.67	
Total volume of imports	76.50	18.9
By enterprises property		
State - owned enterprises	20.36	-14.6
Foreign - invested enterprises	4.32	36.1
Private enterprises	50.88	36.4
Others	0.93	6623.0
By trade mode		
General trade	38.92	-2.4
Processing trade	14.30	5.8
Others	23.28	

Table 13: Imports and Exports by Countries and Regions in 2019

Unit: 100 million yuan

Country or Region	Total Volume of Imports and Exports	Exports	Imports
Total	286.69	210.19	76.50
Asia	181.78	126.36	55.42
# Hong Kong	54.71	54.67	0.04
India	2.88	2.85	0.03
Japan	15.23	8.37	6.86
South Korea	9.24	6.17	3.06
Taiwan Province	23.05	1.01	22.03
ASEAN	45.25	35.20	10.05
Africa	12.61	8.11	4.50
Europe	38.60	33.31	5.29
#28 EU countries (including the UK)	27.40	22.61	4.80
#27 EU countries (excluding the UK)	24.86	20.74	4.12
Latin America	13.98	13.25	0.73
North America	17.62	12.37	5.25
# America	14.81	10.51	4.30
Oceania	22.10	16.78	5.31
# Australia	14.99	9.71	5.28

Ⅶ. Transportation, Post and Telecommunication, Tourism

In 2019, Guiyang Airport has 253 airline routes, 13 more than last year; navigable cities reached 132, an increase of 15 over the previous year. Of which, 25 are international and regional airlines, 5 more than last year; 24 are international navigable cities, 5 more than the previous year. The total passenger traffic by all transport means reached 896.65 million, increased by 8.6% over the previous year and the freight traffic reached 613.72 million tons, increased by 10.7%.

Table 14: Achievement of Transport in 2019

Item	Absolute Number	Growth Rate over 2018(%)
Total passenger traffic (10 000 persons)	89,665	8.6
Railways	3352	8.1
Highways	83,823	9.6
Civil aviation	2,191	9.0
Waterways	299	102.0
Total freight traffic(10 000 tons)	61,372	10.7
Railways	1264	-14.0
Highways	60,082	14.5
Civil aviation	12	6.9
Waterways	14	7.7

The total number of motor vehicles for civilian use reached 1.6871 million by the end of 2019, increased by 13.0% over the year-end of 2018. Of which the total number of cars was 1.3415 million, increased by 15.9% over the year-end of 2018 and the number of the private cars was 1.197 million, increased by 16.5% over the year-end of 2018.

The turnover of post and telecommunication services reached 72.128 billion yuan, increased by 50.6%. Of which post service was 2.896 billion yuan, increased by 33.3%; telecommunication service was 69.232 billion yuan, increased by 51.4%. The revenue of postal business was 2.795 billion yuan, increased by 17.8%. The volume of express delivery business was 132 million pieces, increased by 29.0%. The revenue of telecommunication business reached 6.77 billion yuan, increased by 1.9% over the previous year. The number of mobile phone subscribers at the end of the year reached 8.1925 million, increased by 1.8%. Of which 4G mobile phone users reached 6.46 million. The number of fixed Internet users was 1.9378 million, increased by 1.7%. The number of mobile internet users was 6.7642 million subscribers, up by 8.1% over the last year.

The whole year saw 229.012 million tourists, increased by 21.5% over the previous year, of which including 228.3021 million domestic tourists and 709.9 thousand foreign tourists. The total revenue from tourism in 2019 was 309.879 billion yuan, up by 26.1% over the previous year. Of which foreign exchange income from tourism reached 355.6955 million US dollars, up by 52.3%.

Table 15: Basic Statistics on Tourism in 2019

Item	Unit	Absolute Number	Growth Rate over 2018(%)
Number of foreign tourists	Person - time	709,921	31.3
Foreigners	Person - time	402,263	37.6
Compatriots from Hong Kong and Macao	Person - time	186,938	25.8
Compatriots from Taiwan	Person - time	120,720	21.3
Number of overseas tourists received	Person - day	1,599,328	38.5
Foreigners	Person - day	925,205	43.8
Compatriots from Hong Kong and Macao	Person - day	420,611	34.7
Compatriots from Taiwan	Person - day	253,512	27.3
Foreign exchange revenue	10000 U. S. D.	35,569.55	52.3
Domestic tourism			
Domestic tourists	10 000 person - times	22,830.21	21.5
Tourism revenue	100 million yuan	3,074.31	26.0
Total Tourism revenue	100 million yuan	3,098.79	26.1

VIII. Finance, Banking, Stocks and Insurances

The total government revenue in 2019 reached 90.135 billion yuan, a 0.2% decrease compared with the previous year; the public financial budget revenue was 41.726 billion yuan, a 1.4% increase compared with the previous year; and the public financial budget expenditure was 71.872 billion yuan, a 15.1% increase over the previous year.

Table 16: Basic Statistics on Financial Revenue and Expenditure in 2019

Item	Absolute Number (100 million yuan)	Growth Rate over 2018(%)
General financial revenue	901.35	-0.2
#Public financial budget income	417.26	1.4
Tax revenue	317.38	-0.8
#Added - value tax	120.34	0.1
Corporate income tax	46.43	0.3
Individual income tax	14.11	-49.1
Non - tax revenue	99.88	9.2
Public financial budget expenditure	718.72	15.1
#General public services	111.72	20.9
Public security	58.41	4.8
Education	126.81	4.7
Science and technology	28.45	14.8
Social security and employment	54.19	1.3
Hygiene and health	49.74	10.2
Environment protection	18.89	15.6
Urban and rural community affairs	131.67	62.7

By the end of 2019, saving deposits in RMB and foreign currencies in all items of financial institutions in Guiyang totaled 1,197.946 billion yuan, 55.763 billion more than the figure calculated at the beginning of 2019. Of which household balance reached 318.147 billion yuan, 32.432 billion yuan more than the figure calculated at the beginning of 2019. Loan balance in RMB and foreign currencies in all items of financial institutions reached 1,414.131 billion yuan, 150.284 billion more than that of the beginning of 2019. Saving deposits in RMB in all items of financial institutions in Guiyang at the end of 2019 reached 1,193.617 billion yuan, 57.549 billion more than the beginning of 2019. Of which, household balance reached 316.412 billion yuan, 32.527 billion yuan more than the beginning of 2019. Balance of non-financial companies reached 407.912 billion yuan, 22.806 billion less than the beginning of last year. Loan balance in RMB in all items of financial institutions in RMB reached 1,405.759 billion yuan, with an increase of 151.527 billion yuan. Of which short-term household loan balance was 47.429 billion yuan, an increase of 4.294 billion yuan; middle and long term household loan balance was 267.282 billion yuan, an increase of 43.485 billion yuan.

Total premium income in 2019 reached 17.814 billion yuan, a 12.2 percent increase over the previous year. And total compensation expenses amounted to 6.254 billion yuan, a 2.1 percent increase over the previous year.

Table 17: Basic Statistics on Insurance in 2019

Item	Absolute Number (100 million yuan)	Growth Rate over 2018(%)
Premium income	178.14	12.2
Property insurance	75.39	8.6
#Motor vehicle insurance	55.97	5.8
Life insurance	102.75	15.1
Personal insurance	72.09	12.0
Health insurance	22.58	36.7
Personal accident insurance	8.09	-4.1
Compensation expenses	62.54	2.1
Property insurance	42.73	7.6
#Motor vehicle insurance	32.99	3.8
Life insurance	19.81	-8.1
Personal insurance	11.99	-19.8
Health insurance	5.09	23.3
Personal accident insurance	2.73	9.9

By the end of 2019, the number of listed companies was 20, including 9 listed in Shanghai Stock Exchange and 11 listed in Shenzhen Stock Exchange. The total market value of those listed companies was 162.441 billion yuan, an increase of 5.1 percent over the previous year. Besides, there were 2 securities companies, 80 securities exchange departments. The number of capital accounts reached 1.0769 million. And the turnover of trades reached 818.94 billion yuan. Moreover, there were 10 business departments of future goods, with a turnover of 437.367 billion yuan.

Ⅸ. Science, Technology and Education

In 2019, there were 20,931 patent applications for new inventions, a 17.3% increase comparing to the previous year, and 10,770 of them had been authorized, a 18.2% increase over last year. Among those authorized patents, 972 items were for inventions, down by 16.2%, 8,633 for utility models, up by 25.6%, and 1,165 items design patents, up by 7.7% over the previous year. There were 434 new added sci tech enterprises registered at provincial level, 211 new added small and medium – sized technology – based enterprises; 371 new high – tech enterprises, amounting to 1,005 high – tech enterprises in Guiyang; 12 new innovative enterprises approved at municipal level, 4 new added key laboratories at provincial level, 5 engineering technology research centers at provincial level; 1 new technological entrepreneurship incubators at national level, 3 technological entrepreneurship incubators and 10 new sci – tech enterprises approved at provincial level and 36 scientific and technological innovation talent teams introduced.

In 2019, the enrollments of postgraduate education institutions in Guiyang were 7,707 persons with 21,599 current students and the number of graduates was 4,943; enrollments of higher education institutions were 130.4 thousand, with 411.1 thousand current students and the number of graduates was 89.8 thousand; enrollments of adult higher education were 20.1 thousand with current students 61.6 thousand, and the number of graduates was 24.0 thousand; enrollments of secondary vocational education were 40.0 thousand with 116.7 thousand students currently and the number of graduates was 35.8 thousand; enrollments of regular high schools were 29.5 thousand with 87.4 thousand current students and the number of graduates was 29.3 thousand; enrollments of regular junior secondary schools were 51.1 thousand with 152.4 thousand current students and the number of graduates was 47.3 thousand; enrollments of ordinary primary schools were 81.6 thousand with 427.4 thousand students currently, and the number of graduates was 51.6 thousand; enrollments of special education institutions were 261 with 1,358 current students and the number of graduates was 250; and enrollments of kindergartens were 74.0 thousand with 180.1 thousand current students and the number of graduates was 65.5 thousand.

There were around 1,935 schools at different levels (including 987 private schools and excluding secondary vocational schools and institutions of higher learning at the provincial level) set up in our city. The total number of students studying at school was 955.4 thousand. Among them, 1,020 were kindergartens (including 736 privately – operated) with 180.2 thousand current students, 534 primary schools (including 82 privately – operated) with 427.4 thousand current students, 255 middle schools (including 117 privately – operated) with 152.4 thousand current students, 75 senior high schools (including 32 privately – operated) with 87.4 thousand students currently, 33 secondary vocational schools (including 19 privately – operated) with 42.2 thousand students currently, 10 special education schools with 1,358 current students, two work – study schools for delinquent children with 485 students currently, and 6 municipal institutions of higher learning with 64.1 thousand current students.

The total number of faculty and staff was 76.1 thousand, of which 59.1 thousand were full-time teachers. The total floor area of municipal primary and middle schools was 12.6038 million square meters. (The average floor area of primary schools was 11.47 square meters, and the average floor area of middle schools was 26.15 square meters); the floor area of school buildings was 7.0608 million square meters (The average floor area of primary schools was 5.89 square meters, and the average floor area of middle schools was 14.38 square meters). The book collections of all libraries in our city had reached 24.3055 million volumes.

Preschool education teaching rate reached 38.76%, the kindergarten gross enrollment rate three years before entry into the primary school was 94.20%, the nine-year compulsory education gross enrollment rate was 88.88%, the senior high school gross enrollment rate was 94.53%, and the institution of higher learning gross enrollment rate was 66.25%. In 2019, the number of offspring migrated together with parents to our city was 157,238 (of which 114,918 studied in the primary school, and 42,320 studied in the middle school). Among them, 114,112 were children whose parents were migrant workers (of which 84,356 studied in the primary school, and 29,766 studied in the middle school). Children who followed their migrant worker parents to receive a nine-year compulsory education in public schools accounted for 84.27% of the total (including 28,373 degrees of private schools bought by the government), of which 70,497 were in the primary school, taking up 83.57% of the total (including 21,550 degrees of private schools bought by the government), and 25,677 were in the middle school, taking up 86.26% of the total (including 6,823 degrees of private schools bought by the government).

Figure 5: New Students Enrollment (2015-2019)

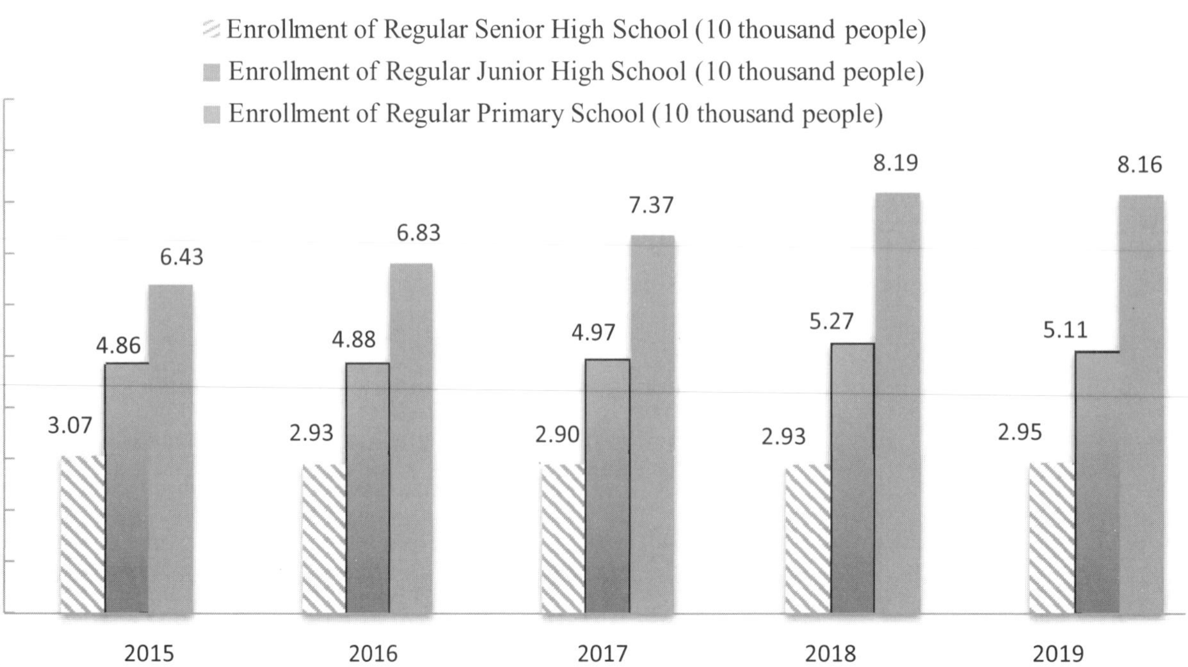

X. Culture, Sanitation and Sports

At the end of 2019, here were 5 art – performing groups, 11 cultural centers and mass cultural centers, 1,085 cultural stations as well as 12 public libraries with 6.7 million copies (including e – books); there were 5 radio stations with 100% comprehensive broadcast coverage of population and 99.63% coverage of population of television.

By the end of 2019, there were 3,370 medical and health institutions in Guiyang, including 189 hospitals, 76 health centers, 80 community health service centers, 1,342 village clinics ,70 community health service stations and 2 emergence centers. And there were 34,624 beds in hospitals in total, among which 23,483 beds in public hospitals, 9,170 beds in non – public medical institutions, 4,727 beds in traditional Chinese medicine hospitals, 3,882 beds in public specialized hospitals, and 4,145 beds in primary medical and health institutions; there were 54,547 health workers, including 19,781 licensed doctors and licensed assistant doctors, 26,210 registered nurses, 5,102 public health professionals and 1,421 rural doctors; the ratio of doctors and nurses is 1 to 1.33, and the ratio of beds and nurses is 1 to 0.64; and the filing rate of health records is 85.1%.

In 2019, throughout Guiyang there were 1 sports school and 1,292 athletes. Over the year, 340 mass fitness activities had been held, among which there were 55 activities attracting more than 1,000 participants. As for honors and awards won in domestic sports events in 2019, athletes from Guiyang won 317 medals including 101 gold medals, 105 silver medals and 111 bronze medals. 7 athletes brought up by our city participated in the "2019 National Gymnastics Championships and World Championships Trials", "2019 National U18 Junior Taekwondo Championships Series", "2019 National Weightlifting Points Race of National Men's Weightlifting Championships" and other national competitions. In total, two championships and two runners – up were won. So far there has been 363 athletes participating in Provincial Junior Championships, with wining 80 gold medals, 64 silver medals and 77 bronze medals. There were 1,016 fitness facilities set up in our city, of which 1,013 were fitness routes, 1 was the municipal ecological sports park, 1 was the municipal public fitness center, and 1 municipal gym. Meanwhile, there were around 12,156 pieces of sports facilities, covering an area of around 6.1144 million square meters and the investment of fitness facilities added up to 83.19 million yuan.

The city – wide fitness services made new breakthroughs. 2.9 million yuan was invested in 2019 to implementation 43 city – wide fitness projects and 72 city – wide fitness activities of "Five Sports Series" of "Sharing Achievements of the New Era: City – wide Fitness Walk" with around 300 various sports activities organized and held, over 1.6 million participants and the proportion of people often taking part in physical exercise in our city reaching 37.5%. "2019 Guiyang International Marathon", "ITF International Women's Tennis Championship 2019 – guiyang", "2019 NEST National Electronic Sports Tournament (League of Legends) Summer Finals", "2019 Davis Cup Asia/Oceania Group I China vs Korea", "The 34th National Senior Badminton Invitational Tournament of Zhongtian

Chengtou Cup", "2019 Qingzhen Half – Marathon · Guiyang", "2019 Club Intercontinental Four nations' Basketball Challenge · Guiyang", "The Fourth Mt. Xi Wang Ultra Trail – Xifeng", "Nanjiang Grand Canyon Rafting and Climbing Competition", "2019 Guanshanhu Fun Run", "Jiaxiu E – sports League" and a series of races.

XI. Urban Construction and Ecological Environment

The total length of paved roads at the end of 2019 in urban areas was 1,514.49 kilometers, the area of paved roads was 30.4095 million square meters. The number of buses(6) in operation was 2,864, the length of bus lanes was 57.3 kilometers, the number of urban rail transit stations was 25, and the number of comprehensive passenger transportation hub was 3. The total number of taxis in Guiyang was 13,052, among which all taxis installed with satellite positioning, the total number of passenger taxis in 2019 was 212.963 million taxi – time, the total volume of public transportation was 521.489 million person – time, and the total mileage of taxis in operation was 1.233 billion kilometers.

There were 22 water supply plants totally in Guiyang. The comprehensive productive capacity of tap water reached 1.9345 million cubic meters per day, with water supply pipelines reaching 6,020.64 kilometers. The total water supply in 2019 reached 456.5654 million cubic meters and the total volume of water sold reached 346.0115 million cubic meters, including 41.5819 million cubic meters of consumption for public use and 219.9703 million cubic meters for household use.

The total natural gas supply in our city was 569.32 million cubic meters, up by 24.3% over the previous year. The total volume of natural gas consumed reached 204.5 million cubic meters, up by 35.2%, including 1.2611 million natural gas households and 1.253 million households, up by 6.9% over last year. The population of using natural gas reached 3.4616 million, increased by 3.0%. The gas penetration was 94.0%.

There were 35 sewage disposal plants in Guiyang, with the capacity of disposing 1.5021 million cubic meters sewage per day. Among those plants, 23 located in urban areas, with the capacity of disposing 1.335 million cubic meters sewage per day. There were totally 12 sewage disposal plants in Qingzhen, Xifeng, Xiuwen and Kaiyang with the capacity of disposing 167.1 thousand cubic meters sewage per day. And the length of drainage pipelines of urban areas was 3,846.63 kilometers.

The centralized drinking water source areas in more than 16 counties and 36 villages and towns reached III drinking water quality standard and the water qualification rate was 100%. The regional noise reached 56.1 decibels and the traffic noise was 69.8 decibels both within the control of national standards. The area of newly increased urban green land was 103.01 hectares. Besides, there were 14.09599 thousand hectares of green areas of built – up gardens completed, 14.90462 thousand hectares of green coverage of built – up areas accomplished, 4,424.65 hectors of green areas of built – up parks finished, 10.42486 thousand hectares of residential land covered by urban service radius of urban park green space. The length of greenway reached 1,032.58 kilometers, and the ratio of forest coverage was 52.16%.

The municipal air quality index[7] in 2019 was 3.13, down by 10.8% over the previous year and the proportion of days when air quality meet or above the standards of good or excellent in the whole year accounted for 98.1%, up by 0.3 % over the previous year. The annual average concentration of inhalable particles in urban areas was 0.047 milligram per cubic meter, down by 17.5%; the annual average concentration of sulfur dioxide was 0.01 milligram per cubic meter, down by 9.1% over last year; the annual average concentration of nitrogen dioxide was 0.021 milligram per cubic meter, down by 16.0%; and the annual average concentration of fine particles was 0.027 milligram per cubic meter, down by 15.6% over last year.

In 2019, the annual average temperature of Guiyang city was 14.8℃, 0.4℃ higher than last year. The extreme maximum temperature was 33.8℃, and the extremely minimum temperature was 4.3℃. The annual average relative humidity was 82.0%. The total amount of precipitation was 1,243.7 millimeters, 12.0% more than last year; and the hours of sunshine reached 1,058.7 hours, 7.0% less than last year.

XII. Peoples Livelihood and Employment

In 2019, the annual per capita disposable income of urban households was 38,240 yuan, an increase of 8.9% comparing with the previous year, or a real increase of 6.0% when the factors of price excluded. The number of family cars and mobile phones per 100 households were 46.8 and 222 respectively.

Table 18: Ownership of Family Durable Consumer Goods Per 100 Urban Households at the End of 2019

Item	Unit	Absolute Figure
Family Cars	unit	46.8
Motorcycle	unit	6.3
Refrigerator (freezer)	set	102.5
Washing machine	set	102.9
Electric water heater	set	101.3
Air – condition	set	22.6
Color TV set	set	107.7
Camera	set	17.3
Computer	set	69
Medium and High – grade Instruments	unit	10
Fixed – line Telephone	set	13.3
Mobile Telephone	set	222

In 2019, the annual per capita disposable income of rural households was 17,275 yuan, an increase of 10.4% comparing with the previous year, or a real increase of 7.6% when the factors of price increase excluded. The number of family cars and mobile phones per 100 households were 46.8 and 246 respectively.

Figure 6: Per Capital Annual Disposable Income of Urban and Rural Residents 2015 –2019

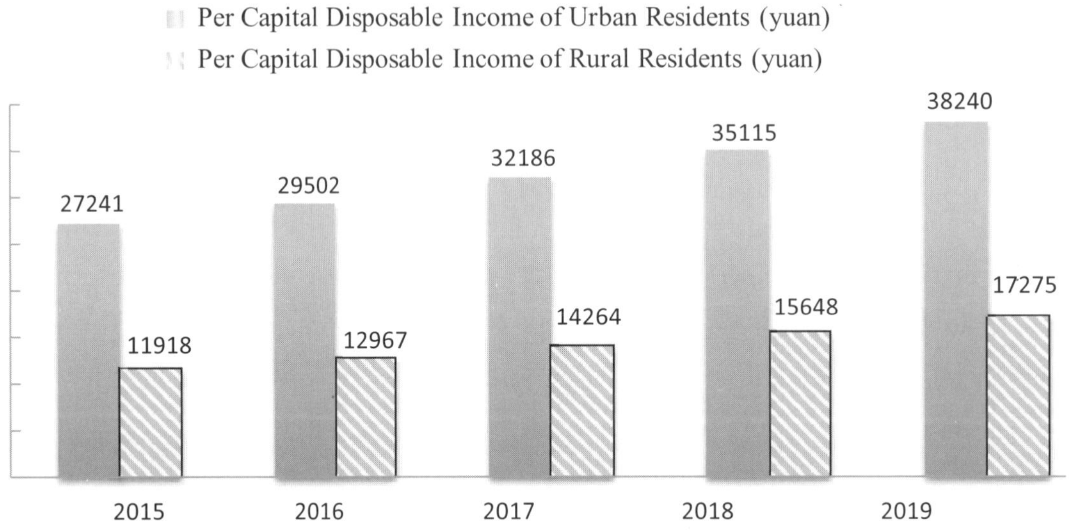

Table 19: Ownership of Family Durable Consumer Goods
Per 100 Rural Households at the End of 2019

Item	Unit	Absolute Figure
Family Cars	unit	46.8
Motorcycle	unit	54.1
Refrigerator	set	99.5
Washing machine	set	101.1
Electric water heater	set	73.6
Air – condition	set	1.9
Color TV set	set	111.9
Camera	set	2.6
Computer	set	12.4
Medium and High – grade Instruments	unit	0.9
Fixed – line Telephone	set	3.2
Family Cars	unit	246

The overall number of employed people both in urban and rural areas reached 223.1 thousand with a decrease of 17.8% over the previous year. And the number of those who had difficulties finding a job and being reemployed was 11,602. The number of surplus rural labor transformed reaches

38,054. The number of unemployed people in urban areas reached 48,097. The new jobs created in city and counties were 185.1 thousand, with a decrease of 20.6% over the previous year. And the registered unemployment rate in urban areas at year – end was 2.96%.

Figure 7: Newly Increased Employment 2015 – 2019

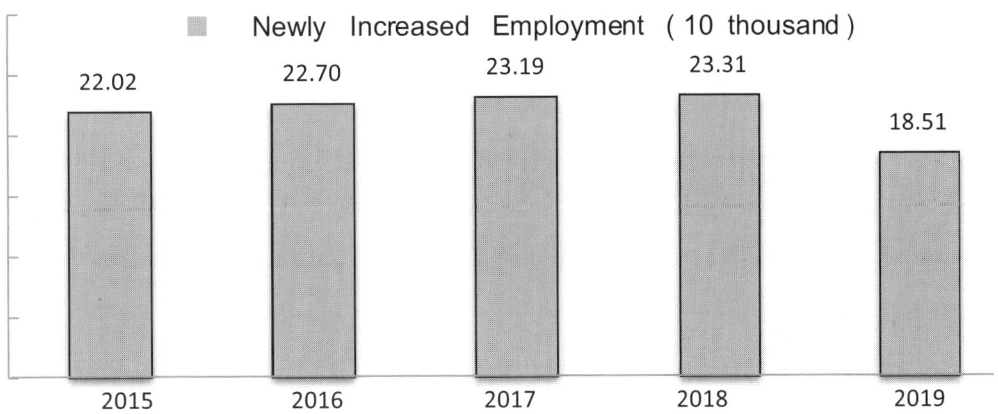

XIII. Population, Social Security and Social Services

By the end of 2019, the total permanent residential population of Guiyang City reached 4.9714 million and the annual average population was 4.9267 million. The annual birth rate of 2019 was 13.44‰, the death rate was 5.14‰, the natural growth rate was 8.29‰, and the urbanization rate was 76.13%.

Table 20: Number and Composition of Permanent Residents at the End of 2019

Item	Units	Absolute Figure	Growth Rate over 2017(%)
Annual average population	10,000 persons	492.67	1.7
Total population at year – end	10,000 persons	497.14	1.8
Grouped by towns and countries			
Town	10,000 persons	378.47	2.8
Country	10,000 persons	118.67	-1.1
Grouped by gender			
Male	10,000 persons	255.88	2.3
Female	10,000 persons	241.26	1.3
Birth rate	‰	13.44	0.37‰
Death rate	‰	5.15	0.62‰
Natural growth rate	‰	8.29	-0.25‰

At the end of 2019, a total of 2.4001 million people participated in the basic old – age pension program for urban workers, an increase of 7.2% over last year. Among these participants, 387.0 thousand people were retirees, an increase of 5.5% over last year; 780.7 thousand people were urban and rural residents decreased by 2.1% over last year and 858.5 thousand people insured unemployment insurance, an increase of 6.2% over last year. Furthermore, 1.5222 million people insured the fundamental medical insurance for urban workers, an increase of 3.8% over last year; 621.5 thousand people insured the medical insurance for urban residents, a decrease of 16.2% over last year; and 1.4458 million people insured maternity insurance, an increase of 6.4% over last year.

There were 94 adopting social welfare institutions throughout the city with 9,730 beds and 3,933 adopted people in 2019. There were 150 community service centers, including 57 in rural areas. The number of community service station was 1,513, including 931 in rural areas. As for the lowest living allowances, 74.6 thousand urban and rural residents enjoyed them. Among these people, 51.0 thousand people enjoyed urban minimum living allowances and 23.6 thousand people enjoyed rural minimum living allowances. In total, Civil Affairs Departments of Guiyang City received a donation of 138.2688 million yuan directly from the society throughout the year.

XIV. Work Safety

The total number of all kinds of work safety accidents(8) was 228, down by 5.0% over last year with a death toll of 165, down by 7.8%, among which the number of road traffic accidents was 192, down by 9.4% and the death toll of road traffic accidents was 115, down by 19.6%. The number of mining and trading safety accidents was 27, up by 50.0%, with a death toll of 40, up by 42.9% over last year. The number of railway traffic accidents was 9, down by 10.0% and the death toll was 10, up by 25.0% over last year. Besides, the death toll of industrial injury was 40, up by 42.9%. And four persons died in coalmine accident.

Notes:

(1) Statistics listed in the communique are preliminary data.

(2) Gross value of production and absolute added value of each industry are calculated at current prices and their growth rates are calculated at comparable prices.

(3) Industrial enterprises above designated size refers to those with a main business income of 20 million yuan and above.

(4) The statistical caliber of fixed assets investment refers to the 5 million and above of the total planned investment in fixed assets projects and the whole investment in real estate.

(5) The growth rate of imports and exports is calculated at comparable caliber excluding the political increments.

(6) The number of operating vehicles includes the statistics of three counties and Qingzhen.

(7) *The Ambient Air Quality Standard Technical Regulation* (*HJ*633 – 2012) (*on Trial*) was implemented synchronously with Amendment *of Ambient Air Quality Standard* (*GB*3095 – 2012), the